Danto · Das Fortleben der Kunst

Bild und Text

Herausgegeben von

GOTTFRIED BOEHM
KARLHEINZ STIERLE

2000

Arthur C. Danto

Das Fortleben der Kunst

Aus dem Englischen von
Christiane Spelsberg

Wilhelm Fink Verlag

Titel der amerikanischen Originalausgabe:
Arthur C. Danto, After the End of Art
© 1997 by the Trustees of the National Gallery of Art, Washington, D.C.
Published by Princeton University Press, 41 William Street,
Princeton, New Jersey 08540
In the United Kingdom: Princeton Universtiy Press, Chichester, West Sussex

This the forty-fourth volume of the A. W. Mellon Lectures in the Fine Arts,
which are delivered annually at the National Gallery of Art, Washington.
The volumes of lectures constitute Number XXXV in Bollingen Series
sponsored by Bollingen Foundation

Die Deutsche Bibliothek – CIP-Einheitsaufnahme

Danto, Arthur C.:
Das Fortleben der Kunst / Arthur C. Danto. Aus dem Engl. von
Christiane Spelsberg. – München : Fink, 2000
  (Bild und Text)
  Einheitssacht.: After the end of art <dt.>
  ISBN 3-7705-3231-7

Alle Rechte, auch die des auszugsweisen Nachdrucks, der fotomechanischen
Wiedergabe und der Übersetzung vorbehalten. Dies betrifft auch die Vervielfältigung
und Übertragung einzelner Textabschnitte, Zeichnungen oder Bilder durch
alle Verfahren wie Speicherung und Übertragung auf Papier, Transparente, Filme,
Bänder, Platten und andere Medien, soweit es nicht
§§ 53 und 54 URG ausdrücklich gestatten.

ISBN 3-7705-3231-7
© 2000 Wilhelm Fink Verlag, München
Satz: Verlagsservice G. Pfeifer, Germering
Herstellung: Ferdinand Schöningh GmbH, Paderborn

Für
ROBERT MANGOLD und SYLVIA PLIMACK MANGOLD
und für BARBARA WESTMAN

Inhalt

Vorwort 9

Danksagung 15

I. Einführung: modern, postmodern und zeitgenössisch . . . 23
II. Drei Jahrzehnte nach dem Ende der Kunst 45
III. Meistererzählungen und kritische Prinzipien 69
IV. Die Moderne und die Kritik der reinen Kunst:
    die Geschichtssicht Clement Greenbergs 93
V. Von der Ästhetik zur Kunstkritik 115
VI. Die Malerei außerhalb der Geschichte:
    das Verschwinden des Reinen 139
VII. Pop Art und vergangene Zukunft 159
VIII. Malerei, Politik und posthistorische Kunst 181
IX. Das historische Museum der monochromen Malerei 201
X. Das Museum und die durstigen Millionen 227
XI. Modalitäten der Geschichte: Möglichkeit und Komödie . 247

Register 279

Still aus Alfred Hitchcocks *Vertigo* (1958) mit
David Reeds einmontierter Arbeit Nr. 328, 1990-93

Vorwort

Das Bild, das ich als Frontispiz für dieses Buch gewählt habe, ist ein modifiziertes *Still* aus einem berühmten und vertrauten Film, Alfred Hitchcocks *Vertigo* aus dem Jahre 1958. Die Modifizierung hat der Maler David Reed vorgenommen, indem er in die Aufnahme eines Hotelzimmers eines seiner eigenen Bilder – und zwar die 1990 entstandene *Nr. 328* – anstelle des nichtssagenden Hotelbilds eingefügt hat, das Hitchcock vielleicht im Interesse möglichst großer Authentizität über das Bett hängen ließ, wenn überhaupt etwas dort hängt, denn wer erinnert sich schon an derartige Einzelheiten? Das *Still* stammt aus dem Jahre 1995.

Reed hat den Ausschnitt in eine Endlosschleife umgewandelt, die wiederholt auf einem Fernsehbildschirm erschien, der seinerseits im Grunde so nichtssagend war wie die Möbel in dem Hotelzimmer in San Francisco, in dem Judy, die weibliche Hauptdarstellerin von *Vertigo*, gespielt von Kim Novak, abstieg. Neunzehnhundertachtundfünfzig gab es wahrscheinlich noch nicht in jedem Hotelzimmer einen Fernsehapparat, aber heute gehört er wie das Bett zur Grundausstattung einer solchen Unterkunft. Den Fernseher, in dem Reeds modifizierter Ausschnitt zu sehen war, hatte der Künstler neben ein Bett gestellt, das genauso nichtssagend gewesen wäre wie das im Film, wenn es nicht eine exakte Replik des letzteren gewesen wäre, die Reed selbst eigens für den Zweck angefertigt hatte. Mit einem weiteren Gegenstand bildeten Bett und Fernseher eine Installation in der Reed-Retrospektive im Kölner Kunstverein. Dieser weitere Gegenstand war das wirkliche Gemälde Nr. 328, das an einer Stellwand über dem Bett hing. Dieses Gemälde hat also ein Doppelleben – es hat, wie die Philosophen des Mittelalters es unterschieden hätten, eine *formale* und eine *objektive*

Realität, weil es sozusagen als Bild und als Realität existiert. Es existiert im Raum des Betrachters sowie im fiktiven Raum einer Figur in einem Film.

Der modifizierte Ausschnitt veranschaulicht zwei von David Reeds Obsessionen. Zum einen ist er von *Vertigo* immerhin so besessen, daß er einmal eine Wallfahrt an all die in San Francisco noch existierenden Orte gemacht hat, die in Hitchcocks Film vorkommen; 1992 stellte er eine frühere Version der Kölner Installation im San Francisco Art Institute aus, die aus einem Bett, einem Bild (Nr. 251) und einem Videobildschirm auf einem Stahldolly bestand – einem Gerät, das für ein Hotelzimmer allzu technisch aussah; auf dem Bildschirm war jene Szene in Hitchcocks Film zu sehen, in der Judy, in ihrem Schlafzimmer stehend, ihrem Geliebten ihre Identität als »Madeleine« offenbart. In der Installation von 1992 ist der Film unmodifiziert: die Idee kam ihm erst später.

Die andere Obsession betrifft die von ihm so genannten »Schlafzimmerbilder«. Diesen Ausdruck verwendete sein Mentor Nicholas Wilder im Zusammenhang mit den Bildern von John McLaughlin. Die Käufer dieser Bilder, so Wilder, würden diese nämlich zunächst in einem der allgemein zugänglichen Räume des Hauses aufhängen, aber später »holen sie das Bild dann in ihr Schlafzimmer, wo sie intimer mit ihm leben können«. Reed reagierte darauf wie auf eine Offenbarung: »Es ist zeitlebens mein größter Wunsch gewesen, Schlafzimmermaler zu werden.« Das modifizierte Video legt nahe, daß Judy intim mit Nr. 328 lebt, und indem er Nr. 328 nebst Bett in den Raum des Betrachters versetzt (in einer Installation in der Max Protetch Gallery in New York war eine Replik von Scottys Bademantel wie zufällig über die Bettdecke geworfen), weist Reed den Betrachter an, wie dessen Beziehung zu Nr. 328 auszusehen habe, falls er es, oder ein anderes Bild von Reed, erwerben sollte.

Reed hat noch eine weitere Obsession, die eine Erwähnung verdient, nämlich manieristische und barocke Malerei: Eine seiner jüngeren Arbeiten ist eine Reihe von Studien, die er nach einem Gemälde für ein verlorenes Altarbild von Domenico Feti ausführte und die in der Walters Gallery of Art in Baltimore, Maryland, in einer Ausstellung mit dem Titel *Going for Baroque* (A.d.Ü: Ein Wortspiel, das neben der vordergründigen Bedeutung »sich den Barock vornehmen« auf die Redewendung »going for broke«, »den Bankrott riskieren«, anspielt) zu sehen waren. Ein Altarbild enthält ein oder meist mehrere Gemälde, die in einen komplexen Rahmen eingefügt sind, der definiert, wie die Beziehung des Benutzers (wie wir ihn statt »Betrachter« nennen sollten) zum Bild auszusehen hat. Die übliche Praxis ist natürlich, den auf dem Bild Dargestellten anzubeten. Es existiert eine Analogie zwischen der von Reed geschaffenen Installation und dem komplexen Mobiliar, aus dem das Altarbild besteht, insofern als auch die Installation die vorgeschriebene Beziehung zu dem Bild festlegt. Man soll nämlich mit ihm zusammenleben, und zwar so innig wie möglich, wie seine Hängung im Schlafzimmer nahelegt.

Der Rahmen eines Bildes, die Architektur des Altarbildes, die Installation, in der ein Bild wie ein Juwel eingefaßt ist, haben eine Logik gemeinsam, an der ich als Philosoph sehr interessiert bin: Sie definieren piktoriale Haltungen, die gegenüber einem Bild einzunehmen sind, das diese Zwecke allein und ohne diese Hilfe nicht erfüllt. In einem Vorwort läßt sich diese Logik kaum hinreichend darlegen, und meinem Ziel ist ohnehin am besten dadurch gedient, daß ich mich direkt dem zuwende, was Reeds Verwendung der Filmschleife, des Mechanismus der Bildsynchronisation und des Bildschirms – ganz zu schweigen von dem Bett, dem Bademantel und dem Bild als Teil einer Schlafzimmer-Installation – in bezug auf die zeitgenössische künstlerische Praxis exemplifiziert. Es ist eine Praxis, in der Maler sich keineswegs scheuen, ihre Bilder mit Hilfe von Mitteln zu situieren, die gänzlich anderen Medien angehören – Skulptur, Video, Film, Installation und ähnliches. In welchem Maße Maler wie Reed auf derartige Mittel zurückgreifen, zeigt, wie weit zeitgenössische Künstler sich von der ästhetischen Orthodoxie der Moderne entfernt haben, der es ja vor allem um die Reinheit des Mediums als bestimmendem Programm ging. Reeds Mißachtung dieser Gebote der Moderne unterstreicht, was ich in einem der Kapitel dieses Buches »das Verschwinden des Reinen« nenne. Die zeitgenössische Kunst läßt sich als nicht rein oder unrein auffassen, allerdings nur vor dem Hintergrund der ständigen Erinnerung an die Moderne und ihre Virulenz als ein künstlerisches Ideal. Zudem ist es besonders auffallend, daß ich ausgerechnet David Reed als Beispiel für den zeitgenössischen Moment in der bildenden Kunst wähle – denn wenn es heute einen Maler gibt, dessen Werk anscheinend die höchsten Tugenden der reinen Malerei veranschaulicht, dann ist es Reed. Auf den Buchumschlag (der amerikanischen Originalfassung) habe ich das Bild drucken lassen, das man sähe, wenn man innerhalb der Installation stünde – Reeds Nr. 328 – und so außerhalb des Videos und an der Wand in Vollfarbe das im filmischen Raum angedeutete Bild hinter der schönen Judy sähe, die gerade verrät, daß sie es war, die den Helden dazu verleitet hat, zu glauben, sie sei jemand anderes.

Dieses Buch erwuchs aus den Mellon Lectures in Fine Art, die ich im Frühjahr 1995 in der National Gallery of Art in Washington unter dem sperrigen Titel *Contemporary Art and the Pale of History* hielt, der jetzt (in der amerikanischen Fassung) den Untertitel des Buches bildet. Der erste Teil des Titels ließ erkennen, daß es in meinen Vorlesungen um zeitgenössische Kunst gehen sollte – an sich ein ungewöhnliches Thema für die Mellon Lectures –, wobei ich jedoch eine strenge Trennlinie zwischen zeitgenössischer und moderner Kunst zog. Es erfordert eine Vorstellungskraft besonderer Art, um Reeds Installation in die Geschichte der Malerei einzuordnen, doch ist sogar noch mehr als bloße Vorstellungskraft vonnöten, um herauszufinden, wie man einer solchen Arbeit ästhetisch begegnen sollte. Mit der Ästhetik der Reinheit kommt man hier sicherlich nicht weiter, und um sagen zu können, womit man weiter kommt, muß genug von der komparativen Anatomie der modernen und der zeitgenössischen Kunst freigelegt werden, um z.B. feststellen zu können, inwiefern Reeds Arbeit sich trotz aller äußerlichen Ähnlichkeiten von einem abstrakt-expressionistischen Bild unterscheidet, das zufällig ebenfalls ausladende Pinselgebärden verwendet, die sich bei Reed zweifellos in einer verfeinerten und anspruchsvoll weiterentwickelten Form wiederfinden.

Was den zweiten Teil des Vorlesungstitels betrifft, so knüpft dieser an eine kuriose These an, die ich seit ein paar Jahren verfechte und die das Ende der Kunst betrifft – eine etwas dramatische Art zu erklären, daß die großen Rahmenerzählungen, welche zuerst die traditionelle Kunst und dann die moderne Kunst definierten, nicht nur an ihr Ende gelangt sind, sondern daß die zeitgenössische Kunst es darüber hinaus gar nicht mehr gestattet, überhaupt von solchen Meistererzählungen repräsentiert zu werden. Jene Rahmenerzählungen schlossen zwangsläufig bestimmte künstlerische Traditionen und Praktiken als »außerhalb der Geschichte« liegend aus – ein Begriff Hegels, auf den ich mehr als einmal zurückgreifen werde. Eines von vielen Kennzeichen des gegenwärtigen Moments der Kunst – oder dessen, was ich den »posthistorischen Moment« nenne – ist jedoch, daß es kein Innerhalb oder Außerhalb der Geschichte mehr gibt. Nichts ist ausgegrenzt, so wie etwa noch Clement Greenberg davon ausging, daß der Surrealismus nicht zur Moderne, wie er sie verstand, gehörte. Unser Moment ist ein Augenblick – zumindest (und vielleicht auch nur) in der Kunst – des profunden Pluralismus und der totalen Toleranz. Nichts ist ausgeschlossen.

Die zeitgenössische Kunst und ihre Entwicklung waren kaum vorstellbar, als die ersten Mellon-Lectures im Jahre 1951 gehalten wurden

– meine waren bereits die vierundvierzigsten in der Reihe. Reeds modifiziertes *Still* veranschaulicht eine bestimmte historische Unmöglichkeit, die mich als Philosoph fasziniert. Sein Bild von 1989 konnte in Schlafzimmern des Jahres 1958 nicht auftauchen, weil es erst einunddreißig Jahre später existieren würde. (Reed war zwölf Jahre alt, als *Vertigo* entstand.) Bedeutender als diese rein zeitliche Unmöglichkeit sind jedoch die historischen Unvereinbarkeiten: 1957 hätte es in der Kunstwelt keinen Platz für Reeds Bilder gegeben und schon gar nicht für seine Installationen. Die Unvorstellbarkeit zukünftiger Kunst ist eine der Grenzen, die uns jeweils in unsere eigene Periode einsperren. Und natürlich hätte es, als die Mellon-Lectures 1951 zum erstenmal gehalten wurden, kaum Raum für die Vorstellung gegeben, daß sich die Kunst einmal so entwickeln würde, daß die vierundvierzigste Reihe der Mellon-Lectures Kunst jener Art gewidmet würde, wie sie das modifizierte *Still* impliziert. Mein Ziel ist natürlich nicht, mich dieser Kunst als Kenner zu nähern oder als Kunsthistoriker, der Ikonographie und Einfluß untersucht. Meine Interessen sind spekulativ und philosophisch, aber auch praktisch, da ein beträchtlicher Teil meines Berufslebens der Kunstkritik gehört. Mir geht es darum, festzustellen, welche Prinzipien der Kritik denkbar sind, wenn es keine Erzählungen gibt und wenn, unter bestimmten Einschränkungen, alles möglich ist. Das Buch ist der Philosophie der Kunstgeschichte gewidmet, der Struktur von Erzählungen, dem Ende der Kunst und den Prinzipien der Kunstkritik. Es will fragen, wie Kunst in der Art von David Reed historisch möglich wurde und wie sie kritisch denkbar ist. Im Zuge dieser Untersuchungen befasse ich mich auch mit dem Ende der Moderne und versuche diejenigen zu beruhigen, die sich endlich an die Demütigungen gewöhnt hatten, welche die Moderne den traditionellen ästhetischen Haltungen gegenüber der Kunst zufügte, und ich möchte zeigen, wie sich auch der posthistorischen Wirklichkeit Genuß abgewinnen läßt. Immerhin ist es tröstlich zu wissen, worauf die Dinge geschichtlich hinauswollten. Die Kunst früherer Zeitalter zu verherrlichen, so wahrhaft herrlich diese auch war, heißt sich falsche Vorstellungen vom philosophischen Wesen der Kunst zu machen. Die Welt der zeitgenössischen Kunst ist der Preis, den wir für philosophische Erleuchtung zahlen, doch ist das natürlich nur einer der Beiträge zur Philosophie, für den diese in der Schuld der Kunst steht.

New York, 1996

Danksagung

Bis zu dem Tag, als ein freundlicher, handschriftlicher Brief von Henry Millon, dem Direktor des Center for Advanced Studies in the Visual Arts, eintraf, mit dem er mich einlud, die vierundvierzigsten Andrew W. Mellon Lectures in the Fine Arts an der National Gallery zu halten, hatte ich eigentlich gar nicht die Absicht gehabt, noch ein – philosophisches oder anderes – Buch zur Kunst zu schreiben. Ich hatte seit Erscheinen meines grundlegenden Buches zu dem Thema, *The Transfiguration of the Commonplace* von 1981 [dt.: *Die Verklärung des Gewöhnlichen*], bereits ausführlich Gelegenheit gehabt, mich zu Begriffsfragen in der philosophischen Ästhetik zu äußern; und seit ich 1984 Kunstkritiker von *The Nation* geworden war, hatte ich auch zu vielen der Hauptereignisse und -veränderungen in der Kunstwelt selbst Stellung nehmen können. Auf *The Transfiguration of the Commonplace* waren zwei zusammengehörige Bände mit philosophischen Texten zur Kunst gefolgt, und meine Kunstkritiken waren ebenfalls in Sammelbänden erschienen. Und dennoch war mir klar, daß es diese Gelegenheit nicht zu verpassen galt, ganz abgesehen von der Ehre, zu dieser renommierten Vorlesungsreihe eingeladen worden zu sein. Mir schwebte nämlich ein Thema vor, das meiner Ansicht nach eine Behandlung im Zuge mehrerer Vorlesungen verdiente, und zwar eine Philosophie der Kunstgeschichte, die ich mit dem Slogan »das Ende der Kunst« bedacht hatte. Im Laufe eines Jahrzehnts der Reflexion war ich zu einer sehr anderen Auffassung von der Bedeutung des Endes der Kunst gelangt, als ich sie vertreten hatte, als mich die Idee zum erstenmal in Besitz nahm.

Für mich bedeutete dieser zweifellos provokante Begriff später im Grunde das Ende der Meistererzählungen der Kunst – nicht nur der traditionellen Erzählung von der Darstellung visueller Erscheinungsbilder, die Ernst Gombrich zum Thema seiner Mellon-Lectures gewählt hatte, auch nicht bloß der sich anschließenden Moderne-Erzählung, die so gut wie vorüber war, sondern vielmehr das Ende von Meistererzählungen überhaupt. Die objektive Struktur der Kunstwelt hatte sich inzwischen historisch als durch einen radikalen Pluralismus definiert erwiesen, und es erschien mir überaus dringend, daß dies verstanden wurde, bedeutete es doch, daß eine radikale Revision dahingehend vonnöten war, wie die Gesellschaft allgemein Kunst auffaßte und institutionell mit ihr umging. Zu dieser Dringlichkeit gesellte sich die subjektive Tatsache, daß ich mein eigenes philosophisches Denken systematisch würde verbinden können, indem ich die Geschichtsphilosophie, mit der es ja angefangen hatte, und die Kunstphilosophie, in der es mehr oder weniger gipfelte, zusammenbrachte. Trotz all dieser Vorteile bin ich einigermaßen sicher, daß ich das vorliegende Buch nicht in Angriff genommen hätte, wäre da nicht die völlig unerwartete Einladung von Hank Millon gewesen, mit der ungesprochene Gebete auf einmal erhört wurden. So bin ich vor allem ungemein für die Großzügigkeit des CASVA – wie dessen Mitglieder ihr bedeutendes Center nennen – dankbar, weil es einen Philosophen zu ihrer hochgeschätzten Vorlesungsreihe bat und dazu noch einen, dessen unmittelbare künstlerische Interessen weit von den üblichen wissenschaftlichen Brennpunkten des Center entfernt liegen.

Die Vorlesungen sollten an sechs aufeinanderfolgenden Sonntagen im Frühjahr 1995 gehalten werden, es sei denn, ich hätte Energie genug, noch eine siebte oder achte zu bewerkstelligen, was allerdings weder mir noch einem meiner Vorgänger gelang. Doch konnte ich auf Vorträge zurückgreifen, die ich zu früheren Anlässen verfaßt hatte, bis schließlich ein aus insgesamt elf Kapiteln bestehendes Buch entstanden ist, das es den Impulsen des Mellon-Themas ermöglicht hat, eine einzige weite Flugbahn zum Denken über die Kunst, Erzählungen, Kritik sowie die zeitgenössische Welt zu beschreiben. Die eigentlichen Mellon-Lectures sind hier in den Kapiteln 2, 3, 4, 6, 8 und 9 zu finden. Kapitel 2 und 4 entwickelten sich jedoch aus früheren Vorträgen, die ich unter besonderen Auspizien hielt, so daß sie an dieser Stelle eine Erwähnung verdienen. Kapitel 2 trug ich nämlich in den Grundzügen als Werner Heisenberg Vorlesung an der Bayerischen Akademie der Wissenschaften, gefördert von der Siemens-Stiftung, in München vor. Ich bin Dr. Heinrich Meier sehr zu Dank für diese bemerkenswert anregende Veranstaltung verpflichtet, nicht zuletzt auch für die Mitwirkung meines Freundes, des bedeutenden Philosophiegelehrten Dieter Henrich, mit dem ich in der sich anschließenden Fragerunde einen denkwürdigen öffentlichen Dialog führte. Kapitel 4 hielt ich im Zuge eines Kolloquiums über das Werk Clement Greenbergs, das unter der Leitung von Daniel Soutif im Pariser Centre Georges Pompidou stattfand. Ich hatte Greenberg vor Beginn des Kolloquiums endlich persönlich kennengelernt und war von seiner Originalität als Denker immerhin so beeindruckt, daß sich das vorliegende Buch vielleicht in die Tradition von John Stuart Mills *An Examination of Sir William Hamilton's Philosophy* oder D.C. Broads exemplarisches *An Examination of MacTaggart's Philosophy* einreihen ließe. Es mag durchaus Momente geben, in denen der Leser das Gefühl hat, *An Examination of Greenberg's Philosophy* zu lesen, so zentral hat sich seine Denkweise für die Erzählung der Moderne erwiesen, die er meiner Ansicht nach entdeckte. Wie »Clem« sich geäußert hätte, wenn er das Erscheinen des Buches noch erlebt hätte – er war bereits zu krank, um wie geplant nach Paris zu reisen und dort auf Kritik zu reagieren und sich ein wenig feiern zu lassen –, läßt sich kaum genau sagen. Doch äußerte er mir gegenüber fröhlich, daß er mit so gut wie allem, was er von mir gelesen habe, nicht einverstanden sei, so sehr ihm die Lektüre auch Spaß gemacht habe – und es besteht kaum ein Grund, ihn sich in Dankbarkeit kniend vorzustellen, dafür, endlich verstanden worden zu sein. Immerhin wäre das Buch ohne ihn ganz anders, vielleicht sogar unmöglich gewesen.

Kapitel 1 begann als eine Emily Tremaine Lecture, die ich an einem Winternachmittag im Hartford Atheneum zur Feier des fünfundzwanzigjährigen Bestehens von dessen Matrix Gallery hielt, die der zeitgenössischen Kunst unter der Leitung ihrer Kuratorin Andrea Miller-Keller besonders aufgeschlossen gegenübersteht. Experimentelle Galerien gibt es in den Vereinigten Staaten überraschenderweise viel weniger als in Europa, doch schien es auf jeden Fall ein passender Anlaß zu sein, um eine Unterscheidung zeitgenössischer von moderner Kunst allgemein zu versuchen und die Postmoderne endgültig als stilistische Enklave innerhalb der ersteren anzusiedeln.

Kapitel 5 hielt ich als Vortrag vor der Vollversammlung des sechsten Internationalen Ästhetikkongresses in Lahti, Finnland, unter den Auspizien der Universität Helsinki. Das Thema des Kongresses lautete »Die Ästhetik in der Praxis«, und es war ein glücklicher Zufall, daß seine Veranstalterin, Sonya Servomaa, Kunstkritik als ein Beispiel für praktische Ästhetik und mich wiederum als bestens geeignet ansah, um die Beziehung zwischen der Ästhetik als philosophischer Disziplin und der Kritik als deren denkbarem Anwendungsbereich zu erörtern. Das hätte sicherlich Greenbergs Auffassung entsprochen, wobei ich, wie vorherzusehen war, die entsprechende Gegenposition einnahm. Der Vortrag wurde dann in etwas anderer Fassung eine Rubin Lecture am Baltimore Museum of Art, die ich auf Einladung der kunsthistorischen Fakultät der Johns Hopkins University hielt, sowie später eine von zwei Vorlesungen zu Ehren von George Heard Hamilton am Williams College. Ich bin Professor Herbert Kessler am Baltimore Museum und Professor Mark Haxthausen am Williams College für ihr Interesse und ihre Gastfreundschaft sehr zu Dank verpflichtet, außerdem natürlich Sonya Servomaa für ihre Initiative und ihr unübertroffenes Organisationstalent. Dankbar bin ich auch Philip Alperson, dem Herausgeber von *The Journal of Aesthetics and Art Criticism*, der die Urfassung jenes Kapitels abdruckte, da es schließlich die beiden Haupttitelthemen jenes Organs vereint; um jedoch in die Gesamtstruktur des vorliegenden Bandes zu passen, waren einige Formveränderungen erforderlich.

Kapitel 7 entstand auf Drängen von Sherri Gelden, der Leiterin des Wexner Center der Ohio State University, als Beitrag zu einer Vorlesungsreihe zur Pop Art, die im Zusammenhang mit einer Ausstellung der Werke Roy Lichtensteins gehalten wurde. Es ist mir zwar so gut wie unmöglich, Sherri etwas abzuschlagen, doch grummelte ich in mich hinein, als ich zusagte. Sobald der Text jedoch Gestalt annahm, war mir klar, daß er in das Buch gehörte, dem ohne ihn etwas gefehlt hätte. Außerdem gab er mir die Gelegenheit, die Pop-Bewegung, die mir persönlich so viel bedeutet, in eine profundere Perspektive zu rücken, als es mir bislang möglich war.

Kapitel 10, »Das Museum und die durstigen Millionen«, schrieb ich eigens für eine von der Abteilung für Politikwissenschaften an der Michigan State University geförderte Tagung zu Kunst und Demokratie, wenn auch das Grundargument zunächst anläßlich eines Symposiums zur Rolle des zeitgenössischen Museums entstand, das 1994 zur Feier des fünfundzwanzigjährigen Bestehens des Kunstmuseums der University of Iowa in Iowa City stattfand. Ich bin Professor Richard Zinman von der Michigan State University verbunden für seine anregende Mitwirkung an der von ihm veranstalteten Tagung und für seinen Enthusiasmus. Der Essay erscheint hier in etwas anderer Form als in der offiziellen Publikation des Symposiums, dem es nichtsdestotrotz seine Existenz gänzlich verdankt.

Kapitel 11 enthält denjenigen Teil des vorliegenden Buches, um dessen willen ich es im Grunde schrieb: eine philosophische Erkundung der historischen Modalitäten – der Möglichkeit, Unmöglichkeit und Notwendigkeit –, die mir seit langer, langer Zeit zu schaffen gemacht hatten. Doch enthält er darüber hinaus zwei Abschnitte, die ihre eigene

Entstehungsgeschichte haben. David Carrier hatte eine konstruktive Kritik meiner Ideen verfaßt, und Philip Alperson forderte mich auf, dazu im *The Journal of Aesthetics and Art Criticism* Stellung zu nehmen. Die Kritik traf auf derart tiefliegende Schichten meines Denkens, daß sie mich zu dieser abschließenden Erörterung motivierte. Außerdem habe ich mich freizügig bei einem von mir selbst verfaßten Text über die außergewöhnlichen Künstler Vitaly Komar und Alexander Melamid bedient, deren »Forschungen« The Nation Institute förderte. Wie sich herausstellte, verkörperten Komar und Melamid die zeitgenössische Verfassung der Kunst perfekt und brachten genau jene komische Note ins Spiel, mit der ein Buch über das Ende der Kunst meiner Ansicht nach enden sollte.

Das Center for Advanced Studies in the Visual Arts stand mir bei dieser reichlich ungewöhnlichen Vorlesungsreihe mit treuer Unterstützung und sogar Begeisterung zur Seite – auch wenn die Vorlesungen, wenn nicht die Philosophie im Mittelpunkt stand, nachhaltig spekulativer Natur waren, und sie sich mit dem gleichen Nachdruck zeitgenössischer, statt traditioneller, geschweige denn moderner Kunst zuwandten. Meine erste Vorlesung fand am letzten Tag einer der außergewöhnlichsten Ausstellungen statt, die ich jemals gesehen habe: Holzmodelle von Renaissance-Kirchen, die in bezug auf Ausmaß, Kühnheit und Pracht einfach atemberaubend waren. Diese Ausstellung, die Henry Millon zu verdanken war, verkörperte in meinen Augen den wahren Geist des Centers, das sich bei der Unterstützung meiner Vorlesungen, die schließlich einem ganz anderen Geist entstammten, ja entsprechend kühn erwies. Hank Millon und seine Frau Judy gehören zu den großartigsten Menschen, die mir je begegnet sind; sie zu kennen, heißt, sie zu lieben. Therese O'Malley, Mitdirektorin, war stets hilfsbereit und an meinem Projekt aufrichtig interessiert. Dankbar war ich auch für die unfehlbare Tüchtigkeit von Abby M. Krain, die mir bei so vielen praktischen Angelegenheiten zur Seite stand, und Karen Binswanger, die mich engelsgleich jedesmal erwartete, um mir beim Ordnen der Dias zu helfen. Es war mir ein Vergnügen, mit Paavo Hantsoo, dem Vorführer, die Musik auszuwählen, die wir beim Eintreffen des Publikums spielten. Der profund demokratische Charakter des Vorlesungssaals selbst beeindruckte mich sehr: Er ist für jedermann offen, so daß Besucher der Nationalgalerie völlig unbefangen neben den Philosophen und Kunsthistorikern, Kuratoren und Kunstweltleuten saßen, aus denen das professionelle Publikum bestand. Meine eigene Arbeitsmoral erhielt insbesondere durch die Anwesenheit und die Reaktionen von Amelie Rorty, Jerrold Levinson und Richard Arndt, einem Kommilitonen aus meiner Fulbright-Zeit in Frankreich, Auftrieb. Großes Vergnügen hat mir auch ein heiteres Abendessen mit Elizabeth Cropper und Jean Sutherland Boogs, Fakultätsvorsitzender am Center, gemacht.

Es hat mich ungemein beruhigt, daß ich mit meiner Rede vom Ende der Kunst nicht allein stehe und daß der grundsolide und gelehrte Kunsthistoriker Hans Belting eine unabhängige Bestätigung geliefert hat. Hans und ich tümmeln uns seit über einem Jahrzehnt wie ein Paar Delphine in denselben konzeptuellen Gewässern, und ich konnte ein kleines Stück von Kapitel 8 in einen Beitrag einbringen, den ich für eine Festschrift zu seinem sechzigsten Geburtstag schrieb. Meine guten Freunde Richard Kuhns und David Carrier lasen das Manuskript der sechs Mellon Lectures und machten ausführliche und hilfreiche Anmerkungen. Mein Leben in der Kunst hat im Laufe vieler Jahre durch die konstante Kommunikation zwischen uns Dreien eine unermeßliche Bereicherung erfahren. Ich habe viel von bestimmten Autoren zur Kunst gelernt, insbesondere Michael Brenson, Demetrio Paparoni und Joseph Masheck. Besondere Zuversicht hat mir jedoch das qualifizierte Interesse geschenkt, das Künstler selbst an meinen Ideen gezeigt haben. Sean Scully und David Reed kamen sogar nach Washington, um eine oder zwei meiner Vorlesungen anzuhören, und beide spielen eine Rolle in dem Buch selbst – vor allem David, da eine seiner Installationen die Ouvertüre (um mit Proust zu sprechen) zum gesamten Buch abgibt. Ich bin ihm und der Max Protetch Gallery – sowie auch der Galerie Rolf Ricke in Köln – dankbar für die Erlaubnis zur Verwendung seiner Nummer 328 für den Buchumschlag der amerikanischen Ausgabe. Ich danke Udo Kittelman vom Kölnischen Kunstverein für die Einladung, einen Essay über Davids Werk für seine Retrospektive in Köln zu verfassen. Meine Tremaine Lecture traf mit der Retrospektive des Werkes von Sylvia Plimack Mangold – mit deren Arbeiten die Matrix Gallery ihre brillante Laufbahn begann – im Atheneum zusammen; und dieses Buch ist Sylvia und ihrem Mann, Robert Mangold, die inzwischen alte Freunde sind, gewidmet. Die zeitgenössische Kunst ist ein Ort außerordentlicher Experimentierfreudigkeit gewesen, unermeßlich reichhaltiger, als es die philosophische Vorstellungskraft aus eigenen Stücken je hätte sein können. Zumindest für einen Philosophen mit Interesse an der Kunst war es herrlich, diese Zeit miterleben zu können. Ich war Nutznießer ungewöhnlicher Ideen von Cindy Sherman, Sherrie Levine, Mike Bidlo, Russell Connor, Komar und Melamid, Mark Tansey, Fischli und Weiss, Mel Bochner und vieler anderer, die nicht alle ausdrücklich im Buch genannt sind, deren

Beispiel und gelegentliche Gespräche jedoch die Chemie des Buches mitbestimmen.

Was die Umformung des Manuskripts in ein Buch betrifft, so bin ich zuvörderst Elizabeth Powers als Vertreterin der Princeton University Press dankbar, die an den Vorlesungen teilnahm und einige ungemein wertvolle Vorschläge einbrachte, ehe sie die Betreuung des Textes der Cheflektorin von Princeton, Ann Himmelberger Wald, übergab. Ann Wald hat eine philosophische Vorbildung und sogar ein besonderes Interesse an der Ästhetik, und ihre enthusiastische Rezeption meines Buches bedeutete mir viel. Ich bin Helen Hsu sehr verbunden für ihr Ruhe und unerschütterliche Geduld bei der Bearbeitung der Abbildungen zum Text, und Molan Chun Goldstein, die Satz und Druck des Buches beaufsichtigte, für ihren Sachverstand sowie ihre verständnisvolle Einfühlung in die zweifellos irrationale Obsession eines Autors, Dinge so und nicht anders auszudrücken.

Es hatte etwas Märchenhaftes, an sechs Sonntagen in den Frühjahrsmonaten des Jahres 1995 von New York nach Washington zu fahren, dort in einem Hotel abzusteigen und zu Fuß zur Nationalgalerie zu gehen. Meist blieb Zeit, um einige der Wunderbarkeiten dort zu besichtigen, ehe ich wartete, bis die Musik verklang und sich der Vorhang vor der Leinwand hob, um dann eine weitere Vorlesung zu beginnen vor einem Publikum, das sich zum Zuhören eingefunden hatte. Ständige Begleiterin war meine Frau, die Künstlerin Barbara Westman, die das gesamte Erlebnis verschönte, wie sie auch alles andere erhellt. Ihre unübertroffene Lebensfreude, ihr Sinn für Humor, ihr Talent zur Freundschaft und zur Liebe fungierten wohl als ein Treibmittel in den folgenden Texten. Ihr ist das Buch gemeinsam mit den Mangolds gewidmet.

Mike Bidlo, *Not Andy Warhol (Brillo Box)* (1995)

I. Einführung:
modern, postmodern und zeitgenössisch

Mehr oder weniger zum selben Zeitpunkt, ohne jedoch von den Gedankengängen des anderen zu wissen, veröffentlichten Hans Belting und ich Texte zum Ende der Kunst.[1] Wir beide hatten den unwiderstehlichen Eindruck gewonnen, daß ein bedeutender historischer Wandel in den Produktionsbedingungen der bildenden Kunst stattgefunden hatte, auch wenn die institutionellen Komplexe der Kunstwelt – die Galerien und Kunsthochschulen, die Zeitschriften und Museen, die etablierten Kritiker und die Kuratoren – äußerlich betrachtet relativ unverändert schienen. Belting hat seitdem ein erstaunliches Buch veröffentlicht, das der Geschichte des Andachtsbildes im christlichen Abendland von der spätrömischen Zeit bis ca. 1400 n. Chr. nachspürt und dem er den bemerkenswerten Untertitel »Eine Geschichte des Bildes vor dem Zeitalter der Kunst« gab. Nicht, daß jene Bilder in einem umfassenderen Sinne keine Kunst gewesen wären, doch spielte ihr Kunstsein bei ihrer Herstellung keine Rolle, da sich die Idee der Kunst im allgemeinen Bewußtsein noch nicht herausgebildet hatte und solche Bilder – eigentlich Ikonen – im Leben der Menschen einen ganz anderen Stellenwert hatten, als das der Fall war, nachdem jenes Konzept schließlich entstanden war und ästhetische oder quasi-ästhetische Erwägungen unser Verhältnis zu diesen Werken zu bestimmen begannen. Sie galten nicht einmal in jenem elementaren Sinne als Kunstwerke, daß sie von Künstlern geschaffen worden waren – Menschen, die Zeichen auf Oberflächen setzten –, vielmehr schrieb man ihnen einen wundersamen Ursprung zu, wie dem Abdruck von Jesu Antlitz auf dem Tuch der Veronika.[2] Die Diskontinuität zwischen künstlerischer Praxis vor und nach dem Beginn des Zeitalters der Kunst war entsprechend einschneidend, da die Idee des Künstlers bei der Erklärung von

Andachtsbildern nicht zum Tragen kam[3], während sie in der Renaissance auf einmal eine zentrale Stellung einnahm, so zentral, daß Giorgio Vasari sogar ein berühmtes Buch über die Viten der Künstler schreiben sollte. Davor wäre bestenfalls eine Lebensbeschreibung der dilettantisch malenden Heiligen denkbar gewesen.

Insofern dies alles überhaupt denkbar ist, mag es noch eine andere, nicht weniger tiefgreifende Diskontinuität zwischen der im Zeitalter der Kunst und der nach dieser Ära entstandenen Kunst geben. Jenes Zeitalter begann keineswegs schlagartig im Jahre 1400, genausowenig ging es abrupt irgendwann vor Mitte der achtziger Jahre des 20. Jahrhunderts zu Ende, als Beltings und mein Text auf deutsch bzw. englisch erschienen. Vielleicht hatte keiner von uns beiden eine genaue Vorstellung von dem, was wir eigentlich sagen wollten, anders als heute, zehn Jahre später; aber nun da Belting diese Idee der Kunst vor dem Beginn der Kunst vorgebracht hat, könnten wir möglicherweise auch über die Kunst *nach* dem Ende der Kunst nachdenken, als tauchten wir soeben aus dem Zeitalter der Kunst auf und in etwas hinein, dessen genaue Form und Beschaffenheit es noch zu erkennen gilt.

Weder Belting noch ich wollten unsere Beobachtungen als kritische Beurteilung der Kunst unserer Zeit verstanden wissen. In den achtziger Jahren hatten einige radikale Theoretiker ja die Idee vom Tod der Malerei aufgegriffen und ihr Urteil auf die Behauptung gestützt, daß die progressive Malerei sämtliche Anzeichen einer inneren Erschöpfung aufweise oder zumindest Grenzen aufzeige, die man nicht überschreiten könne. Sie dachten dabei an Robert Rymans mehr oder weniger blütenweiße Bilder oder vielleicht an die agressiv monotonen Streifenbilder des französischen Künstlers Daniel Buren, und es fällt schwer, ihre Stellungnahme nicht in gewisser Hinsicht als kritisches Urteil sowohl über jene Künstler als auch über die Praxis der Malerei allgemein aufzufassen. Doch war es mit dem Ende des Zeitalters der Kunst, wie Belting und ich es verstanden, durchaus vereinbar, daß die Kunst außerordentlich lebendig war und keinerlei Anzeichen einer inneren Erschöpfung erkennen ließ. Wir behaupteten ja, daß ein Komplex der Praxis einem anderen gewichen war, selbst wenn die Form des neuen Komplexes noch unklar war – ja bis heute unklar *ist*. Keiner von uns sprach über den *Tod* der Kunst, auch wenn mein Text als Leitessay in einem Band mit dem Titel *The Death of Art* erschien. Der Titel stammte nicht von mir, schrieb ich doch über eine Erzählung, die meiner Ansicht nach in der Geschichte der Kunst objektiv verwirklicht worden war – und für meine Begriffe war es jene Erzählung, die an ihr Ende gelangt war. Eine Geschichte war vorüber. Ich war keineswegs der Meinung, daß es keine Kunst mehr geben werde, was ja in dem Wort »Tod« fraglos impliziert ist, sondern vielmehr, daß alle Kunst fortan ohne die beruhigende Unterstützung durch jene Art von Erzählung entstehen würde, innerhalb derer Kunst als der jeweils angemessene folgende Abschnitt der Geschichte gilt. Ans Ende gelangt war jene Erzählung, nicht jedoch deren Thema. Lassen Sie mich dies unverzüglich deutlicher ausführen.

In einem gewissen Sinne beginnt das Leben erst richtig, wenn die Geschichte zu Ende ist, so wie jene, an der sich Liebespaare immer wieder ergötzen können: wie sie einander gefunden haben und dann »glücklich bis an ihr Lebensende« sind.[4] Im *Bildungsroman** entfaltet sich die Erzählung entlang der Etappen des Helden oder der Heldin auf dem Weg zum Selbstbewußtsein. Dieses Genre ist beinahe zu einer Matrix des feministischen Romans geworden, in dem die Heldin ein Bewußtsein dessen erlangt, wer sie ist und was es bedeutet, Frau zu sein. Das Bewußtsein ist zwar das Ende der Geschichte, gleichzeitig aber »der erste Tag ihres restlichen Lebens«, um diese reichlich abgedroschene Phrase der New-Age-Philosophie zu verwenden. Hegels frühes Meisterwerk, *Die Phänomenologie des Geistes*, weist insofern die Form eines *Bildungsromans** auf, als sein Held, *Geist*, eine Reihe von Phasen durchleben muß, um nicht nur eine Erkenntnis seiner selbst zu gewinnen, sondern auch die Einsicht, daß eine solche Erkenntnis ohne die Geschichte der Fehlschläge und der fehlgeleiteten Begeisterungen sinnlos wäre.[5] Auch Beltings These befaßt sich mit Erzählungen. Er schreibt, daß »die heutige Kunst zwar die bekannte Geschichte der Kunst reflektiert, sie aber nicht ›nach vorn‹ fortsetzt.«[6] Ebenso spricht er vom relativ neuen Verlust des Glaubens an eine übergeordnete, zwingende Erzählung, daran, wie Dinge gesehen werden *müssen*.[7] Es ist nicht zuletzt jenes Gefühl der Nicht-mehr-Zugehörigkeit zu einer großen Erzählung, das sich in unserem Bewußtsein irgendwo zwischen Unbehaglichkeit und Unbeschwertheit einschreibt, welches das Geschichtsverständnis der Gegenwart bestimmt und, wenn Belting und ich nicht völlig falsch liegen, den feinen Unterschied zwischen moderner und zeitgenössischer Kunst definieren hilft, der für mein Dafürhalten erst Mitte der siebziger Jahre ins Bewußtsein drang. Es ist typisch für das Zeitgenössische – nicht jedoch für das Moderne –, daß es sich heimlich und schleichend einstellt – ohne Slogan oder Logo, ja ohne daß jemand überhaupt merkt, was da vor sich geht. Die Armory-Ausstellung von 1913 verwendete die Kiefernflagge der amerikanischen Unabhängigkeitsbewegung als Logo, um damit die Ablehnung der Kunst der Vergangenheit zu feiern. Die Berliner Dada-Bewegung verkündete den Tod der Kunst, aber auf demselben Plakat wünschte Raoul Hausmann der »Maschinenkunst von Tatlin« ein langes Leben. Zeitgenössische Kunst dagegen begegnet der Kunst der Vergangenheit nicht mit einem Programm, sieht die Vergangenheit nicht als etwas, wovon sie sich befreien muß, ja sieht sich als Kunst in keiner Weise als von der modernen Kunst insgesamt verschieden an. Zeitgenössische Kunst definiert sich nicht zuletzt dadurch, daß die Kunst der Vergangenheit den Künstlern zur freien Verfügung steht. Diese Künstler haben jedoch keinen Zugang zu dem Geist, in dem jene Kunst entstand. Das Paradigma des Zeitgenössischen ist die von Max Ernst definierte Collage – mit einem Unterschied. Ernst erklärte, die Collage sei das Zusammentreffen von zwei oder mehr wesensfremden Realitäten auf einer augenscheinlich dazu ungeeigneten Ebene.[8] Der Unterschied besteht darin, daß es keine Ebene mehr gibt, die für unterschiedliche künstlerische Realitäten ungeeignet wäre, noch sind sich jene Realitäten besonders wesensfremd. Das liegt daran, daß die Grundhaltung des zeitgenössischen Geistes auf dem Prinzip eines Museums basiert, in dem die Kunst einen rechtmäßigen Platz einnimmt, in dem es kein Apriori-Kriterium in bezug auf das Aussehen von Kunst gibt und in dem keine Erzählung gilt, in die sich alles im Museum Enthaltene einfügen muß. Die heutigen Künstler behandeln Museen nicht als Behältnis für tote Kunst, sondern als Quelle vitaler künstlerischer Möglichkeiten. Das Museum wird damit zu einem Feld, das zur unablässigen Neuordnung einlädt; derzeit bildet sich sogar eine Kunstform heraus, die das Museum als ein Materiallager für Collagen von Objekten betrachtet, welche sie jeweils zur Vorbringung oder Unterstützung einer These arrangiert. Das sehen wir in Fred Wilsons Installation im Maryland Historical Museum und ebenso in Joseph Kosuths bemerkenswerter Installation »The Play of the Unmentionable« im Brooklyn Museum.[9] Doch ist das Genre heute beinahe zum Gemeinplatz geworden: Der Künstler darf sich im Museum austoben und organisiert aus dessen Ressourcen Ausstellungen von Objekten, die keine andere historische oder formale Verbindung zueinander aufweisen, als die, die der Künstler herstellt. In gewisser Hinsicht ist das Museum Ursache, Wirkung und Verkörperung der Haltungen und Praktiken, die den posthistorischen Augenblick der Kunstgeschichte definieren, worauf ich jedoch an dieser Stelle nicht weiter eingehen möchte. Vielmehr möchte ich zu dem Unterschied zwischen dem Modernen und dem Zeitgenössischen zurückkehren und dessen Bewußtwerden erörtern. Es war das Erwachen einer bestimmten Art von Selbstbewußtsein, an das ich dachte, als ich mich daran machte, über das Ende der Kunst zu schreiben.

Auf meinem eigenen Gebiet, dem der Philosophie, verliefen die historischen Trennlinien ungefähr wie folgt: Altertum, Mittelalter, Moderne. »Moderne« Philosophie begann der allgemeinen Auffassung nach mit René Descartes und was sie auszeichnete, war die ganz eigentümliche Innenwendung Descartes' – seine berühmte Wende zum »Ich denke« –, bei der es weniger darum ging, wie die Dinge wirklich sind, als wie jemand, dessen Denken eine bestimmte Struktur aufweist, die Dinge auffassen muß. Ob die Dinge wirklich so sind, wie die Struktur unseres Denkens sie uns aufzufassen vorschreibt, können wir nicht sagen. Doch ist das auch nicht besonders wichtig, da wir keine andere Möglichkeit haben, sie aufzufassen. Indem er also sozusagen von innen nach außen vorging, zeichnete Descartes und die moderne Philosophie allgemein eine philosophische Karte des Universums, deren Matrix die Struktur des menschlichen Denkens war. Descartes brachte damit die Strukturen des Denkens zum Bewußtsein, wo wir sie dann kritisch untersuchen und gleichzeitig ein Verständnis dessen erlangen können, was wir sind und wie die Welt ist, denn da die Welt durch das Denken definiert wird, sind die Welt und wir buchstäblich gegenseitig nach dem Bilde des anderen geschaffen. Die Philosophen des Altertums machten sich einfach daran, die Welt zu beschreiben und schenkten jenen subjektiven Merkmalen, die später im Mittelpunkt der modernen Philosophie stehen sollten, keinerlei Beachtung. Wir könnten Hans Beltings herrlichen Titel paraphrasieren, indem wir über das Selbst vor dem Zeitalter des Selbsts sprechen, um den Unterschied zwischen der Philosophie des Altertums und der modernen Philosophie auf den Punkt zu bringen. Nicht, daß es vor Descartes kein Selbst gegeben hätte, doch definierte die Idee des Selbst nicht das gesamte Unterfangen der Philosophie, wie das der Fall war, nachdem er sie revolutioniert hatte und die Wende zur Sprache die Wende zum Selbst ersetzte. Und obwohl der »linguistic turn«[10] sicherlich Fragen danach, was wir sind, durch die Frage danach, wie wir reden, ersetzte, besteht eine eindeutige Kontinuität zwischen den beiden Stadien philosophischen Denkens, wie Noam Chomskys Beschreibung seiner eigenen Revolution in der Philosophie der Sprache als »cartesianischer Linguistik«[11] unterstreicht, die Descartes' Theorie des angeborenen Denkens durch das Postulieren angeborener Sprachstrukturen ersetzte bzw. ergänzte.

Darin besteht eine Analogie zur Geschichte der Kunst. Die Moderne in der Kunst kennzeichnet einen Punkt, vor dem Maler damit befaßt waren, die Welt so darzustellen, wie diese sich selbst zeigte, wobei sie Menschen, Landschaften und historische Ereignisse genauso darstellten, wie diese sich dem Auge präsentierten. In der Moderne erhalten die Bedingungen der Darstellung selbst zentrale Bedeutung, so daß die Kunst in gewisser Weise ihr eigenes Sujet wird. Nicht viel anders definierte Clement Greenberg den Sachverhalt in seinem berühmten Essay aus dem Jahre 1960 »Modernist Painting«. »Die Essenz der Moderne«, hieß es dort, »liegt meiner Ansicht nach in der Verwendung der typischen Methoden einer Disziplin zur Kritik der Disziplin selbst, nicht, um diese zu untergraben, sondern um sie noch tiefer in ihrem Kompetenzbereich zu verschanzen.«[12] Bezeichnenderweise wählte Greenberg Immanuel Kant zu seinem Vorbild für das moderne Denken: »Weil er der erste war, der die Mittel der Kritik selbst einer Kritik unterzog, ist Kant für mich der erste echte Moderne.« Für Kant war die Philosophie weniger dazu da, unsere Erkenntnis zu erweitern, als vielmehr die Frage zu beantworten, wie Erkenntnis möglich ist. Und ich nehme an, die entsprechende Sicht der Malerei wäre gewesen, nicht das Erscheinungsbild der Dinge darzustellen, sondern die Frage zu beantworten, wie Malerei möglich ist. Die Frage würde dann lauten: Wer war der erste moderne Maler – wer lenkte die Kunst der Malerei von ihrem darstellerischen Programm auf ein neues Programm um, in dem die Mittel der Darstellung zum Gegenstand der Darstellung wurden?

Für Greenberg war Manet der Kant der modernen Malerei: »Manets Gemälde wurden die ersten Bilder der Moderne dank der Offenheit, mit der sie die flachen Oberflächen, auf denen sie gemalt waren, affirmierten.« Und die Geschichte der Moderne entwickelte sich von dort über die Impressionisten, »die Grundierung und Glasuren abschworen, um das Auge nicht über die Tatsache im Zweifel zu lassen, daß die Farben, die sie verwendeten, aus Tuben oder Töpfen kamen«, zu Cézanne, der »Wahrscheinlichkeit oder Korrektheit opferte, um seine Zeichnungen und Entwürfe expliziter der rechteckigen Form der Leinwand anzupassen«. Schritt für Schritt verfaßte Greenberg so eine Erzählung der Moderne, die an die Stelle jener von Vasari definierten Geschichte der traditionellen darstellenden Malerei trat. Flachheit, das Bewußtsein der Farbe und der Pinselführung, die rechteckige Form – sämtlich von Meyer Schapiro als »nicht-mimetisch« bezeichnete Merkmale von möglicherweise immer noch in Resten mimetischen Bildern – ersetzten Perspektive, Verkürzung und Chiaroscuro als Meilensteine einer Entwicklungsfolge. Der Übergang von der »prämodernen« zur modernen Kunst war laut Greenberg der Übergang von den mimetischen zu den nicht-mimetischen Merkmalen der Malerei. Greenbergs Behauptung zufolge war nicht etwa die Malerei selbst nicht-gegenständlich oder abstrakt geworden. Vielmehr waren ihre figurativen

Merkmale in der Moderne zweitrangig geworden, während sie in der prämodernen Kunst noch vorgeherrscht hatten. Ein Großteil meines Buches, das ja von den Erzählungen der Kunstgeschichte handelt, muß sich notwendigerweise auch mit Greenberg als dem großen Erzähler der Moderne beschäftigen.

Wichtig ist, daß die Moderne, wenn Greenberg recht hat, nicht nur eine Stilperiode bezeichnet, die im letzten Drittel des neunzehnten Jahrhunderts begann, so wie der Manierismus eine Stilperiode bezeichnet, die im ersten Drittel des sechzehnten Jahrhunderts ihren Anfang nahm: Die manieristische Malerei folgte der Renaissance und wurde ihrerseits vom Barock abgelöst, dem sich wiederum das Rokoko anschließt, seinerseits gefolgt vom Neoklassizismus, in dessen Anschluß die Romantik begann. Dabei handelte es sich um tiefgreifende Änderungen in der Art und Weise, in der die Malerei die Welt darstellte, Änderungen in der Färbung und der Stimmung könnte man sagen, die sich aus dem jeweiligen Vorgängerstil und teilweise als Reaktion darauf entwickelten sowie als Antwort auf alle möglichen geschichtlichen und gesellschaftlichen Zwänge außerhalb der Kunst. Meiner Auffassung nach folgte die Moderne der Romantik nicht in diesem Sinne beziehungsweise nicht allein in diesem Sinne: Die Moderne zeichnet sich vielmehr durch das Erreichen einer neuen Bewußtseinsebene aus, die sich in der Malerei als Diskontinuität niederschlägt, fast, als wolle sie betonen, daß die mimetische Repräsentation nun weniger wichtig ist als eine Reflexion der Mittel und Methoden der Repräsentation. Die Malerei sah auf einmal ungelenk, gewollt aus (in meiner Chronologie sind van Gogh und Gauguin die ersten Maler der Moderne). In der Tat setzt sich die Moderne von der vorangegangenen Kunstgeschichte willentlich ab, etwa wie Erwachsene, um mit den Worten des heiligen Paulus zu sprechen »kindliche Dinge ablegen«. Der Punkt ist, daß »modern« mehr bedeutet als nur »jüngst«.

Vielmehr bezeichnet der Begriff in der Philosophie wie in der Kunst ein Konzept, das Strategie, Stil und Programm umfaßt. Falls es sich nur um ein zeitlich begrenztes Konzept handelte, wäre die gesamte Philosophie, die zu Zeiten von Descartes oder Kant und die gesamte Malerei, die zu Zeiten von Manet und Cézanne entstand, modern. Ein Gutteil der philosophischen Bestrebungen der damaligen Zeit war jedoch für Kant »dogmatisch« und hatte mit den Fragen, die die von ihm vorgebrachte Kritik definierten, nichts zu tun. Die meisten von Kants »vorkritischen« philosophischen Zeitgenossen sind inzwischen von der Bildfläche verschwunden und nur noch philosophiegeschichtlichen Forschern ein Begriff. Und während das Museum der zeitgleich mit der

Moderne entstandenen, nicht-modernen Kunst einen Platz einräumt, wie etwa der französischen Akademiemalerei, die so tat, als habe es Cézanne nie gegeben oder später den Surrealismus, den auch Greenberg sich nach Kräften anstrengte zu unterdrücken – oder, um die psychoanalytische Begrifflichkeit zu bemühen, die Greenbergs Kritikern wie Rosalind Krauss oder Hal Foster so leicht über die Lippen kommt[13], zu »verdrängen« –, ist dagegen kein Platz für solche Kunst in der großen Erzählung der Moderne, die an ihr vorüberfegte, hin zu jener später »Abstrakter Expressionismus« genannten Bewegung (ein Etikett, das Greenberg ein Dorn im Auge war), und dann die Farbfeld-Abstraktion mitaufnahm, womit die Erzählung zwar nicht unbedingt aufhört, aber Greenberg selbst sie enden ließ. Greenberg zufolge lag der Surrealismus wie die akademische Malerei »außerhalb der Geschichte«, um einen Begriff zu verwenden, auf den ich bei Hegel gestoßen bin. Er passierte zwar, war jedoch bezeichnenderweise nicht Teil des Fortschritts. Wenn man boshaft sein wollte, wie die in Greenbergschen Schmähungen geschulten Kritiker es durchaus sein konnten, so war der Surrealismus keine *Kunst*, und diese Aussage bewies, in welchem Ausmaß die Identität als Kunst in diesen Kreisen mit der Teilhabe an der offiziellen Erzählung zu tun hatte. Hal Foster schreibt: »Es hat sich ein Raum für den Surrealismus geöffnet: Während er innerhalb der alten Erzählung noch ein *impensé* war, ist er zu einem privilegierten Punkt für die zeitgenössische Kritik dieser Erzählung geworden«.[14] »Ende der Kunst« bedeutet nicht zuletzt, daß all das nun eine Daseinsberechtigung erhielt, was bis dahin jenseits der Grenzen gelegen hatte, aus denen alles ausgeschlossen war, so wie die chinesische Mauer gebaut wurde, um die mongolischen Horden abzuhalten, oder die Berliner Mauer errichtet wurde, um die unschuldige sozialistische Bevölkerung vor den Gilften des Kapitalismus zu schützen. (Der großartige irisch-amerikanische Maler Sean Scully hat ein diebisches Vergnügen an der Tatsache, daß sich das englische Wort für eine solche Grenze – »pale« – auf den Irish Pale bezieht, den östlichen Teil Irlands, der einst englischer Gerichtsbarkeit unterstand und somit eine Enklave innerhalb Irlands war, in der die Iren in ihrem eigenen Land zu Zaungästen wurden). In der Erzählung der Moderne ist die »außerhalb der Grenzen (des Erlaubten)« liegende Kunst entweder nicht Teil der historischen Entwicklung oder die Rückkehr zu einer früheren Kunstform. Kant hat sein eigenes Zeitalter, die Aufklärung, als den »Ausgang des Menschen aus seiner selbst verschuldeten Unmündigkeit« bezeichnet. Gut möglich, daß auch Greenberg die Kunst so auffaßte und den Surrealismus deshalb als eine ästhetische Regression ansah, eine Wieder-

geltendmachung von Werten aus der Kindheit der Kunst, die voller
Ungeheuer und furchterregender Drohungen steckte. Für ihn bedeutete Reife Reinheit, und zwar in einem Sinne, der eine exakte Entsprechung zu Kants Verwendung dieses Begriffs in seiner »Kritik der reinen Vernunft« hat. Es handelte sich dabei um die auf die Vernunft selbst angewandte Vernunft ohne jeden anderen Gegenstand außer ihr. Reine Kunst war entsprechend auf die Kunst angewandte Kunst. Der Surrealismus war beinahe die Verkörperung der Unreinheit, befaßte er sich doch mit Träumen, mit dem Unbewußten, der Erotik sowie in Hal Fosters Sicht »dem Unheimlichen«. So jedenfalls ist die zeitgenössische Kunst, Greenbergs Kriterien zufolge, unrein, und darauf möchte ich im folgenden eingehen.

So wie »modern« nicht einfach ein temporales Konzept ist, das etwa »jüngst« bedeutet, ist auch »zeitgenössisch« nicht lediglich ein zeitlicher Begriff, der bezeichnet, was im gegenwärtigen Augenblick vor sich geht. Und genau wie der Übergang von der »Prämoderne« zur Moderne so schleichend vonstatten ging wie der – in Hans Beltings Begriffen – vom Bild vor dem Zeitalter der Kunst zum Bild *im* Zeitalter der Kunst, so daß Künstler moderne Kunst schufen, ohne sich bewußt zu sein, daß sie an einem wesentlich anderen Unterfangen beteiligt waren, bis allmählich in der Rückschau deutlich wurde, daß tatsächlich eine tiefgreifende Veränderung stattgefunden hatte, so vollzog sich auch der Übergang von der modernen zur zeitgenössischen Kunst. Lange Zeit war »zeitgenössische Kunst« wohl nicht mehr als *moderne Kunst, die jetzt gerade entsteht*. Schließlich impliziert »modern« einen Unterschied zwischen »jetzt« und »früher«: Der Begriff wäre ja völlig überflüssig, wenn die Dinge immer stetig und unverändert blieben. Er legt ein historisches Gefüge nahe und ist in diesem Sinne gehaltvoller als ein Begriff wie »jüngst«. »Zeitgenössisch« in seiner offensichtlichsten Bedeutung bezeichnet einfach das jetzt Stattfindende: Zeitgenössische Kunst wird von unseren Zeitgenossen geschaffen. Sicherlich hat sie sich noch nicht bewährt. Doch hat sie für uns eine bestimmte Bedeutung, die selbst moderne Kunst, die sich bewährt hat, nicht haben kann: Sie ist nämlich auf eine besonders intime Art und Weise »unsere Kunst«. Aber da die Geschichte der Kunst sich von innen heraus entwickelt hat, bezeichnet »zeitgenössisch« eine Kunst, die innerhalb einer bestimmten Produktionsstruktur entstanden ist, die es, glaube ich, in der gesamten Kunstgeschichte nie zuvor gegeben hat. So wie »modern« heute einen Stil und sogar eine Periode bezeichnet und nicht nur Kunst jüngeren Datums, steht »zeitgenössisch« für mehr als nur die Kunst des derzeitigen Augenblicks. Meiner Ansicht nach bezeichnet der Begriff außerdem weniger eine Periode als vielmehr das, was geschieht, wenn es keine Perioden innerhalb einer Meistererzählung der Kunst mehr gibt, und weniger einen Stil der Herstellung von Kunst als vielmehr einen Stil der Verwendung von Stilarten. Natürlich gibt es auch zeitgenössische Kunst, die sich Stilarten bedient, die völlig neu sind, worauf ich allerdings an diesem Punkt in meiner Erörterung nicht weiter eingehen möchte. Ich möchte den Leser nur auf meine Bemühung aufmerksam machen, eine deutliche Unterscheidung zwischen »modern« und »zeitgenössisch« zu treffen.[15]

Ich glaube kaum, daß diese Unterscheidung besonders deutlich getroffen wurde, als ich Ende der vierziger Jahre nach New York zog, als »unsere Kunst« moderne Kunst war und das Museum of Modern Art auf jene innige Art und Weise uns gehörte. Sicherlich entstand viel Kunst, die zu dem Zeitpunkt noch nicht in diesem Museum auftauchte, doch hatten wir damals nicht den Eindruck, insofern wir überhaupt einen Gedanken daran verschwendeten, daß jene Kunst in einer Weise zeitgenössisch war, die sie vom Modernen unterschied. Es schien einfach eine naturgegebene Ordnung zu sein, daß ein Teil dieser Kunst früher oder später Eingang ins »Modern« finden würde und daß diese Ordnung endlos weiterbestehen würde, da die moderne Kunst sich einen dauerhaften Platz erobert hatte, ohne indessen einen geschlossenen Kanon zu bilden. Er war sicher nicht geschlossen, als die Zeitschrift *Life* 1949 behauptete, Jackson Pollock sei der größte lebende amerikanische Maler. Daß der Kanon heute nach Ansicht vieler, auch meiner Ansicht nach, geschlossen ist, bedeutet, daß sich an irgendeinem Punkt zwischen damals und heute eine Unterscheidung zwischen dem Zeitgenössischen und dem Modernen herauskristallisierte. Das Zeitgenössische war nicht mehr modern außer im Sinne von »jüngst«, und das Moderne erschien immer deutlicher als ein Stil, der ab 1880 bis irgendwann in den sechziger Jahren tonangebend war. Man könnte vielleicht sogar die Meinung vertreten, daß auch danach noch moderne Kunst entstand – Kunst, die weiterhin den stilistischen Geboten der Moderne folgte –, daß Kunst aber nicht mehr wirklich zeitgenössisch war außer eben im streng temporalen Sinne dieses Begriffs. Denn als sich das stilistische Profil der modernen Kunst offenbarte, geschah das deshalb, weil die zeitgenössische Kunst ihrerseits ein Profil enthüllte, das sich von der modernen Kunst eklatant unterschied. Dies versetzte das Museum of Modern Art in eine Zwangslage, die niemand vorausgesehen hatte, als das Museum noch die Heimstatt für »unsere Kunst« war. Diese Zwangslage erwuchs aus der Tatsache, daß »modern« eine stilistische *und* eine zeitliche Bedeutung hat. Niemand hätte im Traum daran gedacht, daß diese beiden in Konflikt geraten würden, daß zeitgenössische Kunst einmal keine moderne Kunst mehr sein würde. Aber heute, da wir uns dem Ende des Jahrhunderts nähern, muß sich das Museum of Modern Art entscheiden, ob es fortan zeitgenössische Kunst erwerben will, die nicht modern ist, und damit ein Museum moderner Kunst im streng zeitlichen Sinne wird, oder ob es auch weiterhin nur stilistisch moderne Kunst sammeln will, die nur noch spärlich entsteht und für die zeitgenössische Welt nicht mehr repräsentativ ist.

Auf jeden Fall wurde die Unterscheidung zwischen modern und zeitgenössisch erst in den siebziger und achtziger Jahren klar. Zeitgenössische Kunst war noch lange Zeit »die von unseren Zeitgenossen geschaffene moderne Kunst«. Bis sich diese Denkweise an irgendeinem Punkt als unbefriedigend erwies, was die Notwendigkeit, den Begriff »postmodern« zu erfinden, belegt. Jener Begriff zeigte allein schon die relative Schwäche des Begriffs »zeitgenössisch« als Bezeichnung eines Stils. Er schien zu sehr ein rein temporaler Begriff zu sein. Aber vielleicht war »postmodern« ein zu einseitiger Begriff, der allzu eng mit einem bestimmten Bereich der zeitgenössischen Kunst verbunden war. Denn in Wirklichkeit scheint der Begriff »postmodern« meines Erachtens einen bestimmten Stil zu bezeichnen, den wir erkennen lernen können, so wie wir an Beispielen den Barock oder das Rokoko erkennen lernen. Als Begriff gleicht er dem englischen »camp«, den Susan Sontag in einem berühmten Essay aus der Schwulensprache in den allgemeinen Sprachgebrauch übertrug.[16] Durch die Lektüre ihres Essays kann man eine gewisse Fertigkeit darin erwerben, »camp« Objekte zu erkennen, so wie man auch postmoderne Objekte erkennen lernen kann, wobei vielleicht in den Grenzbereichen einige Schwierigkeiten auftauchen. Aber so ist das nun einmal mit den meisten – stilistischen oder anderen – Ideen und mit den Erkennungsfähigkeiten der Menschen wie auch der Tiere. In Robert Venturis 1966 geschriebenem Buch *Complexity and Contradiction in Achitecture* findet sich eine wertvolle Formel: »Elemente, die hybrid sind und nicht ›rein‹, kompromittierend statt ›sauber‹, ›zweideutig‹ statt ›klar gegliedert‹, sowohl pervers als auch ›interessant‹.«[17] Wenn man Kunstwerke anhand dieser Formel aussortieren würde, könnte man mit ziemlicher Sicherheit davon ausgehen, daß man beinahe ausschließlich postmoderne Arbeiten auftürmen würde. Darunter die Arbeiten von Robert Rauschenberg, die Bilder Julian Schnabels und David Salles und wohl auch die Architektur Frank Gehrys. Aber ein Großteil der zeitgenössischen Welt bliebe dabei unberücksichtigt – etwa die Arbeiten von Jenny Holzer oder die

Bilder von Robert Mangold. Jemand hat einmal vorgeschlagen, daß wir vielleicht einfach von *Postmodernismen* sprechen sollten. Aber sobald wir das tun, verlieren wir damit unsere Erkennungsfähigkeit, das Vermögen, auszusortieren, sowie das Gefühl dafür, daß die Postmoderne einen bestimmten Stil bezeichnet. Genausogut könnten wir das Wort »zeitgenössisch« verwenden, um zu bezeichnen, was die Disjunktion der Postmodernismen abdecken sollte, aber auch dann müßten wir das Gefühl haben, daß uns ein identifizierbarer Stil fehlt und daß eigentlich alles paßt. Und genau das kennzeichnet ja die bildende Kunst nach dem Ende der Moderne: Als Periode ist sie durch ein Fehlen stilistischer Einheitlichkeit oder zumindest jener Art von stilistischer Einheitlichkeit definiert, die zu einem Kriterium erhoben und als Grundlage für die Entwicklung einer Erkennungsfähigkeit dienen kann; die Folge: Eine narrative Richtung ist nicht mehr möglich. Ich spreche deshalb lieber von *posthistorischer* Kunst. Alles jemals Geschaffene könnte auch heute entstehen und ein Beispiel für posthistorische Kunst sein. So könnte ein Aneignungskünstler wie Mike Bidlo eine Ausstellung von Werken Piero della Francescas veranstalten, in der er die Gesamtheit von Pieros Oeuvre appropriierte. Piero ist sicher kein posthistorischer Künstler, Bidlo dagegen schon, außerdem hat er als Aneigner Talent genug, damit seine Pieros und Pieros eigene Bilder einander so sehr gleichen könnten, wie er das wollte – so sehr, wie seine Morandis wie Morandis, seine Picassos wie Picassos oder seine Warhols wie Warhols aussehen. In einem wichtigen Sinne, der dem Auge allerdings nicht leicht zugänglich ist, hätten Bidlos Pieros mehr gemein mit dem Werk von Jenny Holzer, Barbara Kruger, Cindy Sherman und Sherrie Levine als mit Pieros tatsächlichen Stilkollegen. Das Zeitgenössische ist damit, aus einer bestimmten Perspektive heraus betrachtet, eine Periode der Informationsstörung, ein Zustand perfekter ästhetischer Entropie. Zugleich ist es eine Periode der vollkommenen Freiheit. Heute gibt es die Grenzen der Geschichte nicht mehr. Alles ist erlaubt. Damit ist das Bemühen, den historischen Übergang von der modernen zur posthistorischen Kunst zu verstehen, umso mehr gefordert. Und das wiederum macht es dringlich, zu versuchen, die siebziger Jahre zu verstehen, eine Zeit, die auf ihre Art so obskur ist wie das zehnte Jahrhundert.

Die siebziger Jahre waren ein Jahrzehnt, in der es den Anschein gehabt haben muß, als habe die Geschichte sich verirrt. Verirrt, weil sich anscheinend überhaupt keine erkennbare Richtung abzeichnete. Wenn wir 1962 als das Ende des Abstrakten Expressionismus festlegen, dann folgten diesem in schwindelerregend rascher Aufeinanderfolge eine

Reihe von Stilarten: Farbfeldmalerei, hard-edged Abstraktion, französischer Neorealismus, Pop, Op, Minimalismus, *arte povera* und dann die sogenannte New Sculpture, zu der Richard Serra, Linda Benglis, Richard Tuttle, Eva Hesse und Barry Le Va gehörten, sowie dann die Konzeptkunst. Gefolgt von zehn Jahren scheinbarer Ereignislosigkeit. Zwar bildeten sich sporadische Bewegungen heraus wie *Pattern and Decoration*, doch ging niemand davon aus, daß sie jene strukturelle stilistische Energie erzeugen würde, die den ungeheuren Neuerungen der sechziger Jahre eigen gewesen war. Bis dann Anfang der achtziger Jahre urplötzlich der Neoexpressionismus auf der Bildfläche erschien, der allen das Gefühl vermittelte, man habe eine neue Richtung gefunden. Und dann trat wieder relative Leere ein, zumindest was historische Richtungen betraf. Gefolgt von der erwachenden Erkenntnis, daß das Fehlen einer Richtung *das* Erkennungsmerkmal der neuen Periode war, daß der Neoexpressionismus nicht wirklich eine Richtung, sondern nur die Illusion einer solchen war. In jüngster Zeit hat sich der Eindruck verbreitet, daß sich die letzten fünfundzwanzig Jahre, eine Periode enormer experimenteller Produktivität in der bildenden Kunst ohne eine einheitliche narrative Richtung, auf deren Grundlage sich andere ausschließen ließen, zur Norm gefestigt haben.

Die sechziger Jahre waren ein Paroxysmus der Stile, in dessen Verlauf, so will mir scheinen – und auf dieser Grundlage sprach ich überhaupt vom »Ende der Kunst« –, es allmählich, zuerst durch die *nouveaux réalistes* und dann durch die Pop-Art, klar wurde, daß Kunst im Vergleich zu den von mir »bloß reale Dinge« genannten Objekten kein bestimmtes Aussehen aufweisen mußte. Um mein Lieblingsbeispiel anzuführen: Nichts braucht äußerlich einen Unterschied zwischen Andy Warhols *Brillo Box* und den Brillo-Kartons im Supermarkt zu markieren. Die Konzeptkunst hat gezeigt, daß ein Werk der bildenden Kunst nicht einmal ein greifbares visuelles Objekt erfordert. Das hieß, daß sich die Bedeutung von Kunst nicht mehr anhand von Beispielen lehren ließ. Es bedeutete, das Erscheinungsbild betreffend konnte alles Kunst sein und man mußte von der sinnlichen Erfahrung auf das Denken umschalten, um herauszufinden, was Kunst war. Kurz gesagt, man mußte sich an die Philosophie wenden.

In einem Interview 1969 behauptete der Konzeptkünstler Joseph Kosuth, die einzige Rolle des Künstlers sei derzeit »das Wesen der Kunst selbst zu untersuchen«.[18] Dies klingt auffallend wie eine Zeile bei Hegel, auf die ich meine eigenen Ansichten über das Ende der Kunst stütze: »Die Kunst ladet uns zur denkenden Betrachtung ein, und zwar nicht zu dem Zwecke, Kunst wieder hervorzurufen, sondern, was die Kunst sei, wissenschaftlich zu erkennen.«[19] Joseph Kosuth ist ein philosophisch außergewöhnlich beschlagener Künstler; er war einer der wenigen in den sechziger und siebziger Jahren tätigen Künstler, die in der Lage waren, eine philosophische Analyse des allgemeinen Wesens der Kunst anzustellen. Nur relativ wenige Philosophen der damaligen Zeit waren dazu bereit, einfach weil kaum einer sich vorstellen konnte, daß solche Kunst in derart schwindelerregender Zusammenhanglosigkeit entstehen würde. Die philosophische Frage nach dem Wesen der Kunst war deshalb vielmehr etwas, das aus der Kunst heraus entstand, als die Künstler sich eine Grenze nach der anderen vornahmen und feststellten, daß jede von ihnen Durchlaß gewährte. Alle für die sechziger Jahre typischen Künstler waren sich der bestehenden Grenzen deutlich bewußt, die jeweils einer stillschweigenden philosophischen Definition der Kunst folgten; ihre Auflösung hat uns die Situation beschert, in der wir uns heute befinden. Übrigens ist es gar nicht leicht, in einer solchen Welt zu leben, was auch erklärt, warum die politische Realität der Gegenwart durch das Neuziehen und Festlegen aller nur möglichen Grenzen gekennzeichnet ist. Doch erst in den sechziger Jahren wurde eine ernsthafte Philosophie der Kunst möglich, die sich nicht auf rein lokale Fakten gründete – etwa daß Kunst im wesentlichen aus Malerei und Bildhauerei bestand. Erst als klar wurde, daß alles Kunst sein konnte, war philosophisches Denken über Kunst möglich. Das war der Auslöser für eine wirklich allgemeine Kunstphilosophie. Und die Kunst selbst? Wie stand es mit der »Kunst nach der Philosophie« – um den Titel von Kosuths Essay zu verwenden, der selbst ein Kunstwerk sein könnte? Wie steht es mit der Kunst nach dem Ende der Kunst, wobei »nach dem Ende der Kunst« in meinem Diskurs »nach dem Erstehen philosophischer Selbstreflexion« bedeutet? Wobei ein Kunstwerk aus einem beliebigen Objekt bestehen kann, das als Kunst ins Recht gesetzt wird und die Frage aufwirft: »Warum bin ich Kunst?«.

Mit dieser Frage war die Geschichte der Moderne vorbei. Sie war vorbei, weil die Moderne zu sehr lokal beschränkt und zu materialistisch war, da es ihr um Form, Oberfläche, Pigment und dergleichen ging, die alle den Reinzustand der Malerei definierten. Die moderne Malerei nach Greenbergs Definition konnte nur die Frage stellen: »Was ist mir eigen, was keiner anderen Kunst eigen sein kann?« Die Bildhauerei stellte sich die gleiche Frage. Wir können uns dadurch jedoch kein allgemeines Bild vom Wesen der Kunst machen, sondern nur davon, was einigen Kunstarten, vielleicht den historisch bedeutendsten, wesentlich war. Welche Frage stellt Warhols *Brillo Box* oder Beuys' Multiple eines auf ein Papier geklebten Stücks Schokolade? Greenberg hatte einen bestimmten lokalen Stil der Abstraktion mit der philosophischen Wahrheit der Kunst gleichgesetzt; die einmal gefundene philosophische Wahrheit muß jedoch auf jede mögliche Erscheinungsform von Kunst zutreffen.

Soviel steht fest: Die Paroxysmen verflüchtigten sich in den siebziger Jahren, als sei es die innerste Intention der Kunstgeschichte gewesen, sich einen philosophischen Begriff von sich selbst zu machen. Die letzten Phasen jener Geschichte waren in gewisser Weise die schwierigsten, weil die Kunst sich bemühte, auch durch die dichtesten Außenmembranen zu dringen und sich gerade dadurch selbst verkrampfte. Aber nun da die Hülle durchbrochen war, da sich ein Blick auf das Selbstbewußtsein eröffnet hatte, war die Geschichte zu Ende. Sie hatte sich einer Last entledigt, die sie fortan den Philosophen aufbürden konnte. Und die vom Joch der Geschichte befreiten Künstler konnten nun Kunst schaffen, wie es ihnen gefiel, zu welchem Zweck auch immer oder zu gar keinem Zweck. Das genau kennzeichnet die zeitgenössische Kunst, weshalb es auch kaum Wunder nimmt, daß es im Gegensatz zur Moderne keinen zeitgenössischen Stil gibt.

Meines Erachtens trat das Ende der Moderne nicht einen Augenblick zu früh ein. Bevölkerten doch die Kunstwelt der siebziger Jahre Künstler, die mit einer Erweiterung der Grenzen der Kunst oder einer Fortführung der Kunstgeschichte nicht viel im Sinn hatten, sondern vielmehr die Kunst als Handlangerin ganz bestimmter persönlicher oder politischer Ziele benutzten. Den Künstlern stand das gesamte Erbe der Kunstgeschichte für ihre Arbeit zur Verfügung, einschließlich der Geschichte der Avantgarde, die ihnen all jene herrlichen Möglichkeiten an die Hand gab, die sich die Avantgarde, um deren Unterdrückung es der Moderne nicht zuletzt ging, erarbeitet hatte. Meiner persönlichen Ansicht nach war der wichtigste künstlerische Beitrag dieses Jahrzehnts das appropriierte Bild – die Aneignung von Bildern mit einer festgelegten Bedeutung und Identität, denen eine neue Bedeutung und Identität gegeben wurde. Da sich jedes beliebige Bild aneignen ließ, folgt daraus unmittelbar, daß es keine wahrnehmbare stilistische Einheitlichkeit der appropriierten Bilder geben konnte. Eines meiner Lieblingsbeispiele ist Kevin Roches aus dem Jahre 1992 stammender Anbau an das Jüdische Museum in New York. Das alte Jüdische Museum war die Warburg-Villa auf der Fifth Avenue mitsamt ihren Anklängen an den Prunk eines goldenen Zeitalters. Kevin Roche hatte den genialen Einfall, das alte Jüdische Museum einfach zu duplizieren, so daß das Auge keinerlei Unterschied feststellen kann. Doch paßt das Gebäude perfekt in das postmoderne Zeitalter: Ein postmoderner Architekt kann ein Gebäude entwerfen, das wie ein manieristisches Chateau aussieht. Es war eine architektonische Lösung, die dem konservativsten, nostalgischsten Museumskurator gefallen mußte, zugleich aber auch dem progressivsten Zeitgenossen – allerdings aus gänzlich unterschiedlichen Gründen.

Diese künstlerischen Möglichkeiten sind lediglich die Realisierung und Anwendung jenes ungeheuren philosophischen Beitrags, den die sechziger Jahre zum Selbstverständnis der Kunst geleistet haben: daß Kunstwerke vorstellbar sind, ja geschaffen werden, die genau wie bloß reale Dinge aussehen, welche ihrerseits überhaupt keinen Anspruch auf den Kunststatus haben, da dieser impliziert, daß sich Kunstwerke eben nicht anhand bestimmter visueller Eigenschaften, die sie aufweisen, definieren lassen. Es besteht kein Apriori dafür, wie Kunstwerke auszusehen haben – ihr Aussehen kann vollkommen beliebig sein. Diese Tatsache allein bereitete dem Programm der Moderne ein Ende, richtete jedoch notgedrungen Chaos in der zentralen Institution der Kunstwelt an, nämlich dem Museum der schönen Künste. Die erste Generation der großen amerikanischen Museen ging ganz selbstverständlich davon aus, daß ihr Bestand Schätze von großer visueller Schönheit barg und daß Besucher in diese Schatzkammer kamen, um die Gegenwart spiritueller Wahrheit zu erfahren, für die das sichtbare Schöne die Metapher abgab. Die zweite Generation, allen voran das Museum of Modern Art, ging davon aus, daß das Kunstwerk in formalistischen Begriffen zu definieren und unter der Perspektive einer Erzählung zu würdigen war, die sich nur unwesentlich von derjenigen Greenbergs unterschied: eine lineare progressive Geschichte, durch die sich der Besucher hindurcharbeitete, wobei er die Würdigung des Werkes im Zuge einer Aneignung der historischen Abläufe erlernte. Nichts sollte von der formalen visuellen Bedeutung der Arbeiten ablenken. Selbst auf Bilderrahmen wurde verzichtet, weil sie eine Ablenkung darstellten oder auch ein Zugeständnis an ein illusionistisches Programm, dem die Moderne entwachsen war: Bilder waren nicht mehr Fenster, die einen Ausblick auf Phantasieszenen boten, sondern Objekte aus eigenem Recht, selbst wenn sie als Fenster konzipiert waren. Es ist übrigens einsichtig, warum der Surrealismus im Lichte einer solchen Erfahrung unterdrückt werden mußte: Er lenkte einfach allzu stark vom Programm der Moderne ab, von seinem belanglosen Illusionismus ganz zu schweigen. Die entsprechenden Arbeiten erhielten viel Raum in Galerien, die rein gar nichts außer ihnen enthielten.

Mit dem philosophischen Mündigwerden der Kunst wird das Visuelle ohnehin unwichtig, ist fortan so wenig relevant für das Wesen der Kunst, wie sich die Schönheit als nicht relevant erwies. Damit Kunst existiert, bedarf es nicht einmal eines sichtbaren Objekts, und wenn Objekte in einer Galerie stehen, dann können sie ein beliebiges Aussehen haben. In diesem Zusammenhang verdienen drei Angriffe auf etablierte Museen eine Erwähnung. Als Kirk Varnedoe und Adam Gopnick in der Ausstellung »High and Low« des Jahres 1990 die Pop Art in die Säle des Museum of Modern Art einließen, gab es einen Aufschrei der Kritiker. Als Thomas Krens einen Kandinsky und einen Chagall verkaufte, um einen Teil der Panza-Sammlung zu erwerben, die zu einem Gutteil konzeptuell war und nicht aus konkreten Objekten bestand, gab es wiederum einen Aufschrei der Kritiker. Und als das Whitney 1993 eine Biennale veranstaltete, in der die ausgestellten Werke typische Beispiele für die Entwicklung der Kunstwelt nach dem Ende der Kunst waren, war der feindselige Erguß der Kritiker – an dem ich mich zu meiner Schande beteiligte – eine in der Geschichte der Polemik um die Biennale beispiellose Reaktion. Egal was Kunst auch ist, sie ist nicht mehr etwas, das man sich vor allem ansieht. Das man anstarrt, vielleicht, aber nicht etwas, das in erster Linie zum Schauen einlädt. Was soll ein posthistorisches Museum so gesehen tun oder sein?

Es ist offensichtlich, daß es mindestens drei Modelle gibt, je nach der Kunst, mit der wir es zu tun haben, und je nachdem, ob unsere Beziehung zu dieser Kunst durch Schönheit, Form oder etwas, das ich Engagement nennen möchte, bestimmt ist. Die zeitgenössische Kunst ist allzu pluralistisch in ihren Absichten und Realisierungen, als daß man sie in eine einzige Dimension zwängen könnte. Es läßt sich sogar behaupten, daß sie mit den üblichen Vorgaben des Museums in einem Maße inkompatibel ist, daß wir eine gänzlich neue Art von Kurator brauchen, einen, der die Museumsstrukturen völlig beiseiteläßt, um die Kunst direkt mit dem Leben der Menschen in Verbindung zu bringen, der sich nicht veranlaßt fühlt, das Museum als Schatzkammer der Schönheit oder als heilige Stätte der spirituellen Form zu nutzen. Damit sich ein Museum auf diese Art von Kunst einlassen kann, muß es einen Großteil jener Struktur und Theorie aufgeben, die das Museum in den anderen beiden Formen definieren.

Aber das Museum selbst ist nur ein Teil jener Infrastruktur der Kunst, die sich früher oder später auf das Ende der Kunst sowie auf die Kunst nach dem Ende der Kunst einstellen muß. Der Künstler, die Galerie, die Praxis der Kunstgeschichte und die Disziplin der philosophischen Ästhetik müssen sich alle auf ihre Art anpassen und ändern, vielleicht sogar grundsätzlich. Ich kann nur hoffen, in den folgenden Kapiteln einen Teil der philosophischen Geschichte darzulegen. Die institutionelle Erzählung muß auf die Geschichte selbst warten.

Anmerkungen

1. »The End of Art« war der Leitessay in einem von Berel Lang herausgegebenen Buch mit dem Titel *The Death of Art* (New York: Haven Publishers, 1984). Vorhaben des Buches war, die Reaktionen unterschiedlicher Autoren auf die im Leitessay aufgeworfenen Ideen zusammenzutragen. Ich habe mich mit dem Ende der Kunst dann später noch in verschiedenen Essays befaßt. »Approaching the End of Art« war ein Vortrag, den ich im Februar 1985 im Whitney Museum of American Art hielt und der in meinem Buch *The State of the Art* (New York: Prentice Hall Press, 1987) erschien. »Narratives of the End of Art« war eine Lionel Trilling Lecture an der Columbia University, die zuerst in der Zeitschrift *Grand Street* abgedruckt und dann in meinem Buch *Encounters and Reflections: Art in the Historical Present* (New York: Noonday Press, Farrar, Straus and Giroux, 1991) [dt.: *Reiz und Reflexion*, übers. von Christiane Spelsberg (München: Fink Verlag, 1994)] nachgedruckt wurde. Hans Beltings Essay *Das Ende der Kunstgeschichte?* erschien 1983 (München: Deutscher Kunstverlag). In seiner Vertiefung des Textes von 1983 in *Das Ende der Kunstgeschichte: Eine Revision nach zehn Jahren* (München: Verlag C.H. Beck, 1995) läßt Belting das Fragezeichen fallen. Mit dem vorliegenden Buch, das ebenfalls zehn Jahre nach der ursprünglichen Aussage entstand, habe ich mich bemüht, die etwas vage formulierte Idee vom Ende der Kunst zu aktualisieren. Es sollte hier vielleicht angemerkt werden, daß diese Idee Mitte der achtziger Jahre wohl in der Luft lag: Gianni Vattimo überschrieb in seinem Buch *Das Ende der Moderne*, aus dem Italienischen übersetzt und herausgegeben von Rafael Capurro (Stuttgart: Philip Reclam jun., 1990) im Original: *La Fine della Modernita* (Mailand: Garzanti Editore, 1985) ein Kapitel mit dem Titel »Tod oder Untergang der Kunst«. Darin betrachtet Vattimo die Phänomene, mit denen Belting und ich uns befaßt haben, aus einer sehr viel weiteren Perspektive: für ihn hat das Ende der Kunst mit dem Ende der Metaphysik generell sowie mit bestimmten philosophischen Reaktionen auf ästhetische Probleme zu tun, welche »eine technisch entwickelte Gesellschaft« aufwirft. »Das Ende der Kunst« ist lediglich ein Schnittpunkt zwischen der Gedankenlinie, der Vattimo folgt, und derjenigen, die Belting und ich aus dem kunstimmanenten Zustand zu ziehen versuchen, wobei wir diesen mehr oder weniger isoliert von den weiteren historischen und kulturellen Determinanten betrachten. So spricht Vattimo von »land art«, »body art«, »Straßentheater« und so weiter, bei denen »der Status des Werkes im wesentlichen doppeldeutig wird: das Werk sucht nicht einen Erfolg, der ihm das Recht gibt, sich in einem bestimmten Wertebereich zu etablieren (das imaginäre Museum der mit ästhetischer Qualität versehenen

Objekte)« (S. 58). Vattimos Essay ist eine recht unkomplizierte Anwendung der Thesen der Frankfurter Schule. Doch geht es mir in diesem Zusammenhang ja lediglich darum, daß die Idee eben in der Luft lag, was immer die jeweilige Perspektive gewesen sein mag.

2. »Unter dem Aspekt ihrer Entstehung lassen sich zwei Arten von Kultbildern unterscheiden, die im Christentum öffentlich verehrt wurden. Die eine Gattung, zunächst nur für Christusbilder und ein Tuchbild des hl. Stephanus in Nordafrika belegt, umfaßt ungemalte und deshalb besonders authentische Darstellungen, die entweder himmlischen Ursprungs waren oder durch mechanischen Abdruck zu Lebzeiten des Modells hervorgebracht wurden. Dafür bürgerte sich der Begriff *a-cheiro-poeitos* (nicht-von-Hand-gemacht), lateinisch: *non manufactum* ein.« (Hans Belting, *Bild und Kult. Eine Geschichte des Bildes vor dem Zeitalter der Kunst*. München: C.H. Beck'sche Verlagsbuchhandlung, ²1991, S. 64) Bei diesen Bildern handelte es sich effektiv um physische Spuren wie Fingerabdrücke, weshalb sie auch den Stellenwert von Reliquien genossen.

3. Die zweite Gattung von Bildern, welche die Kirche allerdings nur vorsichtig zuließ, waren die tatsächlich gemalten, vorausgesetzt, der Maler war ein Heiliger, wie der heilige Lukas, »von dem man glaubte, Maria habe ihm zu Lebzeiten für ein Porträt Modell gesessen ... [Man ließ] entweder die Madonna selbst das Porträt vollenden, oder gar ein Wunder, verursacht durch den Heiligen Geist, geschehen, um eine noch höhere Authentizität zu behaupten.« (Belting, *Bild und Kult*, S. 64f.) Ungeachtet der wundersamen Interventionen wurde Lukas zwangsläufig zum Schutzheiligen der Künstler, und der hl. Lukas, der Mutter und Kind abbildet, ein beliebtes, sich selbst rühmendes Thema.

4. Deshalb auch der Titel eines der Bestseller meiner Jugend, *Life Begins at Forty*, oder der jüdische Beitrag zur Debatte darüber, wann das Leben richtig anfängt, der in einem Witz immer mal wieder auftaucht: »Wenn der Hund tot ist und die Kinder aus dem Haus sind«.

5. Soweit ich weiß, stammt diese literarische Charakterisierung von Hegels frühem Meisterwerk ursprünglich von Josiah Royce in seinen *Lectures on Modern Idealism*, hrsg. von Jacob Loewenberg (Cambridge: Harvard University Press, 1920).

6. Hans Belting, *Das Ende der Kunstgeschichte?*, S.11.

7. a.a.O., S. 58.

8. Zitiert in William Rubin, *Dada, Surrealism and Their Heritage* (New York: Museum of Modern Art, 1968), S. 68.

9. Vgl. Lisa G. Corrin, *Mining the Museum: An Installation Confronting History* (Maryland Historical Society, Baltimore), und *The Play of the Unmentionable: An Installation by Joseph Kosuth at the Brooklyn Museum* (New York: New Press, 1992).

10. Nach dem Titel einer Essaysammlung aus unterschiedlichen philosophischen Federn, die jeweils einen Aspekt der recht massiven Verlagerung von Fragen der Substanz auf Fragen linguistischer Repräsentation behandeln, welche die *analytische* Philosophie im zwanzigsten Jahrhundert kennzeichnet, vgl. Rich-

ard Rorty, *The Linguistic Turn: Recent Essays in Philosophical Method* (Chicago: University of Chicago Press, 1967). Rorty unternahm natürlich schon kurz nach dieser Veröffentlichung eine kontralinguistische Kehrtwende bzw. *counterlinguistic turn*.
11. Noam Chomsky, *Cartesian Linguistics: A Chapter in the History of Rationalist Thought* (New York: Harper and Row, 1966) [dt.: *Cartesianische Linguistik. Ein Kapitel in der Geschichte des Rationalismus* (Tübingen: Niemeyer, 1997)].
12. Clement Greenberg, »Modernist Painting«, in *Clement Greenberg: The Collected Essays and Criticism*, hrsg. von John O'Brian, Bd. 4: *Modernism with a Vengeance: 1957–1969*, S. 85-93. Alle Zitate in dem vorliegenden Absatz stammen aus demselben Text.
13. Rosalind E. Krauss, *The Optical Unconscious* (Cambridge: MIT Pres, 1993); Hal Foster, *Compulsive Beauty* (Cambridge: MIT Press, 1993).
14. Greenberg, *The Collected Essays and Criticism*, Bd. IV, S. XIII.
15. »Die Frage des Status von moderner im Gegensatz zu zeitgenössischer Kunst fordert die allgemeine Aufmerksamkeit der Disziplin – ob man an die Postmoderne glaubt oder nicht.« (Hans Belting, *Das Ende der Kunstgeschichte?, xii).*
16. Susan Sontag, »Notes on Camp« in *Against Interpretation* (New York: Laurel Books, 1966), S. 277-93.
17. Robert Venturi, *Complexity and Contradiction in Architecture* (New York: Museum of Modern Art, ²1977).
18. Joseph Kosuth, »Art after Philosophy«, *Studio International* (Oktober 1969), nachgedruckt in Ursula Meyer, *Conceptual Art* (New York: E.P. Dutton, 1972), S. 55-70.
19. Georg Wilhelm Friedrich Hegel, *Einleitung in die Ästhetik,* hrsg. von Wolfhart Henckmann (München: Fink, 1967), S. 3.

Ad Reinhardt, *Black Painting* (1962)

II. Drei Jahrzehnte
nach dem Ende der Kunst

Erst ein geschlagenes Jahrzehnt nach der Veröffentlichung eines Essays, in dem ich versuchte, die Situation der bildenden Künste in eine historische Perspektive zu rücken, ging mir auf, daß das Jahr seines Erscheinens – 1984 – eine symbolische Bedeutung hatte, die jemanden, der sich auf die unsicheren Gewässer der historischen Prophezeiung begeben wollte, wohl veranlassen könnte, die Segel zu streichen. Der Titel des Aufsatzes lautete etwas provokant: »Das Ende der Kunst«, und so schwer das auch für jemanden zu glauben war, der die nie dagewesene Woge künstlerischer Schaffensfreude jenes Jahres und noch einiger Jahre danach miterlebt hatte: Ich wollte tatsächlich einen Abschluß verkünden, der hinsichtlich der historischen Entwicklung der Kunst eingetreten war, ich wollte postulieren, daß ein Zeitalter der sagenhaften Kreativität im Westen, das etwa sechs Jahrhunderte angehalten hatte, an ein Ende gelangt war und daß alle fortan geschaffene Kunst sich durch einen, wie ich es vorausschauend nannte, *posthistorischen* Charakter auszeichnen würde. Angesichts einer wachsenden und gedeihenden Kunstwelt, in der der Künstler mit einem Mal nicht mehr dem Zwang unterlag, jene Zeit der Unbekanntheit, der Armut und des Leidens zu durchleben, welche der einschlägige Mythos der paradigmatischen Künstlerbiographie voraussetzte, und in der statt dessen sofortige Anerkennung und materieller Wohlstand auf die gerade frisch von Kunsthochschulen wie dem California Institute of Arts und Yale kommenden Maler wartete, muß *meine* Behauptung so ungereimt und realitätsfern erschienen sein, wie jene panischen Voraussagen vom Weltenende, welche die Geheime Offenbarung des Johannes auslöste. Im Gegensatz zu dem frohlockenden, ja fieberhaften Kunstmarkt Mitte der achtziger Jahre, den gewisse mißgünstige, jedoch nicht gänzlich falsch liegende Kommentatoren damals mit dem berühmten Tulpenfieber verglichen, in dem spekulativer Eifer die typische Vorsicht und Sparsamkeit der Holländer hinwegfegte, ist die Kunstwelt Mitte der neunziger Jahre eine triste und ernüchterte Szene. Künstler, die sich auf ein Leben in fürstlichen Wohnsitzen und opulenten Restaurants gefreut hatten, müssen sich nun anstrengen, eine Lehranstellung zu finden, um sich für lange Jahre der Dürre zu wappnen.

Märkte sind Märkte, die Nachfrage und Angebot unterliegen, aber die Nachfrage gehorcht ihren eigenen kausalen Determinanten, und es ist durchaus denkbar, daß sich der Komplex an kausalen Determinanten, die den Appetit auf Kunsterwerb in den achtziger Jahren bestimmten, nie wieder in der in jenem Jahrzehnt angenommenen Form zusammenfügen wird. Damals fühlte sich nämlich eine große Zahl von Privatpersonen bemüßigt, Kunst zu erwerben, weil diese in ihre Sicht eines sinnvollen Lebens paßte. Soweit ich weiß, gab es nie wieder die gleiche einzigartige Konstellation von Faktoren, die den Preis von Tulpen im Holland des 17. Jahrhunderts über alle vernünftigen Erwartungen hinaus in die Höhe trieb. Natürlich besteht bis heute ein Markt für Tulpen, wobei sich diese Blumen einer schwankenden Gunst seitens der Gärtner erfreut haben. Genauso kann man davon ausgehen, daß es immer einen Kunstmarkt geben wird, auf dem der Ruf einzelner Künstler jene Höhen und Tiefen durchmessen wird, die den mit der Geschichte des Geschmacks und der Mode Befaßten nur zu gut bekannt sind. Das Sammeln von Kunst mag keine so lange Vorgeschichte haben wie der Gartenbau, doch ist das Sammeln sicherlich eine in der menschlichen Psyche ebenso tief verwurzelte Neigung wie die Gärtnerei – wobei ich hier nicht vom Ackerbau spreche, sondern von der künstlerischen Form der Hortikultur. Möglicherweise kehrt der Kunstmarkt der achtziger Jahre nie wieder, so daß die Erwartungen der Künstler und Galeristen jener Zeit wohl nie wieder realistisch sein werden. Sicherlich könnte eine neue Konstellation von Ursachen einen nach außen hin ähnlichen Markt schaffen, doch ist mein Standpunkt der, daß im Gegensatz zu den natürlichen Zyklen von Auf und Nieder, die mit dem Begriff eines Marktes verbunden sind, ein solches Ereignis so unvorhersagbar wäre wie das plötzliche Eindringen eines Meteoriten in die geordneten Bahnen der Planeten, aus denen das Sonnensystem besteht.

Doch hat die These vom Ende der Kunst auch gar nichts mit Märkten zu tun oder mit jener Art von historischem Chaos, wie es das Entstehen des von rapidem Umschlag gekennzeichneten Kunstmarktes der achtziger Jahre bewirkte. Die Dissonanz zwischen meiner These und dem berauschenden Markt der achtziger Jahre ist ebenso irrelevant für meine These wie das Ende jenes Marktes in diesem Jahrzehnt es ist, das man irrtümlicherweise als eine Bestätigung dieser These anführen könnte. Was also bestätigt sie, was widerlegt sie? Diese Frage bringt mich zu der symbolischen Bedeutung des Jahres 1984 in der Weltgeschichte zurück.

Egal, was die Annalen und Chroniken der Weltgeschichte für 1984 festhalten, das mit Abstand bedeutungsvollste Ereignis jenes Jahres war ein sogenannter *non-event*, vergleichbar mit dem Jahre 1000, als das bedeutendste Ereignis darin bestand, daß die Welt nicht unterging, im Gegensatz zu dem, was Zukunftsdeuter aus der Johannes-Offenbarung als gesichert herausgelesen hatten. Was 1984 *nicht* geschah, war die Einrichtung eines politischen Weltzustands, wie George Orwell ihn in seinem Roman *1984* als mehr oder weniger unvermeidlich vorausgesagt hatte. In der Tat erwies sich 1984 als so anders als das, was *1984* jenem Jahr vorhergesagt hatte, daß man sich ein Jahrzehnt später der Frage nicht erwehren kann, wie sich eine Vorhersage über das Ende der Kunst gegen die historische Realität behauptet, die wir zehn Jahre danach erfahren: Wenn das Verflachen der Kurven künstlerischer Produktion und der Nachfrage nicht gegen sie in die Waagschale gelegt werden kann, was dann? Orwell führte einen Vergleich in die Sprache ein – »wie 1984« –, den Leser seines Romans unschwer auf bestimmte schamlose Übergriffe des Staates auf die Privatsphäre anwenden konnten. Als sich das Jahr dann jedoch eingestellt hatte, hätte dieser Vergleich in »wie *1984*« umformuliert werden müssen – wie die romanhafte Darstellung der Geschichte nämlich und nicht wie diese selbst, wobei die Diskrepanz zwischen diesen beiden Orwell sicherlich erstaunt hätte, da die Romanprognose 1948 (1984 unter Umkehrung der letzten beiden Ziffern) in das politische Gewebe der Weltgeschichte derart fest eingeschrieben schien, daß der kalte, entmenschlichte Terror einer totalitären Zukunft ein Schicksal zu sein schien, das nichts aufhalten oder verhindern konnte. Die politische Wirklichkeit des Jahres 1989, als die Mauern fielen und die europäische Politik eine Richtung einschlug, die selbst von der 1948er Fiktion weit entfernt war, war in der Welt von 1984 kaum erkennbar, doch war jene Welt selbst bereits ein gelösterer, weniger bedrohlicher Ort. Die beängstigende Sprache der Nukleartests, mittels derer feindliche Supermächte einander Signale zusandten, sobald eine Macht etwas tat, was die andere als Bedrohung auffaßte, hatte der um nichts weniger symbolischen Sprache des Ausstellungsaustauschs impressionistischer und nachimpressionistischer Gemälde Platz gemacht. Nach dem Zweiten Weltkrieg war die offizielle Ausstellung von Nationalschätzen die Standardgeste, mit der eine Nation einer anderen kundtat, daß die Feindseligkeiten beigelegt seien und daß man ihr Objekte von unschätzbarem Wert anvertrauen könne. Es lassen sich auch schwer Objekte vorstellen, die zugleich eine größere physische Fragilität und einen größeren Wert aufgewiesen hätten als bestimmte Gemälde: Der 1987 erfolgte Verkauf von van Goghs *Schwertlilien* für 53,6 Millionen Dollar unterstreicht nur die implizite Vertrauensgeste, die aus der Übergabe erstklassiger Bilder in die Hände derjenigen spricht, die diese Bilder noch kurz zuvor beschlagnahmt und für sich beansprucht hätten. (In Klammern sei angemerkt, daß die gestische Bedeutung von Ausstellungen nach wie vor groß ist, selbst wenn eine Nation keinen Fundus an Nationalschätzen anzuvertrauen hat: Heute begründet man seine Bereitschaft, Teil der Völkergemeinschaft zu sein, durch das Veranstalten einer Biennale. Kaum hatte die Apartheid in Südafrika geeendet, da gab Johannesburg auch schon seine erste solche Schau bekannt, zu der es die Regierungen der Welt einlud, sich als Sponsoren zu beteiligen, um so seine moralische Annehmbarkeit zu bestätigen).[1] 1986 schickte die amerikanische Nationalgalerie vierzig impressionistische und nachimpressionistische Werke zu einer Wanderausstellung durch die Sowjetunion; während desselben Jahres dienten Werke vergleichbarer Qualität – Werke, von denen man nie zu hoffen gewagt hatte, sie jemals außerhalb der Sowjetunion zu Gesicht zu bekommen – als ästhetische Botschafter in bedeutenden amerikanischen Museen. Orwells Big Brother wirkte immer weniger wie eine politische Möglichkeit und immer stärker wie ein fiktionales Wesen, das aus der scheinbar unabwendbaren Entwicklung im Jahre 1948 geboren war. Orwells fiktionale Vorhersage war in ihrem Entstehungsjahr, 1948, der historischen Realität weitaus näher als meine kunsthistorische Vorhersage es 1984 zu sein schien, als *1984* von der Geschichte anscheinend entscheidend widerlegt war. Die Umstände einer zusammengebrochenen Kunstwelt 1994 wirkten dagegen wie die Bestätigung einer These vom Ende der Kunst, doch ist dieser Zusammenbruch, wie ich später noch genauer erläutern möchte, kausal unabhängig von der Ursache für das Ende der Kunst, was auch immer deren Ende erklärt, und es wäre durchaus denkbar, daß dieser zusammengebrochene Kunstmarkt mit einer Zeit kräftiger künstlerischer Produktivität einherginge.

Auf jeden Fall trat das Ende der Kunst, so wie ich es auffasse, ein, lange bevor der Markt der achtziger Jahr auch nur in der Vorstellung existierte. Es fand volle zwei Jahrzehnte vor der Veröffentlichung meines Essays »The End of Art« statt. Es war auch keineswegs ein dramatisches Ereignis wie die einstürzenden Mauern, die das Ende des Kommunismus im Westen signalisierten. Vielmehr blieb es wie so viele Anfangs- und Endereignisse für diejenigen, die es durchlebten, größtenteils unsichtbar. 1964 gab es keine Schlagzeilen in der *New York Times*, keine »Soeben erfahren wir« Meldungen in den Abendnachrichten. Die Ereignisse als solche fielen mir wohl auf, doch faßte ich sie nicht als ein Signal für das Ende der Kunst auf, zumindest nicht bis 1984. Das ist allerdings für die historische Wahrnehmung typisch. Die wirklich bedeutenden Beschreibungen von Ereignissen können von denen, welche die betreffenden Ereignisse miterleben, oft, sogar meistens, einfach nicht geliefert werden. Wer hätte wissen können, als Petrarca mit den Schriften des heiligen Augustinus unterm Arm den Mont Ventoux bestieg, daß die Renaissance mit jenem Ereignis begann? Wer von denen, die die Stable Gallery auf der East 74th Street in Manhattan aufsuchten, um die Warhols zu sehen, hätte wissen können, daß die Kunst an ihr Ende gelangt war?[2] Jemand, der die *Brillo Boxes* und alles, wofür die Pop Art stand, verabscheute, hätte das zwar als kritisches Urteil aussprechen können, doch wurde das Ende der Kunst zu keinem Zeitpunkt als Urteil der Kritik postuliert, sondern als objektives historisches Urteil. Die Struktur der Anfänge und Enden, welche die narrativ verfaßte historische Darstellung beinahe definiert, ist selbst retrospektiv schwer anzuwenden. Begann der Kubismus mit Picassos *Demoiselles d'Avignon*? Oder mit der kleinen Papierskulptur einer Gitarre im Jahre 1912, wie Yves-Alain Bois in seinem Buch *Painting as Model* behauptet?[3] Ende der sechziger Jahre hieß es, der Abstrakte Expressionismus habe 1962 geendet, aber glaubte das 1962 schon irgend jemand? Der Kubismus und der Abstrakte Expressionismus waren natürlich Bewegungen; die Renaissance war ein Zeitalter. Bei beiden dieser temporalen Einheiten macht es zumindest Sinn, zu sagen, daß sie ein Ende haben. Meine Behauptung bezieht sich jedoch auf die *Kunst* als solche. Und das bedeutet, daß auch ich Kunst weniger als Bezeichnung für eine Praxis denn als eine Bewegung oder sogar ein Zeitalter ansehe, die klare zeitliche Grenzen haben. Doch gibt es so viele historisch dauerhafte Zeitalter oder Bewegungen, die derart universell in menschlichen Tätigkeiten verkörpert sind, daß wir bisweilen vergessen, sie überhaupt als historisch aufzufassen, von denen wir uns jedoch, wenn wir sie historisch auffassen, durchaus vorstellen können, daß sie so oder so an ein Ende gelangen – Wissenschaft und Philosophie zum Beispiel. Sie könnten an ein Ende gelangen, ohne daß daraus folgte, daß niemand mehr Philosophie oder Wissenschaft betreiben würde. Schließlich gelangten sie ja auch sozusagen zu *Anfängen*. Erinnern wir uns an den Untertitel von Hans Beltings großartigem Buch *Bild und Kult. Eine Geschichte des Bildes vor dem Zeitalter der Kunst*. Das »Zeitalter der Kunst« beginnt Beltings Sichtweise zufolge um 1400 v. Chr.; obgleich die davor entstandenen Bilder »Kunst« waren, wurden sie nicht als solche ersonnen, und die Idee der Kunst spielte bei ihrer Entstehung keine Rolle. Belting führt aus, daß Bilder bis (ca.) 1400 v. Chr. zwar verehrt, jedoch nicht ästhetisch bewundert wurden, woraus deutlich wird, daß er die Ästhetik in die historische Bedeutung der Kunst mitaufnimmt. Ich werde in einem späteren Kapitel darlegen, daß ästhetische Erwägungen, die im 18. Jahrhundert ihren Höhepunkt erreichten, keine wesentliche Geltung für das haben, was ich »Kunst nach dem Ende der Kunst« nenne – d.h. Kunst, die am Ende der sechziger Jahre und danach entstand. Daß es Kunst nach dem »Zeitalter der Kunst« gab – und gibt –, zeigt, daß die Verbindung zwischen Kunst und Ästhetik eine Frage der historischen Zufälligkeit und nicht Teil des Wesens der Kunst ist.4 Aber ich eile meiner Geschichte voraus.

Ich möchte mit diesen Fragen an ein anderes Ereignis des Jahres 1984 anknüpfen, das zwar für mich schicksalsträchtig war, für die Weltgeschichte allerdings kaum. Im Oktober jenes Jahres vollzog mein Leben eine jähe Wendung weg vom geraden Weg der berufsmäßigen Philosophie: Ich begann Kunstkritiken für *The Nation* zu schreiben, eine Wendung, die von dem, was ich mir selbst vorausgesagt hätte, so deutlich abwich, daß sie nicht einmal aus der Absicht hätte folgen können, Kunstkritiker zu werden. Es war nahezu reiner Zufall, wenngleich ich, als ich diese Laufbahn erst einmal eingeschlagen hatte, feststellte, daß sie einer sehr tiefen Neigung meines Charakters entsprach, so tief allerdings, daß sie ohne den Eingriff des Schicksals wohl nie zum Vorschein gekommen wäre. Soweit ich weiß, bestand keine ernsthafte Kausalverbindung zwischen dem Erscheinen von »The End of Art« und meinem Einstieg in die Kunstkritikerlaufbahn als Ereignissen, doch bestehen andere Verbindungen. Zunächst einmal wurde ich immer wieder gefragt, wie es denn möglich sei, das Ende der Kunst zu verkünden und dann eine Karriere in der Kunstkritik zu beginnen; es hatte den Anschein, als müsse die Praxis, wenn die historische Behauptung denn zutraf, in Kürze mangels geeigneter Gegenstände unmöglich werden. Aber natürlich hatte ich in keinerlei Hinsicht behauptet, daß keine Kunst mehr *entstehen* würde! Ungemein viel Kunst ist seit dem Ende der Kunst entstanden, wenn es denn wirklich das Ende der Kunst war, so wie ja auch in Hans Beltings historischer Sichtweise viel Kunst *vor* dem Zeitalter der Kunst geschaffen wurde. Die empirische Widerlegung meiner These kann sich deshalb nicht auf die Tatsache stützen, daß weiterhin Kunst produziert wird, sondern höchstens darauf, welche Kunst das ist, sowie darauf, was man als den *Geist* bezeichnen könnte, in dem diese Kunst entstanden ist, um einen Begriff jenes Philosophen zu verwenden, den ich bei dieser Untersuchung zu meinem zeitweiligen Vorbild gewählt habe: Georg Wilhelm Friedrich Hegel. Auf jeden Fall war es mit dem Ende der Kunst vereinbar, daß es weiterhin Kunst gab und daß es auch weiterhin genug Kunst geben würde, über die man als Kritiker schreiben konnte.⁵ Doch muß sich dann eine Kritik, deren Praxis legitim wäre, deutlich von derjenigen unterscheiden, die von einem anderen Geschichtsverständnis getragen ist als meinem – etwa von einem Geschichtsverständnis, das bestimmte Formen der Kunst als historisch bedingt ansieht. Solche Ansichten sind sozusagen die Entsprechung zu einem auserwählten Volk, an dem die Bedeutung der Geschichte angeblich festgemacht ist, oder einer bestimmten Klasse, die wie das Proletariat vom Schicksal dazu bestimmt ist, zum Vehikel der Geschichte zu werden, und neben denen jeweils eine andere Klasse, ein anderes Volk – und andere Kunst – letztlich historisch nicht von Bedeutung sind. In einer Passage, die ihn heutzutage sicher in Schwulitäten bringen würde, schreibt Hegel über Afrika, es sei »kein geschichtlicher Weltteil.« Und »was wir eigentlich unter Afrika verstehen, das ist das Geschichtslose und Unaufgeschlossene, das noch ganz im natürlichen Geiste befangen ist.«⁶ In ähnlicher Weise und kaum weniger summarisch tut er Sibirien als »außerhalb der Geschichte« ab. Hegels Geschichtssicht brachte es mit sich, daß nur bestimmte Regionen der Welt und auch dann nur in bestimmten Augenblicken wahrhaft »weltgeschichtlich« waren, so daß andere Regionen oder auch dieselbe Region in einem anderen Augenblick nicht wirklich Teil an dem hatten, was sich historisch abspielte. Ich erwähne dies, weil die kunstgeschichtlichen Haltungen, die ich meiner gegenüberstellen möchte, in ähnlicher Weise nur bestimmte Kunstformen als historisch bedeutend definieren, während der Rest im jeweiligen gegenwärtigen Augenblick als nicht wirklich »weltgeschichtlich« und damit nicht der Erwägung wert gilt. Solche Kunst – wie etwa primitive Kunst, volkstümliche Kunst, Kunsthandwerk – ist, wie die Verfechter dieser Haltung es im typischen Fall ausdrücken, nicht wirklich Kunst, und zwar einfach deshalb, weil sie, um Hegels Ausdruck zu verwenden, »außerhalb der Geschichte« liegt.

Solche Theorien sind in der Moderne besondern beliebt gewesen und haben eine Form der Kritik definiert, der gegenüber ich meine ei-

Installationsfoto, 1. Internationale Dada-Ausstellung, Berlin 1921

gene unbedingt abgrenzen möchte. Im Februar 1913 versicherte Malewitsch im Gespräch mit Matiushin, die einzig sinnvolle Richtung für die Malerei sei der Kubofuturismus.[7] 1922 feierten die Berliner Dada-Künstler das Ende aller Kunst mit Ausnahme der *Maschinenkunst**von Tatlin; im selben Jahr erklärten die Künstler in Moskau, das Staffeleigemälde als solches, ob abstrakt oder figurativ, gehöre einer historisch überholten Gesellschaft an. »Wahre Kunst schlägt wie das wahre Leben einen *einzigen Weg* ein«, schrieb Piet Mondrian 1937.[8] Mondrian sah sich selbst auf diesem Weg im Leben wie in der Kunst – im Leben, weil er es in der Kunst war. Und er war überzeugt, daß andere Künstler ein falsches Leben führten, wenn die von ihnen geschaffene Kunst auf einem falschen Weg voranschritt. Clement Greenberg behauptete in einem Essay, den er selbst »eine historische Apologie für die abstrakte Kunst« nannte – »Toward a Newer Laocoön« –, das Gebot, abstrakte Kunst zu schaffen, ergebe sich aus der Geschichte und der Künstler sei in einen Schraubstock gepreßt, aus dem er im gegenwärtigen Augenblick nur entkommen könne, indem er seinen Ehrgeiz aufgebe und zu einer verbrauchten Vergangenheit zurückkehre.« 1940, als dies veröffentlicht wurde, war der einzig »wahre Weg« für die Kunst die Abstraktion. Dies galt selbst für Künstler, die zwar moderne, jedoch nicht ausschließlich abstrakte Künstler waren: »So unentrinnbar war die Logik der Entwicklung, daß ihr Werk schließlich nur einen weiteren Schritt in Richtung auf die abstrakte Kunst darstellte.«[9] Das einzige, was sich über die Kunst sagen läßt, ist, daß sie einzig ist«, schrieb Ad Reinhardt 1962. »Das einzige Ziel von fünfzig Jahren abstrakter Kunst ist, Kunst als Kunst zu präsentieren und als nichts anderes ... sie reiner und leerer, absoluter und exklusiver zu machen.«[10] »Es gibt nur eine Kunst«, sagte Reinhardt immer wieder, fest davon überzeugt, daß *seine* Bilder – schwarz, matt, quadratisch – das Wesen der Kunst bargen.

Zu behaupten, die Kunst sei an ihr Ende gelangt, bedeutet, daß Kritik dieser Art nicht mehr legitim ist. Keine Kunst hat mehr Vorrang vor einer anderen Kunst, weil sie einem historischen Mandat folgt. Nichts ist als Kunst wahrer als irgend etwas anderes, nichts vor allem historisch falscher als anderes. Zumindest bestimmt die Überzeugung, die Kunst sei an ihr Ende gelangt, was für ein Kritiker man nicht mehr sein kann, wenn man überhaupt Kritiker sein möchte: Es kann keine historisch gebotene Form der Kunst mehr geben, bei der alles andere automatisch aus dem Rahmen fiele. Andererseits bedeutet ein solcher Kritiker zu sein, daß alle kunsthistorischen Erzählungen der Art, die ich gerade zitiert habe, fortan falsch sein müssen. Sie sind falsch, könnte man sagen, aus philosophischen Gründen, und das bedarf einer Erläuterung. Jede der Erzählungen – Malewitschs, Mondrians, Reinhardts und die anderen – sind heimliche Manifeste, und Manifeste gehörten zu den ersten künstlerischen Produkten in der ersten Hälfte des zwanzigsten Jahrhunderts, die bereits einige Vorläufer im neunzehnten Jahrhundert hatten, vor allem im Zusammenhang mit den ideologisch rückwärts gerichteten Bewegungen der Präraffaeliten und der Nazarener. Eine Bekannte von mir, die Historikerin Phyllis Freeman, hat das Manifest zu ihrem Forschungsgegenstand gemacht und davon an die fünfhundert Beispiele aufgetan, von denen einige – das Manifest der Surrealisten oder der Futuristen z.B. – fast so bekannt sind wie die Werke, deren Gültigkeit sie bestätigen sollten. Das Manifest definiert eine bestimmte Art von Bewegung und einen bestimmten Stil, welchen es mehr oder weniger zur einzigen Kunst erklärt, die zählt. Es ist reiner Zufall, daß einige der bedeutenden Bewegungen des zwanzigsten Jahrhunderts kein explizites Manifest hatten. So waren sowohl der Kubismus als auch der Fauvismus bemüht, eine neue Ordnung in die Kunst einzuführen, und verwarfen alles, was diese grundlegende Wahrheit oder Ordnung verdeckte, welche die Verfechter angeblich selbst entdeckt (oder wiederentdeckt) hatten. »Das war ein Grund dafür«, erklärte Picasso Françoise Gilot, daß die Kubisten »Farbe, Emotion, Empfindung und alles verwarfen, was die Impressionisten in die Malerei eingeführt hatten.«[11] Jede Bewegung wurde durch eine bestimmte Auffassung von der philosophischen Wahrheit der Kunst befördert: daß die Kunst ihrem Wesen nach X und alles, was nicht X ist, keine – oder im Grunde keine – Kunst ist. Jede Bewegung sah ihre Kunst als eine Erzählung der Wiedererlangung, Offenbarung oder Erkenntnis einer Wahrheit, die entweder verlorengegangen oder nur unzureichend erkannt worden war. Jede war von einer Geschichtsphilosophie gestützt, welche die Bedeutung der Geschichte als einen Endzustand definierte, der aus der wahren Kunst bestand. Einmal bewußt gemacht, offenbart sich diese Wahrheit als in sämtlicher Kunst gegenwärtig, die jemals von Bedeutung war: »Was das betrifft«, heißt es bei Greenberg an einer Stelle, »bleibt die Kunst unverändert.«

So bietet sich also folgendes Bild dar: Es gibt ein transhistorisches Wesen der Kunst, das überall und immer dasselbe ist, sich jedoch allein durch die Geschichte offenbart. Soweit kann ich mich dieser Auffassung anschließen. Was meiner Ansicht nach nicht haltbar ist, ist die Identifizierung dieses Wesens mit einem bestimmten Kunststil – monochrom, abstrakt oder was immer –, was impliziert, daß alle anderen Stilrichtungen falsch sind. Dies führt nämlich zu einer ahistorischen Auffassung der Kunstgeschichte, in der alle Kunst dem Wesen nach gleich ist – so ist alle Kunst dem Wesen nach abstrakt –, wenn wir erst einmal die Verkleidungen oder den historischen Zufall ausschalten, die nicht zum Wesen der »Kunst als Kunst« gehören. Die Kritik besteht dann in einer Durchdringung dieser Verkleidungen, um zum angenommenen Wesen vorzudringen. Leider besteht sie dann aber auch darin, alle Kunst zu verurteilen, auf die die jeweilige Offenbarung nicht paßt. Mit welcher Begründung auch immer behauptete Hegel, Kunst, Philosophie und Religion seien die drei Momente des Absoluten Geistes, so daß die drei im wesentlichen jeweils Abwandlungen voneinander oder Modulationen des gleichen Themas in verschiedenen Tonarten sind. Das Verhalten der Kunstkritiker in der Moderne scheint dies auf fast unheimliche Art zu bestätigen, waren doch ihre Billigungen sozusagen Autodafés – Akte des Glaubens –, was vielleicht eine alternative Bedeutung von »Manifest« ist, wobei zusätzlich impliziert ist, daß alle, die sich nicht daran halten, wie Häretiker auszumerzen sind. Denn Häretiker behindern das Fortschreiten der Geschichte. In der Praxis der Kritik sah es deshalb immer so aus, daß, wenn die verschiedenen Kunstbewegungen nicht ihr eigenes Manifest verfaßten, es Aufgabe der Kritiker war, Manifeste für sie zu schreiben. Die meisten einflußreichen (amerikanischen) Kunstmagazine – *Artforum, October, The New Criterion* – sind im Grunde nichts anderes als die serielle Veröffentlichung von Manifesten, welche die Kunstwelt in die Kunst, auf die es ankommt, und den Rest einteilen. Im typischen Fall kann der Kritiker als Manifestschreiber einen Künstler, an den er glaubt – Twombly zum Beispiel –, nicht loben, ohne einen anderen zu denunzieren – Motherwell etwa. Die Moderne war insgesamt betrachtet das Zeitalter der Manifeste. Es ist Teil des posthistorischen Moments der Kunstgeschichte, daß sie Manifesten gegenüber immun ist und eine vollkommen neue Praxis der Kritik erfordert.

Ich kann an dieser Stelle nicht weiter auf diese Begriffsbestimmung der Moderne eingehen – das letzte Zeitalter der Kunstgeschichte vor dem Ende der Kunst, das Zeitalter, in dem Künstler und Denker sich gemeinsam bemühten, die philosophische Wahrheit der Kunst festzunageln – ein Problem, das in der davorliegenden Kunstgeschichte noch nicht akut gewesen war, als man es mehr oder weniger für selbstverständlich hielt, daß das Wesen der Kunst bekannt sei, und eine Aktivität, die durch den Zusammenbruch dessen notwendig geworden war, was man seit der großartigen Arbeit von Thomas Kuhn, der die Geschichte der Wissenschaft systematisiert hatte, ein Paradigma nannte. Das große traditionelle Paradigma der bildenden Künste war die Mimesis, welche den theoretischen Zwecken der Kunst jahrhundertelang vorbildliche Dienste leistete. Außerdem definierte sie eine Praxis der Kunstkritik, die sich von Grund auf von dem unterschied, was die Moderne erforderte, die ein neues Paradigma finden und konkurrierende Paradigmen ausmerzen mußte. Das neue Paradigma sollte der zukünftigen Kunst ebensogute Dienste leisten wie das Paradigma der Mimesis der Kunst der Vergangenheit. Anfang der fünfziger Jahre erklärte Mark Rothko David Hare gegenüber, er und seine Kollegen schafften eine Kunst, die tausend Jahre überdauern werde.[12] Man darf nicht verkennen, wie historisch diese Auffassung war: Rothko sprach ja nicht von der Herstellung von Werken, die tausend Jahre halten – also sich bewähren – würden, sondern von einem *Stil*, der das künstlerische Schaffen tausend Jahre lang bestimmen würde – so lange, wie das Mimesis-Paradigma geherrscht hatte. In diesem Geiste erklärte Picasso Gilot gegenüber, er und Braque wollten »eine neue Ordnung begründen«[13], die jenen Regelkanon ersetzen würde, den die Kunst des Altertums aufgestellt hatte, der jedoch seiner Ansicht nach mit dem Impressionismus zusammengebrochen war. Daß die neue Ordnung universal sein sollte, war nicht zuletzt daran zu erkennen, daß die Bilder des frühen Kubismus anonym waren, also durch ihre fehlende Signatur pointiert antiindividuell. Das hielt natürlich nicht sehr lange an. Die von einem Manifest begleiteten Bewegungen des zwanzigsten Jahrhunderts hatten eine Lebensdauer von ein paar Jahren, zuweilen nur von ein paar Monaten, wie im Falle des Fauvismus. Ihr Einfluß hielt sich allerdings länger, wie etwa der des Abstrakten Expressionismus, der bis heute seine Anhänger hat. Doch wäre heute sicher niemand bereit, ihn als den eigentlichen Sinn der Geschichte zu feiern!

Das Ausschlaggebende am Zeitalter der Manifeste ist, daß hier die Philosophie (oder was man dafür hielt) in den Mittelpunkt des künstlerischen Schaffens gerückt wurde. Die jeweilige Kunst als Kunst zu akzeptieren, bedeutete, jene Philosophie anzuerkennen, die sie ins Recht setzte, wobei die Philosophie ihrerseits aus einer einverständlichen Definition der Wahrheit der Kunst bestand sowie oft aus einer tendenziösen neuen Sicht der Kunstgeschichte als der Geschichte der Entdeckung jener philosophischen Wahrheit. So gesehen hat meine eigene Auffassung der Dinge viel mit jenen Theorien gemein, von deren impliziter Kunstkritik sich meine notgedrungen unterscheidet, anders jedoch, als jene sich voneinander unterscheiden. Was meine Theorie mit ihnen gemein hat, ist zunächst die Tatsache, daß sie ebenfalls auf einer philosophischen Kunsttheorie basiert oder besser gesagt auf einer Theorie darüber, wie die richtige philosophische Frage nach dem Wesen der Kunst lauten muß. Meine basiert außerdem auf einer Lesart der Kunstgeschichte, der zufolge die Frage nach der richtigen philosophischen Denkweise hinsichtlich der Geschichte überhaupt erst möglich wurde, als die Geschichte sie zuließ – als nämlich die Frage nach dem philosophischen Wesen der Kunst in der Geschichte der Kunst selbst auftauchte. Der *Unterschied* liegt in folgendem, wenngleich ich ihn hier nur in Umrissen darlegen kann: Meiner Ansicht nach besteht das Ende der Kunst im Bewußtwerden des wahren philosophischen Wesens der Kunst. Dieser Gedanke ist durch und durch hegelianisch, und die Passage, in der Hegel ihm Ausdruck verleiht, ist berühmt:

> In allen diesen Beziehungen ist und bleibt die Kunst nach der Seite ihrer höchsten Bestimmung für uns ein Vergangenes. Damit hat sie für uns auch die echte Wahrheit und Lebendigkeit verloren, und ist mehr in unsere Vorstellung verlegt, als daß sie in der Wirklichkeit ihre frühere Notwendigkeit behauptete, und ihren höheren Platz einnähme. Was durch Kunstwerke jetzt in uns erregt wird, ist außer dem unmittelbaren Genuß zugleich unser Urteil, indem wir den Inhalt, die Darstellungsmittel des Kunstwerks und die Angemessenheit und Unangemessenheit beider unserer denkenden Betrachtung

unterwerfen. Die *Wissenschaft* der Kunst ist darum in unserer Zeit noch viel mehr Bedürfnis, als zu den Zeiten, in welchen die Kunst für sich als Kunst schon volle Befriedigung gewährte. Die Kunst ladet uns zur denkenden Betrachtung ein, und zwar nicht zu dem Zwecke, Kunst wieder hervorzurufen, sondern was die Kunst sei wissenschaftlich zu erkennen.[14]

»In unserer Zeit« bezieht sich auf jene Zeit, in der Hegel seine großartigen Vorlesungen zur Ästhetik hielt, was er zum letztenmal 1828 in Berlin tat. Und das ist eine sehr lange Zeit vor 1984, als ich zu meiner eigenen Version von Hegels Schlußfolgerung gelangte.

Man könnte sicherlich meinen, daß die sich anschließende Geschichte der Kunst Hegels Vorhersage widerlegt hat – man denke nur daran, wieviel Kunst danach entstand und wieviele unterschiedliche Arten von Kunst, wie die künstlerische Vielfalt jenes Zeitalters, das ich soeben als das Zeitalter der Manifeste bezeichnet habe, bezeugt. Allein, angesichts der Frage des Status meiner Vorhersage, gibt es keinen Grund für die Annahme, daß das, was Hegels verblüffender Erklärung widerfuhr, auch meiner widerfahren wird, die schließlich mehr oder weniger eine Wiederaufnahme derjenigen Hegels ist. Was wäre der Status meiner Prognose, wenn die kommenden hundertundfünfzig Jahre künstlerisch derart reich und vielfältig werden wie die Zeit, die Hegels Prognose folgte? Wäre sie dann nicht nicht nur falsch, sondern geradezu beschämend falsch?

Es gibt mehrere Möglichkeiten, die Widerlegung von Hegels These durch das anschließende künstlerische Geschehen zu betrachten. Die eine ist, zu erkennen, wie unterschiedlich die nächste Periode in der Kunstgeschichte etwa von 1828 bis 1964 war. Sie enthält nämlich genau jene Periode, die ich soeben beschrieben habe, die als das Zeitalter der Manifeste in Erscheinung getretene Moderne. Da aber jedes Manifest mit der Bemühung verbunden war, die Kunst philosophisch zu definieren, wie sehr unterscheidet sich dann letztlich das Geschehene von Hegels Vorhersage? Spricht nicht nahezu alle diese Kunst, statt »unmittelbaren Genuß« zu bereiten, nicht die Sinne, sondern das von Hegel so genannte Urteil an und damit unsere philosophischen Überzeugungen hinsichtlich dessen, was Kunst ist? So daß man beinahe annehmen könnte, die Struktur der Kunstwelt bestehe eben nicht darin, »Kunst wieder hervorzurufen«, sondern darin, *Kunst explizit deshalb zu schaffen, um philosophisch zu erkennen, was die Kunst sei?* Die Periode seit Hegel war, was die von den Philosophen praktizierte Kunstphilosophie betrifft, extrem unproduktiv, Nietzsche natürlich ausgenommen und vielleicht auch Heidegger, der im Epilog zu seiner Abhandlung »Der Ursprung des Kunstwerks« von 1950 behauptete, es sei noch viel zu früh, um sagen zu können, ob Hegel recht oder unrecht gehabt habe:

> Man kann dem Spruch, den Hegel in diesen Sätzen fällt, nicht dadurch ausweichen, daß man feststellt: Seitdem Hegels Ästhetik zum letzten Mal im Winter 1828/29 ... vorgetragen wurde, haben wir viele und neue Kunstwerke und Kunstrichtungen entstehen sehen. Diese Möglichkeit hat Hegel nie leugnen wollen. Allein die Frage bleibt: Ist die Kunst noch eine wesentliche und eine notwendige Weise, in der die für unser geschichtliches Dasein entscheidende Wahrheit geschieht, oder ist die Kunst dies nicht mehr?«[19]

Mag ja sein, daß die Kunstphilosophie nach Hegel unproduktiv war, aber dafür hatte die Kunst, die einen Durchbruch zu einem philosophischen Selbstverständnis anstrebte, einen umso reichhaltigeren Ertrag aufzuweisen: Die Reichhaltigkeit der philosophischen Spekulation hatte sich sozusagen in die Üppigkeit der künstlerischen Produktion verlagert. In den Zeiten vor Hegel hatte sich nichts dergleichen ereignet. Natürlich gab es Stilkriege zwischen *disegno* und *colorito* im Italien des 16. Jahrhunderts oder zwischen der Schule eines Ingres und eines Delacroix in Frankreich ungefähr zur Zeit, als Hegel seine Vorlesungen hielt. Doch im Vergleich zu dem philosophischen Streit, der im Namen künstlerischer Gebote in der Moderne ausgetragen wurde, erwiesen sich jene Differenzen als geringfügig und unwesentlich: schließlich waren es Differenzen hinsichtlich der malerischen Darstellung, nicht Differenzen, welche die gesamte Prämisse der Darstellung in Frage stellten, die die Streithähne damals vielmehr für selbstverständlich hielten. Im ersten Jahrzehnt dieses Jahrhunderts tobte in New York der große Stilkrieg zwischen den Independents unter der Führung von Robert Henri und der Akademie. Man zankte sich um Formgepräge und Inhalt, doch stellte ein scharfsinniger Kritiker nach dem Besuch einer Ausstellung von Picasso in Stieglitzs Gallery 291 im Jahre 1911 fest, die »armen Independents müssen sich auf ihre Lorbeeren besinnen. Sie gehören jetzt schon zum alten Eisen und es kommt noch so weit, daß sie sich mit der oft beschimpften National Academy of Design zusammentun«.[16] Picasso unterschied sich radikaler von ihnen als diese voneinander: Der Unterschied zwischen Picasso und den Independents war so gravierend wie der zwischen Philosophie und Kunst. Von Matisse und den Surrealisten unterschied er sich wiederum wie eine philosophische Position von der anderen. Es ist also durchaus möglich, die Geschichte der Kunst im Anschluß an Hegels Ausführungen als eine Bestätigung und nicht eine Widerlegung seiner Voraussage anzusehen.

Eine mögliche Analogie zur These vom »Ende der Kunst« findet sich in Alexandre Kojèves Argument, die Geschichte sei 1806 mit Napoleons Sieg in der Schlacht von Jena an ihr Ende gelangt.[17] Mit Geschichte meinte er natürlich jene gewaltige Erzählung, die Hegel in seinem Buch über die Philosophie der Geschichte entfaltet und der gemäß die Geschichte im Grunde die Geschichte der Freiheit ist. Auch hier weist die historische Entwicklung deutliche Stufen auf. Kojève ging es darum, daß Napoleons Sieg den Triumph der Werte der Französischen Revolution – Freiheit, Gleichheit, Brüderlichkeit – im Herzland der aristokratischen Herrschaft begründete, in der nur wenige frei waren und Ungleichheit die politische Struktur der Gesellschaft bestimmte. In gewisser Hinsicht klingt Kojèves Theorie wie von allen guten Geistern verlassen. Schließlich ereignete sich historisch noch reichlich viel nach Jena: der amerikanische Sezessionskrieg, die beiden Weltkriege, Aufstieg und schließlich Niedergang des Kommunismus. Diese Geschehnisse waren jedoch, behauptete Kojève, lediglich ein nachholendes Universalisieren der Freiheit – ein Prozeß, der endlich auch Afrika in die Weltgeschichte mitaufnahm. Was andere als eine vernichtende Widerlegung auffassen würden, war für Kojève statt dessen eine nachdrückliche Bestätigung dafür, daß sich die Freiheit als Antriebskraft der Geschichte in den menschlichen Institutionen durchgesetzt hatte.

Natürlich ist nicht alle bildende Kunst im posthegelschen Zeitalter in der Art und Weise philosophisch, wie die manifestbestimmte Kunst es ist. Ein Großteil der Kunst löst tatsächlich das aus, was Hegel »unmittelbaren Genuß« nannte, womit er wohl einen Genuß meinte, der nicht durch philosophische Theorie vermittelt ist. Ein Großteil der Kunst des neunzehnten Jahrhunderts – und ich denke dabei vor allem an die Impressionisten, trotz des Aufruhrs, den sie zunächst verursachten – schenkt in der Tat unmittelbares Vergnügen. Man braucht keine Philosophie, um die Impressionisten zu schätzen, höchstens die Mißachtung einer irreführenden Philosophie, welche die ersten Betrachter hinderte, die Impressionisten als das zu sehen, was sie waren. Impressionistische Werke sind ästhetisch ansprechend, was zumindest teilweise erklärt, warum sie auch bei denjenigen große Bewunderung genießen, die nicht eben Anhänger avantgardistischer Kunst sind, und auch, warum sie so teuer sind: Sie bergen die Erinnerung an den Unmut der Kritiker und sind zugleich so ergötzlich, daß sie dem Sammler ein herrliches Gefühl höchster intellektueller und kritischer Überlegenheit vermitteln. Vom philosophischen Standpunkt aus ist jedoch anzumerken, daß die Geschichte keine rechten Winkel aufweist, kein jähes Anhalten. Maler arbeiteten im Stil des Abstrakten Expressionismus noch lange, nachdem die Bewegung an ihr Ende gekommen war, in erster Linie, weil sie an sie glaubten und sie nach wie vor für gültig hielten. Der Kubismus war für eine Unmenge von Bildern des zwanzigsten Jahrhunderts bestimmend, die lange Zeit nach Ablauf der großen Periode kubistischer Kreativität entstand. Kunsttheorien geben künstlerischem Schaffen in der Moderne Bedeutung, selbst wenn diese Theorien ihre historische Rolle im Dialog der Manifeste bereits ausgespielt haben. Die bloße Tatsache, daß der Kommunismus als welthistorische Bewegung ausgespielt hat, bedeutet ja nicht, daß es keine Kommunisten mehr auf der Welt gibt. Schließlich gibt es nach wie vor Monarchisten in Frankreich, Nazis in Skokie, Illinois, und Kommunisten in den Dschungeln Südamerikas.

Genauso gibt es seit dem Ende der Kunst immer noch modernistische philosophische Experimente in der Kunst, so als sei die Moderne noch nicht zu Ende, wie sie es in den Köpfen und in der Praxis derjenigen, die nach wie vor an sie glauben, ja auch nicht ist. Doch liegt die eigentliche Wahrheit der historischen Gegenwart meiner Meinung nach darin, daß das Zeitalter der Manifeste vorüber ist, weil die Prämisse der manifestbewirkten Kunst philosophisch unhaltbar ist. Ein Manifest hebt die Kunst heraus, welche sie als die einzig wahre rechtfertigt, als habe die Bewegung, der diese Kunst Ausdruck verleiht, die philosophische Entdeckung des wahren Wesens der Kunst gemacht. Aber die wahre philosophische Entdeckung besteht nach meinem Dafürhalten in der Erkenntnis, daß keine Kunst wahrer ist als eine andere und daß Kunst nicht auf eine vorgeschriebene Seinsweise festgenagelt ist: Jede Kunst ist gleichermaßen und unterschiedslos Kunst. Jene Mentalität, die in Manifesten zum Ausdruck kam, versuchte auf vermeintlich philosophische Weise wirkliche Kunst von der Scheinkunst zu trennen, so wie in gewissen philosophischen Bewegungen die Bestrebung dahin ging, ein Kriterium zur Unterscheidung echter Fragen von Scheinfragen zu finden. Scheinfragen scheinen zwar echt und kritisch, sind jedoch nur im alleroberflächlichsten grammatischen Sinn Fragen. In seinem *Tractatus Logico-Philosophicus* schrieb Wittgenstein: »die meisten Sätze und Fragen, welche über philosophische Dinge geschrieben worden sind, sind nicht falsch, sondern unsinnig. Wir können daher Fragen dieser Art überhaupt nicht beantworten, sondern nur ihre Unsinnigkeit feststellen.«[18] Diese Ansicht wurde von den logischen Positivisten in einen Schlachtruf umfunktioniert, der die Ausmerzung aller Metaphysik durch Aufdeckung ihrer Sinnlosigkeit versprach. Metaphysik war Unsinn, behaupteten die Positivisten (allerdings nicht Wittgenstein), weil sie sich nicht verifizieren ließ. Bedeutungsvoll waren für sie allein die Sätze der Wissenschaft, weil diese sich verifizieren ließen. Natürlich führte das zu der Frage, was denn die Philosophie ihrerseits zu tun habe, so daß sich das Verifizierbarkeitskriterium zwangsläufig gegen seine Verfechter wandte, weil es sich in Unsinn auflöste. Für Wittgenstein verschwand die Philosophie und ließ allein die Tätigkeit übrig, mit der ihre Sinnlosigkeit vor Augen geführt wurde. Eine entsprechende Position in der Kunst hätte als einzig sinnvolle, weil einzig wesentliche Kunst die monochrome schwarze oder weiße Leinwand, quadratisch, flach und matt hinterlassen, die sich stets wiederholen müßte, wie in der heroischen Vision Ad Reinhardts. Alles andere war keine Kunst, auch wenn man sich schwer getan hätte, zu sagen, was es denn war, wenn es keine Kunst war. Im Zeitalter der konkurrierenden Manifeste war die übliche Kritikerhaltung, zu erklären, etwas sei keine – oder nicht *wirklich* – Kunst. In der Philosophie meiner ersten Lehrjahre entsprach das der Erklärung, etwas sei keine – oder nicht *wirklich* – Philosophie. Das größte Zugeständnis solcher Kritiker bestand darin, zu sagen, daß Nietzsche – oder Plato oder Hegel – vielleicht Dichter waren. Und das Höchste, was ihre Kollegen in der Kunst einem Werk, das nicht wirklich Kunst war, zugestanden, war, es als Illustration oder Dekoration oder etwas weniger Erhabenes zu bezeichnen. »Illustrativ« oder »dekorativ« waren im Zeitalter der Manifeste kritische Attribute.

Meiner Ansicht nach war die Frage, was Kunst wirklich und wesentlich ist – im Gegensatz dazu, was sie anscheinend oder unwesentlich ist – philosophisch die falsche Frageform; in meinen verschiedenen Aufsätzen zum Ende der Kunst habe ich versucht, die richtige Frageform darzustellen. Meines Erachtens mußte die Frage lauten: Worin besteht der Unterschied zwischen einem Kunstwerk und etwas, was kein Kunstwerk ist, wenn es keinen feststellbaren Wahrnehmungsunterschied zwischen beiden gibt? Auslöser für diese Fragestellung waren für mich die *Brillo-Box*-Skulpturen von Andy Warhol in jener außerordentlichen Ausstellung der Stable Gallery auf der East 74th Street in Manhattan im April 1964. Diese Kartons tauchten im Zeitalter der Manifeste auf, an dessen Überwindung sie schließlich nachhaltig mitwirkten, weshalb es genügend Kritiker gab, die damals die Meinung vertraten, daß Warhols Arbeiten nicht wirklich Kunst waren, – und diese Meinung als Relikte jenes Zeitalters immer noch vertreten. Ich war indessen überzeugt, daß sie Kunst waren, und für mich lautete die spannende, die wirklich tiefgehende Frage: Worin besteht der Unterschied zwischen ihnen und den Brillokartons im Supermarkt, wenn keiner der Unterschiede zwischen ihnen den Unterschied zwischen Wirklichkeit und Kunst erklären kann? Alle philosophischen Fragen, so behauptete ich, weisen diese Form auf: Zwei äußerlich ununterscheidbare Dinge können verschiedenen, ja folgenschwer verschiedenen philosophischen Kategorien angehören.[19] Das berühmteste Beispiel ist jenes, mit dem die Ära der modernen Philosophie in den *Meditationes de prima philosophia* von Descartes begann, in denen er feststellt, es gebe kein inneres Kennzeichen, anhand dessen sich Traum und Wacherfahrung auseinanderhalten ließen. Kant versucht den Unterschied zwischen einer moralischen Handlung und einer Handlung zu erklären, die ersterer genau gleicht, jedoch lediglich an der Oberfläche moralischen Prinzipien entspricht. Heidegger zeigt, glaube ich, daß es keinen äußerlichen Unterschied zwischen einem eigentlichen und einem uneigentlichen Dasein gibt, von welcher Tragweite der Unterschied zwischen Eigentlichkeit und Uneigentlichkeit auch sein mag. Diese Liste läßt sich bis an die Grenzen der Philosophie fortsetzen. Bis zum zwanzigsten Jahrhundert ging man stillschweigend davon aus, daß Kunstwerke immer als solche zu erkennen seien. Heute besteht das philosophische Problem darin, zu erklären, warum sie Kunstwerke sind. Seit Warhol ist klar, daß ein Kunstwerk kein vorgeschriebenes Aussehen hat – es kann wie eine Brillo-Box aussehen oder wie eine Suppendose. Warhol ist jedoch nur einer von vielen Künstlern, die diese profunde Entdeckung gemacht haben. Die Differenzierungen zwischen Musik und Lärm, zwischen Tanz und Bewegung, zwischen Literatur und bloßem Schreiben, die zeitgleich mit Warhols Durchbruch Bedeutung erlangten, sind in jeder Hinsicht eine Parallele dazu.

Diese philosophischen Entdeckungen tauchten in einem bestimmten Augenblick innerhalb der Kunstgeschichte auf, und es will mir scheinen, als sei die Philosophie der Kunst insofern Geisel der Kunstgeschichte gewesen, als die wahre Form der philosophischen Frage nach dem Wesen der Kunst erst formuliert werden konnte, als dies historisch möglich war – als es historisch möglich war, daß Werke wie die *Brillo Box* entstanden. Ehe diese Frage historisch möglich war, war sie philosophisch nicht möglich: Schließlich sind alle Philosophen durch das historisch Mögliche eingeschränkt. Sobald die Frage in einem bestimmten Moment der historischen Entfaltung der Kunst ins Bewußtsein dringt, ist eine neue philosophische Bewußtseinsebene erreicht.

Und das bedeutet zweierlei. Es bedeutet erstens, daß die Kunst, sobald sie sich selbsttätig auf diese Bewußtseinsebene befördert hat, der Verantwortung für ihre eigene philosophische Begriffsbestimmung entledigt ist. Diese ist vielmehr Aufgabe der Kunstphilosophen. Zweitens bedeutet es, daß die Kunst, was ihr Aussehen betrifft, keiner Beschränkung mehr unterliegt, da eine philosophische Definition der Kunst mit jeder Art und Ordnung von Kunst kompatibel sein muß – mit der reinen Kunst, der *pure art* eines Ad Reinhardt, aber auch mit illustrativer und dekorativer, figurativer und abstrakter, antiker und moderner, morgen- und abendländischer, primitiver und nicht primitiver Kunst, so sehr sich diese Richtungen auch voneinander unterscheiden. Eine philosophische Definition muß auf alles passen und kann deshalb nichts ausschließen. Das bedeutet jedoch letztlich, daß die Kunst von diesem Punkt an keine historische Richtung mehr einschlagen kann. In diesem Jahrhundert hat die Kunst sich auf ein philosophisches Selbstbewußtsein zubewegt, woraus man stillschweigend die Schlußfolgerung gezogen hat, daß Künstler Kunst schaffen müssen, die das philosophische Wesen der Kunst verkörpert. Jetzt erkennen wir, daß diese Auffassung falsch war, und mit dieser neuen Erkenntnis geht die Einsicht einher, daß die Kunstgeschichte keine neue Richtung mehr einschlagen wird. Sie kann fortan alles sein, was Künstlern und Mäzenen beliebt.

Ich möchte zum Jahr 1984 zurückkehren und den Lehren jenes Jahres im Vergleich zu dem, was uns in Orwells vernichtender Romanvision der Zukunft vorhergesagt worden war. Jene furchterregenden monolithischen Staaten, die Orwell vorhersah, waren in mindestens zwei der drei Fälle von einem Manifest bestimmt, und zwar von jenem berühmtesten aller Manifeste: Marx' und Engels' *Kommunistischem Manifest*. Das tatsächliche 1984 zeigte, daß die in jenem Dokument dargestellte Geschichtsphilosophie zusammengebrochen war und daß die Geschichte immer weniger jene historischen Gesetze verkörpern würde, »diese mit eherner Notwendigkeit wirkenden und sich durchsetzenden Tendenzen«, wie Marx es in seinem Vorwort zur ersten Ausgabe von *Das Kapital* ausdrückte. Marx und Engels kennzeichneten diese »sich durchsetzenden Tendenzen« der Geschichte bestenfalls negativ als frei von jenem Klassenkampf, der die Antriebskraft der Geschichte gewesen war. Ihrer Ansicht nach würde die Geschichte in gewissem Sinne aufhören, sobald die Klassenwidersprüche gelöst wären, und diese posthistorische Periode würde in gewissem Sinne illusorisch sein. Nur zögerlich boten sie in einer berühmten Passage ihrer *Deutschen Ideologie* eine Vision des Lebens in der posthistorischen Gesellschaft an. Statt den einzelnen in einen »ausschließlichen Kreis der Tätigkeit« zu zwingen, schrieben sie, kann jeder »sich in jedem beliebigen Zweige ausbilden.« Wobei dies es »möglich macht, heute dies, morgen jenes zu tun, morgens zu jagen, nachmittags zu fischen, abends Viehzucht zu treiben, nach dem Essen zu kritisieren, wie ich gerade Lust habe, ohne je Jäger, Fischer, Hirt oder Kritiker zu werden«.[20] In einem Interview im Jahre 1963 drückte Warhol den Geist dieser herrlichen Prognose so aus: »Wie kann man einfach sagen, daß ein Stil besser ist als ein anderer? Man sollte in der Lage sein, nächste Woche Abstrakter Expressionist oder Pop-Künstler oder Realist zu sein, ohne das Gefühl zu haben, etwas aufzugeben.«[21] Das ist sehr schön gesagt. Es ist eine Reaktion auf die manifestgeleitete Kunst, deren Verfechter andere Kunst im wesentlichen dafür kritisierten, nicht den richtigen »Stil« zu haben. Warhol überführt eine solche Kritik der Sinnlosigkeit: alle Stilarten sind gleichwertig, keine ist »besser« als eine andere. Selbstredend läßt dies die Möglichkeiten der Kritik offen. Es folgt nicht, daß alle Kunst gleich und unterschiedslos gut ist. Es bedeutet nur, daß gut und schlecht nicht mehr von der Zugehörigkeit zum richtigen Stil oder der Befolgung des richtigen Manifests abhängig sind.

Und das meine ich mit dem Ende der Kunst: das Ende einer bestimmten Erzählung, die sich über Jahrhunderte in der Kunstgeschichte entfaltet und die ihr Ende in einer gewissen Freiheit von Konflikten erreicht hat, denen man im Zeitalter der Manifeste noch unentrinnbar ausgeliefert war. Natürlich läßt sich eine solche Konfliktfreiheit auf zweierlei Weise erreichen. Eine Möglichkeit ist, alles auszuschalten, was einem bestimmten Manifest nicht folgt. Die politische Entsprechung ist die ethnische Säuberung. Wenn es keine Tutsis mehr gibt, dann hat auch der Konflikt zwischen Tutsis und Hutus ein Ende. Wenn keine Bosnier mehr übrig sind, dann wird es auch keine Konflikte mehr zwischen ihnen und den Serben geben. Die andere Möglichkeit ist, ohne das Erfordernis der Säuberung miteinander zu leben, zu sagen: Ist doch egal, was du bist, ob Tutsi oder Hutu, Bosnier oder Serbe. Worauf es ankommt, ist, was für ein Mensch du bist. Die moralische Kritik überlebt so im Zeitalter des Multikulturalismus, wie die Kunstkritik im Zeitalter des Pluralismus fortlebt.

Inwieweit gibt die gegenwärtige Praxis der Kunst meiner Vorhersage recht? Schauen Sie sich doch um. Wie herrlich, wenn wir glauben dürften, daß die pluralistische Kunstwelt der historischen Gegenwart Vorbote einer politischen Zukunft ist!

Anmerkungen

1. Südafrika veranstaltete seine erste Biennale 1995, genau hundert Jahre nach der ersten Biennale in Venedig. Eingeladen wurde das Land allerdings bereits 1993 zur Biennale in Venedig – zum erstenmal seit Einführung seines abstoßenden politischen Systems. Einladungen zur Teilnahme haben im nationalen Moralkodex die gleiche Bedeutung wie das Veranstalten von Biennalen.
2. Ich nenne solche Beschreibungen *narrative Sätze* – Sätze, die ein Ereignis unter Bezugnahme auf ein späteres Ereignis beschreiben, von dem die Zeitgenossen des ersten Ereignisses nichts gewußt haben können. Beispiele für narrative Sätze sowie eine Analyse derselben finden sich in meiner *Analytical Philosophy of History* (Cambridge: Cambridge University Press, 1965) [dt.: *Analytische Philosophie der Geschichte*, übers. von Jürgen Behrens (Frankfurt/Main: Suhrkamp, 1980)].
3. »Wenn die Hauptzäsur in der Kunst dieses Jahrhunderts tatsächlich der Kubismus war, dann kam sie wahrscheinlich nicht durch die *Demoiselles d'Avignon* oder den analytischen Kubismus als vielmehr durch das Zusammenwirken der Grebo-Maske und der *Gitarre* zustande« (Yves-Alain Bois, *Painting as Model*, Cambridge: MIT Press, 1990, S.79).
4. Einen philosophischen Nachweis dafür habe ich versucht in *The Transfiguration of the Commonplace* (Cambridge: Harvard University Press, 1981), Kap. 4; [dt.: *Die Verklärung des Gewöhnlichen*, übers. von Max Looser (Frankfurt/Main: Suhrkamp, 1984)] sowie in *The Philosophical Disenfranchisement of Art* (New York: Columbia University Press, 1986), Kap. 2 [dt.: *Die philosophische Entmündigung der Kunst*, übers. von Karen Lauer (München: Fink, 1993)]
5. Und natürlich hat eine erkleckliche Anzahl von Kunstausstellungen vor dem Ende der Kunst stattgefunden.
6. G.W.F. Hegel, *Philosophie der Geschichte* (Frankfurt/Main: Suhrkamp 1970), Werke Bd. 12, S. 129.
7. *Malevich* (Los Angeles: Armand Hammer Museum of Art and Cultural Center, 1990), S. 8.
8. Piet Mondrian, »Essay, 1937,« in *Modern Arts Criticism* (Detroit: Gale Research Inc., 1994), S. 137.
9. Greenberg, *The Collected Essays and Criticism*, Bd. 1, S. 37.
10. *Art-as-Art: The Selected Writings of Ad Reinhardt*, hrsg. von Barbara Rose (Berkeley and Los Angeles: University of California Press, 1991), S. 53.
11. Françoise Gilot and Carleton Lake, *Life with Picasso* (New York: McGraw-Hill, 1964), S. 69 [dt.: *Leben mit Picasso*, übers. von Anne-Ruth Strauß (München: Bertelsmann, 1980)].
12. James Breslin, *Mark Rothko: A Biography* (Chicago: University of Chicago Press, 1993), S. 431.
13. Gilot and Lake, *Life with Picasso*, S. 69.
14. Hegel, *Einleitung in die Ästhetik*, S. 30f.
15. Martin Heidegger, *Der Ursprung des Kunstwerkes* (Stuttgart: Reclam, 1960), S. 84.

16. Steven Watson, *Strange Bedfellows: The First American Avant-Garde* (New York: Abbeville Press, 1991), S. 84.
17. Alexandre Kojève, *Introduction à la lecture de Hegel* (Paris: Gallimard, 21968), 436n.
18. Ludwig Wittgenstein, *Tractatus logico-philosophicus* (Werkausgabe Bd. I, Frankfurt/Main: Suhrkamp, [11]1997), Satz Nr. 4.003. Die Kränkung »Scheinfrage« gehörte zum Standard im logisch-positivistischen Diskurs, ebenso wie »Scheinsatz«, was in Rudolph Carnaps »The Elimination of Metaphysics through Logical Analysis of Language« auftaucht. In A.J. Ayer, *Logical Positivism* (Glencoe, Ill.: Free Press, 1959), S. 61ff.
19. Ich entwickle diese Idee ausführlich in meinem *Connections to the World: The Basic Concepts of Philosophy* (New York: Harper and Row, 1989) [dt.: *Wege zur Welt*, übers. von Peter Michael Schenkel (München: Fink, 1999)].
20. Karl Marx und Friedrich Engels, »Deutsche Ideologie«, in: Franz Borkeman, Hrsg., *Karl Marx, Auswahl und Einleitung* (Frankfurt/Main: Fischer, 1956), S. 87.
21. G.R. Swenson, »What is Pop Art?: Answers from 8 Painters, Part I,« *Art News* 64 (November 1963), S. 26.

Pablo Picasso, *Daniel-Henry Kahnweiler* (1910)

III. Meistererzählungen und kritische Prinzipien

Die Geschichte eines Lebens ist niemals das schlichte Entfalten einer intern programmierten Erzählung über einen bestimmten Zeitraum, selbst wenn sie die standardmäßige episodische Struktur aufweist – wie etwa Shakespeares »seven ages of man«. Was das Schreiben und Lesen von Biographien so lohnenswert macht, sind vielmehr gerade die Zufälle, jene Schnittpunkte kausaler Geschichten, die Ereignisse hervorbringen, welche aus den jeweiligen Aneinanderreihungen nicht unbedingt vorhersehbar waren. So sagen wir etwa: »Wie es der Zufall so wollte, bin ich an dem Tag nicht zum Essen ausgegangen«, oder »Einer plötzlichen Regung folgend beschloß ich, auf dem Weg in die Stadt in einen Buchladen hereinzuschauen«. In beiden Fällen geschah etwas ungeheuer Wichtiges im Leben des Sprechers, was sonst vielleicht nicht geschehen wäre und was er sich möglicherweise nicht einmal vorgestellt hätte. Angenommen, jemand bäte mich, neben die Geschichte davon, wie ich Kunstkritiker wurde, die Beschreibung zu stellen, wie meiner Ansicht nach die Kunst an ihr Ende gelangte, und fragte mich dann, wie ich denn, wo doch die erste Geschichte von einem Element des reinen Zufalls und der völligen Unvorhersehbarkeit abhängt – zumindest innerhalb der Grenzen meiner von innen heraus betrachteten Lebensgeschichte –, so sicher sagen könne, daß die Geschichte der Kunst vorbei und daß kein Zufall möglich ist, der zur Weiterführung der Geschichte der Kunst entlang Linien führen könnte, die jetzt so unvorhersehbar sind, wie sich meine eigene Geschichte erwies. Der Frager mag weiterhin einwenden, daß die Kunst ja von nahezu paradigmatischer Unvorhersehbarkeit ist, eben als *die* Verkörperung menschlicher Freiheit und Kreativität. Picasso schuf *La famille des saltimbanques* im Jahre 1905, aber wer, einschließlich Picasso selbst, hätte geglaubt, daß er nur wenig mehr als ein Jahr später etwas 1905 so gänzlich Unvorstellbares schaffen würde wie *Les demoiselles d'Avignon*? Wer hätte 1955, als der Abstrakte Expressionismus auf seinem Höhepunkt war, voraussagen können, daß er 1962 als Bewegung von Grund auf überholt sein und daß ausgerechnet die Pop-Art an seine Stelle treten würde, die zwar insofern vorstellbar war, als ihre Gegenstände überaus vertraut waren, die man sich jedoch nicht *als Kunst* hätte vorstellen können? Oder wer hätte zu Giottos Zeiten die Kunst des Masaccio voraussagen können? Giotto sicherlich nicht, sonst hätte er bereits eine Möglichkeit gefunden, das, was wir als Masaccios Entdeckung ansehen, für sich zu verwenden. Ja, wenn Giotto in der Lage gewesen wäre, die für Masaccios Darstellung der Welt so ausschlaggebenden perspektivischen Kunstgriffe vorherzusehen, und sie *nicht* verwendet hätte, dann müßten wir sein Werk ganz anders sehen, als wir es in Wirklichkeit tun. Dann steckte nämlich eine künstlerische Wahl darin, die mit einer künstlerischen Ablehnung einherginge. Giottos Fall wäre dann mit dem der chinesischen Künstler der Qing-Dynastie zu vergleichen, die von dem Malermissionar Pater Castiglione die Perspektive gelernt hatten, jedoch den Standpunkt vertraten, daß ihr künstlerisches Programm eine Assimilierung nicht zulassen würde. Das bedeutete, daß die Struktur chinesischer Bilder, die nun als Wahl aufzufassen ist, da es deutliche und bekannte Alternativen zu dieser Struktur gab, eine bewußte Manier geworden war.

Schließlich wäre die Perspektive nicht etwas, deren Entwicklung man voraussagen könnte, ohne ipso facto zu wissen, wie sie funktioniert. Es gab eine Zeit, als zum Beispiel die Vorhersage möglich war, daß eines Tages Menschen auf dem Mond landen würden, ohne daß man gewußt hätte, welche Technologien dazu erforderlich sein würden. Was dagegen die Perspektive betrifft, würde allein die Tatsache, daß man sie vorhersagte, voraussetzen, daß man sie gegebenenfalls auch schon verwenden könnte. Wie Konfuzius unzweideutig feststellt, heißt moralisch sein zu wollen, schon den ersten Schritt getan zu haben.[1] Ebensowenig könnte man wohl sagen, daß Giotto wie die Chinesen keine Verwendung für die Entdeckung gehabt hätte – nicht wenn wir darin recht haben, ihn den »Vater des Naturalismus« zu nennen. Hätte jemand in den Hoch-Zeiten des Abstrakten Expressionismus vorhergesagt, daß Künstler eines Tages Suppendosen und Brillokartons malen würden, dann wäre dieses Wissen zum Zeitpunkt der Vorhersage nicht verwendbar gewesen, weil einfach kein Raum oder zumindest längst nicht genügend Raum für die vorzeitige Assimilierung der Strategien des Pop in die Kunst der New Yorker Schule bestanden hätte. Sicherlich verwendete Motherwell in seinen Collagen spätestens 1956 abgerissene Etiketten von Gauloises-Packungen, doch würde ich mich hüten, dies als antizipatorische Pop-Kunst einzuordnen: vielmehr ist es ein spätes *Merzbild* und folgt damit einer grundlegend anderen künstlerischen Motivation. Motherwell liebte Gauloise *bleu* sowohl ästhetisch als auch sentimental, hatte jedoch für die Pop-Art, als sie dann auftauchte, wenig übrig: Für ihn erfüllte sie keineswegs ein Programm, das er begonnen hatte, und ebensowenig betrachteten die Praktiker des Pop ihn als ihren Vorläufer. David Hockneys frühe Bilder, die Lawrence Alloway vor Augen hatte, als er den Ausdruck »Pop Art« prägte, gleichen äußerlich durchaus den Gauloise-Collagen Motherwells, da er das Alka-Selzer-Logo (wahrscheinlich als witziges Emblem für Sodbrennen [heartburn], deshalb das brennende Herz in »The Most Beautiful Boy«) verwendet, doch gehören sie unterschiedlichen historischen Strukturen an, befördern unterschiedliche Bedeutungen und erfüllen unterschiedliche Absichten. Der Künstler, der sich schlicht »Jess« nennt, taucht in fast jeder Geschichte der Pop-Art auf, weil er Dick-Tracy-Comics bearbeitet; wenn wir diese jedoch im Kontext seines Collagenprogramms sehen, erkennen wir, daß seine Belange mit dem Pop so wenig zu tun haben wie Motherwells. Historische Affinitäten lassen sich nicht auf der Grundlage von Ähnlichkeiten herstellen und es ist eine Aufgabe dieser Essays, zumindest teilweise die Logik jener historischen Strukturen aufzudecken, auf die ich mich mit meinen Behauptungen stillschweigend berufe.

Dieser Aufgabe werde ich mich ohnehin stellen müssen, und sei es nur aus Gründen systematischer Konsequenz. Die Behauptung, daß die Kunst zu Ende sei, ist in Wirklichkeit eine Behauptung über die Zukunft – nicht, daß es keine Kunst mehr geben wird, sondern die Kunst, die es geben wird, wird Kunst nach dem Ende der Kunst oder, wie ich sie bereits genannt habe, *posthistorische* Kunst sein. Aber in meinem ersten ernsthaften philosophischen Werk, *Analytical Philosophy of History* [dt.: *Analytische Philosophie der Geschichte*], vertrat ich die Meinung, daß bestimmte Behauptungen über die Zukunft die von mir so genannten substantialistischen Philosophien der Geschichte illegitim machen. Jene Behauptungen behandelten die Geschichte nämlich zumeist, als ginge es um eine objektive Darstellung, von der nur Teile bekannt waren, so daß der substantialistische Geschichtsphilosoph sozusagen ein Erkenntnisprivileg in Anspruch nimmt – dasjenige, bereits einen Blick auf das Ende des Buches geworfen zu haben, um zu sehen, wie es ausgeht, wie ein Leser, der die Spannung nicht ertragen kann. Natürlich ist das eine Prophetie und keine Voraussage, um Karl Poppers nützliche Unterscheidung zu verwenden – und natürlich würde der Prophet selbst diese Unterscheidung anerkennen, ohne sich von ihr in die Ecke gedrängt zu fühlen: seine Behauptung gründet nicht auf einer fundierten Voraussage des Kommenden, sondern auf der Enthüllung des Endes. Ist meine Behauptung hinsichtlich der Zukunft eine Voraussage? Oder eine Prophetie? Und was macht sie legitim, wenn substantialistische Geschichtsphilosophien illegitim sind? Zunächst einmal muß ich sagen, daß ich heute dazu neige, substantialistische Geschichtsphilosophien nachsichtiger zu beurteilen, als ich das 1965 getan habe, als mein Buch während der Spätphase des radikalen Positivismus entstand. Das liegt daran, daß mir die Existenz objektiver Strukturen immer mehr einleuchten will – objektiv in dem Sinne, um das soeben erwähnte Beispiel zu verwenden, daß es keine objektive Möglichkeit gab, jene Arbeiten, denen Motherwells Gauloises-Collagen später glichen, in die historische Struktur, der Motherwells Arbeiten angehörten, einzupassen, und keine Möglichkeit, in der jene vom Pop bestimmten historischen Strukturen Raum gefunden hätten. Die frühere historische Struktur definierte eine geschlossene Bandbreite der Möglichkeiten, aus denen die Möglichkeiten der späteren Struktur ausgeschlossen waren. Es ist also, als sei die erste Struktur durch die letztere ersetzt worden – als habe sich ein Spektrum der Möglichkeiten eröffnet, für die in der früheren Struktur kein Platz war, und dann wieder, als habe eine Diskontinuität zwischen den beiden Strukturen bestanden, die abrupt genug war, daß jemand, der den Wechsel von der einen zur anderen miterlebte, den Eindruck bekommen konnte, daß eine Welt – in unserem Falle die Kunstwelt – ans Ende gelangt und eine andere begonnen hatte. Und das bedeutet, daß philosophisch gesehen ein Problem in bezug auf die Analyse sowohl historischer Kontinuität wie Diskontinuität besteht. Zum ersten besteht die ungelöste Frage, was in einer Periode der Kontinuität kontinuierlich ist; das provoziert allerdings unverzüglich eine Antwort auf die Frage, was sich denn ändert, wenn es zur Diskontinuität kommt. Eine naheliegende Antwort wäre: der *Stil*. Damit greife ich zwar meiner Geschichte vor, aber in der losen und versuchsweisen Art, in der ich die Idee eingeführt habe, liegt ein Kennzeichen für das Ende der Kunst – daß es nämlich keine objektive Struktur mit einem bestimmenden Stil mehr gibt oder, wenn man so will, daß es eine objektive historische Struktur gibt, in der *alles möglich ist*. Wenn alles möglich ist, dann ist historisch nichts mehr vorgeschrieben: Ein Ding ist damit so gut wie ein anderes. Und das ist meiner Ansicht nach die objektive Situation der posthistorischen Kunst. Es gilt nicht länger etwas zu ersetzen: Man kann, um zu

Warhols Satz zurückzukehren, Abstrakter Expressionist oder Pop-Künstler, Realist oder irgend etwas anderes sein. Womit wir mehr oder weniger bei jenem Ende der Geschichte angelangt wären, das Marx und Engels in der *Deutschen Ideologie* beschrieben haben. Im Vorwort zur sechsten Auflage seiner *Kunstgeschichtlichen Grundbegriffe* von 1922 schrieb Heinrich Wölfflin:

> Auch die originellste Begabung kann nicht über gewisse Grenzen hinauskommen, die ihr durch das Datum der Geburt gesetzt sind. Es ist nicht alles zu allen Zeiten möglich, und gewisse Gedanken können erst auf gewissen Stufen der Entwicklung gedacht werden.[2]

Überraschenderweise sagte Matisse in einem seiner Gespräche mit Tériade mehr oder weniger das Gleiche:

> Die Künste unterliegen einer Entwicklung, die nicht nur vom Individuum ausgeht, sondern auch von der gesammelten geistigen Kraft der Zivilisation, die vor uns da war. Es ist nicht gleichgültig, was man macht. Ein begabter Künstler kann nicht irgend etwas machen. Wenn er nur seine persönlichen Gaben verwenden würde, dann existierte er gar nicht. Wir sind nicht Herr über das, was wir hervorbringen. Es ist uns aufgegeben.[3]

Dies trifft heute nicht weniger zu als je zuvor: Wir leben und schaffen vor dem Horizont einer geschlossenen historischen Periode. Einige der Beschränkungen sind technisch: Staffeleigemälde sind erst möglich, nachdem die Staffelei erfunden worden ist. Computer-Kunst mußte auf die Erfindung des Computers warten. Wenn ich vom Ende der Kunst spreche, schließe ich damit keineswegs aus, daß Technologien, an die man bislang nicht einmal im Traum denkt, dem Künstler dereinst dieselbe Palette an kreativen Möglichkeiten an die Hand geben werden, für die Staffeleimalerei und Computer beispielhaft sind. Wie könnte ich auch? Andere Beschränkungen wiederum sind stilistischer Art: 1890 war es für einen afrikanischen Künstler möglich, Masken und Fetische in Formen zu schaffen, die europäischen Künstlern nicht zugänglich waren, einfach weil es in Wölfflins Sinne nicht möglich war, europäischer Künstler zu sein und gleichzeitig Masken und Fetische zu produzieren. Vielmehr mußte man sich in ein geschlossenes System der Möglichkeiten einpassen, gänzlich verschieden von den Möglichkeiten, die einen afrikanischen Künstler von der Staffeleimalerei ausschlossen, weil diese Technik den Baule im Jahre 1890 einfach nicht bekannt war. Heute kann man amerikanischer oder europäischer Künstler sein, der Masken und Fetische schafft, so wie es möglich ist, als afrikanischer Künstler perspektivische Landschaften zu malen. In dem Sinne, in dem bestimmte Dinge für einen Europäer oder einen Afrikaner 1890 nicht möglich waren, ist heute alles möglich. Dennoch sind wir in die Geschichte eingesperrt. Uns fehlt der Zugang zu jenem System ausschließender Überzeugungen, das Künstler in Europa daran hinderte, Masken und Fetische zu schaffen. Ein Amerikaner kann aus demselben Grund kein solcher Europäer sein, aus dem solch ein Europäer kein Afrikaner hätte sein können. Doch gibt es heute keine Formen, die uns verwehrt wären. Verwehrt ist uns nur, daß sie die Art von Bedeutung haben, die sie hatten, als sie uns noch verwehrt waren. Doch ist es nur gut, daß jene Beschränkungen uns verloren gegangen sind. Schließlich stellt es keine Beschränkung des Freiheitsgedankens dar, daß wir nicht frei sind, Gefangene zu sein!

In beiden Fällen – dem des Endes der Geschichte und dem des Endes der Kunst – existiert Freiheit in zweierlei Bedeutung des Wortes. Menschen sind in Marx' und Engels' Bild frei, das zu sein, was sie wollen, außerdem sind sie frei von einer gewissen historischen Agonie, die vorschreibt, daß es stets jeweils ein eigentliches und ein uneigentliches Dasein gibt, wobei ersteres auf die Zukunft und letzteres auf die Vergangenheit verweist. Und der Künstler ist am Ende der Kunst ebenfalls frei, zu sein, was er will – frei, irgend etwas oder sogar alles zu sein wie gewisse Künstler, die für mich den gegenwärtigen Augenblick in der Kunst perfekt veranschaulichen: Sigmar Polke, Gerhard Richter, Rosemarie Trockel, Bruce Nauman, Sherrie Levine, Komar und Melamid sowie zahllose andere, die sich nicht in die Grenzen eines Genres einsperren lassen – die ein bestimmtes *Reinheitsideal* zurückgewiesen haben. Sie entsprechen in gewisser Weise Akademikern, die sich weigern, sich auf eine Disziplin zu beschränken und deren Arbeit sie über ihre Berufsgrenzen hinaus führt. Künstler sind außerdem von jenem historischen Vorurteil befreit, das eine historisch bevorzugte Form – die Abstraktion in der am weitesten entwickelten Philosophie der Kunstgeschichte – gegen eine Form stellt, die einer längst überkommenen Vergangenheit angehört – wie etwa der Naturalismus. Sie glauben nicht mehr, wie Mondrian es noch tat, daß es nur eine wahre Form für die Kunstpraxis in einem bestimmten Augenblick gibt. Der Unterschied zwischen der Marxschen Prophezeiung und meiner ist, daß das unveräußerliche Menschenleben, das Marx nur in Umrissen vorstellte, in einer fernen historischen Zukunft lag. Bei meiner handelt es sich um eine *Prophezeiung über die Gegenwart*. Sie sieht die Gegenwart sozusagen als offenbart an. Meine einzige Behauptung die Zukunft betreffend ist, daß dies bereits der Endzustand *ist*, die Vollendung eines historischen Prozesses, dessen Struktur mit einmal sichtbar wird. Damit ist es tatsächlich so, als würde man sich den Schluß der Geschichte vornehmen, um zu wissen, wie sie endet, mit einem Unterschied allerdings: daß wir nichts überschlagen, sondern die historischen Kapitel durchlebt haben, die uns hierhin brachten: ans Ende der Geschichte der Kunst. Gefragt ist damit ein Nachweis dafür, daß es sich tatsächlich um ein Endstadium handelt und nicht um eine Phase auf dem Weg in eine noch ungeträumte Zukunft. Dies bringt mich zur Frage objektiver historischer Strukturen zurück und ihren Möglichkeiten und Unmöglichkeiten sowie zu der damit einhergehenden Frage nach dem Stil.

Ich möchte den Begriff Stil leicht exzentrisch verwenden, um meine Geschichte besser erzählen zu können, und zwar wie folgt: Ein Stil ist eine Menge von Eigenschaften, die einer Gruppe von Kunstwerken gemein sind, der aber darüber hinaus auch philosophisch definiert, was es heißt, ein Kunstwerk zu sein. Über eine lange historische Periode hinweg galt es als selbstverständlich, daß ein Kunstwerk, insbesondere ein Werk der bildenden Kunst, mimetischer Natur sein mußte: es imitierte eine äußere – tatsächliche oder mögliche – Wirklichkeit. Zweifellos war das nur eine notwendige und keine hinreichende Voraussetzung, insofern als es mimetische Repräsentationen gab – Spiegelbilder, Schatten, Wasserspiegelungen, der Abdruck von Jesu Gesicht auf dem Schweißtuch der Veronika, der Abdruck von Jesu Körper auf dem Turiner Grabtuch, nach der Erfindung der Fotografie einfache Schnappschüsse und noch vieles andere, auf das einzugehen sich an dieser Stelle nicht lohnt –, die keine Kunstwerke waren. »Nachahmung« lautete von Aristoteles bis ins neunzehnte und weit ins zwanzigste Jahrhundert hinein die philosophische Standardantwort auf die Frage, was Kunst sei. Damit ist die Mimesis in meiner Verwendung des Wortes ein Stil. In jener Zeit, in der er noch bestimmte, was Kunst war, gab es in dem Sinne keinen anderen Stil. Die Mimesis wurde mit dem Auftauchen der Moderne, oder wie ich gerne sage, dem Zeitalter der Manifeste, *ein* Stil. Jedes dieser Manifeste bemühte sich nämlich um eine neue philosophische Definition der Kunst, die jeweils so ausfiel, daß die betreffende Kunst in die Definition paßte. Und weil es in jenem Zeitalter so viele Definitionen gab, blieb es nicht aus, daß diese mit einem gewissen intoleranten Dogmatismus verfochten wurden. Die Mimesis wurde erst im Zeitalter der Moderne ideologisiert, doch waren diejenigen, die sich danach für sie einsetzten, sicher bereit, die paradigmatischen Werke der Moderne als *Nicht-Kunst* zu verwerfen. Das Zeitalter der Manifeste gelangte meiner Ansicht nach an sein Ende, als mit der Fomulierung der wahren Form der Frage »Was ist Kunst« eine Trennung zwischen Philosophie und Stil erfolgte. Das geschah um 1964. Sobald festgelegt war, daß die philosophische Definition der Kunst nicht mit irgendeinem stilistischen Gebot verknüpft ist, so daß schier alles ein Kunstwerk sein konnte, begann die posthistorische Periode, wie ich sie nenne.

So entworfen besagt die Meistererzählung der Geschichte der Kunst – im Abendland, jedoch letzlich nicht allein im Abendland –, daß die Ära der Nachahmung von der Ära der Ideologie und diese wiederum von unserem posthistorischen Zeitalter abgelöst wird, in dem, mit gewissen Abstrichen, alles möglich ist. Jede dieser Perioden zeichnet sich durch eine anders strukturierte Kunstkritik aus. Die Kunstkritik in der traditionellen oder mimetischen Periode basierte auf visueller Wahrheit. Die Struktur der Kunstkritik im ideologisch geprägten Zeitalter ist diejenige, von der ich mich lösen wollte: Sie erfand ihre eigene philosophische Vorstellung davon, was Kunst ist, im typischen Fall auf einer ausschließenden Unterscheidung zwischen der von ihr akzeptierten (wahren) Kunst und allem anderen, was nicht wirklich Kunst war. Die posthistorische Periode zeichnet sich durch das Auseinandergehen von Philosophie und Kunst aus, was bedeutet, daß die Kunstkritik in der posthistorischen Periode so pluralistisch sein muß wie die posthistorische Kunst selbst. Es ist auffallend, daß diese periodische Dreiteilung auf beinahe unheimliche Weise Hegels großartiger politischen Erzählung entspricht, in der zunächst nur einer frei war, dann nur einige wenige, bis schließlich in seinem eigenen Zeitalter alle frei waren. In unserer Erzählung war zunächst nur die Mimesis Kunst, dann waren mehrere Dinge Kunst, die jedoch allesamt versuchten, ihre Konkurrenz auszuschalten, bis schließlich offensichtlich wurde, daß keine stilistischen oder philosophischen Beschränkungen mehr galten. Kunstwerke müssen keinen bestimmten äußeren Kriterien mehr genügen. Das ist der gegenwärtige und vor allem der abschließende Augenblick in der Meistererzählung. Es ist das Ende der Geschichte.

Seit Erscheinen meiner ersten Reflexionen über das Ende der Kunst haben Philosophen oft versucht, der These mit unterschiedlichen empirischen Begründungen entgegenzuhalten, daß die Neigung des Menschen, sich durch Kunst auszudrücken, unauslöschbar und die Kunst in dem Sinne »ewig« sei.[4] Die These vom Ewigkeitswert der Kunst und die vom Ende der Kunst sind jedoch durchaus miteinander vereinbar, ist doch letztere eine Geschichte über Geschichten: Die Geschichte der Kunst des Abendlandes ist teilweise eine aus unterschiedlichen Geschichten zusammengesetzte Geschichte und nicht bloß das im Laufe der Zeit aufeinanderfolgende Erscheinen von Kunstwerken. Es ist durchaus denkbar, daß Menschen Freude oder Verlust immer in Tanz und Lied Ausdruck schenken werden, daß sie sich und ihre Behausungen schmücken oder daß sie die bedeutenden Lebensstufen – Geburt, Erwachsenwerden, Heirat und Tod – immer mit Ritualen markieren werden, die an Kunst grenzen. Und vielleicht stimmt auch, daß sich im Zuge der Arbeitsteilung immer wieder jemand finden wird, der diese Dienste aufgrund eines naturgegebenen Talents bereitstellt und zum Künstler der Gruppe wird. Möglich auch, daß es Kunsttheorien gibt, die jener Bedeutung der Kunst Rechnung tragen, die ihr im gewöhnlichen Leben zugemessen wird. Darüber habe ich nicht das Geringste zu sagen. Meine Theorie ist nicht eine des »Ursprungs des Kunstwerks«, um mit Heidegger zu sprechen, sondern der historischen Strukturen, der Erzählschablonen sozusagen, in die Kunstwerke im Laufe der Zeit eingeordnet werden und die in die Motivationen und Haltungen der Künstler und des Publikums als internalisierte Vorgaben eingehen. Meine These ist eher verwandt (aber nur verwandt) mit der eines Sprechers für die sogenannte Generation X, der über seine Altergenossen sagte, ihr Leben weise keine Erzählstruktur auf, und dann einige aufzählt und fortfährt: »all diese Erzählschablonen haben sich verschlissen«.[5] Die Erzählstrukturen der traditionellen darstellenden Kunst und dann der modernen Kunst haben sich zumindest in dem Sinne verschlissen, daß sie keine aktive Rolle mehr bei der Schaffung zeitgenössischer Kunst spielen. Kunst entsteht heute in einer Kunstwelt, die überhaupt keiner Strukturierung durch eine Meistererzählung unterliegt, wenngleich natürlich das Wissen um die nicht mehr gültigen Erzählungen im künstlerischen Bewußtsein weiterlebt. Der Künstler von heute befindet sich am Ende einer Geschichte, in der solche Erzählstrukturen noch eine Rolle gespielt haben, und muß somit von jenen Künstlern unterschieden werden, deren leicht sentimentales Bild ich soeben heraufbeschworen habe, d.h. von jenen frühen Spezialisten in einer Welt der Arbeitsteilung, die als talentierte Einzelne die ästhetischen Aufgaben der Gesellschaft wahrnehmen konnten: auf Hochzeiten tanzen, auf Begräbnissen singen und die Räume schmücken, in denen die Stammesmitglieder mit ihren Geistern Zwiesprache hielten.

Und damit will ich zu meiner eigenen Erzählung zurückkehren und mit der ersten großen Geschichte der Kunst beginnen, mit Vasaris Geschichte nämlich, der zufolge die Kunst ein progressives Bewältigen visueller Erscheinungsbilder war, ein Meistern von Strategien, durch die sich die Wirkung der visuellen Oberflächen der Welt auf das Sehsystem der Menschen anhand der Bemalung von Oberflächen replizieren ließ, die genau die gleiche Wirkung auf das Sehsystem haben wie die visuellen Oberflächen der Welt. Diese Geschichte bemühte sich Ernst Gombrich in seinem bedeutenden Werk *Kunst und Illusion* zu erläutern. Vasaris Buch trug den Titel *Lebensläufe der berühmtesten Maler, Bildhauer und Architekten*, doch sind es in Wirklichkeit die Maler, welche Geschichte machen und das eigentliche Thema des Epos bilden. Die Architektur läßt sich nur schwer als mimetische Kunst auffassen, und wenngleich sich nachweisen ließe, daß die Architektur der Renaissance die des Altertums nachahmen wollte, so handelt es hierbei um die falsche Art von Nachahmung, die deshalb keine Parallele zwischen Architektur und Malerei herstellt. Jene Art der Nachahmung ist vielmehr für die Geschichte der Malerei in China typisch: Künstler bemühten sich, ihren Vorläufern im Altertum nachzueifern und nicht, wie in der Renaissance, über diese Vorläufer hinaus eine bessere Malerei anzustreben, wobei »besser« bedeutete, daß sie einer äußeren Wirklichkeit besser entsprach [match]. Vor allem auf die Malerei trifft Gombrichs Modell dann auch mehr oder weniger zu, sein Modell des »Making and Matching«, für das Fortschritt bedeutet, etwas, was die Vorläufer anstrebten, besser zu machen, nämlich die Wirklichkeit auf einer gemalten oder gezeichneten Oberfläche »einzufangen«. Für die Architektur gilt dieses Modell allerdings überhaupt nicht, wenngleich es sich auf die Bildhauerei anwenden ließe (Cellinis Argument war ja, daß eine Zeichnung die Konturen einer Skulptur zeige und daß die Malerei lediglich Zeichnen in Farbe sei, so daß die Bildhauerei grundlegend für den Fortschritt ist).[6] Aber die Bildhauerei verfügt bereits über das, was die Malerei erst noch erreichen muß, nämlich Objekte im wirklichen oder physischen Raum sowie wirkliches Licht und wirkliche Schatten. Dennoch ist auch die Bildhauerei auf die Entdeckung der Perspektive und des Chiaroscuro angewiesen, ja selbst auf die Verkürzung sowie im weitesten Sinne auf Physiognomie und Anatomie, sobald das Gebot der Illusion gelten soll. Wenn man Gombrichs Darstellung für bare Münze nimmt, dann ist Fortschritt in erster Linie aufgrund von zwei Hauptkomponenten möglich, von denen die eine das manuelle Können und die andere die Wahrnehmung betrifft. Die letztere offenbart Diskrepanzen und Unzulänglichkeiten in der Repräsentation, und es muß angemerkt werden, daß sich die Wahrnehmung selbst in dem betreffenden Zeitraum – also etwa zwischen 1300 und 1900 – nur unerheblich wandelt, denn sonst wäre Fortschritt ja nicht möglich: Der Fortschritt muß in Repräsentationen liegen, die der sichtbaren Wirklichkeit immer stärker gleichen, so daß er letztlich in den Händen der Maler liegt, die ihre Fertigkeiten jeweils an die nächste Generation weitergeben. In diesem Sinne geben wir das Sehenlernen nicht weiter: Das Wahrnehmungssystem ist von der Erkenntnis nicht zu durchdringen, ein wichtiger Punkt. Natürlich gewinnen wir stets neue Erkenntnisse über das Gesehene, wir lernen neue Dinge zu sehen, was jedoch keineswegs bedeutet, daß das Sehen selbst einem Wandel unterworfen wäre, denn Sehen hat weitaus mehr mit der Verdauung als mit Überzeugung gemein. Deshalb ist die oft Gombrich zugeschriebene These, die Wahrnehmung habe eine Geschichte, sorgfältig von seinem eigentlichen Anliegen zu trennen, nämlich »Warum die bildende Kunst eine Geschichte hat« (das er hin und wieder zu »Warum Kunst eine Geschichte hat« verkürzt).[7] Meiner Ansicht nach ist die Geschichte der Kunst der Malerei nichts anderes als die Geschichte der Kunst des »Making«, des Bildens oder Schaffens, das im Vasarischen Zeitalter mehr oder weniger gänzlich von der Warnehmungswahrheit beherrscht war, die über den gesamten Zeitraum unverändert bleibt, wenngleich die Kunst des Bildens [making] sich sehr wohl wandelte.

Gombrich sieht eine Parallele zwischen der Geschichte der Kunst und der Geschichte der Naturwissenschaft, wie sie sein Kollege und Landsmann Karl Popper auffaßt. In Poppers Sicht der Naturwissenschaft beruht diese auf der Ablehnung einer Theorie zugunsten einer anderen, weil die erste falsifiziert worden ist, und das Nacheinander von Annahmen, Falsifizierungen und weiteren Annahmen hat bei Gombrich sein Pendant im Nacheinander von Darstellungsnormen, die der visuellen Wirklichkeit immer besser entsprechen sollen. Und genau wie die Naturwissenschaft ihre Hypothesen nicht durch einen Induktionsschluß aus Beobachtungen gewinnt, sondern vielmehr kraft einer kreativen Eingebung, die *dann erst* anhand der Beobachtung überprüft wird,[8] so beginnt der Künstler laut Gombrich »nicht mit seinem visuellen Eindruck, sondern vielmehr mit seiner Idee, seiner Vorstellung (von dem Gegenstand).«[9] Dies wird wiederum mit der Wirklichkeit verglichen und ihr Schritt für Schritt angepaßt, bis eine zufriedenstellende Übereinstimmung [match] erreicht ist. »Das Bilden kommt vor dem Nachbilden [making comes before matching]«[10] bei der künstlerischen Darstellung, so wie in der wissenschaftlichen Darstellung die Annahme vor der Beobachtung kommt. Beiden Theoretikern geht es um einen »Erkenntniszuwachs«, wie Popper es bezeichnet, und damit um einen mittels einer narrativen Struktur darstellbaren historischen Prozeß.

Der Unterschied besteht jedoch darin, daß sich die Darstellungen in der Naturwissenschaft nicht kraft einer Angleichung [matching] an die wahrgenommene Wirklichkeit – der sie letztlich nicht einmal entsprechen mögen – weiterentwickeln und immer adäquater werden, sondern indem sie den Falsifizierungsprüfungen unterzogen werden. Gombrich spricht an einer Stelle von den Bildern auf Lebensmittelverpackungen, »die Zeitgenossen des Giotto in höchstes Staunen versetzt«[11] hätten, weil die Darstellungen so weit jenseits dessen liegen, was die allerbesten Künstler der Zeit hätten fertigbringen können. Vergleichbar ist das mit der heiligen Jungfrau, die sich des heiligen Lukas erbarmt und auf einer Tafel Gestalt annimmt, auf der er bestenfalls ein hölzernes »Abbild« entstehen lassen konnte. Wie man ein derart überzeugendes Bild *machte*, hätte der heilige Lukas nicht wissen können. Aber er wußte, daß es überzeugend war: *Das* brauchten seine Augen nicht zu lernen. Die Kunst oder Fähigkeit, überzeugende Bilder zu schaffen, fehlte ihm. Dafür beherrschte er die »Kunst« der Wahrnehmung so gut wie sonst jemand zu irgendeiner Zeit. Grombrich zitiert eine großartige Wahrnehmungsweisheit aus Platons *Hippias maior*: »Unsere Bildhauer behaupten, daß Dädalus, wenn er heute lebte und die Werke schüfe, die ihn berühmt gemacht haben, ausgelacht werden würde.«[12] Dieselben Leute, die über den wiedergeborenen Dädalus gelacht hätten, würden auch über jemanden lachen, der seine archaischen Bildnisse überzeugend fand. Dabei ginge man davon aus, daß der Betreffende das Werk von Praxiteles noch nicht gesehen hätte, nicht jedoch, daß sein Wahrnehmungssystem so unentwickelt wäre wie Dädalus' mimetische Fähigkeiten; vor das Werk beider Künstler gestellt, würde jedem sofort der Unterschied auffallen, auch ohne eine besondere Schulung. In der Naturwissenschaft gibt es nichts, was die Rolle des visuellen Systems in der Kunst innehat. In der Wissenschaft gibt es deshalb nicht nur technischen Fortschritt. Es gibt einen Fortschritt in den Darstellungen, die außer in den Randbereichen nicht mit der Erfahrung verbunden sein müssen. Die Welt, über die uns die Wissenschaft aufklärt, braucht überhaupt nicht mit der Welt *übereinzustimmen* [match], welche unsere Sinne uns offenbaren. Doch war genau das der Punkt von Vasaris Geschichte der Malerei.

Malerei als Kunst also, um den Ausdruck meines Kollegen Richard Wollheim zu verwenden, ist – zumindest im Rahmen der vasarischen Erzählung – ein System gelehrter Strategien für die Herstellung von immer adäquateren Repräsentationen, die mit Hilfe unveränderter Wahrnehmungskriterien beurteilt werden. Dieses Modell der Malerei führte unmittelbar dazu, daß die moderne Malerei als Nicht-Kunst abgetan wurde. Sie war auch keine Kunst, jedenfalls nicht im herkömmlichen Sinne. Die spontane Reaktion urteilte außerdem, daß die modernen Maler die Kunst einfach nicht beherrschten – nicht malen konnten, oder daß sie zwar malen konnten, aber sich einer unvertrauten visuellen Wirklichkeit annahmen. Dies war eine der Reaktionen auf die abstrakte Malerei, die Gombrich interessanterweise zusagte: Man mußte sich eine neue visuelle Wirklichkeit vorstellen, die die Malerei nun darstellte. Diese Bemühungen bestätigen die große Überzeugungskraft des vasarischen Modells sowie natürlich dessen allgemeine mimetische Prämissen. Sie dienten dazu, das Modell zu bewahren, ganz als handele es sich um ein naturwissenschaftliches Modell, dessen Aufgabe man sich nicht so recht vorstellen konnte, so daß man Wege finden mußte, um Kunst, die nicht in das Modell paßte, hinwegzuerklären. Es ist bezeichnend, daß diese Bemühungen in Form von Kritiken stattfanden, und es lohnt sich, kurz auf die kritischen Prinzipien einzugehen, die das vasarische Modell erzeugt.

Für Vasari besteht kritisches Lob in der Behauptung – mitunter gegen allen Anschein –, daß das fragliche Bild der Wirklichkeit so genau gleiche, daß man den Eindruck habe, sich in der Gegenwart von Wirklichkeit zu befinden. So schrieb er über die *Mona Lisa* – ein Gemälde, das er aller Wahrscheinlichkeit nach nie zu Gesicht bekam: »Wie auch die Nase mit den zarten rosigen Pünktchen zu leben schien ... [der] Fleischton der Wangen könnte nicht gemalt, sondern aus Fleisch und Blut sein. Wenn man das Halsgrübchen aufmerksam betrachtete, glaubte man darin den Puls schlagen zu sehen.«[13] Dieselbe Formel verwendet Vasari jedoch auch, um Giotto zu loben: »Vornehmlich fällt ein Bild auf«, schreibt er über den Freskenzyklus in Assisi, »in welchem ein Durstiger auf der Erde kniet und mit wirklich bewundernswert deutlich ausgedrücktem Verlangen aus einer Quelle trinkt, so daß er fast eine lebende Gestalt zu sein scheint.«[14] Tadel wäre damit naturgemäß einer Darstellung beschert gewesen, von der man eben *nicht* glauben konnte, daß sie wirklich und nicht nur dargestellt war. In der Regel wäre ein solcher Tadel erst dann möglich, sobald sich die Kunst der Malerei über ein bestimmtes, früher geltendes Stadium hinausentwickelt hatte. Ich habe in diesem Zusammenhang schon oft Guercinos herrliches Gemälde des heiligen Lukas angeführt, der sein eigenes Bild von Maria und dem heiligen Kind vorzeigt. Guercino war kunstgeschichtlich beschlagen genug, um zu wissen, daß Darstellungen eine Geschichte haben und daß der heilige Lukas nicht in der Lage hätte sein können, mit der genauen Wahrheitstreue zu malen, wie sie einem Meister des siebzehnten Jahrhunderts möglich war. Deshalb hat Guercino das so stolz vom heiligen Lukas vorgezeigte Bild in einem Stil ausgeführt, den Guercino wohl für archaisch halten mochte. So hölzern die Darstellung aber auch ist, ein Engel auf Guercinos Gemälde ist von ihrem Realismus genügend überzeugt – so lachhaft dieser auch scheinen muß, wenn man ihn mit dem von Guercino selbst gemalten vergleicht –, daß er automatisch die Hand ausstreckt, um das Gewand der Jungfrau zu berühren. Könnte der Engel jedoch aus dem Gemälde heraustreten und das Können des heiligen Lukas mit dem Guercinos vergleichen, so würden ihm die Beschränkungen aufgehen, mit denen ein Künstler zu Zeiten des heiligen Lukas kämpfen mußte, um ein Abbild zu schaffen, sofern dies für einen damals tätigen Künstler überhaupt von Bedeutung war. Hans Belting hat uns ja beispielsweise darauf hingewiesen, wie wenig erheblich repräsentative Angemessenheit letztlich in bezug auf die Wirkungskraft von Bildern der heiligen Jungfrau war. Auf jeden Fall wäre man vom Standpunkt Guercinos aus gesehen wohl kaum geneigt, über die vom heiligen Lukas gemalte Jungfrau Maria zu sagen, man könne fast sehen, wie sie atme (wie mein Bruder das kürzlich anläßlich einer Cheerleader-Figur von Duane Hanson in einer Galerie feststellte). Vasari beurteilt Giotto also mit größter Nachsicht, oder Giotto hat sich in den jeweiligen Fällen über jene Normen hinausbewegt, die zu seiner Zeit das Stadium in der fortschreitenden Geschichte der Malerei definierten.

Aber die kritischen Äußerungen, die ich angeführt habe – daß die Künstler nicht malen konnten oder daß sie nur darauf aus waren, zu schockieren –, gehören in eine andere Kategorie. Sie verteidigen das vasarische Modell, ohne es anzuwenden, da kein anderes zur Verfügung steht. Es ist ja nicht, als versuchten die Künstler zu malen und scheiterten darin. Sie verletzen die Regeln der Malerei völlig, und die Tatsache, daß sich Vasari niemals mit Fragen dieser Art hat auseinandersetzen müssen, zeigt sicherlich an, daß etwas Tiefgreifendes in der Geschichte der Kunst geschehen ist. Vor dem Beginn der Moderne wäre niemand vor solche Fragen gestellt gewesen.

Was mich noch mehr interessiert als diese Bestrebungen, eine Erzählung zu bewahren, sind die Bemühungen, sozusagen in Anerkennung einer neuen Realität eine neue Geschichte zu erzählen. Roger Frys Vorwort zu dem 1912 erschienenen Katalog der zweiten nachimpressionistischen Ausstellung in den Grafton Galleries in London beginnt: »Als vor zwei Jahren die erste nachimpressionistische Ausstellung in dieser Galerie stattfand, wurde sich die englische Öffentlichkeit zum erstenmal der Existenz einer neuen Kunstbewegung bewußt, einer Bewegung, die umso beunruhigender war, als es dabei nicht um eine bloße Variation anerkannter Themen ging, sondern um etwas, das ein Umdenken von Zweck und Ziel sowie auch der Methoden der bildlichen und plastischen Kunst selbst mit sich brachte.« Fry stellte fest, daß es »Anschuldigungen von Ungeschicklichkeit und Unfähigkeit« seitens eines Publikums hagelte, »das inzwischen an einem Bild vor allem anderen die Fähigkeit bewunderte, mit der der Künstler Illusion erzeugte, und das eine Kunst ablehnte, in der diese Fähigkeit dem direkten Ausdruck von Gefühl vollkommen untergeordnet wurde.« Seiner Ansicht nach bemühten sich die 1912 gezeigten Künstler, »mittels bildlicher und plastischer Form bestimmte geistige Erfahrungen auszudrücken«. So ging es den Künstlern nicht darum, »Form nachzuahmen, sondern Form zu schaffen; nicht Leben zu imitieren, sondern etwas dem Leben Gleichwertiges zu finden ... In der Tat streben sie nicht Illusion sondern Wirklichkeit an.«[15] Im Rahmen solcher Behauptungen war dann im typischen Falle zweierlei festzustellen: daß der Künstler zeichnen konnte, wenn er wollte, so daß das fragliche Werk kein *faute de mieux* war, und daß der Künstler *ehrlich* war. Dies waren Fragen, die in den vorangegangenen sechshundert Jahren abendländischer Kunst keine besondere Geltungskraft gehabt hatten. Darüber hinaus mußte Fry eine Möglichkeit finden, das Werk Rousseaus ins Recht zu setzen, der eindeutig nicht in der Lage war, im anerkannten Sinne des Wortes zu zeichnen, der jedoch bei solcherart begabten Künstlern große Bewunderung genoß.

Man kann Fry nicht genügend Anerkennung dafür zollen, daß er sich bemühte, ein neues Modell für die Kunst zu finden, das eindeutig nicht versuchte, die vasarische Geschichte fortzusetzen, doch ist ihm ebensohoch anzurechnen, daß er es für nötig befand, eine Ebene der Allgemeingültigkeit zu erreichen, von der aus er Kunst beider Perioden überschauen und kritisch auf sie eingehen konnte, und sogar zu behaupten, daß es Prinzipien gab, welche die neue Kunst perfekter verkörperte als die Kunst, die aus den von Vasari vorgebrachten Gründen, also letztlich auf oberflächliche Weise bewundert worden war. Gegen Ende seines Vorworts bezeichnet Fry die neue französische Kunst als »ausgesprochen klassisch«. Damit meint er, daß sie einer »interesselos leidenschaftlichen Geisteshaltung« entspricht. Das Echo der kantischen Ästhetik ist hier unverkennbar, umso mehr, als dieses »entkörperte Wirken des Geistes«, wie Fry es ausdrückt, »vollkommen frei und rein, ohne jegliche Spur von Praktischem« ist. Dieser »klassische Geist ist den besten französischen Werken aller Perioden seit dem zwölften Jahrhundert gemein«, behauptet Fry und verlagert damit den künstlerischen Schwerpunkt von Italien nach Frankreich. »Wenngleich hier keine direkten Anklänge an einen Nicholas Poussin zu finden sind, scheint sein Geist doch in Werken von Künstlern wie Derain wiederaufzuleben.« Natürlich unterscheidet sich Frys kritisches Programm notgedrungen von Vasaris – es ist formalistisch, spirituell, ästhetisch. Aber wie bei Vasari gilt ein einziger kritischer Ansatz für die gesamte Kunstgeschichte. Dieser ist demjenigen Vasaris insofern überlegen, als Frys Ästhetizismus Raum hat für die Kunst der französischen Nachimpressionisten, Vasaris Illusionismus dagegen nicht. Fry hat eine Geschichte zu erzählen, die möglicherweise eine von Fortschritt bestimmte ist: Die französischen Nachimpressionisten haben, insbesondere angesichts des nicht-narrativen Charakters ihrer Kunst, die ja vor allem aus Landschaften und Stilleben bestand, damit unter Umständen einen Weg gefunden, den klassischen Geist in seiner reinsten Form darzustellen. Die Kunstgeschichte ist ja das allmähliche Abstreifen alles Unwesentlichen, bis das der Kunst Wesentliche sich den für eine solche Offenbarung Bereiten enthüllt. Dabei schreckt Fry keineswegs davor zurück, ja ist erpicht darauf, den Klassizismus, den er als Kunst ganz besonders bewundert, mit dem Wesen der Kunst selbst gleichzusetzen, womit er das ernste Problem unberücksichtigt läßt, was mit Kunst zu tun ist, die *nicht* »französisch« ist. Er kann erklären, warum die von ihm bewunderte Kunst, auch wenn sie nicht dem von der Kunst Erwarteten entspricht, dennoch Kunst ist, indem er behauptet, daß das bis dahin von der Kunst Erwartete letztlich für die Kunst nicht wesentlich gewesen sei. Doch befördert das so gut wie alles im vasarischen Epos ins Reich der Finsternis, was nicht irgendwie als »klassisch« eingestuft werden kann. Was sich, anders ausgedrückt, nicht gründlich ästhetisieren läßt. Frys Theorie war auf jeden Fall eine beachtliche Gegenreaktion auf die Anstrengungen, die moderne Kunst als unfähig oder pervers abzutun, und gehörte damit zu den ersten Theorien überhaupt, welche die Moderne im Rahmen einer neuen Erzählung an die traditionelle Kunst anzubinden suchten.

Für die Unwesentlichkeit der Nachahmung plädiert Fry in seinem Katalogaufsatz anhand der Tatsache, daß ein Werk der bildlichen Kunst denkbar ist, bei dem die Nachahmung überhaupt keine Rolle spielt. Die Erfindung der abstrakten Kunst wird 1910 Kandinsky zugeschrieben, zwei Jahre vor der Ausstellung in den Grafton Galleries, und wenn auch nur schwer zu sagen ist, mit welcher Geschwindigkeit sich die Kunstneuigkeiten damals verbreiteten, verwendete Fry bereits den Begriff »Abstraktion«. Er spricht – sozusagen abstrakt – über den »Versuch, alle Ähnlichkeit zu natürlichen Formen aufzugeben und eine rein abstrakte Formensprache zu schaffen – visuelle Musik«; seiner Ansicht nach enthalten »Picassos spätere Werke« immerhin diese Möglichkeit. Fry äußert sich nicht eindeutig dazu, ob diese Abstraktion erfolgreich ist, und es ist aufschlußreich, daß es bei ihm heißt: »dies kann erst dann entschieden werden, wenn unsere Empfindungsfähigkeiten gegenüber derartigen abstrakten Formen geschulter sind, als das jetzt noch der Fall ist«. Damit wird das »Matching« mittels der Wahrnehmung, das nicht erlernt zu werden braucht, mit dem Spracherwerb verglichen, was sehr wohl mit Lernen zu tun hat. Es ist nicht klar, ob Fry dieser »Sprache« selbst wirklich mächtig war. Als er 1913 Kandinskys *Improvisation 30 (Kanonen)* sah, behauptete er, es sei »reine visuelle Musik ... ich kann an der Möglichkeit des Gefühlsausdrucks durch solche abstrakten Bildzeichen nicht länger zweifeln.«[16] Fry ignorierte einfach jene Waffen, die dem Bild seinen in Klammern gesetzten Untertitel geben.

Diese Idee einer »Sprache«, die bei Fry eine poetische Metapher gewesen sein mag, brachte Daniel-Henry Kahnweiler, einer der ersten Theoretiker des Kubismus, in einem Text von 1915 buchstäblich als eine ernsthafte Theorie vor: »Eine neue Ausdrucksweise, ein neuer ›Stil‹ in den schönen Künsten, wirkt oft unlesbar – so wie der Impressionismus zu seiner Zeit und heute der Kubismus: die ungewohnten optischen Impulse erwecken in einigen Betrachtern keine Erinnerungsbilder, weil es erst dann zur Bildung von Assoziationen kommt, wenn man sich an die Schrift, die zunächst fremd erschien, gewöhnt hat und sich nach häufigem Sehen solcher Bilder endlich die Assoziationen einstellen.«[17] Es kann durchaus aufschlußreich sein, den Kubismus als eine Sprache oder besser noch als eine Art von »Schrift« aufzufassen – ein Vorschlag, der eine enge Verwandtschaft zum poststrukturalistischen Denken aufweist, das in Jacques Derridas Konzept der *écriture* zum Tragen kommt. Das Problem ist nur, daß Kahnweiler anscheinend alle Stilarten, insbesondere den Impressionismus, als Schriftformen behandelt und analogisierend behauptet, daß der Kubismus für uns mit entsprechender Übung so lesbar werde wie der Impressionismus. In Wirklichkeit ist das nicht eingetreten. Während wir uns zwar in gewissem Sinne an den Kubismus gewöhnt haben (schließlich gehören die kubistische Landschaft, das kubistische Porträt oder Stilleben zum typischen Museumsbestand) und während niemand große Schwierigkeiten mehr hat, kubistische Bilder zu »lesen«, sind sie doch nicht so leicht verständlich geworden wie eine Sprache, mit deren Schrift wir vertraut sind. Picassos Porträt von Kahnweiler sieht keineswegs wie eine Photographie aus. Vertrautheit hat es nicht natürlich werden lassen. Frys und Kahnweilers Theorien beschwören tatsächlich das Bild von jemandem herauf, der im Lesen einer schwierigen Sprache immer gewandter wird – daher der Hinweis auf »Übung«. Aber heute braucht niemand mehr zu üben, um ein impressionistisches Bild zu lesen: Sie sehen vollkommen natürlich aus, weil sie vollkommen natürlich *sind*. Schließlich ist der Impressionismus eine Fortführung des vasarischen Programms; es geht ihm um das Meistern visueller Erscheinungsbilder, wobei natürliche Unterschiede zwischen Licht und Schatten eine Rolle spielen.

Die Nachimpressionisten schockieren zwar niemanden mehr, doch sehen sie keinen Deut natürlicher aus als die kubistische Malerei. Hier hat Vertrautheit die Differenzen zwischen ihnen und den Gemälden in der vasarischen Tradition nicht auslöschen können. Doch gebührt jenen Vordenkern Ehre, bemühten sie sich doch, jene Unterschiede zu reduzieren, indem sie die traditionelle Kunst neudachten und das Kriterium der Illusion durch andere Kriterien ersetzten. Natürlich war die Aufnahme der modernen Kunst nicht immer von dem Bemühen gekennzeichnet, die neue Kunst in eine erklärende Theorie einzupassen, wie wir sie in Frys und in Kahnweilers Arbeit finden. Das Publikum war oft begeistert, ohne sich bemüßigt zu fühlen, eine legitimierende Theorie aufzustellen. Hier ist eine zeitgenössische Reaktion von Etta und Claribel Cone auf den Salon d'Automne des Jahres 1905:

> Wir kommen nun in den verblüffendsten Raum in diesem an Erstaunlichem so reichen Salon. Hier erweist sich alle Beschreibung, Berichterstattung wie auch alle Kritik gleichsam als unmöglich, da das uns Präsentierte – mit Ausnahme des verwendeten Materials – nicht das geringste mit Malerei zu tun hat. Ein formloser Wirrwarr an Farben: Blau, Rot, Gelb, Grün: einige grob nebeneinander gesetzte Farbkleckse, der barbarische und naive Zeitvertreib eines Kindes, das mit dem Farbkasten spielt, den es soeben zu Weihnachten geschenkt bekommen hat ... diese auserlesene Galerie bildlicher Verirrung, des Farbwahnsinns, unsäglicher Phantasien von Leuten, die, wenn sie nicht etwas im Schilde führen, wieder auf die Schulbank zurückgeschickt werden sollten.[18]

Man achte in dieser Passage besonders auf das »nicht das geringste mit Malerei zu tun hat« und darauf, daß der ausgedrückte Unwillen genau der Reaktion der Besucher entspricht, die Fry in seinem Essay über die Ausstellung der Nachimpressionisten beschreibt. Hier noch eine einschlägige Kritik anläßlich jener Ausstellung, auf die Fry so kreativ reagierte:

Nichts als die derbe Puerilität, die Unflätiges an die Wände des Aborts kritzelt. Das Zeichnen ist nicht besser als das eines ungebildeten Kindes, der Farbsinn der eines Teebrettmalers, die Methode die eines Schuljungen, der seine Finger auf der Schiefertafel abwischt, auf die er gespuckt hat. Es sind Werke des Müßiggängertums und der impotenten Dummheit, eine pornographische Schau.

Dieses Toben, dessen Prosa einer tatsächlichen Verunstaltung gleichkommt, stammt von dem Dichter Wilfred Scawen Blunt anläßlich einer Ausstellung von Bildern von Cézanne, van Gogh, Matisse und Picasso. Es war durchaus üblich, darauf mit einem Ausspruch wie: »die Ausstellung ist entweder ein extrem schlechter Witz oder ein Schwindel« zu reagieren.[19] Die *Münchner Neuesten Nachrichten* urteilten 1909 über die Ausstellung der Neuen Künstlervereinigung München: »Es gibt nur zwei mögliche Erklärungen für diese absurde Ausstellung. Entweder man nimmt an, daß die Mehrheit der Mitglieder und Gäste der Vereinigung unheilbar geisteskrank sind oder daß man es mit schamlosen Scharlatanen zu tun hat, die die Sensationslust unserer Zeit nur allzu gut kennen und versuchen, diese Hausse auszunutzen.«[20] Mir ist nicht bekannt, ob Blunt wie die Cone-Schwestern und Gertrude Stein einen ästhetischen Bewußtseinswandel mitmachte und schließlich begeisterter Befürworter jener Arbeiten wurde, die ihn zu solch nachdrücklicher Empörung veranlaßten, ich wage das jedoch zu bezweifeln. »Ich bin alt genug, um mich an die präraffaelitischen Bilder in der Royal Academy 1857 und 1858 erinnern zu können«, schrieb er – die Ausstellung in den Grafton Galleries fand immerhin ein halbes Jahrhundert später statt. Ebensowenig ist klar, ob der Wandel der Cones mit einer neuen Denkweise hinsichtlich der Malerei einherging, wie Fry sie später entwickelte. Vielmehr paßten sie sich wohl einfach an eine neue künstlerische Realität an und lernten, ästhetisch auf diese zu reagieren, wozu sie erst einmal die Theorien aufgeben mußten, die jene Werke als Malerei disqualifiziert hatten, auch wenn sie diese Theorien dann nicht durch neue ersetzen konnten. Es ist immer möglich sich derart anzupassen, zu lernen, sensibel und kritisch auf Arbeiten zu reagieren, auf die einen die eigene Erfahrung nicht im geringsten vorbereitet hat. Für jemanden, dessen Verhältnis zur Kunst so beschaffen ist, macht eine Theorie über das Ende der Kunst dann auch überhaupt keinen Sinn: Anpassung und Reaktion richten sich auf immer wieder Neues ein, ohne daß dazu eine Theorie vonnöten wäre. In den achtziger Jahren sammelten viele Kunst, weil es Kunst war, ohne eine

Ermächtigungstheorie an der Hand zu haben, die Aufschluß darüber gab, warum etwas Kunst oder warum das wichtig war.

In gewisser Hinsicht müssen Fry und Kahnweiler ebenfalls so gedacht haben, weil sie sozusagen prätheoretisch auf Arbeiten reagierten, die sie als ausdrucksstark und bedeutend erkannten, selbst wenn sie gegen sämtliche von ihnen unterschriebenen Prinzipien verstießen. Ebenso schufen die betreffenden Maler wohl ihre Kunst, ohne genau zu wissen, worum es ihnen dabei ging oder warum sie Kunst schufen, von der sie gewußt haben mußten, daß sie Abscheu hervorrufen würde, wie soeben beschrieben. Unsere beiden Theoretiker machten sich also daran, eine Leerstelle in der Praxis zu füllen, indem sie Künstlern und Publikum gleichermaßen erklärten, was da vor sich ging und eine neue narrative Schablone einführten. In beiden Fällen scheint mir das den Effekt gehabt zu haben, die Unterschiede zu verwischen – im Falle von Kahnweiler zu erklären, daß es ja nur darum gehe, sich an eine neue Schriftform zu gewöhnen, ohne jedoch Aufschluß darüber zu geben, warum eine neue Schriftform denn überhaupt nötig war; und im Falle von Fry die Kontinuitäten zwischen Derains oder Picassos Schaffen und dem Werk Poussins aufzuzeigen, ohne wiederum zu erklären, warum Poussin nicht mit demselben Widerstand kämpfen mußte wie die ersten beiden Maler. Ich glaube außerdem, daß sie wahrscheinlich vorgebracht hätten, daß die mimetischen Eigenschaften der früheren Malerei ihr wahres Wesen verdeckt hatten und daß dieses Wesen auch der neuen Kunst eigen war, wenngleich die Verkleidungen der Mimesis inzwischen entfernt worden waren. Es war, als sei die neue Kunst durch Subtraktion erzielt worden – eine Subtraktion der Mimesis oder zumindest eine Verzerrung derselben bis zu einem Grade, daß sie nicht mehr als springender Punkt der Kunst erschien. Ich habe den Eindruck, als seien weder Fry noch Kahnweiler bereit gewesen, zu sagen, daß die neue Kunst tatsächlich neu beziehungsweise auf eine neue Art neu war. Der einzige Denker, der meines Wissens dieses Niveau der Betrachtung erreichte, war Clement Greenberg, dem ein eigenes Kapitel gebührt. Es ist aufschlußreich, daß die Moderne, als Greenberg sie auf eine philosophische Bewußtseinsebene hob, als Bewegung innerhalb der großen Erzählung der bildenden Kunst bereits so gut wie vorbei war. Und für die Art und Weise, wie die Moderne endete, hatte Greenberg in seiner Darstellung keinen Raum.

Anmerkungen

1. »Konfuzius sprach, Die Tugend der Menschenliebe – ist sie denn gar so fern? Sie ist durchaus zu erreichen, wenn man sie wirklich will.« (Konfuzius, *Gespräche*, übers. von Ralf Moritz, Leipzig: Philipp Reclam jun., 1982, Kap. VII, 30).
2. Heinrich Wölfflin, *Kunstgeschichtliche Grundbegriffe. Das Problem der Stilentwicklung in der neueren Kunst* (Basel: Schwabe & Co, ^{17}1984), S. 7.
3. Henri Matisse, »Gespräch mit Tériade, 1936«, in *Matisse über Kunst*, hrsg. von Jack D. Flam, übers. von Elisabeth Hammer-Kraft (Zürich: Diogenes, 1982), S. 139.
4. Joseph Margolis versucht in »The Endless Future of Art« nachzuweisen, daß »Vergangenheit« und »Zukunft« zu Erzählungen, die reine »Konstruktionen« sind, gehören und damit nicht zur Kunst selbst. Genausogut könnte man jedoch behaupten, die Kunst sei ewig und *könne* deshalb keinen Anfang haben, da Anfänge mit Erzählungen verbunden seien. Ich habe mich bemüht, seinen Ansichten meine gegenüberzustellen in »Narrative and Never-Endingness: A Reply to Margolis«, in: Arto Haapala Jerrold Levinson und Veikko Rantala, Hrsg. von, *The End of Art and Beyond* (New York: Humanities Press, 1996).
5. Steve Lohr, »No More McJobs for Mr. X«, *The New York Times*, 29. Mai 1994, Teil 9, S. 2.
6. John Pope-Hennessy, *Cellini* (New York: Abbeville Press, 1985), S. 37.
7. Ernst Gombrich, *Art and Illusion: A Study in the Psychology of Pictorial Representation* (Princeton: Princeton University Press, 1956) [dt.: *Kunst und Illusion. Zur Psychologie der bildlichen Darstellung*, übers. von Lisbeth Gombrich (Stuttgart: Belser, 21986), S. 320, S. 424].
8. Karl Popper, *The Logic of Scientific Discovery* (New York: Basic Books, 1959).
9. Ernst Gombrich, *Kunst und Illusion*, S. 93.
10. a.a.O., S. 141. [»Making and matching« ist in Ernst H. Gombrichs Buch *Art and Illusion* ein zentrales Begriffspaar, das in der deutschen Ausgabe (*Kunst und Illusion*, übers. von Lisbeth Gombrich) uneinheitlich wiedergegeben wird (»Bild und Abbild«, »Bilden und Nachbilden« oder umschrieben als »Schaffen von Gebilden um ihrer selbst willen« oder »[Streben nach der] Übereinstimmung von Gegenstand und Abbild«) – je nach Zusammenhang. Der vorliegende Text beläßt das Begriffspaar durchgehend im Original. A.d.Ü.]
11. a.a.O., S. 24.
12. a.a.O., S. 141.
13. Giorgio Vasari, *Lebensläufe der berühmtesten Maler, Bildhauer und Architekten*, übers. von Trude Fein (Zürich: Manesse, 1974), S. 330.
14. a.a.O., S. 46
15. Roger Fry, »The French Post-Impressionists«, in *Vision and Design* (London: Pelican Books, 1937), S. 194.
16. Roger Fry, zitiert in Richard Cork, *A Bitter Truth: Avant-Garde Art and the Great War* (New Haven: Yale University Press, 1994), S. 18.
17. Daniel-Henry Kahnweiler, zitiert in Bois, *Painting as Model*, S. 95.

18. Brenda Richardson, *Dr. Claribel and Miss Etta: The Cone Collection* (Baltimore: The Baltimore Museum of Art, 1985), S. 89.
19. Wilfred Scawen Blunt, *My Diaries: Being a Personal Narrative of Events, 1888-1914,* (London: Martin Secker, 1919-20), Bd. 2, S. 743.
20. Zitiert in Bruce Altschuler, *The Avant-Garde in Exhibition: New Art in the 20th Century* (New York: Abrams, 1994), S. 45.

Foto von Jackson Pollock, *Life Magazine*, 9. August 1949

IV. Die Moderne und die Kritik der reinen Kunst: die Geschichtssicht Clement Greenbergs

In der Einleitung zu seinem 1893 erschienenen Buch *Stilfragen, Grundlegungen zu einer Geschichte der Ornamentik* kommt Alois Riegl der ungläubigen Reaktion seiner Leser auf die Vorstellung zuvor, daß das Ornament eine Geschichte habe, und verrät damit, wie die Idee der Geschichtlichkeit vor einem Jahrhundert in kunstgeschichtlichen Kreisen verstanden worden sein muß. Das Paradigma der Geschichtlichkeit war die Malerei als eine Kunst der mimetischen Repräsentation, womit sich die Geschichte der Malerei als interne Entwicklung auf eine adäquate Repräsentation hin auffassen ließ. Die Künstler erwarben zunehmende Geschicklichkeit in der Darstellung visueller Erscheinungsbilder durch die Konstruktion visueller Gegenstücke, die dem von der Wirklichkeit Präsentierten entsprachen; aus dieser Perspektive betrachtet besteht eine entwicklungsgeschichtliche Asymmetrie in der Abfolge der malerischen Repräsentation etwa von Cimabue und Giotto bis zu (um innerhalb der vasarischen Grenzen zu verbleiben) Michelangelo, Leonardo und Raffael. Indem Riegls Leserschaft ungläubig darauf reagiert, daß das Ornament eine »Entwicklungsgeschichte« hat, wie Riegl sie ganz ausdrücklich nennt[1], ist diese Leserschaft seiner Ansicht nach von einer These »gelähmt«, gegen die er in seinem ganzen Buch unermüdlich polemisiert: die These von der »materialistischen Auffassung von dem Ursprunge alles Kunstschaffens«, die auf die Schriften Gottfried Sempers zurückzuführen ist. Der Materialist sieht das Ornament in erster Linie als Oberflächendekoration, und Oberflächendekoration in erster Linie als Nebenprodukt bei der Erfüllung bestimmter materieller menschlicher Bedürfnisse wie insbesondere der Kleidung und Unterbringung, bei denen jeweils das Weben oder Flechten eine Rolle spielt. Das Ornament entstammt nämlich dem Drunter-und-Drüber, dem Ein-und-Aus im Überkreuzen und Zickzack von Textil und

Flechtwerk, das überall, wo Menschen Kleidung und Behausungen herstellen, zur Anwendung gelangt. Weil es also derart elementar und universal ist, ist die Möglichkeit nur gering, daß das Ornament eine Geschichte hat, wie etwa die Reproduktion oder – und da wird es schon umstrittener – die Wahrnehmung. Riegl fühlte sich deshalb verpflichtet, dieses materialistische Modell erst einmal zunichte zu machen, um die Möglichkeit einer Entwicklungsgeschichte zu schaffen; das aber bedeutet, daß in einer Abfolge ornamentaler Stile – ganz wie bei der Malerei – die Spätphasen den früheren in bezug auf die Erfüllung der gleichen künstlerischen Ziele voraus sind und die früheren die späteren erklären helfen. Es war die Parallelstruktur zur »Entwicklungsgeschichte« der Malerei, die Ernst Gombrich – mit beträchtlichem Erfolg – anhand der Mechanismen des »Making and Matching« zu explizieren suchte. Diese Struktur ist nur deshalb von Fortschritt gekennzeichnet, weil die später in der Geschichte erscheinenden Künstler ihre Repräsentationen mit denen ihrer Vorgänger vergleichen konnten, von denen sie lernten und über die sie sich hinausentwickelten, sowie auch mit Erscheinungsbildern, die wahrscheinlich von einer Stufe zur anderen in der Geschichte gleich blieben. Es versteht sich von selbst, daß die Möglichkeit einer progressiven Entwicklungsgeschichte ohne eine Erhaltung und ein Studium früherer Werke nicht bestünde; es gäbe lediglich eine Art natürlicher Evolution. Aber selbst in der jüngeren Altsteinzeit, als die Höhlenmalereien von Lascaux entstanden, nahmen die Maler ihre Vorgänger zum Vorbild, da die rituelle Entscheidung, daß es einen festen Platz für die Malerei geben sollte, so wie es feste Feuerstellen gab[2], die Wand sozusagen zu einem antizipatorischen pädagogischen Museum machte. Natürlich weiß jedoch niemand, was Fortschritt für unsere paläolithischen Vorfahren vor zwanzigtausend Jahren bedeutete.

Solcherart war also um 1893, als Riegls *Stilfragen* erschienen, die Vorstellung davon, was es hieß, eine Geschichte zu haben, und, soweit ich sehe, auch dann noch das geltende Geschichtsverständnis, als der Historiker Hans Belting 1983 sein profundes, wenngleich schwer verständliches Buch *Das Ende der Kunstgeschichte?* veröffentlichte, worin er feststellte, daß die Kunst objektiv betrachtet offensichtlich nicht länger die Möglichkeit einer fortschrittlichen Entwicklungsgeschichte besaß. Für Belting stellte sich damit die Frage, wie es denn eine Kunstgeschichte der Gegenwart geben konnte, wenn diese objektive Bedingung nicht mehr galt. Zweifellos würde es eine Interpretation individueller Werke und damit Kunstkritik weiterhin geben; ebenso war eine Forschung denkbar, die von den Beschränkungen der Art gekennzeichnet sein würde, wie Riegl sie im Zusammenhang mit der philologischen Studie der Ornamentik in seinem eigenen Zeitalter beschreibt, gekennzeichnet nämlich von einer extremen Zurückhaltung: »historische Wechselbezüge zu behaupten wagte man nur schüchtern, und bloß für eng begrenzte Zeitperioden und nahe benachbarte Gebiete.«[3] Das wäre eine Deutung dessen, was es heißt, keine Geschichte zu haben, und im Falle der bildenden Künste sogar eine Deutung, wie die Kunst an ihr Ende gelangt sein könnte, da die Kunst, in erster Linie als Malerei aufgefaßt, ehemals das Paradebeispiel für das von Geschichte Gekennzeichnete im Sinne einer fortschrittlichen Entwicklungsgeschichte darstellte. In seinem darauffolgenden Buch *Bild und Kult*, das in jeder Hinsicht ein Meisterwerk ist, macht Belting sich daran, die Geschichte des Andachtsbildes im Abendland »vor dem Zeitalter der Kunst« zu schreiben. Es ist aufschlußreich festzustellen, wie sehr seine Haltung und Polemik der von Riegl gleichen. Er muß nämlich die Behauptung, daß das Andachtsbild eine Geschichte hat, gegen die von ihm aufgestellte Behauptung verteidigen, daß das Bild als solches keine habe, so wie Riegl sich für die Ansicht starkmachen mußte, daß die Ornamentik eine Geschichte habe – gegen Sempers Ansicht, daß sie überall denselben materiellen Prozessen verhaftet sei. Belting verunglimpft in leicht irreführender Weise David Freedbergs wichtige Untersuchung *The Power of Images*, indem er dem Autor den Gedanken zuschreibt, daß das Bildermachen, da es einer universalen menschlichen Neigung entspreche, die immer und überall gleich sei, keine Geschichte haben könne. Nicht viel anders schmähte Riegl ja auch Semper, der ein weitaus vielschichtigeres Denken an den Tag legte, als Riegl ihm zugestand. Auf jeden Fall will Belting eine historische Erklärung dafür vorbringen, wie das Andachtsbild eine derart zentrale Rolle in einer Religion – dem Christentum – erwarb, die sich doch ursprünglich dem Gebot gebeugt hatte, keine Götzenbilder zu schaffen. Es handelt sich auch nicht, wie Belting dann weiter erläutert, um eine Geschichte im eigentlichen Sinne, die eine fortschrittliche Entwicklung aufweise, da uns bisher kein geeigneter Rahmen für die Strukturierung von Ereignissen zur Verfügung stehe, die das Bild in der Zeit vor der Renaissance formten.[4] Darüber hinaus ist nicht klar, ob eine Kunstkritik des Andachtsbildes akzeptabel ist, da diese Werke vor dem Zeitalter der Kunst geschaffen wurden und in keinerlei Hinsicht ästhetisches Wohlgefallen auslösen sollten. Beltings Ansicht der »Geschichtlichkeit« scheint also, so originell seine Ideen und seine Untersuchungen auch waren, eindeutig nach hergebrachtem Muster zu sein. Sein Problem besteht darin, die Geschichte von etwas zu denken, das keine »eigentliche« Geschichte hat.

Zwischen jener Zeit, in der die vasarische Struktur nicht mehr für die entstehende Kunst zu gelten schien, und dem gegenwärtigen Augenblick narrativer Wirrnis in der Kunstszene, auf die Belting in seinem Text zum Ende der Kunst Bezug nimmt, liegt ein Intermedium, das für mich die Moderne ist, während derer sich die Künstler nicht mehr an Gebote hielten, die der Kunst jene Art von Geschichte sicherten, die Riegl im letzten Jahrzehnt des neunzehnten Jahrhunderts mehr oder weniger als selbstverständlich ansah, wenngleich die Moderne, so wie ich sie verstehe, zu dem Zeitpunkt schon eine Weile lang bestand. Sie begann, Clement Greenberg zufolge, mit dem Werk Manets oder, nach meiner eigenen Auffassung vom Beginn, mit den radikalen Abweichungen von jener vasarischen Kriterien folgenden Orthogonalen, wie sie das Werk van Goghs und Gauguins Ende der achtziger Jahre des 19. Jahrhunderts beschrieb. Man darf Riegl nicht vorwerfen, daß er nicht bemerkt hatte, was selbst die der Malerei Nahestehenden in jenen Jahren wohl kaum beachteten, auch wenn Riegl wohl hätte auffallen können, wie sich die Geschichten der Ornamentik und der Malerei mit dem Auftreten des Jugendstils auf einmal zu vermischen begannen, wie das Dekorative im Werk jener, die Gauguin folgten, zur künstlerischen Motivation wurde und der Pariser Salon im letzten Jahrzehnt jenes Jahrhunderts das Kunsthandwerk und sogar Werkstattmöbel zuließ.

Das Problem bestand darin, wie die progressive Entwicklungsgeschichte angesichts einer Malerei fortzusetzen war, die die vasarische Geschichte nicht mehr fortzusetzen schien; die Lösung bestand, wie wir im vorigen Kapitel gesehen haben, zunächst darin, den Schein zu wahren, indem man entweder leugnete, daß es Malerei *war*, es sei denn im reduziertesten, materiellsten Sinne des Wortes, oder aber den Künstlern selbst subversive Motive unterschob – Motive etwa, wie sie den Dadaisten nach dem Ersten Weltkrieg eigen waren, die jedoch in den Erklärungen der frühen Modernen kaum eine Rolle spielten. Ich habe ein gewisses Verständnis für diejenigen, die die neue Kunst so hinwegerklären wollten, doch sollte an dieser Stelle angemerkt werden, daß die Zuflucht zu einer solchen Strategie auf keiner früheren Stufe der Kunstgeschichte notwendig war, als man jede Entwicklung noch mit vasarischen Begriffen rechtfertigen konnte. Das erwähne ich, um meine Überzeugung zu unterstreichen, daß der Wechsel vom Mimetischen zu den modernen Momenten in der Geschichte der Kunst wesens- und bedeutungsmäßig ein anderer war als der Wechsel, der die Entwicklung von den Bildstrategien der Renaissance zu denen des Manierismus, des Barock, des Rokoko, des Neoklassizismus, der Romantik und selbst – so radikal er zum damaligen Zeitpunkt erschienen sein mag – des Impressionismus kennzeichnet. Meiner Ansicht nach war der Wechsel von der Moderne zur Postmoderne wiederum ein Wechsel, der sich von jenen früheren deutlich unterschied. Jene ließen nämlich die Grundstruktur der Malerei mehr oder weniger intakt: Man konnte tiefliegende Kontinuitäten von Raffael über Correggio, die Carracci, Fragonard und Boucher, Ingres, Delacroix bis zu Manet feststellen, so daß man vom Standpunkt des Jahres 1893 aus betrachtet weiterhin an eine fortschrittliche Entwicklungsgeschichte glauben konnte. Jene Veränderungen lagen also außerhalb der Art von Geschichte, die ich hier erzählen möchte, in der es echte Entwicklungsbrüche gab – zunächst in Form der Moderne und schließlich der Postmoderne.

Die ersten Theoretiker, die ein Gespür dafür hatten, daß hier ein Wandel anderer Art stattgefunden hatte, der sich nicht mehr als Stufe innerhalb einer linearen Entwicklung auffassen ließ, Roger Fry etwa oder Daniel-Henry Kahnweiler, können auf zweierlei Weise verstanden werden. Zum einen so: Die Geschichte war an ihr Ende gelangt und eine neue hatte begonnen. Ein neues Zeichensystem war Kahnweiler zufolge an die Stelle des alten getreten und konnte in Zukunft wiederum durch ein Nachfolgesystem ersetzt werden. Das bedeutete mehr oder weniger, daß die Kunstgeschichte insgesamt schließlich doch keine Entwicklungsgeschichte war, da es nicht eben offensichtlich war, wie der Kubismus eine Weiterentwicklung des Impressionismus sein konnte. In dieser Hinsicht weist Kahnweilers These eine entfernte Ähnlichkeit zu Erwin Panofskys bemerkenswerter Sicht der Kunstgeschichte auf, der zufolge diese Geschichte aus einer Abfolge symbolischer Formen besteht, die einander zwar ablösen, jedoch keine eigentliche Entwicklung beschreiben. Panofskys beinahe atemberaubender Gedankensprung bestand darin, eine Entdeckung, die mehr oder weniger als Emblem für den Fortschritt gelten konnte, nämlich die der Linearperspektive, als symbolische Form zu sehen, als die sie lediglich eine andere Art der Raumgestaltung darstellte. Als Art der Raumgestaltung gehörte sie wiederum einer bestimmten zugrundeliegenden Philosophie an, die sich auch in anderen Bereichen der Kultur manifestierte, wie in deren Architektur, Theologie, Metaphysik, ja selbst in ihren ethischen Gesetzen, die jeweils kulturelle Einheiten bildeten, die anhand der *Ikonologie*, wie Panofsky es nannte, untersucht wurden. Aber zwischen diesen Kultureinheiten und damit zwischen der Kunst, in der diese zum Ausdruck kamen, bestand keine kontinuierliche Entwicklungsgeschichte. Vielmehr bezog sich diese Geschichtlichkeit meiner Auffassung nach auf *eine* dieser Kultureinheiten, nämlich die, die zur westlichen Kunst zwischen ca. 1300 und 1900 gehörte. Mit der Moderne beginnt ein neues Kulturganzes, das rund achtzig Jahre währt, etwa von 1880 bis 1965. Der Philosophie symbolischer Formen zufolge finden wir Ausdrucksformen derselben Grundstruktur in allem, was unsere Kultur definiert: in Wissenschaft, Philosophie, Politik und ethischen Verhaltensregeln. Ich bin dieser Ansicht gegenüber durchaus aufgeschlossen, wie ich gleich noch erläutern werde. Auf jeden Fall ist dies eine Möglichkeit, den Unterschied zwischen einem »internen« und einem »externen« Wandel in der Kunstgeschichte zu erklären. Ein interner Wandel erfolgt nämlich innerhalb einer Kultureinheit und läßt den Grundkomplex intakt. Eine externe Veränderung erfolgt von einer Kultureinheit zu einer anderen.

Die andere Auffassung, die Roger Fry vorbrachte, besagte, daß es Künstlern nicht mehr darum ging, die Wirklichkeit nachzuahmen, sondern den Empfindungen, die die Wirklichkeit in ihnen auslöste, objektiv Ausdruck zu verleihen: »Peindre non la chose mais l'effet qu'elle produit«, wie Stéphane Mallarmé schrieb – ein Satz, der auch modernen Abstraktionisten wie Robert Motherwell noch viel bedeuten sollte. Dieser Übergang vom Auge zur Psyche und von der Mimesis zum Ausdruck gewährte einer Reihe von Faktoren Einlaß in den kritischen Diskurs, die zuvor nicht besonders relevant gewesen wären – die Aufrichtigkeit zum Beispiel. Vielleicht ließe sich eine progressive Entwicklungserzählung des Ausdrucks denken, innerhalb derer die Künstler lernten, ihre Empfindungen immer besser auszudrücken – doch käme das wohl beinahe der Geschichte der schwindenden Hemmungen oder der Entladung von Gefühlen gleich, die bis dahin unterdrückt und erstickt worden waren. Es wäre eine Geschichte der Freiheit, als Ausdrucksfreiheit aufgefaßt. Zweifellos ist eine Technik des Ausdrucks möglich – wir finden sie zum Beispiel in der Schauspielerausbildung. Doch hätte man sich der Wahrheit von Frys Darstellung weitaus sicherer sein müssen, als irgend jemand das wohl war, ehe man ein entsprechendes Neudenken der Kunstgeschichte in Angriff genommen hätte.

Keine dieser beiden theoretischen Lesarten beförderte die Narration weiter, und es ist nicht zu leugnen, daß die Idee einer progressiven Entwicklungsgeschichte einigermaßen beschränkt ist, wenn diese Theorien wirklich zutreffen. Doch kann man sie auch anders auslegen. So könnte man sagen: Was sie anstrebten, war, die Narration auf eine neue Ebene zu erheben, auf der es darum ging, die Kunst neu zu definieren, zu bestimmen, was Kunst philosophisch ist, und so durch die Kunst selbst Hegels Forderung zu erfüllen. Dieser Lesart nach hatte es den

Anschein, als verdanke sich die Vorwärtsbewegung der Erzählung nun nicht mehr immer adäquater werdenden Darstellungen, sondern vielmehr stets adäquater werdenden philosophischen Repräsentationen des Wesens der Kunst. Wohl gab es damit eine Entwicklungsgeschichte zu erzählen, doch war das sozusagen die Geschichte einer immer größeren *philosophischen* Angemessenheit. Was meiner Ansicht nach fehlte, war ein Sinn dafür, was diesen Wandel auf eine neue, reflexivere Ebene bewirkt hatte – oder das Gefühl für eine narrative Struktur, in der die neue – oder moderne – Kunst weiterhin innerhalb einer narrativen Form stattfand, jedoch auf einer neuen Ebene. Diese Erkenntnis finden wir erst in den Schriften Clement Greenbergs, der sozusagen vom Selbstbewußtsein des Aufstiegs zum Selbstbewußtsein gelangt und dessen Denken sich an einer ausdrucksstarken und überzeugenden Geschichtsphilosophie orientiert. Es ist bezeichnend, daß alle diese Theoretiker auch Kritiker waren und meiner Ansicht nach auf die Frage reagierten, wie die Kunstkritik, nun da Vasaris These philosophisch nicht mehr haltbar war, zu praktizieren sei.

Der Aufstieg auf eine Ebene des philosophischen Selbstbewußtseins findet kulturell sicher auch außerhalb der Kunst statt und ist möglicherweise eines jener Kennzeichen, anhand dessen die Moderne, als eine von Panofskys Kultureinheiten verstanden, definiert werden kann. Am Anfang von *Sein und Zeit* stellt Martin Heidegger fest: »Die eigentliche ›Bewegung‹ der Wissenschaften spielt sich ab in der mehr oder minder radikalen ... Revision der Grundbegriffe. Das Niveau einer Wissenschaft bestimmt sich daraus, wie weit sie einer Krisis ihrer Grundbegriffe *fähig* ist.«[5] Weiter heißt es bei Heidegger: »Allenthalben sind heute in den verschiedenen Disziplinen Tendenzen wachgeworden, die Forschung auf neue Fundamente umzulegen.« Er zählt Fälle aus einem breiten Spektrum auf, und man darf wohl annehmen, daß er seine eigene Arbeit als einen solchen Beitrag zu einer Revision in der Philosophie ansieht. Mein Vorschlag ist, daß wir die Moderne allgemein so auffassen: als Moment, in dem es den Anschein hatte, als könnten die Dinge nicht so weiterlaufen wie bisher, und man neue Grundlagen suchen mußte, um überhaupt fortfahren zu können. Das würde auch erklären, warum die Moderne so oft mit der Veröffentlichung von Manifesten einherging. Alle wichtigen Bewegungen in der Philosophie des zwanzigsten Jahrhunderts befaßten sich mit der Frage nach dem ureigenen Wesen der Philosophie: Positivismus, Pragmatismus und Phänomenologie unternahmen jeweils eine radikale Kritik der Philosophie und versuchten, diese auf festem Fundament neu zu errichten. In gewisser Weise ist die Postmoderne durch einen Antifundamentalismus gekennzeichnet – etwa das Denken Richard Rortys oder Jacques Derridas – oder zumindest von der Erkenntnis, daß, sollte es Grundlagen geben, diese einer Kunstwelt entsprechen müssen, die so unstrukturiert ist wie Hans Belting zufolge unsere eigene. »Die westliche Zivilisation ist nicht die erste, die plötzlich ihre eigenen Grundfesten hinterfragt hat«, schrieb Greenberg 1960. »Aber sie ist dabei weiter gegangen als alle anderen.«[6] Für Greenberg beginnt »diese selbstkritische Tendenz« mit Kant, den er leicht schelmisch als »ersten echten Modernen« einstuft, da er der erste gewesen sei, der »die Mittel der Kritik selbst kritisiert« habe. Für ihn liegt »das Wesen der Moderne darin, daß die für eine Disziplin typischen Methoden zur Kritik dieser Disziplin herangezogen werden.« Dies ist *interne* Kritik, was auf die Kunst bezogen im Grunde bedeutet, daß die Kunst sich im Geist der Moderne an jedem Punkt selbst hinterfragt, was wiederum bedeutet, daß die Kunst sich selbst zum Sujet macht, und im Falle der Malerei, um die es Greenberg im wesentlichen ging, das Sujet der Malerei die Malerei selbst ist. Die Moderne war also eine Art kollektiver Befragung der Malerei seitens der Malerei in dem Bemühen, das Wesen der Malerei an den Tag zu bringen. Heidegger ist deshalb ein »moderner« Philosoph, weil er sich die alte Frage des Seins vornimmt und statt sich ihr direkt zu stellen, fragt, welche Art von Sein sich diese Frage denn stelle, so daß seine Frage damit im Grunde sich selbst befragt. Moderne Malerei ist Greenbergs These zufolge modern, weil sie sich die Aufgabe stellt, »durch ihre eigenen Verfahren und Funktionsweisen die ihr allein eigenen Wirkungen« zu bestimmen. Dieses Wesen der Kunst entsprach laut Greenberg, »allem, was an ihrem Medium einzigartig ist«. Um diesem Wesen gerecht zu werden, mußte eine moderne Arbeit »jegliche Wirkungen ausschalten, von denen denkbar ist, daß sie aus dem oder durch das Medium einer anderen Kunst entlehnt worden sind«. In der Folge würde jede Kunst im Lichte ihrer Selbstkritik »rein werden«, eine Idee, die Greenberg vielleicht tatsächlich Kants Begriff der *reinen Vernunft* entlieh. Kant nannte diejenigen Erkenntnisse rein, »denen gar nichts Empirisches beigemischt ist«, das heißt, wenn sie reine Erkenntnisse a priori waren.[7] Und *reine Vernunft* ist die Quelle der »Prinzipien etwas schlechthin a priori zu erkennen.«[8] Jedes moderne Bild wäre dann nach Greenberg eine Kritik der reinen Malerei: Malerei, aus der man in der Lage sein mußte, jene Prinzipien abzuleiten, die der Malerei als Malerei ureigen sind. Greenberg ist berüchtigt dafür, daß er das Wesen der Malerei mit Flachheit gleichsetzte: »Was verblieb, war die Betonung der unentrinnbaren Flachheit der Oberfläche ... grundlegender als alles andere für die Prozesse, durch die sich die bildende Kunst unter der Moderne kritisierte und definierte.« Während die Betonung der Flachheit nicht das Gegenständliche aus der Malerei ausschloß, schloß sie sehr wohl die Illusion aus, die ja die Verwendung eines dreidimensionalen Raums voraussetzt, der jedoch selbst eine Leihgabe aus einer anderen Kunst und damit eine Verunreinigung der als rein erklärten Kunst war. Das vasarische Projekt war im Grunde ein Projekt der Übergriffe: Die Malerei hatte nur dank der Vereinnahmung der Vorrechte der Bildhauerei überhaupt eine progressive Entwicklungsgeschichte.

Was immer man von Greenbergs positiver Charakterisierung der modernen Malerei halten mag, mein Interesse richtet sich in diesem Zusammenhang auf die nachhaltig historische Sicht der Moderne, die darin zum Ausdruck kommt. Es ist Greenberg in erster Linie hoch anzurechnen, daß er die post-vasarische Geschichte als die Geschichte einer Selbsterforschung auffaßte und die Moderne mit der Anstrengung identifizierte, die Malerei, ja alle Künste, auf ein unerschütterliches Fundament zu setzen, das sich aus der Entdeckung ihres eigenen philosophischen Wesens ergab. Doch ist Greenberg insofern typisch für jene Periode, die sein Untersuchungsgegenstand ist, als er eine eigene Definition vom Wesen der Malerei liefert. Darin gehört er dem Zeitalter der Manifeste ebenso an wie Mondrian, Malewitsch oder Reinhardt, wenngleich diese alle versuchten, die reine Malerei anhand von Beispielen zu definieren. Das Ausschlaggebende ist, daß die Antriebskräfte der Moderne allgemein betrachtet durch die Bereitstellung einer philosophischen Definition der Kunst gekennzeichnet waren. Greenberg erkannte dies als allgemeingültige historische Wahrheit und bemühte sich zugleich, eine eigene philosophische Definition beizusteuern.

Ehe wir uns Greenbergs Denken in Einzelheiten zuwenden, wollen wir uns einen allgemeinen Überblick über die Kunstgeschichte verschaffen, in die es gehört. Und hier besteht eine interessante Analogie, sofern die Geschichte der Kunst eine strukturelle Parallele zur Entwicklungsgeschichte des einzelnen Menschen aufweist. Die erste Phase unseres Daseins zeichnet sich dadurch aus, daß wir uns immer verläßlichere Bilder der Außenwelt aneignen – genau wie es in der abendländischen Geschichte der Malerei war. Zweifellos könnte diese Geschichte sich immer weiter fortsetzen, träte nicht irgendwann der Moment ein, in dem wir die Fähigkeiten der Repräsentation beherrschen und ein relativ verläßliches Bild von der Welt haben. Damit bewegen wir uns auf eine neue Denkebene: Wir sehen uns allmählich als Teil der Geschichte und versuchen, ein bestimmtes, klares Bild von uns selbst zu gewinnen. Dies entspricht dem Moment des Selbstbewußtseins, in dem die Malerei – aus Gründen, die zu erforschen ich mir überhaupt keine Mühe gemacht habe – nach ihrem eigenen Wesen fragt, so daß der Akt des Malens zugleich eine philosophische Untersuchung des Wesens der Malerei wird. Im *Phaidros*-Dialog gibt es einen herrlichen Moment, als Sokrates in seiner üblichen altklugen Art eine bestimmte Methode der Fragestellung abwehrt, indem er erklärt, für derlei Dinge habe er keine Zeit: »Bis jetzt bin ich noch nicht imstande, gemäß der Inschrift in Delphi mich selbst zu erkennen. So kommt es mir denn lächerlich vor, solange ich dieses Wissen nicht besitze, mich mit anderen Dingen zu befassen.«[9] In der Einführung zu seinem *Versuch über den menschlichen Verstand* schreibt Locke: »Wie das Auge läßt uns der Verstand alle anderen Dinge sehen und wahrnehmen, ohne doch dabei seiner selbst gewahr zu werden, und es erfordert Kunst und Mühe, um einen gewissen Abstand von ihm zu gewinnen und ihn zu seinem eigenen Objekt zu machen.«[10] Die Moderne war eine Kollektivbewegung dieser Art, die die gesamte Kultur betraf und die Aktivitäten und Unternehmungen der Kultur zu ihrem eigenen Objekt machen wollte. In einer energischen Verteidigung der Moderne gegen die üblichen Angriffe, die in diesem Falle die Ausstellung der *Neuen Künstlervereinigung München* im Jahre 1909 betrafen, sprach Franz Marc von der Bewegung, die sich gerade in ganz Europa verbreitete, sie sei »trotzig selbstbewußt«[11] und keineswegs ein pathologischer Auswuchs einiger gestörter Köpfe. Die Moderne ist damit ein Zeitalter der Selbstkritik in der Malerei, der Wissenschaft, der Philosophie und der Ethik: Nichts wird mehr als selbstverständlich hingenommen, und es kann kaum verwundern, daß das zwanzigste Jahrhundert *das* Zeitalter der Umbrüche ist. Die Kunst ist ein Spiegel dieses Kulturganzen, aber nicht der einzige. Als Philosoph und als Kritiker gehört Greenberg in diesem Sinne der Hochmoderne an, deren malerische Dimension er nachdrücklicher artikulierte als sonst jemand: Seine Kritik ist die Kritik der reinen Malerei oder der Malerei als Reinheit.

Die internen Antriebskräfte der Moderne waren Greenberg zufolge durch und durch fundamentalistisch. Alle Künste, die Malerei genauso wie andere, mußten bestimmen, was ihnen eigen – was allein ihnen eigen war. Natürlich »schränkte die Malerei damit ihren Kompetenzbereich ein, gleichzeitig machte sie ihren Besitz dieses Bereichs umso gewisser.« So war die Praxis einer Kunst zugleich eine Selbstkritik dieser Kunst, was bedeutet, daß aus der jeweiligen Kunst »jegliche Wirkungen, von denen denkbar ist, daß sie aus dem oder durch das Medium einer anderen Kunst entlehnt worden sind, ausgeschaltet werden müssen. Auf diese Weise würde jede Kunst ›rein‹ und fände in ihrer Reinheit eine Gewährleistung ihrer Normen sowie ihrer Unabhängigkeit. ›Reinheit‹ hieß Selbstbestimmung.« Man beachte das hier implizit formulierte kunstkritische Programm: Es ist eine negative Kritik, wenn man von einem Kunstwerk sagt, es sei unrein, mit anderen Worten, es enthalte eine Beimischung eines ihm nicht zugehörigen Mediums. Es wird zum kritischen Standardreflex zu sagen, daß eine solche Mischkunst nicht wirklich Malerei sei, nicht einmal wirklich Kunst. Diese Art von Essentialismus ist die Matrix für einen Großteil dessen, was in unserer Zeit als Moralkritik gilt. Daß ihr Gegenteil ebenfalls eine Matrix ist, zeigt, daß wir in ein neues historisches Zeitalter eingetreten sind. Neben »Sei ein Mann!« kann sich inzwischen das Gebot behaupten, seine feminine Seite zum Vorschein kommen zu lassen.

Die Geschichte der Moderne ist die Geschichte der Reinigung, der allgemeinen Entschlackung, bei der die Kunst von allem befreit wird, was ihr nicht wesentlich zukommt. Die politischen Echos dieser Idee von Reinheit und Entschlackung sind kaum zu überhören, gleichgültig, wie Greenberg politisch eingestellt war. Sie werden nach wie vor über die Marterfelder nationalistischer Kämpfe geschmettert, und die Idee ethnischer Säuberung ist zum schauderlichen Gebot separatistischer Bewegungen auf der ganzen Welt geworden. Es ist nicht erstaunlich – nur schockierend –, zu erkennen, daß die politische Analogie zur Moderne in der Kunst der Totalitarismus ist, mit seinen Vorstellungen rassischer Reinheit und seinem Programm der Austreibung vermeintlicher Verseuchungselemente. »Je enger die Normen einer Disziplin definiert werden«, schreibt Greenberg, »desto weniger Freiheit können sie in viele Richtungen zulassen. Die wesentlichen Normen oder Konventionen der Malerei sind zugleich die Einschränkungen, denen ein Bild sich beugen muß, um als Bild erfahren zu werden.« Und als wolle er die Tiefe der politischen Analogie noch verstärken, schrieb Greenberg anläßlich einer Ausstellung im Museum of Modern Art in New York ausdrücklich: »Der herrschende extreme Eklektizismus ist ungesund, und man sollte ihm entgegenwirken, auch auf die Gefahr von Dogmatismus und Intoleranz hin.«[12] Greenberg war ein intoleranter und dogmatischer Mensch, aber Dogmatik und Intoleranz gehören nun einmal zur Symptomatologie (um in seiner medizinischen Bildlichkeit zu verbleiben) des Zeitalters der Manifeste. Es ist unmöglich, das Idiom von Reinheit, Entschlackung und Verseuchung zu gebrauchen und gleichzeitig Gefallen an einer Haltung der Akzeptanz und Toleranz zu finden. Weil Greenbergs Ansichten ihre Energie aus dem Zeitgeist bezogen, war er auch keineswegs allein mit seiner denunziatorischen Haltung, die selbst heute noch den kritischen Diskurs in New York mitbestimmt – selbst in unserem Zeitalter des Relativismus und Multikulturalismus, in dem man einen gewissen Grad an Gewährenlassen und Offenheit erwarten könnte.

Greenbergs Bemerkung über »Intoleranz und Dogmatismus« fiel bereits 1944, sechzehn Jahre vor den berühmten Verlautbarungen über die »moderne Malerei« und auch vor dem eigentlichen Erscheinen der Abstrakten Expressionisten und der Malerei der New Yorker Schule, mit der Greenberg unentwirrbar verbunden ist und deren Verteidigung ihm eine derart hohe Glaubwürdigkeit sichern sollte. Der Artikel über Jackson Pollock im Magazin *Life*, der einem »New Yorker Kritiker von furchteinflößendem Intellekt« die Behauptung zuschrieb, Pollock sei der »größte amerikanische Maler des zwanzigsten Jahrhunderts«, erschien am 8. August 1949. Was Greenberg 1947 tatsächlich gesagt hatte, war, Pollock sei »der ausdrucksstärkste Maler im zeitgenössischen Amerika und der einzige, der ein großer Maler zu werden verspricht«. Schon 1943 hatte er Pollocks Bilder in Peggy Guggenheims Art of This Century Gallery als die »stärksten abstrakten Bilder, die ich je von einem Amerikaner gesehen habe« gepriesen. Seine grundlegende Geschichtsphilosophie vertrat Greenberg jedoch bereits 1939, als er seinen epochemachenden Essay »Avantgarde und Kitsch« veröffentlichte. Zu dem Zeitpunkt verarbeitete Pollock gerade den Einfluß mexikanischer Kunst, insbesondere das Idiom von José Clemente Orozco, und die einzige nennenswerte amerikanische Abstraktion war der geometrische Neoplastizismus der Mondrian-Epigonen. So charakterisierte Greenberg die damalige Avantgarde:

> Auf der Suche nach dem Absoluten ist die Avantgarde zur »abstrakten« oder ungegenständlichen Kunst – und Dichtung – gelangt. Der Dichter oder Künstler der Avantgarde versucht im Grunde, Gott dadurch nachzuahmen, daß er etwas nur für sich selbst Gültiges schafft, so wie die Natur selbst Gültigkeit hat darin, wie eine Landschaft – nicht aber ihre Darstellung – ästhetisch gültig ist: als etwas *Gegebenes*, etwas nicht Geschaffenes, etwas von Bedeutungen, Ähnlichkeiten oder Originalen Unabhängiges. Der Inhalt soll so vollständig in Form aufgelöst werden, daß sich das künstlerische oder literarische Werk nicht ganz oder teilweise auf etwas anderes als sich selbst reduzieren läßt.[13]

Es hat tatsächlich den Anschein, als sei es Ziel der Avantgarde gewesen, den Unterschied zwischen Wirklichkeit und Kunst dadurch aufzulösen, daß sie eine Zusatzrealität schuf, die nicht mehr Bedeutung barg als die Wirklichkeit selbst und deren ästhetische Qualitäten denen von Sonnenuntergängen und Brandungen, Bergen und Wäldern, wirklichen Blumen und schönen Körpern entsprachen. Ein Kunstwerk, um jene berühmte Zeile zu paraphrasieren, soll nicht *bedeuten*, es soll *sein*. Diese Theorie ist philosophisch nicht haltbar, und ihre Unmöglichkeit wurde in den sechziger Jahren offenbar, als die Künstler Objekte schufen, die echten Objekten so sehr glichen – ich denke wieder mal an die *Brillo Box* –, daß klar wurde, daß die eigentliche philosophische Frage lauten mußte: Wie verhindern, daß sie sich einfach in Realität auflösen? Ein kleiner Schritt in Richtung auf eine Lösung bestand darin, zu erkennen, daß Greenberg Recht hatte: Die Realität hat keine Bedeutung – aber auch Unrecht, denn die Kunst hat eine. Es läßt sich bestenfalls sagen, daß die Realität eine Grenze definiert, der die Kunst sich nähert – die sie jedoch bei Strafe, dann keine Kunst mehr zu sein, nie erreichen darf. In einer Besprechung Picassos schrieb Greenberg 1957: »Wie jedes andere Bild ist ein modernes dann erfolgreich, wenn seine Identität als Bild und als Bilderfahrung das Bewußtsein davon außen vor läßt, daß es ein physisches Objekt ist.«[14] Doch ist das lediglich ein Glaubensakt: Wie kann ein monochromes rotes Bild seine Differenz gegenüber einer nur mit roter Farbe bedeckten Oberfläche zeigen? Greenberg war der Überzeugung, daß die Kunst sich dem Auge allein und ohne Hilfe als Kunst präsentiert, doch war eine der wichtigen Lehren der Kunst in jüngerer Zeit, daß dies eben nicht möglich ist, daß Kunstwerke und wirkliche Dinge sich nicht allein durch Inaugenscheinnahme auseinanderhalten lassen.

Greenberg hat anscheinend mit der Zeit ein Feingefühl für dieses Dilemma entwickelt. In seinem berühmten Aufsatz »The Crisis of the Easel Picture« aus dem Jahre 1948 beschreibt er eine Folge der Projizierung jener Impulse, die zur Moderne führten. Diese neigten dazu – »neigten jedoch nur dazu«, fügt er vorsichtig an –, »das Bild auf eine relativ undifferenzierte Oberfläche zu reduzieren.« Die fortgeschrittenste Malerei – die gänzlich bemalte flache Oberfläche – nähert sich damit dem Zustand der Wand oder im allerbesten Falle dem Zustand von »Dekoration – Tapetenmuster, die unendlich erweiterungsfähig sind.«[15] Diese »Auflösung des Bildes in reine Textur, reines Empfinden, in die Ansammlung kleinerer Empfindungseinheiten, scheint etwas in der zeitgenössischen Sensibilität tief Verwurzeltem zu entsprechen«, stellte er fest und zog eine faszinierende politische Parallele: »Es entspricht vielleicht dem Gefühl, daß alle hierarchischen Unterscheidungen erschöpft sind, daß kein Erfahrungsbereich, keine Erfahrungsordnung einer anderen eigentlich oder relativ überlegen ist.« Was immer das heißt, Greenberg war der Ansicht, daß die Folgen für das Staffeleigemälde, welches das Vehikel der progressiv und als Entwicklung begriffenen Kunstgeschichte gewesen war, darin bestanden, daß Künstler, die sich bemühten, die philosophischen Grenzen des Gemäldes zu überwinden, das zwar »tun müssen«, es dadurch jedoch zerstören.

»Tun müssen« bringt mich wieder zur Idee historischer Zwangsläufigkeit, welche der Anlaß für meine Erörterung von Greenbergs Kunstphilosophie ist. Die Theorie lautet ungefähr folgendermaßen, wobei ich mich soweit wie möglich Greenbergs eigenen Worten bediene: »Indem er seine Aufmerksamkeit vom Sujet der Allgemeinerfahrung abwendet, wendet der Dichter oder Künstler sie dem Medium seiner eigenen Kunst zu.« Das bedeutet im Grunde einen Wandel, zumindest im Falle der Malerei, von der Repräsentation zum Objekt und entsprechend vom Inhalt zur Oberfläche oder zur Farbe selbst. Dies ist, so Greenberg, »der Ursprung des Abstrakten«, doch handelt es sich um eine besondere Art von Abstraktion, die man als *materialistisch* bezeichnen könnte, da die physischen Eigenschaften des Bildes – seine Form, seine Farbe, seine Flachheit – zwangsläufig zum Wesen der Malerei als Kunst werden. Dem stelle ich eine Abstraktion gegenüber, die man *formal* nennen könnte und mit der Greenbergs Name untrennbar verbunden ist. Der Neoplastizismus ist formal abstrakt. In gewissem Sinne war Pollock ein materialistischer Abstrakter. In seiner Rezension aus dem Jahre 1943 spricht Greenberg von dem »Schlamm«, aus dem Pollock seine Effekte bezog (und die er auf die amerikanischen Maler Ryder und Blakelock zurückführt): »In Pollocks größeren Arbeiten ist Schlamm reichlich vorhanden.« Ebenso spricht er über die »kreidigen Verkrustungen«, als beschreibe er geologische Proben. Die Künstler, auf die sich Greenberg 1939 bei seinen Argumenten zu beziehen suchte, scheinen einer materialistischen Ästhetik meiner Ansicht nach nur sehr unzureichend zu genügen: »Picasso, Braque, Mondrian, Miró, Kandinsky, Brancusi, sogar Klee, Matisse und Cézanne«, schrieb er, »beziehen ihre Inspiration hauptsächlich aus dem Medium, in dem sie arbeiten.« In dem 1940 erschienenen *Towards a Newer Laocoön* heißt es: »Unter der Ägide ... einer Idee der Reinheit, die dem Beispiel der Musik entnommen ist, hat die Avantgarde der letzten fünfzig Jahre [und dies bringt uns in das Jahr 1889 zurück, als die Hochmoderne meiner Ansicht nach tatsächlich begann] eine Reinheit und eine radikale Abgrenzung ihrer Tätigkeitsbereiche erzielt, für die es in der Kulturgeschichte bisher kein Beispiel gibt.« Und die Reinheit erfährt bereits die Charakterisierung, die ihr zwanzig Jahre später zukommt: »die

Annahme, die willige Annahme der Grenzen des Mediums der jeweiligen Kunst«. Diese ist, ganz so wie die vasarische Erzählung, von Fortschritt und in gewissem Sinne von Entwicklung bestimmt: Es ist die Geschichte der »progressiven Aufgabe des gegen das Medium gerichteten Widerstands«. »Die Logik dieser Entwicklung war so unerbittlich«, schrieb Greenberg – und ich lasse diesen Satz unbeendet, da ich lediglich die Aufmerksamkeit auf die Idee historischer Zwangsläufigkeit richten möchte, die in seine Darstellung eines Fortschritts mithineinspielt, der mit der Zerstörung des Staffeleigemäldes und der Auflösung des Unterschieds zwischen Bildern und bloßen Wänden endet. Also hatte auch Greenberg eine Vorstellung vom Ende der Kunst, wie sie jeder haben muß, der die Geschichte der Kunst im Rahmen einer Entwicklungserzählung sieht.

In der Entfaltung der Greenbergschen Narration spielt es vielleicht nicht einmal eine Rolle, daß seine Beispiele sich seiner Charakterisierung des öfteren entziehen. Was immer Picasso mit *Guernica* im Sinn hatte, die Grenzen des Mediums waren seine geringste Sorge, ihm ging es sehr viel mehr um die Bedeutung von Krieg und Leiden. Miró, der sein *Stilleben mit altem Schuh* als sein eigenes *Guernica* entwarf, faßte das Bild in keiner Hinsicht als abstrakt auf: »Der [spanische] Bürgerkrieg bestand nur aus Bombenanschlägen, Sterben und Exekutionskommandos, und ich wollte dieser ungeheuer dramatischen und traurigen Zeit Ausdruck verleihen.«[16] Miró wehrte sich vehement gegen das Etikett »abstrakt« und ging in einem späteren Interview sogar so weit, abzustreiten, daß Mondrian überhaupt ein abstrakter Maler sei. All dies läßt sich hinnehmen, ohne daß es Greenbergs Materialismus insgesamt in Frage stellte, den er in der oft besprochenen Passage in *Modernist Painting* so ausdrückt:

> Die realistische, naturalistische Kunst hat das Medium verborgen und die Kunst zur Tarnung von Kunst verwendet. Die Moderne dagegen benutzte die Kunst, um die Aufmerksamkeit auf die Kunst zu richten. Die Beschränkungen, welche das Medium der Malerei ausmachen – die flache Oberfläche, die Form des Untergrundes, die Eigenschaften des Pigments –, wurden von den Alten Meistern als negative Faktoren behandelt, die nur implizit oder indirekt zugestanden werden durften. In der Moderne wurden dieselben Beschränkungen plötzlich als positive, offen anerkannte Faktoren betrachtet. Die ersten modernen Bilder waren die von Manet dank der Offenheit, mit der sie die flachen Oberflächen, auf denen sie gemalt waren, eingestanden. Die Impressionisten in Manets Gefolge schworen

Grundierung und Glasuren ab, um das Auge nicht über die Tatsache im Zweifel zu lassen, daß die Farben, die sie verwendeten, aus Tuben oder Töpfen kamen. Cézanne opferte Wahrscheinlichkeit oder Korrektheit, um seine Zeichnungen und Entwürfe expliziter der rechteckigen Form der Leinwand anzupassen.[17]

Falls dies tatsächlich wahr ist, hilft es uns besser zu verstehen, warum die Impressionisten so massiv abgelehnt wurden, als sie zum erstenmal ausstellten. Doch möchte ich betonen, daß Greenberg eine außergewöhnliche historische Intuition bewies, als er Manet Auslöser, Beginn nannte. Denn mit Manet verband Oswald Spengler gerade das *Ende* der Malerei: »mit der Generation Manets war alles wieder zu Ende« schreibt er in *Der Untergang des Abendlandes*. Ende oder Beginn, eines war klar: Manet markierte einen tiefgreifenden Wandel. »Die Malerei hat also 200 Jahre länger geblüht oder dauert heute noch fort?« fragt Spengler, um hinzuzufügen: »Man täusche sich nicht.« Es ist auffallend, daß das Ableben der Moderne in allerjüngster Zeit mit dem »Tod der Malerei« gleichgesetzt worden ist, womit ich mich an geeigneter Stelle auseinandersetzen werde. Für den Augenblick ist es mir ein Anliegen, Greenbergs beachtliche Errungenschaft, die Narration der Kunstgeschichte auf eine neue Ebene zu befördern, anzuerkennen, selbst wenn sich wohl nicht jedermann damit anfreunden kann, daß das Wesen des Mediums der Malerei mit der Flachheit von Oberflächen mehr oder weniger deckungsgleich sein soll.

Ich möchte mich an dieser Stelle dem Pinselstrich zuwenden (und damit all seinen expressionistischen Verwandten, dem Tropfen, dem Schmier, dem Klatsch, dem Wisch usw.), zum einen als teilweiser Bestätigung von Greenbergs Sicht, aber auch als etwas, das er anstelle der Flachheit als Kriterium für die Malerei als Malerei hätte heranziehen können. Ich habe den Eindruck, daß der Pinselstrich in der Hauptgeschichte der abendländischen Malerei zum größten Teil unsichtbar gewesen sein muß, etwas, von dem man unter Umständen wußte, daß es vorhanden war, durch das man jedoch hindurch oder an dem man vorbeisah, so wie wir heute den Raster des Fernsehmonitors übersehen: Wie der Raster war der Pinsel wohl ein Mittel, um das Bild vors Auge zu bringen, ohne jedoch selbst Teil der Bedeutung des Bildes zu sein; wie beim Fernsehen war das Bestreben wohl darauf gerichtet, einen immer höheren Grad der Auflösung zu erzielen, bis der Raster buchstäblich aus dem visuellen Bewußtsein verschwand, und zwar in diesem Falle im Zuge optischer Technik, nicht wegen einer ästhetischen Konvention. Mit »ästhetische Konvention« meine ich eine stillschweigende Übereinkunft, Pinselstriche nicht zu beachten. Schwer ist das nicht, da im gewöhnlichen Fall gar keine Möglichkeit besteht, den Pinselstrich als Teil der Bilder aufzufassen, die er ins Werk setzt, aber auch aufgrund der enormen Macht mimetischer Darstellungstheorien sowie schließlich aufgrund der Rolle, die der Begriff der Illusion in der gesamten Geschichte der Malerei bis hinein in die ersten beiden Drittel des neunzehnten Jahrhunderts gespielt hat. Und das möchte ich genauer ausführen.

Als die Photographie 1839 erfunden wurde, gab der Maler Paul Delaroche die berühmte Erklärung ab, die Malerei sei tot. Als er von Daguerres Erfindung erfuhr, malte er gerade an einem fast zehn Meter hohen Bild, das die Geschichte der Kunst darstellte. Was immer dieses Bild über die Verwendung des Pinsels zeigt, seine Oberfläche wirkte photographisch, das heißt, sie war von keinen Pinselspuren gezeichnet. Es muß Delaroche also erschienen sein, als ließe sich seine gesamte in der Abbildung erworbene Kunstfertigkeit nun in eine Technik einbauen, mit der sich, sobald eine Lösung für das Größenproblem gefunden worden war, ein Werk schaffen ließ, das von dem seinen ununterscheidbar war. Es kam ihm nicht in den Sinn, zu fragen: »Und die Pinselstriche?« Das hätte impliziert, daß die Kamera nicht in der Lage war, jene fühl- und sichtbare Oberflächenqualität zu erzielen, die der augenfällige Pinselstrich erzielte. Delaroches Werk veranschaulicht, was ich mit Unsichtbarkeit des Pinselstrichs meine, und seine berühmte Aussage wäre wohl unterblieben, hätte er dem Pinselstrich ästhetische Bedeutung zugebilligt.

In der impressionistischen Malerei trat der Pinselstrich in den Vordergrund, doch war das keineswegs die Absicht der Bewegung. Ihr ging es um die optische, nicht um die physische Mischung; sie setzte Farbkleckse nebeneinander, um chromatische Intensität zu erzielen, doch gingen diese Kleckse keine Verschmelzung ein. Sie waren nur allzu sichtbar, wie sie es etwa in einer Ölskizze waren, als die vollendeten Gemälde ausgestellt wurden, ein Konzept, das eigentlich das Unsichtbarsein des Pinselstrichs implizierte. Es scheint mir damit deutlich, daß der Pinselstrich erst Bedeutung erlangte, als der Illusionismus als Grundziel der Malerei in den Hintergrund trat und Mimesis nicht länger die ausschlaggebende Theorie der Kunst war, wodurch die impressionistischen Bilder meiner Ansicht nach eine rückwirkende Bestätigung erhielten und nun aus Gründen akzeptiert wurden, welche die Impressionisten sicherlich als falsch zurückgewiesen hätten. Den Punkten auf pointilistischen Gemälden sollte man eigentlich keine Beachtung schenken; diese sollten im Idealfall zugunsten eines leuchtenden Bildes verschwinden, was natürlich nie geschieht, weil das Auge seine Grenzen hat. Nach meinem Dafürhalten traten diese Bestätigungen ein, als die Malerei selbst ein Zweck wurde und nicht mehr nur Mittel war und als der Pinselstrich anzeigte, daß der Betrachter auf das Bild und nicht mehr durch dieses zu blicken habe, in jenem Sinne von »durch«, der Transparenz impliziert. Ich habe außerdem viel für die Ansicht übrig, daß in eins damit der Unterschied zwischen Insider und Outsider, zwischen Spezialist und Publikum verschwamm. Ein Bild als Malerei im Entstehungsprozeß zu sehen, hieße, es vom Standpunkt des Künstlers zu sehen, mit folgendem Unterschied: Der Impressionist führte Pinselstriche in der Absicht aus, daß sie in der Wahrnehmung des Betrachters miteinander verschmelzen; ein Bild vom Standpunkt des Künstlers aus wahrzunehmen, hieße, es dadurch bestimmt zu sehen, was der Künstler für den Standpunkt des Betrachters hielt, falls die Illusion funktionierte. Das käme einer Theaterinszenierung gleich, bei der das Bühnenbild so arrangiert ist, daß es das erzielt, was der Regisseur zur Förderung der Illusion für notwendig erachtet. Natürlich hat der künstlerische Impuls, der dem Publikum den Pinselstrich ins Bewußtsein bringt, sein Gegenstück in der Einbindung von Mechanismen der Bühnenproduktion in die Theatererfahrung, etwa wenn wir als Publikum zugleich vor und hinter die Kulisse sehen können. Aber soweit ich weiß, ist bislang kein Regisseur so weit gegangen, eine Aufführung zu inszenieren, die nur aus Bühnenarbeitern bestand, die an Seilen zogen und Kulissen verschoben: denn das wäre die korrekte Analogie zu einem Bild, das ausschließlich aus Pinselstrichen besteht, wie es in der abstrakt-expressionistischen Malerei die Norm wurde. Auf jeden Fall wurde mit dem Impressionismus die Perspektive des Insiders zum erstenmal die des Outsiders. Und es ist gerade noch denkbar, daß die Farbe die Oberhand gewann, und der Künstler beschloß, daß das Vergnügen, das der Maler empfand, auch dem Betrachter beschert werden könne, der damit wie der Maler ein Farbsensualist wurde.

Wenn wir Greenbergs materialistische Ästhetik akzeptieren, ließe sich argumentieren, daß die Moderne mit den Impressionisten begann, weil sie die Farbkleckse und -tupfer sichtbar werden ließen, auch wenn es ihnen – was mit an Sicherheit grenzender Wahrscheinlichkeit der Fall ist – darum ging, die Vergnügungen des bürgerlichen Lebens einzufangen, wie die Kunsthistoriker der jüngeren Zeit behaupten. Etwas Ähnliches gilt für van Gogh, dessen gefurchte und gepflügte Oberflächen sich nicht leugnen lassen, gleichgültig wie sehr seine Bilder uns in ihren Bann ziehen. Der Eindruck, den diese unverkennbaren Oberflächen uns von den leidenschaftlichen Gesten des Künstlers vermitteln, ist sogar eine wichtige Komponente angesichts der unverwüstlich romantischen Vorstellung vom »Künstler« sogar in unserer Zeit, eine wichtige Komponente in der Beliebtheit seiner Malerei.

Greenberg betont die Flachheit des Bildes – »the ineluctable flatness of the surface« – da »Flachheit die einzige Beschaffenheit war, die die Malerei mit keiner anderen Kunst gemein hatte,« und die Moderne war (in seinen Augen) eine Antriebskraft, die jedes einzelne Medium durch das definiert, was ihm allein zukommt und was es entsprechend von jedem anderen Medium unterschied. Es läßt sich nur schwer etwas vorstellen, das für die Malerei typischer wäre als der Pinselstrich – selbst das Fehlen von Pinselstrichen ist in gewisser Weise eine Eigenschaft eines Bildes, im Gegensatz zur Dichtung (zumindest der abendländischen Dichtung – morgenländische Dichtung ist da wieder etwas ganz anderes), der Pinselstriche gattungsmäßig abgehen. Aber worauf es ankommt, ist, daß Greenberg eine narrative Struktur definiert, die eine natürliche Fortsetzung der varsarischen Erzählung bildet, in der die Substanz der Kunst jedoch allmählich das Sujet der Kunst wird. Und dies geschah unmerklich, ohne daß es denjenigen, die einen Einfluß auf den »ascent to media« hatten, wie Quine es nennen würde, überhaupt aufgefallen wäre. »Manet begann die Moderne« ist ein Satz wie »Petrarca eröffnete die Renaissance,« ein narrativer Satz, der sich dadurch auszeichnet, daß weder Manet noch Petrarca wußten, daß das, was sie taten, jenen entscheidenden historischen Beschreibungen entsprach. Der Aufstieg zu einer neuen Bewußtseinsebene hatte also stattgefunden, ohne daß sich die Aufsteigenden dessen unbedingt bewußt waren. Sie revolutionierten eine Narration, die sie fortzusetzen glaubten. »Die Kunst wird unter der Moderne mehr oder weniger wie zuvor fortgesetzt.«

Die Moderne ging zu Ende, als das von Greenberg erkannte Dilemma zwischen Kunstwerken und bloßen realen Objekten sich nicht mehr in visuellen Begriffen artikulieren ließ und es unabdingbar wurde, eine materialistische Ästhetik zugunsten einer Ästhetik der Bedeutung aufzugeben. Und dies geschah, so wie ich es sehe, mit dem Erscheinen des Pop. Ganz so wie man die Moderne in ihren Anfangsjahren ablehnte, indem man ihren Praktikern vorwarf, nicht malen zu können, sah Greenberg die Postmoderne nicht als den Beginn eines neuen Zeitalters, sondern als einen Aussetzer in der materialistischen Geschichte der Kunst, deren nächste Episode dann statt dessen mit der postmalerischen Abstraktion aufwartete. Aber vielleicht definiert nichts den Übergang von der Moderne zur Gegenwart besser als die schwindende Gültigkeit der klassischen ästhetischen Theorie für die Kunst unserer Zeit. Dieser möchte ich mich nun zuwenden.

Anmerkungen

1. »Wie Mancher mag da schon bei Lesung des Umschlags misstrauisch die Achseln zucken! Giebt es denn auch eine Geschichte der Ornamentik?« (Alois Riegl, *Stilfragen. Grundlegungen zu einer Geschichte der Ornamentik* [München: Mäander, 1985; Nachdruck der Ausgabe Berlin: Georg Siemes, 1893], S. V).
2. Meyer Schapiro, »On Some Problems in the Semiotics of Visual Art: Field and Vehicle in Image-Sign«, in *Theory and Philosophy of Art: Style, Artist, and Society* (New York: George Braziller, 1994), I. [dt.: »Über einige Probleme in der Semiotik der visuellen Kunst: Feld und Medium beim Bild-Zeichen«, übers. von Heinz Jatho und Thomas Kisser, in *Was ist ein Bild?* hrsg. von Gottfried Boehm (München: Fink, 1994)].
3. Riegl, *Stilfragen*, S. VI.
4. »In seinem Buch *The Power of Images* rät David Freedberg sogar davon ab, eine Geschichte des Bildes zu schreiben; das Bild sei eine stets präsente Realität, auf welche die Menschheit seit jeher in immer gleicher Weise reagiere.« (Hans Belting, *Likeness and Presence*, xxi). Ich habe zwar selbst meine Schwierigkeiten mit Freedbergs Buch, doch bin ich mir fast sicher, daß er eine solche Behauptung nicht aufstellt.
5. Martin Heidegger, *Sein und Zeit* (Tübingen: Max Niemeyer, ^{15}1993), S. 9.
6. Greenberg, »Modernist Painting«, *The Collected Essays and Criticism*, 4:85. Sofern nicht anders angegeben, beziehen sich alle Verweise auf diesen Text.
7. Immanuel Kant, *Kritik der reinen Vernunft*, Werke, Bd. III (Frankfurt/Main: Suhrkamp, ^{13}1995), S. 46.
8. a.a.O., S. 62.
9. Platon, *Die großen Dialoge*, »Phaidros«, übers. von Rudolf Rufener (München: Artemis & Winkler, 1991), S. 525; 229e-230a. Hier, wie auch anderswo, legt Platon große Durchtriebenheit an den Tag. Man vergleiche das Dementi gegenüber Phaidros mit seiner zuvor im Dialog gemachten Aussage: »Phaidros, wenn ich den Phaidros nicht kennte, dann müßte ich auch meiner selbst vergessen haben« (S. 522; 228a). Wie gut kann diese Kenntnis wirklich sein? Ich verdanke meiner ehemaligen Studentin, Elinor West, die Strategie, die Dialoge auf derartige Spannungen hin zu untersuchen, die ihrer Ansicht nach der Schlüssel zu deren Bedeutung ist. Ich hoffe, es gelingt ihr, ihre Entdeckungen systematisch zusammenzufassen.
10. John Locke, *Versuch über den menschlichen Verstand* (Hamburg: Felix Meiner, ^{4}1981), S. 22.
11. Franz Marc, Brief an Heinrich Thannhauser, zitiert in Bruce Altschuler, *The*

Avant-Garde in Exhibition: New Art in the 20th Century (New York: Abrams, 1994), S. 45.
12. Greenberg, »A New Installation at the Metropolitan Museum of Art, and a Review of the Exhibition *Art in Progress*«, *The Collected Essays and Criticism*, Bd. I, S. 213.
13. Greenberg, »Avant-Garde and Kitsch«, *The Collected Essays and Criticism*, Bd. I, S. 8.
14. Greenberg, »Picasso at Seventy Five«, *The Collected Essays and Criticism*, Bd. IV, S. 33.
15. Greenberg, »The Crisis of the Easel Picture«, *The Collected Essays and Criticism*, Bd. II, S. 223.
16. Joan Miró, *Selected Writings and Interviews*, hrsg. von Margit Rowell (Boston: G.K.Hall, 1986), S. 293.
17. Greenberg, »Modernist Painting«, *The Collected Essays and Criticism*, Bd. IV, S. 87.
18. Oswald Spengler, *Der Untergang des Abendlandes: Umrisse einer Morphologie der Weltgeschichte* (München: C.H. Beck, ^{13}1977), S. 370.

Robert Morris, *Box with the Sound of Its Own Making* (1961)

V. Von der Ästhetik zur Kunstkritik

Ich beginne mit einer Passage aus Arthur Schopenhauers philosophischem Hauptwerk *Die Welt als Wille und Vorstellung*, in der er von der Beziehung zwischen zwei seiner Ansicht nach antithetischen Werten spricht, der Schönheit und der Zweckmäßigkeit. Er erörtert die romantische Idee des Genies, das er als »vom Dienste des Willens emancipirten Intellekt« bezeichnet, so daß »die Produktionen desselben keinen nützlichen Zwecken dienen«:

> Es werde musicirt, oder philosophirt, gemalt, oder gedichtet; – ein Werk des Genies ist kein Ding zum Nutzen. Unnütz zu seyn, gehört zum Charakter der Werke des Genies: es ist ihr Adelsbrief. Alle übrigen Menschenwerke sind da zur Erhaltung, oder Erleichterung unserer Existenz, bloß die hier in Rede stehenden nicht: sie allein sind ihrer selbst wegen da, und sind, in diesem Sinn, als die Blüthe ... des Daseyns anzusehen. Deshalb geht beim Genuß derselben uns das Herz auf: denn wir tauchen dabei aus dem schweren Erdenäther der Bedürftigkeit auf.«[1]

Diese überzeugende Unterscheidung, die in einem der großen Ursprungswerke der philosophischen Ästhetik zwischen ästhetischen und praktischen Erwägungen gezogen wurde, hat zumeist Fragen nach der praktischen Nützlichkeit ästhetischer Erfahrung selbst im Keime erstickt. Denn Fragen nach der Nützlichkeit werden von den Interessen eines Einzelnen oder einer Gruppe bestimmt – von dem, was Schopenhauer Willen nennt –, aber in jenem Werk, aus dem eine Tradition entstand, der auch Schopenhauer angehörte und die sich bis weit in die Moderne hinein erhalten hat, schreibt Kant: »Geschmack ist das Beurteilungsvermögen eines Gegenstandes oder einer Vorstellungsart durch ein Wohlgefallen oder Mißfallen *ohne alles Interesse*. Der Gegenstand eines solchen Wohlgefallens heißt *schön*.«[2]

Schopenhauer behauptete, so wie Ästhetik und Nützlichkeit voneinander getrennt sind, sehen wir »das Schöne selten mit dem Nützlichen vereint ... Die schönsten Gebäude sind nicht die nützlichen: ein Tempel ist kein Wohnhaus.« Die Moderne ist da nicht ganz so streng gewesen. Das Museum of Modern Art in New York stellt anerkannte Gebrauchsobjekte aus, die das Prinzip des gehobenen ästhetischen Stils verkörpern.

Die Barnes Collection zeigt unter den Meisterwerken der Malerei und Bildhauerei auch Objekte von unverkennbarer Nützlichkeit. Die Möbel der Shaker-Sekte scheinen Schönheit und Nützlichkeit eindeutig zu verbinden. Und doch: Schopenhauer könnte auch hier fragen, in welchem Maße die Schönheit mit der Nützlichkeit verbunden sei. Man kann eine Zündkerze mit ihren gerändelten und polierten Oberflächen und ihrer fein proportionierten Verteilung von Metall- und Keramikteilen sehr wohl für ein schönes Objekt halten, doch würde es in dieser Eigenschaft keinem der Interessen dienen, zu deren Befriedigung Zündkerzen aber da sind: Für denjenigen, der eine funktionierende Zündkerze brauchte, wäre Schönheit unerheblich, da sie als schön zu beurteilen ja nach Kant hieße, sie als »Gegenstand eines Wohlgefallens ohne alles Interesse« zu betrachten, denn »alles Interesse verdirbt das Geschmacksurteil«.[3] Die knifflige Frage lautete dann sicherlich: Um welche Art von Wohlgefallen könnte es sich da handeln? Worin bestünde dieses Wohlgefallen, wenn es kein Interesse zu befriedigen gäbe?

Ich möchte in Anlehnung an Kant so tun, als gebe es eine Art von Wohlgefallen *an sich*, eine entfernte philosophische Verwandte des Dings *an sich*. So wie das Ding an sich unabhängig von allem anderem existiert, hängt das Wohlgefallen an sich, wie die klassischen Ästhetiker behaupteten, von keinem möglichen praktischen Interesse oder dessen Befriedigung ab. Daraus folgt natürlich unmittelbar, daß ästhetische Erwägungen aus dem Bereich von Funktion und Zweckmäßigkeit verdrängt werden, eine Folge von großer Tragweite, die zur Rechtfertigung der Eliminierung von Ornament und Dekoration aus dem Bereich von Architekturdesign und der Streichung von Kunstförderungsmitteln aus dem Staatshaushalt als Kinkerlitzchen herangezogen worden ist, insofern Kunstwerke in die Kategorie des Ästhetischen fallen. Wie die (beschränkte) Schönheit der Zündkerze kann Schönheit ein zufälliges Nebenprodukt von Eigenschaften sein, von denen jede eine solide, eindeutig praktische Rechtfertigung hat. Aber die Schönheit spielt weiter keine Rolle bei der Erklärung der Funktionsweise von Zündkerzen. Kant nimmt keine besondere Unterscheidung zwischen natürlicher und künstlicher Schönheit vor: »Die Natur war schön, wenn sie zugleich als Kunst aussah; und die Kunst kann nur schön genannt werden, wenn wir uns bewußt sind, sie sei Kunst, und sie uns doch als Natur aussieht.«4 Damit ist die Beurteilung von Schönheit vielleicht unabhängig davon, ob es sich um schöne Kunst oder um Naturschönheit handelt, und wenn wir uns – wie bei der Illusion – auch dahingehend irren können, ob es sich um Kunst handelt oder nicht, so irren wir uns doch nicht, was die Schönheit betrifft, denn: »Schöne Kunst muß als Natur *aussehen*.« Schopenhauer stellte das Genie zwar über alles, sah die Trennung von Schönheit und Zweckmäßigkeit jedoch in Objekten, die man gemeinhin nicht dem Genie zuschreiben würde: »Die hohen und schönen Bäume tragen kein Obst: die Obstbäume sind kleine, häßliche Krüppel. Die gefüllte Gartenrose ist nicht fruchtbar, sondern die kleine, wilde, fast geruchlose ist es.« Dieser Gedankengang hat etwas Abschreckendes, postuliert er doch anscheinend eine Verbindung zwischen Zweckmäßigkeit und Reizlosigkeit, wenn nicht gar Häßlichkeit. Deutlicher wird dieses Abschreckende, wenn man sich den Kontrast zwischen *gut** und *schlecht** im Gegensatz zu *gut**und *böse** vornimmt. »Gut« bildet einen Gegensatz sowohl zu »schlecht« als auch zu »böse«, und Nietzsche, Schopenhauers eifriger Jünger, zeigt in seiner Streitschrift *Zur Genealogie der Moral*, wie »gut« bezeichnete, was die Herren ihrer Behauptung nach kraft der sie definierenden Eigenschaften waren – Eigenschaften, die die Sklaven natürlich »böse« nannten. Aber wenigstens waren sie nicht *schlecht** wie die Sklaven, die das menschliche Pendant zu den »kleinen, häßlichen, verkrüppelten Obstbäumen« waren. Mir geht es jedoch darum, jenen Gedanken, der sowohl bei Kant als auch bei Schopenhauer anzutreffen ist, herauszuarbeiten, daß zwischen dem Schönen in der Kunst und dem Naturschönen keine Trennungslinie erforderlich ist. Denn dies führt, über einen Weg, der von den Verfechtern der Disjunktion zwischen Schönheit und Zweckmäßigkeit seit langem beschritten wird, von der philosophischen Ästhetik zu einer höchst einflußreichen Form der kunstkritischen Praxis, die sich als die Unterscheidung guter von schlechter Kunst geriert. Auf jeden Fall unterscheidet nichts, abgesehen von dem Wissen, daß das Erfahrene Kunst ist, die »Qualität in der Kunst«, wie Greenberg es nannte, vom Schönen in der Natur: schöne Kunst ist *gut**. Kunst, der es an Schönheit oder »Qualität« fehlt, ist *schlecht**.

Die Einschränkung »Wissen, daß das Erfahrene Kunst ist« sollte die Warnung anklingen lassen, daß, wenn das Schöne unverändert Kunstwerken und anderen Dingen eigen ist, die Schönheit nicht zur Idee der Kunst gehört, wenngleich man zu Kants Zeiten wohl wie selbstverständlich davon ausging, daß Kunstwerke als Gattung die Schönheit zum Ziel haben und daß Schönheit bereits in ihrer Existenz mitschwingt, auch wenn sie diesem Ziel nicht immer genügen mögen.[6] Schauen wir uns noch einmal die ausgestellte Zündkerze an. Zündkerzen konnte es zu Kants Zeiten nicht geben; und ebensowenig hätten sie historisch kontrafaktisch, wenn es sie gegeben hätte, Kunstwerke sein können. Sie konnten nicht existieren, weil der Stand der Industriekeramik und der Metallurgie noch nicht weit genug entwickelt war, um sie zu produzieren, ganz zu schweigen von der Tatsache, daß der Mechanismus, welcher eine Zündkerze erforderlich machte – der Verbrennungsmotor – noch nicht erfunden worden war. Aber stellen wir uns trotzdem vor, eine Zündkerze sei mit Hilfe der Zeitmaschine im 18. Jahrhundert gelandet und ein Holzfäller habe sie 1790 außerhalb von Königsberg gefunden. Sie hätte zu jener Zeit keinem Interesse dienen können, da das *Zeugganze**, in dem das möglich gewesen wäre, erst eineinhalb Jahrhunderte später vorhanden sein sollte, so daß sie lediglich als Kuriosum von Wert gewesen wäre, dem man vielleicht magische Kräfte zugeschrieben hätte wie den Kokosnüssen, die im sechzehnten Jahrhundert hin und wieder an die europäischen Küsten gespült wurden. Die zeitversetzte Zündkerze hätte gut einen Platz in der *Wunderkammer** Friedrichs des Großen finden können, wo sie ein Objekt der Kontemplation abgegeben hätte, die zwangsläufig interesselos gewesen wäre, war Kontemplation doch so gut wie das einzige, was man mit der Zündkerze anstellen konnte, außer vielleicht noch, sie als Briefbeschwerer zu verwenden. Damit hätte sie beinahe exakt Kants Charakterisierung der Schönheit als »Zweckmäßigkeit ohne bestimmten Zweck« entsprochen: zwar sah sie im Grunde zu nützlich aus, um wirklich schmuckvoll zu sein, doch nützlich wozu?

Auf jeden Fall konnte eine Zündkerze in Anbetracht der Verfassung der Kunst im Jahre 1790 kein Kunstwerk sein. Heute, nach der durch die Possen eines Marcel Duchamp um 1917 ausgelösten Revolution, ist das sehr wohl möglich, allerdings nicht aufgrund der Schönheit der Zündkerze. Duchamp wählte die Readymades ja gerade wegen ihrer nichtssagenden Ästhetik und bewies damit, daß, wenn diese Kunst, aber nicht schön waren, die Schönheit tatsächlich nicht als Bestimmungsmerkmal der Kunst gelten konnte. Man kann sehr wohl sagen, daß es diese Erkenntnis ist, die eine so scharfe Trennlinie zwischen der traditionellen Ästhetik und der heutigen Philosophie der Kunst, ja der Praxis der Kunst zieht. Diese Linie war, als Duchamp sich anschickte, auf der Ausstellung der Gesellschaft Unabhängiger Künstler 1917 ein Urinal mit falscher Signatur und dem Titel *Fountain* auszustellen, im allgemeinen Bewußtsein natürlich nur sehr schwach ausgeprägt. Selbst Mitglieder aus Duchamps Kreis wie Walter Arensberg glaubten, daß Duchamp die Aufmerksamkeit auf die gleißend-weiße Schönheit des Urinals lenken wollte. Als ob ein Künstler, dessen philosophisches Programm zum Teil darin bestand, die Ästhetik aus der Kunst zu verdrängen, darauf erpicht gewesen wäre, in der Manier eines Kant oder eines Schopenhauer Kunstwerke auf ästhetische Objekte zu reduzieren! In einer Auseinandersetzung zwischen Arensberg und dem Künstler George Bellows im Jahre 1917 soll Arensberg gesagt haben: »Eine herrliche Form ist offenbart worden, befreit von ihrem funktionalen Zweck, da hat ein Mann eindeutig einen ästhetischen Beitrag geleistet.«[7] Aber 1962 schrieb Duchamp an Hans Richter: »Als ich Readymades entdeckte, ging es mir darum, die Ästhetik zurückzuweisen ... Ich warf ihnen das Flaschengestell und das Urinal an den Kopf als Herausforderung, und jetzt bewundern alle sie aufgrund ihrer ästhetischen Schönheit.«[8]

Greenberg, der unbestreitbar bedeutendste kantianische Kunstkritiker unserer Zeit, hatte für Duchamp als Künstler nur wenig übrig, am wenigsten Geduld; ich möchte Greenbergs Leistung vor dem Hintergrund der meines Erachtens grundlegenden Unterscheidung zwischen ästhetischen Objekten und Kunstwerken erörtern, eine Unterscheidung, die Duchamp in den Mittelpunkt seines Unterfangens stellte, deren philosophischen Bedeutung Greenberg jedoch fast keine Beachtung schenkte. Kant, so räumte Greenberg ein, hatte einen schlechten Geschmack und kaum Erfahrung mit Kunst – »Doch seine Fähigkeit, zu abstrahieren, versetzte ihn trotz so vieler Fauxpas in die Lage, in seiner *Kritik der ästhetischen Urteilskraft* die befriedigendste Basis für die Ästhetik zu begründen, die uns bisher gegeben wurde.«[9] Es ist mir ein wichtiges Anliegen, Greenberg von diesem Gesichtspunkt aus zu besprechen, da seine Kunstkritik in einer Kunstwelt, die beinahe ausschließlich von Duchamp als ihrem ursprünglichen Vordenker definiert ist, extrem problematisch geworden ist. Greenbergs ästhetische Philosophie wird von Hilton Kramer und den Autoren seiner Zeitschrift *The New Criterion* fortgeführt und dreht sich genau um jene Frage der »Qualität in der Kunst«, die Kramer spezifisch mit ästhetischer Qualität gleichsetzt, die jedoch Duchamp und seine Anhänger – zu denen ich mich selbst zähle – anders identifizieren würde. Ich bin mir nicht sicher, ob man eine »einheitliche Feldtheorie künstlerischer Güte« aufstellen kann, ich weiß deshalb auch nicht, ob sich die künstlerische Güte von Werken, die Greenberg ob ihrer ästhetischen Güte pries, anders erklären läßt. Doch zumindest weiß ich, daß es schlechte kritische Praxis ist, Werke, denen es im Greenbergschen Sinne an ästhetischer Güte fehlt, als künstlerisch schlecht abzutun. Wenn keine einheitliche Theorie vorhanden ist, wird die Kunstkritik zu einer äußerst zersplitterten Angelegenheit. Ob sie darüber hinaus eine dem Wesen nach konfliktreiche Praxis sein muß, ist noch zu entscheiden; mag sein, daß eine genauere Untersuchung der Art und Weise, in der Greenberg versuchte, seine eigene kritische Praxis an der Kantschen Ästhetik festzumachen, die Entscheidung erleichtert. Aber die Existenz jenes Konflikts gibt uns zumindest Anlaß, jene Ästhetiktheorie zu untersuchen, aus der er entstanden ist: Eine Theorie, deren Anwendung zu einem Konflikt führt, muß ihrerseits konfliktgeladen sein, wie eine Reihe von Axiomen inkonsistent ist, wenn sie zu einem Widerspruch führt. Übertüncht wurde der Konflikt durch den historischen Zufall, daß die Ästhetik als Disziplin zu einer Zeit entstand, als die Kunst in ihrer Praxis und Konzeption eine nie dagewesene, Jahrhunderte währende Stabilität erreicht hatte und die Revolutionen in der Kunst, so sie überhaupt stattfanden, als Rückkehr zu Früherem daherkamen – vom Rokoko zum Neoklassizismus zu Zeiten Kants und von der Romantik zu den Präraffaeliten zu Zeiten Schopenhauers. Die Moderne schlich sich in den achtziger Jahren des 19. Jahrhunderts ein, zwang die Ästhetiker jedoch nicht eben zu einem Umdenken ihrer Unterscheidungen, die mit Cézanne und Kandinsky ja ohne weiteres vereinbar waren und die sich, wie wir gesehen haben, selbst auf Duchamp anwenden ließen. Nach den sechziger Jahren dieses Jahrhunderts scheint die Ästhetik jedoch immer weniger in der Lage, mit der Kunst umzugehen – mit der »Kunst nach dem Ende der Kunst«, wie ich sie an anderer Stelle genannt habe –; ein Anzeichen dafür war die anfängliche Ablehnung (und Brandmarkung) nicht- oder antiästhetischer Kunst als Nicht-Kunst. Eine Parallele dazu war die übliche Reaktion, *abstrakte* Kunst als Nichtkunst einzustufen, mit der sich Greenberg als Fürsprecher der Abstraktion auseinandersetzen mußte. Diese momentane Krise wurde durch eine Revision der Theorie, daß Kunst mimetisch sein müsse, überwunden – ein glücklicher Schwenk, den die klassische Ästhetik eben aufgrund der schwachen Unterscheidung ermöglichte, die sie zwischen künstlicher und natürlicher Schönheit vornahm, wobei nun offen gelassen wurde, ob es allein auf *ästhetische* Qualität ankam. Indessen war es wenig sinnvoll, in bezug auf die

»Kunst nach dem Ende der Kunst« an die klassische ästhetische Theorie zu appellieren, schien jene Kunst doch gerade ästhetische Qualität vollkommen zu verachten: Die Weigerung, sie überhaupt Kunst zu nennen, berief sich gerade auf die klassische Ästhetik. Sobald ihr Status als Kunst etabliert war, konnte kein Zweifel mehr daran bestehen, daß die Ästhetik als Theorie dringend reparaturbedürftig war, wenn sie überhaupt noch zur Auseinandersetzung mit der Kunst dienen sollte. Meiner Ansicht nach mußte das heißen, die Unterscheidung zwischen dem Ästhetischen und dem Zweckmäßigen als untaugliche Basis für die Disziplin über Bord zu werfen. Doch kehren wir zu einer auf der Ästhetik basierenden Kunstkritik und damit zu Clement Greenberg zurück.

Greenberg entnahm seiner Kantlektüre zwei Lehren. Die erste gründet auf einer berühmten Formulierung der Beziehung zwischen der Beurteilung des Schönen und der Anwendung von Regeln. »Die Idee schöner Kunst erlaubt kein Urteil über die Schönheit eines Produktes, das einer Regel entstammt, für die eine Idee die bestimmende Grundlage ist und die damit als Basis eine Vorstellung hinsichtlich der Ermöglichung des Produkts hat. Schöne Kunst kann daher nicht selbst die Regel aufstellen, derzufolge sie ihr Produkt schaffen kann.«[10] Kritisches Urteil funktioniert laut Greenberg, wo Regeln außer Kraft gesetzt sind: »Die Qualität in der Kunst läßt sich durch Logik weder bestimmen noch nachweisen. Allein die Erfahrung herrscht in diesem Bereich – und die Erfahrung der Erfahrung. Zu dem Schluß sind alle ernstzunehmenden Philosophen seit Immanuel Kant gelangt.«[11]

Also war »die bisher zufriedenstellendste Basis für die Ästhetik« nicht weniger als die zufriedenstellendste Basis für die Kunstkritik, wie Greenberg sie seiner eigenen Auffassung zufolge praktizierte. Greenberg schrieb sich selbst guten Geschmack zu, teilweise von Natur aus, teilweise durch Erfahrung gewonnen. »Das geübte Auge neigt stets zum eindeutig positiv Guten in der Kunst, weiß, daß es dort ist, und ist mit allem anderen unzufrieden.«[12] Es ist, kurz gesagt, mit nicht weniger zufrieden als der Befriedigung *an sich**. Der Kantsche Kunstkritiker, dem eine Antwort auf die Frage abverlangt wird, wozu Kunst denn gut sei, muß die Frage zurückweisen, weil sie auf einem philosophischen Mißverständnis beruht. »Was hat denn Zweckmäßigkeit mit Kunst zu tun?« ist die rhetorische Erwiderung all jener, die überzeugt sind, daß Kunst allein dem ästhetischen Wohlgefallen – dem Wohlgefallen *an sich** dient. Dieselbe logische Kluft, die das Ästhetische vom Praktischen trennt, trennt auch die Kunst von allem Zweckmäßigen. Und die Kantsche Ästhetik kam dem zeitgenössischen konservativen

Kunstkritiker sehr gelegen, indem sie jeglichen instrumentalen Ehrgeiz als irrelevant abtat, den ein Künstler an den Tag legen mochte, der seine Kunst in den Dienst dieses oder jenes menschlichen oder vor allem politischen Interesses stellen wollte. »Was hat denn Kunst mit Politik zu tun?« fragt der konservative Kritiker, als handele es sich um eine rhetorische Frage und als sei die Antwort – »Nichts!« – eine ausgemachte Sache.

Greenbergs zweite kantianische Lehre entstammt dem tiefliegenden Schluß in Kants System, daß das Ästhetische streng vom Zweckmäßigen getrennt sei. Die Beurteilung von Schönheit mußte nämlich stillschweigend universal sein, und Universalität wäre nicht mit Interessen und damit mit Zweckmäßigkeit zu vereinbaren. »In allen Urteilen, wodurch wir etwas für schön erklären, verstatten wir keinem, anderer Meinung zu sein«, schreibt Kant, und zwar nicht als Voraussage, »daß jedermann in unserem Urteil übereinstimmen *werde*, sondern damit zusammenstimmen *solle*.«[13] Kant beruft sich auf etwas, das er »subjektive Notwendigkeit« nennt, unter Voraussetzung eines »Gemeinsinns«, der wiederum eine gewisse Formengleichheit zwischen moralischem und ästhetischem Urteil in seinem System zuläßt. Greenberg entnahm der stillschweigenden Universalität ästhetischer Urteile die These, daß alle Kunst aus einem Guß sei. Insbesondere wollte er zeigen, daß kein Unterschied zwischen unserer ästhetischen Erfahrung abstrakter und gegenständlicher Kunst besteht. Wir dürfen nicht vergessen, daß er zu einer Zeit schrieb, als die Kritiker immerhin so unsicher waren, was die abstrakte Malerei betraf, daß sie sogar zu der Behauptung bereit waren, die Erfahrung der abstrakten Malerei sei eine gänzlich andere als die der gegenständlichen. 1961 schrieb er:

> Die Erfahrung selbst – und die Erfahrung ist das einzige Berufungsgericht in der Kunst – hat gezeigt, daß es in der abstrakten Kunst sowohl Schlechtes als auch Gutes gibt. Außerdem hat sie offenbart, daß das Gute in einer Art von Kunst stets letztlich mehr dem Guten in allen anderen Arten von Kunst entspricht als dem Schlechten in der ersten Art. Trotz aller scheinbaren Unterschiede hat ein guter Mondrian oder ein guter Pollock mehr mit einem gutem Vermeer gemein als ein schlechter Dali. [Für Greenberg gab es keine guten Dalis.] Ein schlechter Dali hingegen hat nicht nur sehr viel mit einem schlechten Maxfield Parrish, sondern auch mit einem schlechten abstrakten Bild gemein.[14]

Im weiteren erklärt Greenberg, daß Menschen, die keine Anstrengung unternehmen, abstrakte Kunst zu erfahren oder zu schätzen, »nicht das

Recht haben, ein Urteil über Kunst welcher Art auch immer zu fällen
– am allerwenigsten über abstrakte Kunst«. Das Recht haben sie nicht,
weil sie »sich nicht die Mühe gemacht haben, ausreichende Erfahrung
zu sammeln, und in dieser Hinsicht ist es auch gleichgültig, wieviel Erfahrung sie in anderen Bereichen der Kunst haben«. Ein ernsthaftes Interesse an der Kunst zu haben, so könnten wir Greenberg paraphrasieren, heißt, ein ernsthaftes Interesse am Schönen in der Kunst zu haben.
»Man ist nicht für chinesische oder abendländische oder gegenständliche Kunst insgesamt, sondern nur für das Gute darin.« Greenbergs
zweite Lehre besagt, daß das »geübte Auge« das Gute vom Schlechten
in aller Kunst trennen kann, unabhängig von spezifischen Kenntnissen
der Herstellungsumstände innerhalb der Tradition, der diese Kunst
entstammt. Wer ein geübtes Auge hat, ist ästhetisch überall zu Hause.
Kürzlich brüstete sich ein bekannter Kurator, er könne, ohne das Geringste über afrikanische Kunst zu wissen, allein mittels seines guten
Auges das Gute, Bessere und Beste erkennen.

Greenbergs Stärken und Schwächen als Kritiker entstammen diesen
Lehren. So war es beispielsweise seine Überzeugung, das Gute in der
Kunst sei überall und immer gleich, darauf fußte seine Offenheit gegenüber dem Guten, für das andere zu der Zeit mehr oder weniger
blind waren. Sie erklärt auch, warum er Jackson Pollocks Größe als
Maler schon so früh erkannte. Die Produktionsweise der abstrakten
Malerei in den vierziger Jahren wies kaum auf etwas hin, was einen auf
Pollocks Werk vorbereitet hätte, und die Fähigkeit, zu einer Zeit, als
dies kaum der allgemeinen Sicht entsprach, dessen künstlerische Güte
zu erkennen – ja dessen künstlerische Größe zu verkünden –, verlieh
Greenberg in der Rückschau einen Leumund, wie ihn kaum ein anderer Kritiker genoß. Es wurde darüber hinaus zu einem Gütekriterium
des Kritikers, ähnliche Entdeckungen zu machen, was zwangsläufig
schädliche Folgen in der kritischen Praxis nach sich zog: Der Kritiker
ist gehalten, Entdeckungen zu machen, um so sein »geübtes Auge« unter Beweis zu stellen. Damit ist dem Kritiker die Rolle des Fürsprechers
dieses oder jenes Künstlers übertragen: Der Kritiker gewinnt oder verliert an Format entsprechend der Reputation desjenigen Künstlers, in
dessen Qualität der Kritiker seinen Ruf investiert hat. Auf der Suche
nach Anerkennung geht der Kritiker auf die Pirsch nach den Unbekannten oder Verkannten, was nicht zuletzt der randständigen Galerie,
dem jungen Talent, dem risikofreudigen Händler Hoffnung schenkt
und eine Erstarrung des Produktionssystems verhindert. Das Gegenstück dazu ist das Eingeständnis eines unzureichend guten Auges,
wenn sich der vom Kritiker abgelehnte Künstler dann doch als gut

oder sogar großartig herausstellt. Natürlich gilt dafür oft dieselbe Erklärung, die Greenberg im Zusammenhang mit dem Widerstand gegen abstrakte Kunst anführt: Hier läßt sich argumentieren, daß sich der störrische Kritiker – der entsetzliche John Canaday von der *New York Times* ist ein typischer Vertreter – strikt weigert, die Augen zu öffnen, weil er einer Apriori-Theorie hinsichtlich dessen anhängt, was Kunst sein muß – etwa, daß sie gegenständlich sein muß. Diejenigen, die Greenberg als »Gegner abstrakter Kunst« bezeichnet, argumentieren, daß die Erfahrung abstrakter Kunst keine *Kunst*erfahrung sei »und daß Werke abstrakter Kunst im strengen Sinne nicht als Kunst klassifiziert werden können«.[15] Man hat ganz deutlich das Gefühl, daß bestimmte vorgefaßte Definitionen der Kunst die Gegner des Impressionismus daran gehindert haben müssen, die Qualität dieser Bilder zu erkennen, ebenso wie es nicht möglich war, das Gute an der nachimpressionistischen Malerei zu sehen, weil die Zeichnungen exzentrisch oder die Farben willkürlich waren. Das wiederum legt nahe, daß es, sobald der Betrachter *die Augen öffnet* und vor allem unvoreingenommen ist, indem er dem Denken erlaubt, dem geübten Auge zu vertrauen, genau wie Kant behauptet, letztlich keine widersprüchlichen Meinungen geben kann: »Die Qualität in der Kunst ist nicht bloß eine Sache der persönlichen Erfahrung«, erklärt Greenberg. »Es besteht vielmehr ein *Konsens* des Geschmacks. Den besten Geschmack haben diejenigen, die in ihrer Generation die meiste Zeit und Mühe auf die Kunst verwenden, und dieser beste Geschmack war stets innerhalb gewisser Grenzen einstimmig im Urteil.« Wenn jeder sich um Unvoreingenommenheit bemüht und sich genügend *anstrengt* (um einen Lieblingsausdruck Greenbergs zu verwenden), dann wird es schließlich keine großen Unstimmigkeiten mehr geben.

Die Idee vom durch die Theorie nicht verschlossenen Denken und dem Vertrauen auf die kontinuierliche visuelle Erfahrung allein erfährt in Greenbergs Umgang mit der Malerei beinahe eine Karikierung. Auf einer Gedächtnisfeier ein Jahr nach Greenbergs Tod beschrieb der Maler Jules Olitski – den Greenberg in späteren Jahren oft als unseren größten Maler feierte –, wie ein Werkstattbesuch des Kritikers ablief. Greenberg stellte sich mit dem Rücken vor ein neues Bild, bis dies richtig positioniert war, um sich dann blitzschnell umzudrehen und seinem geübten Auge zu erlauben, das Bild aufzunehmen, ohne dem Verstand die Möglichkeit zu geben, ihm mit einer bereits bestehenden Theorie zuvorzukommen, als gelte es, ein Rennen zwischen der Übertragung visueller Reize und der Denkgeschwindigkeit auszutragen. Manchmal verdeckte er auch die Augen, bis es Zeit war, zu sehen. Es gibt unzählige Anekdoten dieser Art über Greenberg und seine Haltung, die für einen Werkstatt- und Galeriebesuch zur Norm wurde. So beschreibt Thomas Hoving die Umstände der beiden Hauptakquisitionen seiner Amtszeit als Direktor des Metropolitan Museum of Art ganz ähnlich – Velasquez' Bildnis des Juan de Pereija und der *Krater* des Europhronios, der als der »Million Dollar Pot« des Metropolitan berühmt wurde, den Hoving jedoch als das herrlichste Kunstwerk verteidigt, das er je erlebt habe. Bei dem Velasquez war er erst bereit, einen Blick auf das Bild zu werfen, als die Beleuchtung ihm völlig zusagte, und dann befahl er: »Hit me!«[16] Durch die Beleuchtung der Arbeit wurden seine Augen wahrscheinlich mit präkonzeptualisierter Schönheit überflutet. Dem Gefäß schenkte er erst dann einen Blick, nachdem es ins Tageslicht hinausgetragen worden war. Auf der Grundlage dieses ersten Blicks fällte er seine Entscheidung, die Werke zu erwerben, und wenngleich Hoving sicher die Ergebnisse der Echtheits- und Provenienzprüfungen vorlagen, ehe er sich schließlich an seinen Vorstand wandte, so zählte für ihn doch letztlich der Nachweis seines geübten Auges.

Greenberg gab mit Ausnahme eines kurzen billigenden oder mißbilligenden Brummens nur wenig von sich. In einem späten Interview – im Schlußtext der *Collected Essays and Criticism* – äußert er sich zu der Lehre von der Autorität der Erfahrung. Aufgefordert, Kriterien zur Unterscheidung zwischen unbedeutender und bedeutender Kunst anzuführen, bemerkte er: »Es gibt zwar Kriterien, doch lassen sie sich nicht in Worte fassen – so wie sich der Unterschied zwischen dem Guten und dem Schlechten in der Kunst nicht in Worte fassen läßt. Kunstwerke bewegen einen einfach mehr oder weniger, das ist alles. Bislang waren alle Worte in dieser Sache vergeblich ... Niemand macht der Kunst und den Künstlern Vorschriften. Man wartet einfach ab, was passiert – was der Künstler macht.«[17] Es ist bezeichnend, daß Greenberg die kritische Reaktion der künstlerischen Schöpfung gleichsam einverleibt; sein Argwohn gegenüber Vorschriften läßt allerdings nichts anderes erwarten, und schließlich war dies eine Haltung, zu der auch Kant im Zusammenhang mit dem künstlerischen Genie gelangt war, wobei er natürlich die Differenz zwischen Geschmack und Genie zuließ – zwischen dem, was Kant »eine Urteilskraft und nicht eine Einbildungskraft« nennt. Greenbergs einsilbige Äußerungen – in Worte gefaßte instinktive Reaktionen, Worte allerdings, die ihrerseits instinktive Reaktionen waren – waren das Pendant des Kritikers zu der aus dem Bauch kommenden malerischen Gestik jener Kunst, mit der Greenberg auf alle Zeiten identifiziert bleiben muß: des Abstrakten Expressionismus, wenngleich er sich mit dem Etikett nie anfreunden konnte. Andererseits hätte sich Greenberg seine ungeheure Reputation als Kritiker wohl kaum durch Grunzer und Grimassen verdienen können. Seine Besprechung von Jackson Pollocks erster Ausstellung in Peggy Guggenheims Art of This Century Gallery im November 1943 ist äußerst aufschlußreich. Natürlich hatte er davor bereits einige von Pollocks Arbeiten bei Atelierbesuchen, die vielleicht sehr ähnlich abliefen wie diejenigen, die Jules Olitski nach Greenbergs Tod rührend und komisch zugleich beschrieb, zu Gesicht bekommen. Aber in seiner Besprechung führte er Gründe dafür an, warum Pollocks Malerei gut war, selbst wenn die Feststellung dieser Güte vom Auge abhängig war sowie (und das kann man hinzufügen, ohne damit seine Leistung auch nur im geringsten zu schmälern) von der Tatsache, daß andere, deren Geschmack er schätzte – Lee Krasner, Hans Hoffman, Piet Mondrian, Peggy Guggenheim selbst – einhellig Bewunderung an den Tag legten. Letztlich bestand die Aufgabe des Kritikers darin, das Gute und das Schlechte zu benennen und zwar stets auf der Basis des vom Auge als einer Art siebtem Sinn Verkündeten: einem Sinn für das Schöne in der Kunst, wissend, daß es Kunst war. Wenn wir dies als *reaktionsbasierte* Kritik auffassen, dann wird diese Tradition inzwischen von Kritikern fortgesetzt, deren Praxis weitaus weniger Rückhalt aus der Philosophie bezieht, als diejenige Greenbergs es tat.

Greenberg hörte Ende der sechziger Jahre effektiv auf, Kritiken zu schreiben; man kann kaum umhin anzunehmen, daß er das deshalb tat, weil seine gesamte Kritikerpraxis keinen relevanten Ansatzpunkt mehr finden konnte in einer künstlerischen Praxis, die von dem Prinzip beherrscht war, daß alles ein Kunstwerk sein konnte, daß Kunstwerke kein besonderes Aussehen aufweisen müssen und daß jeder Künstler sein kann. Dieses Prinzip artikulierten die beiden einflußreichsten künstlerischen Denker der Zeit, Andy Warhol und Joseph Beuys, und Warhol machte diese These in seinen Paint-by-the-numbers-Bildern augenfällig, die aussehen, als könne sie jeder machen. Greenberg, so erinnert sich William Phillips, war ausgesprochen egalitaristisch – er war tatsächlich überzeugt, daß jeder malen konnte –: er versuchte Phillips lange zum Malen zu animieren, bis Phillips' Widerwillen gegen den Geruch von Farbe irgendwann stärker war als der Wunsch, Malstunden zu nehmen. Ich habe mitangehört, wie seine Witwe einen rührenden, wenn auch etwas unreifen Brief vorlas, den er in seinem dritten Lebensjahrzehnt geschrieben hatte und in dem er seine ersten Malanstrengungen beschrieb. Er fand seine Arbeiten großartig und erklärte seiner Briefpartnerin, das Malen falle ihm so leicht wie »fucking«. Doch war er kein ontologischer Egalitarist und hätte die

Paint-by-the-numbers-Bilder Warhols als unvereinbar mit der von Kant gelernten Kunstphilosophie abgelehnt: sie ließen sich durch die Befolgung von Regeln erzielen, indem man das mit »Rot« markierte Feld rot ausmalte. Natürlich hielt sich Warhol bei der Schaffung seiner Arbeit an keine besondere Vorschrift, doch wäre es mit seinen künstlerischen Impulsen durchaus vereinbar gewesen, wenn er sich an die Regeln des Malen-nach-Zahlen-Kastens gehalten und das Ergebnis dann ausgestellt hätte. So ging er wahrscheinlich nicht vor, aber wir wollen uns vorstellen, daß er es tat und das resultierende Werk ausgestellt hätte. Das Auge, das geübte Auge, hätte nicht bestimmen können, ob ein *Künstler* die numerierten Felder ausgemalt hatte, da das Ergebnis wie ein wirkliches Bild nach Zahlen ausgesehen hätte (wie es der Bewohner eines Altenheims malen könnte) und damit die ästhetischen Eigenschaften des letzteren geerbt hätte. Und doch hätten Warhols Arbeit und ein gewöhnliches Malen-nach-Zahlen-Bild ganz unterschiedliche künstlerische Qualitäten. Gut: Warhol erklärte, jeder könne Künstler sein; er machte sich lustig über die Vorstellung, daß sich der Künstler ein Bild aus der Seele reißen müsse. Der ehemalige Gepäckträger in der Altentagesstätte, der nach Zahlen malt, hält sich einfach an die Regeln, um ein schönes Bild zu malen. Hätte Warhol Kant gelesen, so hätte er sich mittels der Paint-by-the-numbers-Bilder über die Dritte Kritik äußern können!

Die Pop Art basierte zum allergrößten Teil auf Gebrauchsgraphik – auf Illustrationen, Etiketten, Verpackungsdesign, Plakatwerbung. Die für diese farbenfrohen proklamatorischen Bilder verantwortlichen Graphiker hatten ein gutes Auge. Willem de Kooning war Schildermaler gewesen, und man darf wohl annehmen, daß er, als er die ganz spezielle Ausstattung des Schildermalers für die Zwecke der schönen Künste einsetzte, auch das Auge verwandte, das ihn zu einem erfolgreichen Schildermaler gemacht hatte. Ein aufschlußreicher, umgekehrt gelagerter Fall war Watteaus Appropriation jener Gerätschaften und jenes Auges, die er für seine *fêtes galantes* verwandte, für die Ausführung seines, wie sich später herausstellte, letzten Werkes, ja seines Meisterwerkes: ein Ladenschild seines Händlers Gersaint, das tatsächlich eine Zeitlang vor dessen Galerie hing und Aufschluß über deren Innenansicht gab. Das *Ensigne de Gersaint* ist ein zufälliges Gegenbeispiel zum ersten Dogma der Ästhetik, daß die Kunst nicht zweckmäßig sein solle; es genügte den Konventionen des Pariser Ladenschilds im 18. Jahrhundert wahrscheinlich vollkommen. Ich möchte in diesem Zusammenhang jedoch nur darauf hinweisen, daß derartige Werbearbeiten von jemandem mit einem guten Auge ausgewählt werden, der etwa vor dem Etikett einer Campbell-Suppe oder dem Design der Brillo-Box steht und sagt: »Das ist es!« Bei der Herstellung ihrer Faksimiles appropriierten die Pop-Künstler ja Designs, die bereits eine gewisse ästhetische Prüfung bestanden hatten und auf die die Wahl deshalb fiel, weil man davon ausging, daß sie ins Auge stechen oder Informationen über das Produkt übermitteln würden oder dergleichen. Was die Pop Art zur hohen Kunst im Gegensatz zur Werbegraphik machte, hatte jedoch nur beiläufig mit jenen ästhetischen Qualitäten zu tun, die für ihren Erfolg als Gebrauchskunst sorgten. Die Kunstkritik der Pop Art, die ich als Kunstgattung immer schon berauschend gefunden habe, hatte mit dem unmittelbar Ins-Auge-Fallenden nichts zu tun, da das Ins-Auge-Fallende ja nur dessen Nutzen und Wert als Gebrauchsgraphik erklärte. Und das Auge allein konnte keine Ursache der Differenz ausmachen.

Doch gilt dies für einen Großteil der Kunst der sechziger und siebziger Jahre und auch der neunziger. (Die achtziger sind insofern eher ein rückläufiger Moment, als die Malerei sich wieder als die herrschende Form der Kunstproduktion durchsetzte.) Der Kantische Kunstkritiker mußte Schweigen wahren oder sich in einem Redestrom ergießen angesichts von zerschlitztem Filz, zerschmettertem Glas, verspritztem Blei, zersplittertem Sperrholz, grob verbogenem Draht, latexgetränktem Mull, vinylgetränktem Seil, den Neonschildern, Videobildschirmen, schokoladenbeschmierten Brüsten, dem angeketteten Paar, dem zerschnittenen Fleisch, den zerrissenen Kleidungsstücken oder dem gespaltenen Haus, mit denen in jenen Jahren und seither künstlerische Aussagen gemacht worden sind.

Ein wichtiges Werk der sechziger Jahre war Robert Morris' *Box with the Sound of Its Own Making* (1961). Es ist ein nicht übermäßig kunstvoll geschreinerter hölzerner Würfel, in dem ein Tonband von den Hammer- und Sägegeräuschen läuft, die seine Herstellung begleiteten. Das Band ist wie die Erinnerung der Schachtel an ihre eigene Seinswerdung, und als solche gibt die Arbeit zumindest einen Kommentar zum Geist-Körper-Problem ab. Greenberg war nicht in der Lage, sich mit dieser Arbeit auseinanderzusetzen. 1969 schrieb er in nahezu atemberaubender Begriffsstutzigkeit:

> Wenn man die Kunst in jedem Medium dahingehend zusammenfaßt, worin ihr Erleben besteht, so schafft sie sich selbst durch Relationen und Proportionen. Die Qualität der Kunst hängt von inspirierten, empfundenen Relationen und Proportionen mehr ab als von irgend etwas sonst. Das ist nicht zu umgehen. Ein schlichter,

schmuckloser Karton kann als Kunst aufgrund dieser Dinge erfolgreich sein; und wenn er als Kunst scheitert, so nicht, weil er ein unansehnlicher Karton ist, sondern weil seine Proportionen, oder gar seine Größe, uninspiriert, unempfunden sind. Das gleiche gilt für Arbeiten in irgendeiner »Neuheitenkunst«... Da nützt alle phänomenale, beschreibbare Neuheit herzlich wenig, wenn die inneren Relationen der Arbeit nicht empfunden, inspiriert, entdeckt sind. Das überragende Kunstwerk, gleichgültig, ob es tanzt, strahlt, explodiert oder nur mit Mühe und Not sichtbar (hörbar oder entzifferbar) ist, weist mit anderen Worten eine »Richtigkeit der Form« auf.[18]

»Soweit«, schreibt Greenberg weiter, »bleibt die Kunst unveränderlich... Sie entfaltet stets nur durch Qualität *als Kunst* ihre Wirkung«.[19] Morris' Arbeit ist brillant und geistreich und hat als Kunstwerk sicherlich »Qualität«, jedoch kaum eine Qualität, die als »Richtigkeit der Form« definiert werden kann. Greenberg hielt die Kunst der sechziger Jahre unter ihrem oberflächlichen Erscheinungsbild für ungemein homogen, ja monoton. Er ging sogar so weit, den gemeinsamen Grundstil als das zu bezeichnen, »was Wölfflin linear nennen würde«.[20] Sein Ton in diesem letzten Essay ist beißend, sarkastisch, abschätzig – eine Reaktion, wie wir sie immer dann antreffen können, wenn der Kunst ein revolutionärer Moment beschert worden ist – wenn die Künstler schockieren wollen, all ihre Zeichenkenntnisse verlernt zu haben scheinen und sich wie ganz böse Buben oder Mädchen benehmen. Ob ihm das hoch anzurechnen ist oder nicht: In den letzten dreißig Jahren seines Lebens blieb Greenbergs Einstellung unverändert. Ich habe die gleiche Art von Äußerungen noch 1992 von ihm gehört. Die Kunst hatte einen revolutionären Moment durchlebt, einen, der den mühelosen Übergang von der Ästhetik zur Kunstkritik für immer hinfällig machte. Wieder verbinden ließen sich die beiden nur durch eine Revision der Ästhetik im Lichte der Veränderungen in der kritischen Praxis, welche die Revolution der sechziger Jahre erzwungen hatte.

Ich möchte nun auf Greenbergs zweite Kantische Lehre zu sprechen kommen, welche die Kritik in ähnliche Schwulitäten brachte wie die erste, wenngleich sich das erst einige Jahre später herausstellen sollte. Diese Lehre behauptet die »Unveränderlichkeit der Kunst«, die Greenberg in einem Interview im Jahre 1969 erklärte. Er war zwar bereit, einzuräumen, daß der amerikanische Geschmack im Laufe der Jahre reifer geworden war, »bestand jedoch darauf, daß das nicht heißt, daß die Kunst selbst Fortschritte gemacht hat, im Gegensatz zum Geschmack.

Das ist nämlich eindeutig nicht der Fall. Die Kunst ist im Laufe der letzten 5000, 10.000 oder 20.000 Jahre nicht besser oder ›reifer‹ geworden.«[21] Somit verfügt der Geschmack über eine Entwicklungsgeschichte, die Kunst jedoch nicht. Greenberg vertrat sogar die Meinung, daß eine »Geschmackserweiterung in unserer Zeit im Westen« stattgefunden habe, die in seinen Augen »größtenteils der Wirkung der modernen Kunst zu verdanken« war. Er war überzeugt, daß die Fähigkeit, moderne Malerei zu schätzen, es für uns leichter mache, traditionelle Kunst oder die Kunst anderer Kulturen zu würdigen, da die gegenständliche Kunst uns zum Nachdenken darüber verleite, was sie darstellt, nicht was sie ist.»Es ist, glaube ich, für einen Anfänger schwieriger, unter gleichen Bedingungen seinen Geschmack in bezug auf die gegenständliche als auf die abstrakte Kunst zu entwickeln. Die abstrakte Kunst bietet eine großartige Möglichkeit, um Kunst allgemein sehen zu lernen. Man lernt die alten Meister umso mehr schätzen, wenn man einen guten Mondrian oder einen Pollock von einem schlechten unterscheiden kann.«[22] Ich habe schon oft angemerkt, daß diese Position dazu neigt, alle Museen in ein Museum Moderner Kunst zu verwandeln, in dem alles dahingehend zu würdigen ist, was Kunst immer und überall eigen ist und was das an moderner Kunst geschulte Auge zu identifizieren und einzustufen gelernt hat. Alle Künstler sind Zeitgenossen, soweit sie Künstler sind. In bezug auf alles nicht zur Kunst Gehörige sind sie allerdings keine Zeitgenossen.

Diese Anschauung war typisch für eine Reihe von massiv kritisierten Ausstellungen in den achtziger Jahren, vor allem für die 1984 veranstaltete Schau »Primitivism and Modern Art« im Museum of Modern Art, die sich auf »Affinitäten« zwischen ozeanischen und afrikanischen Werken sowie ihren formal ähnlichen Gegenstücken in der Moderne gründete. Als historische Erklärungshypothese läßt sich dagegen vielleicht nichts einwenden: Sie ist wahr, wenn sie wahr ist, falsch, wenn sie falsch ist. Die modernen Künstler waren tatsächlich von primitiver Kunst beeinflußt. Aber Affinitäten sind etwas anderes als erklärende Einflüsse. Sie implizieren, daß der afrikanische oder der ozeanische Künstler von denselben formalen Erwägungen motiviert war wie die Modernen. Für viele Kritiker roch das nach kulturellem Kolonialismus. 1984 war der Multikulturalismus im Wachsen begriffen und sollte die Kunstwelt zumindest in Amerika in den neunziger Jahren in epidemischen Ausmaßen heimsuchen. Dem multikulturellen Modell zufolge kann man bestenfalls versuchen zu verstehen, wie Menschen innerhalb einer kulturellen Tradition ihre eigene Kunst würdigten. Man kann diese Kunst von außerhalb dieser Tradition nicht so würdigen, wie sie innerhalb dieser Tradition gewürdigt wird, aber man kann zumindest versuchen, seine eigenen Würdigungsmodi nicht Traditionen aufzunötigen, denen diese fremd sind. Diese Relativierung wurde auf die Kunst von Frauen, Schwarzen und Minderheitenkünstlern selbst in unserer eigenen Kultur ausgeweitet. So wundert es kaum, daß Greenberg in der Kunstwelt der ausgehenden achtziger und der neunziger Jahre als Bösewicht hingestellt wurde, als habe er persönlich solche deprimierenden Ausstellungen wie »Primitivism and Modern Art« zu verantworten gehabt. Als der Kantische Universalismus diesem unversöhnlichen Relativismus weichen mußte, galt die Qualitätsidee als hassenswert und chauvinistisch. Die Kunstkritik wurde eine Form der Kulturkritik, die in der Hauptsache Kritik an der eigenen Kultur betrieb. Ehrlich gesagt bin ich als Kunstkritiker mit dieser Haltung nicht glücklicher, als ich es mit Greenberg war, und es wäre herrlich, wenn man sich an die Ästhetik halten könnte, um einen disziplingeleiteten Weg aus dem Chaos zu finden. Wenn die Ästhetik die Lage der Kritik klären könnte, dann wäre damit die Frage von deren Nützlichkeit auf spektakuläre Weise gelöst. Insofern stimme ich mit Greenberg überein: Es gibt ein Qualitätskriterium für Arbeiten wie Warhols Paint-by-the-number-Bilder und Robert Morris' Chatter-box, und wenn wir die für diese Objekte angemessene Kunstkritik bestimmen könnten, wären wir in einer besseren Position, um das Gute und das Schlechte sowohl in der Moderne, bei Bildern von Mondrian und Pollock, als auch bei den Alten Meistern zu erkennen. Eine allgemeingültige Qualitätstheorie würde ästhetische Güte dann vielleicht nicht als Bestimmungsmerkmal, sondern als Sonderfall enthalten. Denn ich hoffe klargemacht zu haben, daß ästhetische Güte im Umgang mit Kunst nach dem Ende der Kunst nicht viel taugt.

Als Essentialist in der Philosophie bin ich der Ansicht verpflichtet, daß Kunst ewig die gleiche ist – daß es unabhängig von Zeit und Ort notwendige und ausreichende Voraussetzungen gibt, die etwas zu einem Kunstwerk machen. Ich verstehe nicht, wie man die Philosophie der Kunst – oder Philosophie *überhaupt* – betreiben kann, ohne zumindest so weit Essentialist zu sein. Als Historist bin ich allerdings ebenfalls der Ansicht verpflichtet, daß etwas, das zu einer bestimmten Zeit ein Kunstwerk ist, zu einer anderen Zeit keines sein kann, und insbesondere daß es eine Geschichte gibt, die durch die gesamte Kunstgeschichte verläuft, in der das Wesen der Kunst – ihre notwendigen und hinreichenden Bedingungen – schmerzhaft ins Bewußtsein gebracht wird. Viele der Kunstwerke der Welt (Höhlenmalereien, Fetische,

Altarbilder) entstanden zu Zeiten und an Orten, in denen die Menschen noch keine nennenswerte Kunstidee hatten, da sie Kunst im Lichte ihrer sonstigen Überzeugungen deuteten. Es stimmt, daß unsere Beziehung zu diesen Objekten heute in erster Linie eine kontemplative ist, da die Interessen, die sie verkörpern, nicht die unsrigen sind, und die Überzeugungen, unter denen sie als wirksam angesehen wurden, keine weite Verbreitung mehr haben können, am allerwenigsten unter denen, die diese Objekte bewundern. Es wäre falsch, anzunehmen, daß die Kontemplation Teil ihres Wesens als Kunstwerk ist, denn es ist beinahe sicher, daß die Menschen, die sie geschaffen haben, nur wenig Interesse an ihrer Kontemplation hatten. Auf jeden Fall haben provisorische Ideen wie das Wohlgefallen *an sich** oder Schopenhauers willenloses Erkennen als Definition der Ästhetik konzeptuell ungefähr soviel Finesse wie »ungefiederter Zweifüßler« als Definition des Menschen. Schließlich erwischen wir uns immer wieder dabei, daß wir aus dem Fenster starren oder wie eine Figur bei Françoise Sagan gedankenlos einen Senftopf in der Hand drehen, und zwar aus keinem anderen Grund, als um die Zeit totzuschlagen. Die kontemplative Haltung des Mystikers, die den Geist zum Schweigen bringt, hat keine besondere Beziehung zur Ästhetik.

Es ist zur Not denkbar, daß es eine universale ästhetische Idee gibt, die eine Zeitlang – verhängnisvollerweise die Zeit, als die Ursprungswerke der ästhetischen Philosophie entworfen wurden – eine gewisse Gültigkeit für Kunstwerke hatte, so daß das Kunstwerk zu jener Zeit der Schnittpunkt einander kreuzender Allgemeinbegriffe war, und zwar jener Universalidee, die der Kunst nach essentialistischen Erwägungen zukommt, und der Universalästhetik, die zur menschlichen, vielleicht auch zur tierischen Empfindungskraft gehört, weil sie in das Genom einkodiert ist. Darüber möchte ich zum Abschluß dieses Kapitels einige verwegene Worte sagen, um dann zu meinen eigentlichen Belangen zurückzukehren.

In jüngster Zeit sind mir empirische Forschungen in der Psychologie aufgefallen, die einen nachhaltigen Beweis für die These liefern, daß es einen Schönheitsbegriff über kulturelle Grenzen hinweg gibt. Eine 1994 in der Zeitschrift *Nature* vorgestellte Studie berichtete, daß sowohl britische als auch japanische Männer und Frauen weibliche Gesichter als besonders attraktiv einstuften, wenn bestimmte Merkmale übertrieben waren, wie große Augen, hohe Wangenknochen und eine schmale Kinnpartie. Kaukasier stuften die Gesichter japanischer Frauen darüber hinaus genauso ein wie die Japaner selbst, und die Verfasser des Artikels behaupteten, es gebe »größere Ähnlichkeiten als Unterschiede in der kulturübergreifenden Beurteilung der Attraktivität von Gesichtern«.[23] Die verwendeten Gesichter waren computergeneriert, wobei die attraktivsten bestimmte Merkmale so übertrieben, daß sie damit die These Schopenhauers empirisch untermauerten, daß die bildende Kunst »platonische« Ideen der Schönheit enthalte, die in wirklichen Menschen zu finden sei. Die fraglichen Merkmale waren Übertreibungen in der Art, wie ein Pfauenschweif eine Übertreibung ist, doch werden sie, so ein Kommentar zur Studie, mit bestimmten höchst begehrenswerten Eigenschaften in ihren Besitzern verknüpft, vielleicht so, wie die fantastische Federschau des Pfaus es tut: Eigenschaften wie Fruchtbarkeit, Jugend und Widerstandsfähigkeit gegen Krankheit.[24] Und auch hier urteilt Schopenhauer trefflich, indem er den »bewunderungswürdigen Schönheitssinn der Griechen« hervorhebt,

> welcher sie allein, unter allen Völkern der Erde befähigte, den wahren Normaltypus der menschlichen Gestalt herauszufinden und demnach die Musterbilder der Schönheit und Grazie für alle Zeiten zur Nachahmung aufzustellen ... Wir können sagen: Das Selbe, was, wenn es vom *Willen* unzertrennt bleibt, Geschlechtstrieb mit fein sichtender Auswahl, d.i. *Geschlechtsliebe* ... giebt; eben Dieses wird, wenn es, durch das Vorhandenseyn eines abnormen überwiegenden Intellekts, sich vom Willen ablöst und doch thätig bleibt zum *objektiven Schönheitssinn* für menschliche Gestalt.[25]

Der Mythos des Bildhauers, der die Statue einer Frau schafft, in die er sich, wäre sie wirklich, verlieben würde, bedarf hier kaum der Erwähnung: Er ist eine lebhafte Veranschaulichung von Kants Idee, daß das Naturschöne und das Kunstschöne eins sind.

Dieses Schönheitsprinzip setzt sich also, wie ich angesprochen habe, auf einer gewissen Abstraktionsebene nicht nur über kulturelle, sondern auch über Artengrenzen hinweg.[26] Evolutionsbiologen haben in jüngerer Zeit angefangen, die Symmetrie bei einer großen Vielzahl von Arten mit sexueller Anziehungskraft zu assoziieren. So legt die weibliche Skorpionsfliege eine invariante Präferenz für Männchen mit symmetrischen Flügeln an den Tag. Das Rauchschwalbenweibchen zieht ein Männchen mit symmetrischer Federmusterung derselben Größe und Farbe auf beiden Schwanzseiten vor. Ein asymmetrisches Geweih verwehrt einem Elch die Teilnahme am Paarungskampf. Die Symmetrie ist vielleicht ein Anzeichen dafür, daß das Immunsystem des Männchens gegenüber bestimmten Parasiten resistent ist, die ein ungleiches Wachstum verursachen. Dies ist ein Bereich, in dem zunehmend experimentiert wird, doch läßt sich jetzt schon der Schluß ziehen, daß – da es nichts »Praktischeres« gibt als Sex – die gute alte natürliche Auslese ästhetische Vorlieben bestimmt, welche die schlauen Griechen in ihre Kunst einfließen ließen, weshalb wir, selbst wenn der Wille aus dem Spiel ist, da wir schließlich wissen, daß es sich nur um Statuen handelt, diesen gern denselben lüsternen Blick schenken wie einander. Man mag nicht in der Lage sein, »alles in Worte zu fassen«, aber man kann aus der Perspektive der Evolutionsbiologie ein ganzes Stück in diese Richtung vordringen. Die Prinzipien guten Designs sind dieselben wie die äußerlichen Embleme von Gesundheit und Fruchtbarkeit – ein Gedanke, der sich wieder an die moralisch nicht unproblematische Identifizierung des Guten mit dem Schönen und des Schlechten mit dessen Nichtvorhandensein anschließt wie in der Philosophie von Schopenhauer und von Nietzsche. Natürlich kommen beim Menschen verkomplizierende Faktoren zum Tragen. Ein Mann mit einem physischen Manko, das einem Elch mit asymmetrischem Geweih entspräche, kann sich einen Sexualpartner mit hohen Wangenknochen und schmaler Kinnpartie beschaffen, wenn er Geld wie Heu hat – eine durch kulturellen Mutwillen entstandene Ungleichheit, die für die typische Komödiensituation sorgt. Und jeder kann die physischen Merkmale des attraktiven Mannes bestimmen, der sich als die dritte Figur zu dem ewigen Dreieck gesellt. Seit wir wissen, daß Schimpansen Fleischfresser sind, haben wir ebenfalls entdecken können, daß ein Männchen mit schlechten Attraktivitätskarten, der jedoch eine Keule Affenfleisch sein eigen nennt, sich damit die sexuelle Gunst des begehrtesten Weibchens im Clan sichern kann.

Schopenhauer bestreitet, daß Symmetrie eine notwendige Voraussetzung für Schönheit sei, und führt als Gegenbeispiel den Fall von Ruinen an.[27] Gegenbeispiele werden nicht unbegründet angeführt: Die These von Symmetrie und Schönheit muß bereits in der Luft gelegen haben, und der Übergang von der Symmetrie zur Ruine markiert den Übergang in der Geschmacksgeschichte von der Neoklassizistik zur Romantik. Natürlich sind nicht alle Ruinen gleich, einige sind schöner als andere, doch will mir scheinen, daß wir mit ihnen mehr oder weniger jene Sphäre hinter uns lassen, in der sexuelle Reaktionen ausgelöst werden, und uns statt dessen in die Sphäre der Bedeutung begeben. Mit Hegel gesprochen lassen wir die Sphäre des Naturschönen für das Kunstschöne und das, was er Geist nannte, hinter uns. Die Ruine läßt das unbarmherzige Fortschreiten der Zeit anklingen, den Verfall von Macht und die Unausweichlichkeit des Todes. Die Ruine ist ein romantisches Gedicht im Medium des verfallenen Steins. Die Ruine ist wie der blühende Kirschbaum, wenn wir die Kirschbaumblüte bewundern und an die Vergänglichkeit jener Eigenschaften denken, die uns in der evolutionären Olympiade einen Vorsprung verschaffen, an die Flüchtigkeit der Schönheit, den Lauf der Zeit. Wir denken an A.E.Housmans Frühlinge, die nie wiederkehren werden. Selbst wenn niemand die Blüten geschaffen hat, irgend jemand hat den Baum gepflanzt, und, wie Hegel es im Zusammenhang mit dem Kunstwerk ausdrückt, »es ist wesentlich eine Frage, eine Anrede an die widerklingende Brust, ein Ruf an die Gemüter und Geister«.[28] Und das gilt für Morris wie für Warhol, für Pollock wie für Mondrian, für Hals wie für Vermeer.

In der bereits zitierten berühmten Passage zum Ende der Kunst spricht Hegel vom intellektuellen Urteil in bezug auf »den Inhalt und die Darstellungsmittel des Kunstwerks«. Mehr braucht die Kritik nicht. Sie muß sowohl Bedeutung als auch Darstellungsweise identifizieren; das, was ich auf der Grundlage der These, daß Kunstwerke verkörperte Bedeutungen sind, »Verkörperung« nenne. Der Fehler der Kantischen Kunstkritik besteht darin, daß sie die Form vom Inhalt trennt. Schönheit ist *Teil* des Inhalts der Werke, die sie krönt, und ihr Darstellungsmodus fordert uns auf, auf die Bedeutung des Schönen zu reagieren. All das läßt sich in der Praxis der Kunstkritik in Worte fassen. All das in Worte zu fassen, ist, was die Kunstkritik *ausmacht*. Es ist der Kantischen Kunstkritik allerdings anzurechnen, daß es ihr gelang, auf Narration zu verzichten, was bedeutete, daß Greenbergs Denken, das ja mit einer Erzählung identifiziert wird, einen zentralen Schwachpunkt aufweist. Sei's drum; nur wenige können sich mit seinen Leistungen messen. Wie Kunstkritik aussehen sollte, die weder formalistisch noch durch eine Meistererzählung ins Recht gesetzt ist, möchte ich später ausführen.

Anmerkungen

1. Arthur Schopenhauer, *Die Welt als Wille und Vorstellung* (Zürich: Haffmans Verlag, 1988) Bd. II, S. 452.
2. Immanuel Kant, *Kritik der Urteilskraft* (Hamburg: Felix Meiner, [7]1990), S. 48.
3. a.a.O., S. 61.
4. a.a.O., S. 159.
5. Greenberg, »The Identity of Art«, *The Collected Essays and Criticism*, Bd. IV, S. 118.
6. Kunst konnte Kant zufolge auch etwas anderes zum Ziel haben, nämlich das

»Erhabene«. Aber die Idee des Erhabenen geht quer durch die Unterscheidung zwischen Kunst und Natur.
7. Steven Watson, *Strange Bedfellows: The First American Avant-Garde*, S. 313-14.
8. Marcel Duchamp, »Letter to Hans Richter, 1962«, in Hans Richter, *Dada: Art and Anti-Art* (London: Thames and Hudson, 1966), S. 313-14.
9. Greenberg, »Review of *Piero della Francesca* and *The Art of Constantine*, both by Bernard Berenson«, *The Collected Essays and Criticism*, Bd. III, S. 249.
10. Kant, *Kritik der Urteilskraft*, S. 159.
11. Greenberg, »The Identity of Art«, *The Collected Essays and Criticism*, Bd. IV, S. 118.
12. a.a.O. S. 120.
13. Kant, *Kritik der Urteilskraft*, S. 81.
14. Greenberg, »The Identity of Art«, *The Collected Essays and Criticism*, Bd. IV, S. 118.
15. a.a.O., Bd. IV, S. 119.
16. Thomas Hoving, *Making the Mummies Dance: Inside the Metropolitan Museum of Art* (New York: Simon and Schuster, 1993), S. 256.
17. Greenberg, »Interview Conducted by Lilo Leino«, *The Collected Essays and Criticism*, Bd. IV, S. 308.
18. Greenberg, »Avant-Garde Attitudes: New Art in the Sixties«, *The Collected Essays and Criticism*, Bd. IV, S. 300.
19. a.a.O., S. 301.
20. a.a.O., S. 294.
21. Greenberg, »Interview Conducted by Lilo Leino«, Bd. IV, S. 309.
22. a.a.O., S. 310.
23. D.J. Perrett, K.A. May und S. Yoshikawa, »Facial Shapes and Judgements of Female Attractiveness«, *Nature* 368 (1994), S. 239ff.
24. Nancy L. Etcoff, »Beauty and the Beholder«, *Nature* 368 (1994), S. 186f.
25. Schopenhauer, *Die Welt als Wille und Vorstellung*, Bd. II, S. 488.
26. Paul J. Watson und Randy Thornhill, »Fluctuating Asymmetry and Sexual Selection«, *Tree* 9 (1994); S. 21ff.
27. Schopenhauer, *Die Welt als Wille und Vorstellung*, Bd. I, S. 290.
28. Hegel, *Einleitung in die Ästhetik*, S. 101.

Die Bibliothek des Künstlers Arman

VI. Die Malerei außerhalb der Geschichte: das Verschwinden des Reinen

Will man die Geschichte philosophisch durchleuchten – will man, wie ich es beabsichtige, objektive narrative Strukturen in der Entwicklung menschlicher Ereignisse aufspüren –, so ist nichts aufschlußreicher, als zu untersuchen, wie die Vergangenheit die Zukunft sah, und darüber nachzudenken, was uns diese Zukunftsvision über das damalige Gegenwartsverständnis mitteilt. Indem die Menschen die Zukunft als Folge möglicher Ereignisse auffaßten, die von Handlungen abhingen, die sie ausführten oder nicht ausführten, versuchten sie ihre Gegenwart so zu gestalten, daß daraus eine Ereigniskette hervorging, die ihren Interessen zum Vorteil gereichte. Und natürlich ist es gelegentlich so, daß die Zukunft – soweit wir das beurteilen können – aufgrund dessen eintritt, was wir in der Gegenwart tun oder nicht tun, und diejenigen, die den Lauf der Dinge erfolgreich beeinflussen, können sich mit dem, was die Philosophen einen »kontrafaktischen Konditional« nennen, auf die Schulter klopfen. Sie können sagen: »Hätten wir dies und jenes nicht getan, dann wäre das oder das nie eingetreten«. Doch in Wirklichkeit handeln wir im Lichte von Hypothesen oder Konditionalen, die wir für wahr *halten*, und wahrscheinlich ist es eine Voraussetzung rationalen Handelns, daß dessen Folgen relativ vorhersehbar sind und daß wir (mit gewissen Einschränkungen) in der Lage sind, unser Handeln von Prognosen leiten zu lassen. Andererseits sind wir vielem gegenüber blind, und ein Vorteil einer Analyse der Zukunftsvision der Vergangenheit ist, daß wir von *unserem* Standpunkt in der Geschichte aus wissen, wie deren Zukunft aussieht, und erkennen können, wie sie sich von den Erwartungen der Handelnden der Geschichte unterscheidet. Natürlich fehlte jenen unsere Perspektive: hätten sie die Gegenwart sehen können, wie sie in der Zukunft erscheinen würde, dann hätten sie anders gehandelt. Der berühmte Historiker Reinhart Koselleck behauptet in seinem Buch mit dem schönen Titel *Vergangene Zukunft*, daß die Zukunft, in deren Licht die Menschen der Vergangenheit ihre Gegenwart lebten, einen wesentlichen Teil der Vergangenheit darstellt.[1] Ein einschlägiges Beispiel ist der frühmittelalterliche Glaube, die Welt werde im Jahre 1000 enden. Es hatte kaum Sinn, etwas anderes zu tun, als zu beten: Niemand dachte an das Eingemachte für den kommenden Winter, oder daran, den Schweinestall instand zu setzen; wer wird noch eine Lebensversicherung abschließen, wenn er glaubt, daß bald alles mit ein paar himmlischen Fanfaren hinweggeblasen wird!?

So betrachtet, ist Greenbergs Sicht der historischen Gegenwart Anfang der sechziger Jahre eine aufschlußreiche Perspektive, vor allem angesichts seiner mitreißenden Erzählung, die letztlich sowohl die Form der Zukunft als auch seine eigene Praxis als Kritiker definierte, weil beide auf dieser Erzählung basierten. In der objektiven historischen Wirklichkeit bewegten sich die bildenden Künste dann allerdings allmählich auf eine Kunstform zu, auf die sich seine ästhetisch motivierte Kritik kaum noch anwenden ließ – eine Wendung, mit der weder Greenbergs Erzählung noch seine praktische Kunstkritik ohne weiteres zurechtkamen. Wenngleich Greenberg erkannte, daß die Kunst eine solche Wende vollzog, neigte er dazu, das als Abweichung von dem von ihm entworfenen geraden Weg der Geschichte abzutun. Er sah den Abstrakten Expressionismus auch weiterhin als Protagonisten der modernen Kunstgeschichte an, erkannte jedoch zugleich Anfang der sechziger Jahre, daß dieser ins Stolpern geriet und am historischen Schicksal keinen Halt mehr fand. Schuld daran war, könnte man sagen, daß der Abstrakte Expressionismus sich nicht an die Gebote des Modernismus hielt, denen Greenberg rückhaltlos verpflichtet war. Er hatte das Sujet der Malerei als Malerei definiert – sie sollte physische Objekte schaffen, die aus über flache Oberflächen einer bestimmten Form gestrichenen Pigmenten bestanden. Allerdings wollte es scheinen, als akzeptierten die Abstrakten Expressionisten daneben in fast dialektischer Manier das materialistische Gebot der Moderne nur allzu eifrig. Damit verletzten sie das höhere modernistische Gebot, daß nämlich jede Kunstform innerhalb der Grenzen ihres eigenen Mediums zu verbleiben habe und die Vorrechte einer anderen Kunstform und eines anderen Mediums nicht für sich beanspruchen dürfe: In Greenbergs Augen verlagerte der Abstrakte Expressionismus seine Grenzen in die Domäne der Skulptur hinein. »Jedem das Seine«, lautete der Imperativ der modernistischen Kunstgeschichte, vergleichbar mit der Verteilung der Aufgaben, die die Rechtsgrundlage in Platons *Staat* bildete, in dem die Ungerechtigkeit als ein Mißverhältnis von Stand und Person definiert war.

In seinem Essay aus dem Jahre 1962 »After Abstract Expressionism« stellte Greenberg eine erstaunliche Behauptung auf. Erstaunlich deshalb, weil man angesichts seiner materialistischen Ästhetik etwas für unvermeidlich hätte halten können: Man hätte nämlich gedacht, daß die abstrakt-expressionistische Behandlung der Farbe als Farbe – saftig, viskos, tropfend, fett – genau den Anforderungen der Theorie, daß Farbe ihr eigenes Sujet zu sein habe, entsprechen mußte. Doch das war ein Irrtum:

> Wenn das Etikett »Abstrakter Expressionismus« überhaupt etwas bedeutet, dann »Painterliness«, das Malerische: einen losen, raschen Umgang mit Farbe oder zumindest den Eindruck davon; Massen, die fleckig ineinanderlaufen, statt sauber voneinander getrennte Formen; ausgedehnte, augenfällige Rhythmen; gebrochene Farben, unebene Sattheit oder Dichte des Farbauftrags, deutlich zur Schau gestellte Pinsel-, Spachtel- oder Fingerspuren – kurzum, eine Konstellation von Merkmalen, wie Wölfflin sie festlegte, als er seine Idee des *Malerischen** auf der Basis der Barockkunst entwickelte.[2]

Aber ironischerweise mußte der Raum im Abstrakten Expressionismus »zwangsläufig wieder zu einer Angelegenheit des *trompe l'oeil* werden ... er wurde greifbarer, stärker der unmittelbaren Wahrnehmung als der ›Deutung‹ verpflichtet.« Wenn ich es richtig verstehe, bedeutet das, daß die Farbe im Zuge einer zunehmenden Dreidimensionalität zur Skulptur und der Raum so wieder illusorisch wurde. Man hätte denken sollen, daß er *wirklich* geworden wäre – aber auf jeden Fall »begann ein Großteil der Malerei des Abstrakten Expressionismus nachgerade nach einer kohärenteren Illusion des dreidimensionalen Raums zu schreien, und insofern nach der Repräsentation, da sich eine solche Kohärenz nur durch die greifbare Darstellung dreidimensionaler Objekte erzeugen läßt«. Daher Willem de Koonings Bilderserie *Women* aus den Jahren 1952-1955. Greenbergs Sichtweise zufolge bestand die einzige Möglichkeit, die Kunst nach dem Scheitern des Abstrakten Expressionismus wieder auf den Weg ihrer historischen Mission zu bringen, in der sogenannten »post-painterly abstraction«, veranschaulicht in der 1964 im Los Angeles County Museum of Art von ihm organisierten Schau. In seinem Katalogessay sprach er vom Verfall des Abstrakten Expressionismus, von einem Rückfall in »Manierismus«. Für Greenberg waren die Vorkämpfer für eine Weiterentwicklung der Kunst nun Helen Frankenthaler, Morris Louis und Kenneth Noland; sein Apostel Michael Fried weitete diese Heldengruppe in einer bedeutenden Monographie, *Three American Painters*, noch auf Frank Stella und Jules Olitski aus, die Greenberg dann ebenfalls bewundern lernte und als die große Hoffnung der Kunst bezeichnete. Die Bildhauerei spielte eine Nebenrolle: David Smith und Anthony Caro führten die Erzählung der materialistischen Ästhetik fort, und Greenberg scheute auch keineswegs vor aktiven Eingriffen zurück, um diese Fortführung zu gewährleisten.

Soweit ich weiß, stellt Greenberg an keiner Stelle die Frage, warum der Abstrakte Expressionismus, »der Kunst von großer Bedeutung geschaffen hatte, ... sich in eine Schule, dann in eine Manier und schließlich in eine Reihe von Manierismen verwandelte. Seine führenden Vertreter zogen Nachahmer an, viele Nachahmer, und danach fingen einige dieser führenden Vertreter an, sich selbst nachzuahmen«. Gab es einen Wesenszug des Abstrakten Expressionismus, der ihn unfähig machte, auf der Bahn des Fortschritts weiterzuschreiten? Ich habe darauf genausowenig eine Antwort parat wie auf die Frage, wie der Abstrakte Expressionismus als Stil es schaffen konnte, die ersten Künstler, die sich auf diesen Stil verlegten, über Nacht zu Meistern zu machen: Kline, Rothko, Pollock und sogar de Kooning waren im Grunde recht bescheidene Talente, bis sie den Abstrakten Expressionismus für sich entdeckten. Eine Antwort mag allerdings mit der Tatsache zu tun haben, daß es im Gegensatz zur traditionellen Malerei nichts gab, was das abstrakt-expressionistische Bild hätte sein können – außer Kunst. Es konnte keine gesellschaftliche Rolle übernehmen, etwa als Wandmalerei, oder im alltäglichen Kunsthandwerk der traditionellen Malerei einen Platz finden. Der Abstrakte Expressionismus lebte eigentlich nur aus sich selbst, von außen durch die Macht des Marktes gefördert, weshalb er in allererster Linie existierte, um gesammelt zu werden. Er gehörte in die Sammlung und war im Gegensatz zur vasarischen Malerei zunehmend vom Leben abgeschnitten, weshalb er immer mehr ein isoliertes Dasein in der Welt der Kunst fristete. So erfüllte er tatsächlich die greenbergsche Voraussetzung, daß die Malerei ihre eigene autonome Geschichte haben müsse, und brach schließlich mangels äußeren Zuspruchs zusammen. Die nächste Künstlergeneration mühte sich, die Kunst wieder an die Wirklichkeit und an das Leben anzubinden. Das waren die Pop-Künstler, und meiner Auffassung nach war es vor allem der Pop, der den neuen Kurs für die bildenden Künste bestimmte. Greenberg jedoch, der einer Geschichtssicht und einer Kunstkritik verhaftet war, die keinen Platz für die Pop Art hatte, konnte sie mit seinen Konzepten und Kategorien nicht in Einklang bringen. Er stand natürlich keineswegs allein. Es war nicht leicht für Kritiker – von Künstlern ganz zu schweigen –, deren Zukunft durch den Abstrakten Expressionismus und die damit verbundenen Ideale definiert war, in der Pop Art mehr zu sehen als eine vorübergehende Störung in der Entfaltung jener Zukunft.

Und so tut es Greenbergs Errungenschaften auch in keiner Weise Abbruch, daß er Pop nicht als eine bedeutende historische Wende erkannte. »Bisher«, schrieb Greenberg, »ist er nicht mehr als eine neue Episode in der Geschichte des Geschmacks, aber keine wirklich neue Episode in der Evolution der zeitgenössischen Kunst«. Als eine »neue Episode in jener Entwicklung« sah Greenberg vielmehr die Arbeiten in seiner Schau des »post-painterly« Abstraktionismus an, wahrscheinlich weil sie die Flachheit, um die er so viel Wirbel machte, thematisierten und darüber hinaus – da im Zuge der »post-painterly« Malerei das Pigment durch Einfärbung und nicht mehr mit dem Pinsel auf die Leinwand aufgebracht wurde – seine Theorie untermauerten, daß der Pinselstrich verschwinden mußte, um die Malerei »rein« zu halten. Denn nach wie vor galt das Axiom, daß die Evolution der zeitgenössischen Kunst durch die Evolution der Malerei herbeigeführt werden sollte. Was Richard Wollheim »Malerei als Kunst« nannte, mußte sich freilich in den folgenden anderthalb Jahrzehnten einiges gefallen lassen. Die scheinbare Wiedergeburt der Malerei, spektakulär veranschaulicht durch das Werk Julian Schnabels und David Salles Anfang der achtziger Jahre, löste bei vielen die Empfindung aus, daß die Kunstgeschichte endlich wieder auf dem richtigen Weg war – doch erwies sich genau *das* als eine Geschmacksepisode und nicht als Evolution der zeitgenössischen Kunst; und als man von den achtzigern in die neunziger Jahre kam, wurde immer klarer, daß die Malerei in der kunsthistorischen Entwicklung längst nicht mehr die Rolle des Siegfrieds spielte.

Greenberg war letztlich nicht in der Lage, die Pop Art ernst zu nehmen. Für ihn gehörte sie neben Op Art und Minimalismus in die Kategorie der »Neuheitenkunst« (»Neuheiten‹ im altmodischen Sinne von billigen Neuheiten in Krimskramsläden«, wie er etwas bösartig erklärt). Doch fiel es ihm schwer, nach der »post-painterly« Abstraktion andere Kunststile anzuerkennen, weshalb seine Kritiken auch mehr oder weniger versiegten: Der letzte Band seiner 1993 erschienenen Gesammelten Schriften endet 1968. Es war ihm nicht möglich, jedenfalls nicht ernsthaft, die neue Kunst in seine großartige Erzählung einzugliedern, und seine bitteren Bemerkungen weisen im Ton eine auffallende Ähnlichkeit zu denen auf, die zu Beginn der Moderne fielen: Moderne Künstler konnten nicht zeichnen und nicht malen, und wenn sie es konnten, dann waren sie in irgendeinen Schwindel verstrickt; sobald man diesen durchschaut hatte, würde die »Bedrohung«, die dieser Schwindel darstellte, verschwinden und die »wahre« Kunst sich erneut durchsetzen. Greenberg versuchte seine Leser davon zu überzeugen, daß die neue Kunst »ziemlich simples Zeug (sei), vertraut und beruhigend hinter all den scheinbar anspruchsvollen Inszenierungsneuheiten«, und daß sie nicht wirklich avantgardistisch war, weil »nach außen ›hart‹ und ›schwierig‹«, im Kern jedoch substanzlos.[3] Indessen gab es einen rettenden Rest, »eine Handvoll Maler und Bildhauer zwischen fünfunddreißig und fünzig Jahren alt, die weiterhin hohe Kunst produzieren«. 1967 wagte er die vorsichtige Prognose, daß die Neuheitenkunst als Bewegung zusammenbrechen würde, wie »die zweite Generation Abstrakter Expressionisten es 1962 so plötzlich tat«. Außerdem spekulierte Greenberg über die Möglichkeit, »daß die Produktion hoher Kunst gemeinsam mit der Avantgarde gänzlich zu Ende gehen« würde.

Als Greenberg im Sommer des Jahres 1992 vor einem kleinen Kreis in New York sprach, behauptete er, daß sich die Kunst wohl nie zuvor in der Geschichte so »langsam bewegt« hat. Nichts, insistierte er, sei in den letzten dreißig Jahren geschehen. *Seit dreißig Jahren* gebe es nichts als Pop. Er fand dies unglaublich und gab sich außerordentlich pessimistisch, als aus dem Publikum die Frage kam, was er denn in der Zukunft auf uns zukommen sehe. »Dekadenz!« lautete seine, wie ich glaube, aus gequältem Herzen kommende Antwort. Das heißt, er war nach wie vor überzeugt, daß die Malerei uns irgendwie retten und die Geschichte der Kunst wiederum nur durch eine Revolution malerischer Erfindungskraft geheilt werden könne. Ich muß gestehen, daß ich hellauf begeistert war, jemanden in derart grandiosen, hochfliegenden Begriffen von der Geschichte reden zu hören. Doch genau wie die Erklärung, moderne Künstler könnten nicht mehr zeichnen oder wären alle Schwindler geworden, irgendwann nicht mehr akzeptabel war und eine neue Erzählung notwendig machte, wollte mir scheinen, daß die Erklärung, die Kunst der vergangenen dreißig Jahre sei lediglich die unablässige Anstrengung, den Hunger auf Neues zu stillen, aufgegeben werden mußte und daß wir für die Kunst unserer Epoche eine Rahmenerzählung brauchten, die dieselbe Zugkraft hätte wie Greenbergs Geschichte der Moderne.

Deshalb meine These vom Ende der Kunst.

Ich möchte an dieser Stelle nicht ohne ein gewisses Quentchen an Befangenheit und Zurückhaltung jene von Grund auf metaphysische Idee anführen, daß Malerei und Kunst auf einer Ebene existierten mit dem »Geist« der alten Hegelschen Erzählungen und daß »was die Kunst wollte« den geschichtlichen Gültigkeitsbereich jeder Meistererzählung der Kunst definiert hat. Diesen Begriff dessen, »was die Kunst wollte«, übernehme ich von dem amerikanischen Architekten Louis Kahn, der sich beim Entwurf eines Gebäudes stets vor Augen hielt, »was das Gebäude wollte«, als gebe es da eine innere Antriebskraft – das, was die Griechen mit »Entelechie« bezeichneten, einen Vollendungszustand, in dem das Gebäude die Form findet, durch die es sich stofflich verwirklicht. Wenn man diese Idee zugrunde legt, kann man sagen, daß die Kunst im vasarischen Zeitalter ihrer Biographie auf eine bestimmte Form des Repräsentationalismus festgelegt war, bis sie irgendwann Ende des 19. Jahrhunderts aus dieser Fehlidentifizierung herauskatapultiert wurde und sich statt dessen (so Greenberg) durch ihre stofflichen Vehikel verwirklichte, nämlich durch Farbe und Leinwand, Oberfläche und Form, zumindest im Falle der Malerei. Natürlich entstand in diesen Zeiten auch andere Kunst, die aus dem Programm herausfiel, doch lag sie damit sozusagen außerhalb der Geschichte. In seinen *Italian Painters of the Renaissance* erklärte Bernard Berenson, der Maler Carlo Crivelli gehöre nicht einer Bewegung des stetigen Fortschritts an und liege deshalb außerhalb des Rahmens dieses Werkes.[4] In einer faszinierenden Abhandlung über Crivelli führt Jonathan Watkins Autoren an, die sich schwer taten, Crivelli in ihre Erzählung eines »stetigen Fortschritts« einzupassen.[5] Roberto Longhi zufolge war Crivelli nicht in der Lage, die »profonda innovazione pittorica e prospettica« Giovanni Bellinis in sein Werk einzubringen; Martin Davies behauptete, Crivelli habe sich einen angenehmen, luxuriösen Urlaub weit weg von den großen Gemälden und den Problemen gegönnt, den diese aufwerfen. Watkins will nachweisen, daß Crivelli die Illusion benutzte, um Illusion zu zerstören, und daß ihm damit eine profunde Kritik der Kunst der Renaissance gelang. Berenson erkannte ebenfalls etwas Profundes an Crivelli, erklärte jedoch, daß es unsere gesamte Auffassung der italienischen Kunst des fünfzehnten Jahrhunderts verzerren würde, wenn man einem solchen Maler vollkommene Gerechtigkeit widerfahren ließe. Also kann man entweder der Ansicht sein, daß Crivelli aus der Geschichte herausfällt, oder wie Watkins sagen »um so schlimmer für die Geschichte« und »kein Problem, [die Vergangenheit] läßt sich ja umgestalten, sollte sich das als notwendig erweisen«. In Wirklichkeit aber wird die wahre Originalität

Crivellis nur vor dem Hintergrund einer klar definierten Entwicklungsgeschichte sichtbar. Es ist ein heroischer Versuch, Rahmenerzählungen gänzlich abschaffen zu wollen; damit würde nicht zuletzt Hans Beltings Frage zum Ende der Kunstgeschichte ins Quattrocento zurückverlegt. Darüber hinaus würde man damit genau das verschleiern, was ich für das historische Merkmal der Gegenwart halte – daß nämlich keine Meistererzählung mehr gilt.

Ein ähnlicher Einwand gegen die greenbergsche Erzählung wird in einer überzeugenden Kritik von Rosalind Kraus geäußert, die in ihrem Buch *The Optical Unconscious* mit ungeheurer Sympathie und viel Verständnis jene Riege großer Künstler behandelt, deren Beitrag die formalistische Kritik auf beinahe psychoanalytische Weise mittels »Verdrängung« der Vergessenheit anheimgegeben hatte.[6] Die Kritik war, insbesondere unter dem Einfluß Greenbergs, nicht in der Lage, mit Max Ernst, Marcel Duchamp oder Alberto Giacometti, nicht einmal mit manchen Arbeiten Picassos umzugehen. Greenberg hatte für den Surrealismus nicht das geringste Verständnis; er fand ihn historisch rückschrittlich. »Der antiformalistische, antiästhetische Nihilismus der Surrealisten – ein Erbe des Dada nebst allem, was jener affektierte Unsinn mit sich brachte – hat sich letztlich als Segen für die ruhelosen Reichen, die Exulanten und die ästhetischen Flaneure erwiesen, die sich von der Asketik der modernen Kunst abgestoßen fühlten.«[7] Weil ihr Ziel Greenbergs Ansicht nach darin bestand, zu schockieren, mußten die Surrealisten jene Virtuosität in der naturalistischen Darstellung kultivieren, die wir etwa bei Dali finden. Andererseits: wie sonst hätte die abstrakte Kunst schockieren können als durch ihre Gegensätzlichkeit zur geltenden Norm naturalistischer Darstellung? Aber die Zeit, als die Abstraktion noch schockieren konnte, war längst vorüber, so daß der Surrealismus sein Ziel allein durch die Nebeneinanderstellung realistisch wiedergegebener Objekte erreichen konnte, die in der realen Welt keine, in der surrealen jedoch sehr wohl eine natürliche Begegnungsstätte haben konnten. Und was in Anbetracht von Greenbergs Sicht, daß jedes Medium autark zu sein habe, die größte Sünde war: »es ist möglich, originalgetreue Duplikate in Wachs, Papiermaché oder Gummi der jüngsten Bilder von Ernst, Dali und Tanguy anzufertigen. Ihr ›Inhalt‹ ist in anderer Form als der der Farbe denkbar, nur allzu denkbar.«[8] Also mußte der Surrealismus als etwas Außergeschichtliches hinwegerklärt werden.

In meiner eigenen Version der Vorstellung davon, »was die Kunst will«, ist das Ende und die Erfüllung der Geschichte der Kunst das philosophische Verständnis dessen, was die Kunst ist, ein Verständnis, das man erlangt, so wie wir ein Verständnis unseres Lebens erlangen, nämlich durch die Fehler, die wir machen, die Irrwege, die wir einschlagen, die falschen Bilder, die wir allmählich aufgeben, bis wir lernen, wo unsere Grenzen liegen und innerhalb dieser Grenzen zu leben. Der erste Irrweg bestand darin, die Kunst eng mit der Abbildung zu identifizieren. Der zweite war die materialistische Ästhetik Greenbergs, bei der die Kunst sich von dem abwendet, was den bildlichen Inhalt überzeugend macht, nämlich von der Illusion, und sich den greifbaren materiellen Merkmalen der Kunst zuwendet, die von Medium zu Medium wesentlich andere sind. Die Logik unterscheidet grundsätzlich zwischen der Verwendung und der Erwähnung eines Ausdrucks. Die Verwendung eines Ausdrucks liegt dann vor, wenn man von dem sprechen möchte, worauf sich der Ausdruck in unserer Sprache bezieht. So wird »New York« verwendet, um sich in dem Satz »New York ist der Sitz der Vereinten Nationen« auf die Stadt New York zu beziehen. Dagegen *erwähnen* wir einen Ausdruck, wenn wir über den Ausdruck selbst sprechen, wie etwa in »New York besteht aus zwei Silben«. In gewisser Hinsicht war der Übergang von einer vasarischen zu einer greenbergschen Rahmenerzählung ein Übergang von Kunstwerken in ihrer ›Verwendungsdimension‹ zu Kunstwerken in ihrer ›Erwähnungskapazität‹. Entsprechend verlagerte die Kritik ihren Ansatz von der Deutung dessen, wovon Werke handelten, auf eine Beschreibung dessen, was sie waren. Mit anderen Worten: Sie ging von der Bedeutung zum Sein über oder, wenn man so will, von der Semantik zur Syntax.

Die Implikationen dieser Verlagerung werden deutlich, wenn man sich die unterschiedliche Betrachtungsweise von Werken außerhalb der Geschichte vor Augen führt. Im Laufe der Moderne gewann die afrikanische Kunst an Ansehen, die mit dem Übergang vom Naturgeschichtemuseum und vom Kuriositätenladen zum Kunstmuseum und zur Kunstgalerie einherging. Wenn die Kunstgeschichtler sich schon schwer taten, Carlo Crivelli in die große Entwicklungs- und Fortschrittsgeschichte der Kunst einzugliedern, wie ließ sich dann eine Eingliederung afrikanischer Fetische und Idole rechtfertigen? Riegl selbst hielt sich »im Sinne der modernen Naturwissenschaft für berechtigt, die Naturvölker für rudimentäre Überbleibsel des Menschengeschlechtes aus früheren längst-verflossenen Kulturperioden anzusehen«.[9] Aus dieser Perspektive betrachtet sei auch deren »geometrische Ornamentik eine historisch längst überwundene Phase der Entwicklung der dekorativen Künste, und darum von hoher historischer Bedeutsamkeit«. Aber ebenso muß uns ihre Darstellungsweise dieser Annahme entsprechend – welche im wesentlichen die Haltung der viktorianischen Anthropologie widerspiegelt – Einblick in eine Stufe der Mimesis geben, die weitaus älter ist als alles, was uns die europäische Kunst zu bieten hat, und das macht die afrikanische Kunst für den Wissenschaftler so interessant. Es erklärt, warum diejenigen, welche die Objekte sogenannter primitiver Völker studierten und klassifizierten, ihnen den Status von Kuriositäten und Forschungsgegenständen zusprachen. Die Menschen in primitiven Kulturen waren sozusagen lebende Fossilien in einer Ordnung, deren jüngste und höchstrangige Exemplare wir selbst waren. Oder natürliche Mumien, im Wandel der Zeiten erhalten, welche uns Einsicht in frühere Stufen unser selbst gewährten.

Als diese Objekte dann auf einmal eine Schlüsselrolle in der Geschichte der Moderne spielten – am spektakulärsten bei Picasso, dessen Besuch im anthropologischen Museum im Trocadero sich als entscheidend für seine eigene und die folgende Entwicklung der modernen Kunst erwies, sahen Kritiker und Theoretiker sie plötzlich ganz anders; die Unterscheidung zwischen moderner und »primitiver« Kunst war nun nicht mehr nötig, da sie auf der Ebene der Form als vergleichbar galten. Roger Fry schrieb 1920 einen denkwürdigen Aufsatz über die »Negerskulptur«, in dem er die ungeheuren Veränderungen betonte, die seit der arroganten viktorianischen Anthropologie stattgefunden hatten, welche Riegl noch uneingeschränkt übernahm. »Wir würden gern wissen, was wohl Doctor Johnson gesagt hätte, wenn man ihm ein Negeridol für mehrere hundert Pfund angeboten hätte«, überlegt Fry. »Damals wäre es wie der helle Wahnsinn erschienen, sich anzuhören, was ein wilder Neger uns über seine Empfindungen bei der Betrachtung der menschlichen Form zu sagen hat.« Fry behauptet, einige der ausgestellten Objekte seien »große Skulptur – größer, glaube ich, als alles, was wir selbst im Mittelalter geschaffen haben«.[10] Ein anderer formalistischer Denker, der amerikanische Exzentriker Albert Barnes, hatte nicht die geringsten Schwierigkeiten damit, afrikanische Skulptur Seite an Seite mit den modernistischen Kunstwerken auszustellen, die er sammelte. Er war sogar so aufgeschlossen, kunsthandwerkliche Objekte an den Wänden seiner Galerieräume zwischen Gemälden auszustellen, als gebe es keine ernsthafte Grundlage für eine Unterscheidung zwischen Kunst und Kunsthandwerk mehr – wie das formalistischen Prinzipien gemäß ja auch der Fall war. Tatsächlich löste die Moderne viele Grenzen auf, vor allem indem sie Objekte diverser Kulturen ästhetisierte beziehungsweise formalisierte, die Riegls Zeitgenossen – von denen Dr. Johnsons ganz zu schweigen! – wohl jenseits der Grenzen des Geschmacks angesiedelt hätten.

Ich glaube, es ließe sich eine faszinierende Untersuchung darüber anstellen, wie frühere Zeitalter – solche, denen zum Beispiel das selbstgefällige Bild der viktorianischen Anthropologie fehlte – auf »exotische Kunst« reagierten. Das erste Zeugnis, das uns vorliegt und bei dem es um mexikanische Goldarbeiten geht, ist eindrucksvoll. Der Verfasser der folgenden Zeilen ist Albrecht Dürer:

> Auch hab ich gesehen die Dinge, die man dem König aus dem neuen goldenen Land gebracht hat: eine ganz goldene Sonne, einen ganzen Klafter breit, desgleichen einen ganz silbernen Monde, auch so gross, desgleichen zwei Kammern voller Rüstungen derselben, desgleichen allerlei ihrer Waffen, Harnische, Geschütze, wunderbare Schilde, seltsame Kleidung, Bettwäsche und allerlei wunderbare Dinge zu mannigfachem Gebrauch, die da viel schöner anzusehen sind, denn Wunderdinge. Diese Dinge sind alle köstlich gewesen, dass man sie auf hunderttausend Gulden Wert schätzt. Und ich hab aber all mein Lebtag nichts gesehen, das mein Herz also erfreut hat als diese Dinge. Denn ich habe dabei gesehen wunderbare kunstvolle Dinge und hab mich verwundert der subtilen ingenia der Menschen in fremden Landen. Und der Dinge weiss ich nit auszusprechen, die ich da gehabt hab.[11]

Dem spanischen Historiker der neuen Welt Petrus Martyr Anglerius, der die von Moctezuma an Karl V. in Valladolid geschickten Gegenstände im selben Jahr sah, in dem Dürer sie in Brüssel anschaute, fiel es überhaupt nicht schwer, ästhetisch auf sie zu reagieren: »Wiewohl ich Gold und Edelsteine wenig bewundere, bin ich erstaunt über die Fertigkeiten und die Mühe, mit der sie ihr Werk schöner gestalten noch als das Material ... Ich kann mich nicht erinnern, jemals etwas gesehen zu haben, dessen Schönheit ähnlich ansprechend auf das menschliche Auge gewirkt hätte«.[12]

Diese Zeugnisse stammen aus dem Jahre 1520. Die erste Ausgabe von Vasaris Essays erschien 1550, und es ist wohl wichtig, die unterschiedliche ästhetische Reaktion auf Kunstwerke vor und nach der Erfindung der Kunstgeschichte zu betonen, wobei man davon ausgeht, daß Vasari zumindest insofern als Erfinder der Kunstgeschichte gelten kann, als er die Kunst als eine sich entfaltende Entwicklungsgeschichte auffaßte. Weder Dürer noch Petrus Martyr mußten jenes Werk in eine Erzählung eingliedern, anders als Berenson, der später daran verzweifelte, Crivelli kunsthistorisch einzuordnen, da dieser einfach keinen Platz in seiner Geschichte hatte. Fry, Barnes und Greenberg hatten dieses Problem ebenfalls nicht, da die Moderne »exotische Kunst« ins Recht setzte, indem sie deren Betrachter der Pflicht enthob, sie in eine Geschichte zu pressen. Das liegt allerdings daran, daß sie solche Kunst ahistorisch nach transzendentalen Prinzipien betrachten konnten – gemäß dem, was Greenberg, Kant folgend, Geschmack nennt. Doch ist dazu etwas zu sagen.

Geschmack war die Zentralidee der Ästhetik des achtzehnten Jahrhunderts; das zentrale Problem jenes Zeitalters bestand darin, zwei anscheinend unwiderlegbare Wahrheiten hinsichtlich des Geschmacks miteinander zu versöhnen: zum einen »de gustibus non est disputandum« (über Geschmack läßt sich nicht streiten) und zum anderen, daß es so etwas wie guten Geschmack gibt, so daß Geschmack nicht so subjektiv und relativ ist, wie die erste Wahrheit es glauben machen will. »Die große Vielfalt des Geschmacks wie auch der Meinung, die man in der Welt findet, ist zu offensichtlich, um nicht jedermann ins Auge zu fallen«, schrieb Hume. »Wer jedoch über einen breiten Horizont verfügt, der auch ferne Völker und längst vergangene Zeiten umspannt, den überrascht noch mehr die große Uneinheitlichkeit und Widersprüchlichkeit«.[13] Seinem Zeitgenossen Doctor Johnson zuvorkommend, bemerkt Hume: »daß wir leicht dazu neigen, alles *barbarisch* zu nennen, was von unserem eigenen Geschmack und Urteil stark abweicht«. Doch würde der Verstand, so führt er weiter aus, sich ebenfalls gegen eine so absurde Behauptung wehren, wie die, daß das Werk eines Dichters wie Ogilby mit dem von Milton vergleichbar sei – eine Behauptung, so Hume, die so verstiegen ist, wie die, ein Sandhaufen sei so hoch wie der Pik von Teneriffa. Und wenn jemand auf falschen ästhetischen Urteilen oder Vorlieben beharre, dann drücke sich darin lediglich eine gewisse geschmackliche Unbedarftheit und vor allem eine mangelhafte Geschmacksbildung aus. Wie die Beschreibung nahelegt, unterscheidet sich der ästhetische Geschmack kaum von einem anspruchsvollen Gaumen; in beiden Fällen zeigt die Schulung, daß bestimmte Dinge letztlich lohnender – und ästhetisch besser – sind als andere. Hume weist darauf hin, daß es Kritiker gibt, die verläßliche Urteile zu fällen imstande sind, weil sie sich von der Allerweltsmeinung distanzieren und ihrer Phantasie freien Lauf lassen, wie auch wir das könnten, wollten wir uns nur einer ähnlichen Disziplin beugen. Diese Prämisse bildet die Grundlage von Kants merkwürdiger These, etwas schön zu finden heiße, stillschweigend ein allgemeingültiges Urteil zu fällen – will sagen, vorzuschreiben, ein jeder müsse es schön finden. Genau dieser Gedanke ist, wie ich zu zeigen versucht habe, das Fundament von Greenbergs Kritikverständnis. In *Of the Standard of Taste* stellt Hume sozusagen die Gebote für den Kritiker auf. Wenn der Kritiker »kein Feingefühl hat«, »nicht genügend Erfahrung besitzt«, »keinen Vergleich anzustellen vermag«, »sich von Vorurteilen leiten läßt« und »des guten Gespürs ermangelt«, ist er »nicht imstande, jene Schönheiten der Form und des Gedankens zu erkennen, die weit über das gewöhnliche Maß hinausreichen«. Der ideale Kritiker ist also feinfühlig, erfahren, offen, zu Vergleichen fähig, besitzt Kenntnisse einer großen Bandbreite an Kunst und hat ein gutes Gespür: »Wo auf der Grundlage all dieser Eigenschaften geurteilt wird, dort wird der wahre Standard des Geschmacks und der Schönheit gesetzt«.

Dieser Anschauung entsprechend sind alle Kunstwerke eins, und in gewissem Sinne war es die Moderne, welche jener Geschmackserweiterung zur Mündigkeit verhalf, dank derer wir Werke der Negerskulptur in Museen der schönen Künste ausstellen können, die als institutionalisierte Enzyklopädien der Form ins Leben gerufen wurden. Alle Museen sind, wie ich bereits gesagt habe, Museen der modernen Kunst, insofern als ein Urteil dessen, was Kunst ist, auf einer formalistischen Ästhetik basiert. Der Ästhet ist überall zu Hause; die Baule-Maske oder die Asanti-Figur hängen zwischen dem Pollock und dem Morandi in den Archiven urteilsfähiger Sammler auf der ganzen Welt. Schließlich ist Form Form, und sobald wir uns von der Johnsonschen Neigung, afrikanische Kunst als barbarisch abzutun, befreit haben, fällt es leicht, das enge Miteinander der afrikanischen Kunst mit der aus Paris oder Mailand zu akzeptieren. Ausgesprochen leicht sogar, angesichts der Tatsache, daß ein Großteil der kosmopolitischen Kunst einen Stammbaum hat, in dem mindestens ein afrikanischer Vorfahr eine Rolle spielt. Dies war die These, welche die weithin kritisierte Ausstellung »Primitivism and Modern Art« im Museum of Modern Art 1984 zu veranschaulichen suchte. Aber war es wirklich die gestalterische Schönheit, die Picasso bei seiner Begegnung mit jener Kunst im Trocadero 1907 so bewegte? Nicht, wenn man dem Zeugnis seiner eigenen Erinnerungen glauben will:

> Es war ekelhaft im alten Trocadero ... der Geruch. Und ich war ganz allein und wollte weg. Aber ich ging nicht, ich blieb. Ich habe gespürt, daß ich bleiben mußte, irgend etwas passierte mit mir. Diese Masken waren mit anderen Skulpturen nicht zu vergleichen. Sie waren völlig anders. Sie hatten etwas Magisches. Aber warum waren dann die ägyptischen oder babylonischen Figuren nicht auch magisch? Das hatten wir bisher noch nicht durchschaut: Sie waren eben bloß primitiv, nicht magisch. Diese Negerskulpturen waren

Fetische, und seither habe ich dieses Wort *intercésseurs* im Französischen auch verstanden. Sie halfen gegen alles – gegen fremde, bedrohliche Geister. Ich habe mir immer wieder die Fetische angesehen. Ich verstand plötzlich. Auch ich bin gegen alles. Auch ich glaube, daß alles fremd ist und feindlich ... Aber alle diese Fetische hatten denselben Zweck: Sie waren Waffen, die die Menschen davor schützen sollten, von irgendwelchen Geistern unterjocht zu werden ... Dort muß mir plötzlich die Idee zu *Les Demoiselles d'Avignon* gekommen sein.[14]

Die moderne Kunst ist durch den Geschmack definierte Kunst, die im wesentlichen für Geschmacksbegabte, genauer gesagt für Kritiker, geschaffen wurde. Die afrikanische Kunst dagegen entstand, um Macht über die dunklen Kräfte der bedrohlichen Welt auszuüben. »Ich habe mir die Schnitzereien angesehen«, schrieb Virginia Woolf 1920 an ihre Schwester. »Ich fand sie schrecklich und beeindruckend, aber weiß der Himmel, was ich wohl wirklich empfinde, wenn ich erst Rogers Vortrag gehört habe. Hätte ich eine auf dem Kaminsims stehen, so wäre ich ein von Grund auf anderes Wesen – weniger anbetungswürdig, so weit ich das beurteilen kann, aber ein Mensch, den man nicht so leicht vergessen würde.«[15] Ich begrüße Woolfs Reaktion. Doch haben sich jene afrikanischen Schnitzereien inzwischen als Botschafter des guten Geschmacks auf zahllosen Kaminsimsen eingefunden, ohne indessen das Wesen ihrer Besitzer auch nur im geringsten verändert zu haben. Eine großartige Ausstellung zeitgenössischer Künstler, die afrikanische Kunst sammeln, zeigt sogar, daß meist der Charakter, den der jeweilige Künstler ohnehin hatte, bestimmt, was afrikanische Kunst für ihn bedeutet.[16] Generell gilt jedoch nach wie vor, daß Empfindung und Form, um eine Zusammenstellung zu verwenden, die ich zum erstenmal bei meiner Lehrerin Susanne K. Langer hörte, die Tendenz haben, einander auszuschließen. Oder anders gesagt: In der afrikanischen Kunst bestimmt eher die Empfindung die Form, nicht der Geschmack. Das Ende der Moderne war auch das Ende der Tyrannei des Geschmacks und bot damit genau dem Raum, was Greenberg am Surrealismus nicht akzeptieren konnte – dessen antiformalistischer, antiästhetischer Seite. Mit Ästhetik kommt man bei Duchamp nämlich nicht weit, und genausowenig gehorcht die Art von Kritik, die bei Duchamp gefragt ist, Humes Gebotstafel.

Greenberg verstand das vollkommen, zumindest bis zu einem gewissen Punkt. 1969 schrieb er in einem Essay über die Avantgarde, daß Dinge, die den Eindruck erwecken, Kunst zu sein, erst dann als Kunst funktionieren, ja existieren, wenn sie durch den Geschmack erfahren werden. Doch war er der Ansicht, daß viele Künstler jener Zeit in der Hoffnung tätig seien, »die periodisch immer wieder auflebt, seit sich Marcel Duchamp von ihr zum erstenmal vor über fünfzig Jahren tragen ließ, daß bestimmte Erfindungen eine einzigartige Existenz und Qualität dadurch erzielen, daß sie sich der Reichweite des Geschmacks ganz entziehen, ohne jedoch den Kontext der Kunst zu verlassen. Bisher hat sich diese Hoffnung als illusorisch erwiesen.«[17] Wie sollte es auch anders sein – wenn Greenberg recht hat, daß etwas erst wenn es durch den Geschmack erfahren wird, Kunst ist. Das Projekt wäre inkohärent, so als wollte man versuchen, Kunst zu machen, indem man sich der Kunst entzieht. Aber der *ontologische* Erfolg von Duchamps Werk, bei dem es sich ja um Kunst handelt, die gelungen ist, obwohl geschmackliche Erwägungen fehlen oder aufgehoben wurden, macht deutlich, daß das Ästhetische eben keine wesentliche oder bestimmende Eigenschaft der Kunst ist. Dies hat in meinen Augen nicht nur dem Zeitalter der Moderne ein Ende gesetzt, sondern dem gesamten Projekt, das die Moderne bestimmte, nämlich die Kunst mittels einer Unterscheidung der wesentlichen und der akzidentellen Eigenschaften der Kunst sozusagen in alchimistischer Weise von der Verschmutzung durch Repräsentation«, Illusion und dergleichen zu »reinigen«. Duchamp hat gezeigt, daß das Projekt eher darin hätte bestehen sollen, zu erkennen, wie die Kunst von der Wirklichkeit zu unterscheiden sei. Schließlich war dies das Problem, das Platon ganz zu Beginn der Philosophie beschäftigte und dem, wie ich schon oft angeführt habe, das große platonische System nahezu gänzlich zu verdanken ist.[18] Platon wußte bereits, was Picasso dann in einer künstlerischen, von der Philosophie noch unverdorbenen Tradition entdecken sollte: daß Kunst ein Machtwerkzeug ist. Indem er die Frage von Kunst und Wirklichkeit auf seine Weise aufwarf, band Duchamp die Kunst wieder an ihre philosophisch entmündigten Anfänge an. Platon hatte das Problem richtig erkannt – nur seine Antwort traf daneben.

Um die philosophische Frage der Beziehung zwischen Kunst und Wirklichkeit zu lösen, mußten die Kritiker sich daran machen, Kunst zu analysieren, die der Wirklichkeit so nahe war, daß sich durch bloße Wahrnehmung keine Unterschiede entdecken ließen. Sie mußten eine Frage wie meine beantworten: »Was unterscheidet Warhols *Brillo Box* von den Brillokartons, in denen Brillo geliefert wird?« Der geistreiche Dekonstruktionist Sam Wiener rückte die Frage historisch sogar noch weiter zurück, indem er einen Karton mit echten Brillos ausstellte, auf die er das von Magritte inspirierte Etikett geklebt hatte: »This is not a

Warhol!« Doch war es keineswegs meine Absicht, Warhol allein diesen Durchbruch zur Philosophie zuzuschreiben. Vielmehr fand er im gesamten Kunstweltspektrum statt, vor allem im Bereich der Skulptur. Er manifestierte sich in der minimalistischen Verwendung von Industriematerialien, in der *arte povera*, in jener postminimalistischen Kunst, wie etwa Eva Hesse sie schuf. In einem Interview sprach der Bildhauer Ron Jones von einer »Pictures-Ästhetik«, womit er, glaube ich, jene Ästhetik meinte, die für die Galerie, die ihn vertritt, typisch ist – für Metro Pictures in Soho. »Wenn es jemanden in der vorangegangenen Generation gibt, der alle Metro-Künstler beeinflußt hat (und das ist natürlich eine heikle Behauptung), dann ist es Warhol.« Mit Bezug auf meine Schriften, insbesondere auf genau jene Stellen, wo der Unterschied zwischen Kunstwerken und wirklichen Dingen erörtert wird, meinte er: »Ich glaube, genausogut hätte er damit Cindys Arbeiten (Cindy Sherman) oder Sherries Arbeiten (Sherrie Levine) beschreiben können wie Warhols.«[19] Falls das stimmt, bedeutet es, daß die Grenze zwischen Kunst und Realität Thema und Schauplatz der amerikanischen Kunst von den sechziger bis zu den neunziger Jahren, als dieses Interview stattfand, gewesen ist.

Natürlich haben viele Künstler in den letzten dreißig Jahren überhaupt nicht über diese Frage nachgedacht, und wollte ich mir den zur Ausgrenzung tendierenden Geist der Philosophien der Kunstgeschichte zu eigen machen, so würde ich sagen, daß sie außerhalb der Geschichte stehen. Doch so sehe ich die Dinge nicht. Meiner Empfindung nach war die Geschichte in dem Moment vorüber, in dem die Kunst selbst die philosophische Frage in ihrer wahren Form stellte – das heißt, die Frage nach dem Unterschied zwischen Kunstwerken und wirklichen Dingen. Damit war der Augenblick der Philosophie erreicht. Die Fragen können weiter von interessierten Künstlern erforscht werden, aber auch von Philosophen selbst, die nun endlich beginnen können, Kunstphilosophie so zu betreiben, daß sie Antworten hervorbringt. Zu sagen, daß die Geschichte vorüber ist, bedeutet, daß es nicht länger ein »Außerhalb« der Geschichte gibt, in das Kunstwerke fallen. Alles ist möglich. Alles kann Kunst sein. Und weil die gegenwärtige Situation im wesentlichen unstrukturiert ist, gilt für sie keine Meistererzählung mehr. Greenberg hat recht: Seit dreißig Jahren ist nichts geschehen. Das ist wahrscheinlich die wichtigste Aussage, die sich über die Kunst der vergangenen drei Jahrzehnte machen läßt. Doch ist die Situation deshalb alles andere als trostlos, wie Greenbergs Ausruf »Dekadenz!« uns wahrmachen will. Vielmehr eröffnet sie ein Zeitalter größter Freiheit, wie sie die Kunst bislang nicht gekannt hat.

Nach meinem Dafürhalten ähnelt unsere Situation am Ende der Kunstgeschichte der Situation vor Beginn der Kunstgeschichte – bevor also der Kunst eine Erzählung aufgepfropft wurde, in der die Malerei zur Heldin avancierte und alles, was nicht hineinpaßte, als außerhalb der Geschichte und damit außerhalb der Kunst überhaupt liegend verworfen wurde. Vasari beschließt seine Erzählung mit Michelangelo und Leonardo und natürlich mit Raffael. Doch wenngleich diese die Schlußlichter seiner Geschichte bilden, schufen sie bereits Kunst, ehe die Idee jener Erzählung die zentrale Rolle der Malerei und ihre fortschreitende Entwicklungsgeschichte definiert hatte. Schließlich waren sie zeitlich alle nahe an Dürer, der etwa die Goldarbeiten der Azteken ohne die geringsten begrifflichen Schwierigkeiten akzeptieren konnte, ohne die Notwendigkeit zu verspüren, sie als größer denn alles in Europa zu bezeichnen oder ihnen mit Herablassung zu begegnen. Leonardo verbrachte sein Lebensende am Hofe von Franz I., der unter anderem auch den Goldschmiedemeister Benvenuto Cellini zu sich geholt hatte. Cellini war Bildhauer, doch ist sein *Perseus* kein größeres Werk als das Salzgefäß, das er für den König schuf. Vor Beginn der Kunstgeschichte gab es eben keine unfaire Unterscheidung zwischen Kunst und Handwerk, man mußte auch nicht darauf bestehen, daß letzteres als Skulptur zu behandeln sei, um als Kunst ernstgenommen zu werden. Der Künstler war keinem Gebot zur Spezialisierung unterworfen, und wir finden bei den Künstlern, die den posthistorischen Augenblick am trefflichsten exemplifizieren – Gerhard Richter, Sigmar Polke, Rosemarie Trockel und andere, für die alle Medien und alle Stilarten gleich legitim sind – dieselbe vielgestaltige Kreativität, wie wir sie bei Leonardo und Cellini antreffen. In gewissem Sinne ging die Idee von der reinen Kunst mit der Idee des reinen Malers einher – der Maler, der nur malt und sonst nichts tut. Das ist heute zwar eine Möglichkeit, jedoch lange kein Muß. Der Pluralismus der gegenwärtigen Kunstwelt definiert das Künstlerideal ebenfalls als pluralistisch. Seit dem sechzehnten Jahrhundert hat sich viel geändert, doch sind wir jener Zeit in mancher Hinsicht näher als den ihr folgenden Kunstperioden. Die Malerei hat als Vehikel der Geschichte lange eine Vorherrschaft gehabt, so daß es nicht überrascht, daß sie nun Angriffen ausgesetzt ist.

Anmerkungen

1. Reinhart Koselleck, *Vergangene Zukunft – Zur Semantik geschichtlicher Zeiten*, (Frankfurt/Main: Suhrkamp, 1979).
2. Greenberg, »After Abstract Expressionism«, *The Collected Essays and Criticism*, Bd. 4, S. 123.
3. Greenberg, »Where is the Avant-Garde?«, *The Collected Essays and Criticism*, Bd. 4, S. 264.
4. Bernard Berenson, *The Venetian Painters of the Renaissance* (New York: C.P. Putnam, 1894) S. X. Andererseits stellt Berenson im gleichen Buch sehr schön fest, daß die Kunst ein zu umfassendes und bedeutendes Thema sei, um sich in eine einzige Formel pressen zu lassen; und eine Formel, die einem Maler wie Carlo Crivelli vollständig gerecht würde, ohne unsere gesamte Sicht der italienischen Kunst im fünfzehnten Jahrhundert zu verzerren, gebe es nicht.
5. Jonathan Watkins, »Untricking the Eye: The Uncomfortable Legacy of Carlo Crivelli«, *Art International* (Winter 1988), S. 48ff.
6. Rosalind E. Krauss, *The Optical Unconscious* (Cambridge: MIT Press, 1994).
7. Greenberg, »Surrealist Painting«, *The Collected Essays and Criticism*, Bd. 4, S. 225f.
8. a. a. O., S. 231.
9. Alois Riegl, *Stilfragen – Grundlegungen zu einer Geschichte der Ornamentik* (München: Mäander, 1985; Nachdruck der Ausgabe Berlin: Georg Siemes, 1893) S. 4.
10. Fry, »Negro Sculpture«, S. 88.
11. Zitiert in George Kubler, *Esthetic Recognition of Ancient Amerindian Art*, New Haven: Yale University Press, 1991, S. 208, Anm. 11.
12. a.a. O., S. 43.
13. David Hume, »Of the Standard of Taste«, *Essays, Literary, Moral, and Political* (London: Ward, Lock, 1898) S. 134ff.
14. Zitiert in Jack Flam, »A Continuing Presence: Western Artists/African Art,« in Daniel Shapiro, *Western Artists / African Art* (New York: The Museum of African Art, 1994) S. 61f.
15. *The Letters of Virginia Woolf*, hrsg. von Nigel Nicholson und Joanne Trautman (New York: Harcourt Brace and Jovanovich, 1976) Bd. 2, S. 429.
16. Ich beziehe mich auf die von Daniel Shapiro eingerichtete Ausstellung Western Artists / African Art. Vgl. Anm. 14.
17. Greenberg, »Avant-Garde Attitudes: New Art in the Sixties«, *The Collected Essays and Criticism*, Bd. 4, S. 293.
18. Vgl. insbesondere den Titelessay meines Buches *The Philosophical Disenfranchisement of Art* (New York: Columbia University Press, 1986) [dt.:*Die Philosophische Entmündigung der Kunst* (München: Wilhelm Fink Verlag, 1993)].
19. Andras Szanto, »Gallery: Transformations in the New York Art World in the 1980s« (Ph.D. diss, Columbia University, 1996). Siehe dort das Interview mit Ron Jones im Anhang.

Reviews and previews continued

Jason Seeley: *Baroque Portrait*, 3, metal, 57 inches high.

Roy Lichtenstein: *The Kiss*, 80 inches high.

Jared French: *Evasion*, 21 inches high.

even that his talent outstrips his intellect. In either case, they cramp his style. Once, however, the frames are bypassed, his quieter, more reflective reveries bespeak his spirit more genuinely as, *By Night* and *Solitude*, than in the more accelerated, jazzier *Venice Reflections*. Dodd's titles coincide with the frame problem. The small canvases in single color themes of red and yellow resolve and couple his need for a freer and more immediate response to nature with pensive poetic feeling. Prices unquoted. W.D.

Jason Seley [Kornblee; March 6-24] works with restraint and elegance using a material for his free-standing and relief sculptures which in the hands of somebody else would be called "junk sculpture." In his hands used chromium bumpers from old automobiles have the inevitable sculptural feeling of clay or stone. One overlooks the original use to which the material was put, but concentrates instead on its banana-fingered qualities, its sliding brilliance, its ice-hockey shin-pad prestige. Bumpers on cars are menacing. Converted to other uses they produce results no more menacing than the Winged Victory of Samothrace. One of their advantages is that they reflect as well as modulate light. There is also a pleasing contrast between the light, twisting surfaces, and the dark, clean-rusted inner parts. On looking at them one finds oneself pulling around on the cutting edge of a plane, then jumping agilely from shiny surface to shiny surface, like scrambling over Mantegna rocks. The sculptures are at times humorous, for example *Moose*, but for the most part they are models of elegance. Prices unquoted. L.C.

Roy Lichtenstein [Castelli] disappoints our expectations that an absurd iconography would produce humor. Why shouldn't the comic strips be funny in "serious" painting? A flying ace kissing his chick good-bye from the funnies or a cat from the bubble-gum cartoon or a "how-to-do-it" ad of a hand pouring soap suds into one of our manna objects, the washing machine—these might well comprise the grotesque necessity that always precedes humor. Certainly they proclaim their intent to be ugly for they are careful blow-ups of their newspaper prototypes—lithography dots, mechanical hatching, acidic color and primitive drawing and macrocephalic heads and BLAM (a direct hit on a plane) are all carefully reproduced. And since the grotesque has already been used successfully for satiric purposes by Jasper Johns and Robert Rauschenberg, among others, one could expect that a grotesque thing that had a comic content in itself would be doubly humorous. But we are doubly disappointed. For here the grotesque is just a painful pivot that is immediately compensated by new dimension, insight and release. It is not transformed by esthetics, it replaces esthetics. So what was grotesque in the funnies, stays grotesque in its replacement—only doubly so. Prices unquoted. N.E.

Jared French [Isaacson], a Magic Realist who uses egg tempera with an exactitude worthy of a Paul Cadmus, maintains a fine balance between his technique, the compositional elements and the literary content. The works shown include early paintings from the 'forties, such as *Evasion*, the meticulous depiction of non-awareness, non-commitment, as well as several of his most recent drawings and sketches for the ultimate product. A characteristic quality which gives him a certain distinction is an undercurrent of somewhat unnerving humor. In *Introduction*, for example, the foetus held poised in a pelvic bone white as chalk, faintly pinkish in the shadows as the light reflects off the placenta, is as formally composed and handled as a flower study might be. Prices unquoted. L.L.

Frank Kupka [Saidenberg; to March 10], a shadowy name, relatively unknown except to scholars and connoisseurs, but a name bitterly attacked and applauded early in the century for the revolutionary tendencies it represented, is gradually emerging to take its place with those of the other great innovators of modern art. For Frank (Frantisek) Kupka, a Czech who emigrated to Paris in the late nineteenth century, began an exploration which led him to reject the use of nature as a direct source of inspiration for his painting and in 1912 to exhibit the first non-figurative paintings shown in France. The following year, he showed several more of his monumental abstractions, one of which was *Vertical Planes, 3*, an imposing ascetic painting composed only of six rectilinear planes in space, a precursor of the ideas of Neo-Plasticism. The current show of pastels, gouaches and watercolors is minor Kupka, not sufficiently impressive, perhaps, for those who need an introduction, for without an acquaintance with his paintings, especially the monumental oils, the full force of this extraordinary painter is not communicated. Although many of the works are lovely in themselves, others are fascinating in their relationship to the development of ideas, or as the preparation for a larger statement. Earliest of the group is the figurative pastel *Bather*, a study for a painting; more Art Nouveau in form than the final work, it has both intrinsic charm and interest as an illustration of one of the early sources for his abstract form, the play of light on and in water. A group of the earliest abstractions on view are works from before World War I; *Lights*, a lush pastel, one of a number of variations on a theme that appears in drawings and paintings, *From One Plane to Another*, are a few. From the early 1920s are a group of studies for his woodcuts *Four Stories of White and Black*, one of the handsomest of which is a heart-shaped explosion of white forms. Visually among the most impressive, although less important historically, are the works of the late 1920s based on mechanical forms. The shapes of gears, bearings, screws and wrenches are fused into tightly-knit complex arrangements. Still later are the coolly geometrical studies such as *Plans* and *Perpendiculars*. Prices unquoted. L.L.

Karl Zerbe retrospective [Whitney Museum; to March 14] is sponsored by the Ford Foundation; it was selected by H. W. Janson, Chairman of the department of Fine Arts at N.Y.U. from the body

VII. Pop Art
und vergangene Zukunft

Wenn wir versuchen, uns in die Perspektive der Künstler und Kritiker zu Anfang der sechziger Jahre zurückzuversetzen, also die Kunstgeschichte, wie sie sich tatsächlich zutrug, sozusagen in Klammern setzen und uns bemühen, die *vergangene Zukunft** zu rekonstruieren – nämlich die Zukunft, wie sie in jenem vergangenen Moment denen erschien, für die jener Moment Gegenwart war –, so fällt auf, daß die Abstrakten Expressionisten und ihre Anhänger den Eindruck gehabt haben müssen, die Zukunft gehöre ihnen. Das Paradigma der Renaissance hatte sich sechs Jahrhunderte lang erhalten, und es schien Anhaltspunkte genug für die Annahme zu geben, daß das New Yorker Paradigma sich mindestens ebenso lange halten würde. Allerdings erwies sich das Paradigma der Renaissance als von einer fortschreitenden Entwicklung geprägt – und ließ sich so in eine Erzählung einbinden –, und auch wenn die Moderne in der Vorstellung Clement Greenbergs ihrerseits von Fortschritt gekennzeichnet war, ist doch kaum anzunehmen, daß dieser Aspekt von Greenbergs Denken weithin geteilt wurde oder überhaupt weithin bekannt war. Aber vielleicht hätte man ein Argument für ihre Langlebigkeit aus der Vielfalt der New Yorker Schule selbst ableiten können, der ja von Grund auf verschiedene Künstler angehörten. Pollock, de Kooning, Kline, Newman, Rothko, Motherwell, Still – jeder war unverwechselbar er selbst und hob sich so sehr von den anderen ab, daß man nicht einmal die Möglichkeit von Rothkos Stil aus jenen einander ausschließenden anderen Stilarten, welche die New Yorker Schule definierten, hätte ableiten können; nur Rothko selbst war in der Lage, diesen Stil zu begründen. Es muß also den Anschein gehabt haben, als würden mit immer neuen Mitgliedern der Schule immer neue und noch völlig unvorstellbare Stilarten, so verschieden von den bestehenden wie voneinander, auf ganz natürliche Weise entstehen, ohne daß es in bezug auf ihre Zahl oder Vielfalt eine interne Grenze gegeben hätte.

Wenn die Abstraktion jedoch die Zukunft im Griff hatte, was sollte dann mit den Realisten geschehen, die immer noch in großer Zahl in Amerika und zwar in New York tätig waren? Die Realisten waren nämlich keineswegs bereit, die Zukunft dem Abstrakten Expressionismus zu überlassen, was hieß, daß ihre Gegenwart von Protest und ästhetischem Kampf gekennzeichnet war. Sie fühlten sich in die Enge getrieben, nicht nur kunstgeschichtlich, sondern in der praktischen Herstellung von Kunst – denn der Abstrakte Expressionismus fegte nur so durch die institutionelle Infrastruktur der Kunstwelt, und es hatte den Anschein, als sei die Abstraktion ein Feind, den es zu besiegen oder zumindest abzuwehren galt, und als hinge die gesamte Zukunft eines Künstlers – ja die existentielle Frage, ob man als Künstler überhaupt eine Zukunft hatte – davon ab, was man hier und jetzt tat.

Edward Hopper ist ein typischer Fall. Es besteht eine direkte Herkunftslinie von Thomas Eakins über Robert Henri bis zu Hopper, insofern als Henri Schüler Eakins und Hopper wiederum Schüler Henris war – und Eakins seinerseits von der Académie des Beaux Arts in Paris und dem Maler Gérôme kam. Der Abstrakte Expressionismus, ja die Hochmoderne, durchschneidet diese Geschichte wie ein Meteor die geordneten Bahnen der Planeten im Sonnensystem. Hopper wäre durchaus damit zufrieden gewesen, die weiteren Implikationen von Eakins Programm für sich zu erarbeiten, wie Henri es tat. Henri führte den Kampf der sogenannten Independent Artists gegen die Praktiken der National Academy an. 1913 und sogar noch davor waren Künstler wie Picasso und Matisse in der Galerie von Stieglitz nur am Rande vertreten; sie waren in gewisser Hinsicht zu wild, um eine ernsthafte Bedrohung der Kunst darzustellen, so wie Henri, seine Anhänger und auch seine Feinde sie auffaßten. Zu Hoppers Zeiten war der Abstrakte Expressionismus dagegen keineswegs eine Randerscheinung. Hopper und die Künstler, die ihn verstanden und die er verstand, waren marginal und in Gefahr, gänzlich ins Abseits gedrängt zu werden. Die Academy stellte in keiner Weise eine Bedrohung oder ein Hindernis dar, wie sie das noch für Henri und in gewissem Sinne auch für Eakins getan hatte. Eakins stellte sogar das Programm auf, das Henri in eine ästhetische Ideologie umwandelte, welche Hopper dann fraglos übernahm.

Bezeichnend dafür ist die Behandlung des Aktes. Eakins lehnte sich noch in seiner Studentenzeit an der Akademie der Schönen Künste in Paris gegen die Künstlichkeit auf, mit der die Gemälde im Salon von

1868 den Akt präsentierten: »Jene Bilder zeigen nackte Frauen stehend, sitzend, liegend, fliegend, tanzend, nichts tuend[2], schrieb er, »und sie nennen sie Phryne, Venus, Nymphe, Hermaphrodite, Huri oder geben ihnen griechische Eigennamen«. Er legte mehr oder weniger ein Gelübde ab, den Akt in einer wirklichen Situation zu malen und nicht als »grinsende Göttinnen in vielfältiger Gestalt unter köstlichen arsengrünen Bäumen und zarten Wachsblumen ... Ich hasse das Gekünstelte.«[1] Also malte er nach seiner Rückkehr nach Philadelphia das berühmte *William Rush Carving his Allegorical Figure of the Skuylkill River* für die hundertjährige Jubiläumsausstellung im Jahre 1876. Darauf sah man den Akt als Modell – *eine* Möglichkeit, um eine Frau unter natürlichen Umständen unbekleidet zu zeigen. Henri, der die sogenannte Ash Can School begründete, zeigte Modelle nicht nur als Nackte, sondern tat dies vor allem auf eine vollkommen natürliche Weise, das heißt, indem er echte und nicht idealisierte Frauenkörper ohne Kleider darstellte. Und wenn Hopper einen Akt malte, dann wählte er dazu erotische Situationen, in denen eine Frau natürlicherweise unbekleidet erscheinen konnte, wie in *Girlie Show* aus dem Jahre 1941 oder *Morning Sunshine* aus dem Jahre 1952, bei dem man das Gefühl hat, daß die Frau ihren Phantasien nachhängt. Diese Bilder von Hopper sind nicht besonders modern; vielmehr wirken sie fast so, als dauere das späte neunzehnte Jahrhundert mit ihnen fort, eingekapselt in das zwanzigste, als habe es die Moderne, wie wir sie heute verstehen, gar nicht gegeben – wenngleich Eakins Bilder mit ihren Schatten und goldenen Lichtern natürlich an Gemälde Alter Meister erinnern, was Hoppers Bilder nie tun: Seine sind sparsam und klar und weisen keine unerklärlichen oder sozusagen *metaphysischen* Schatten auf.

Doch hat sich die Moderne als Idee ihrerseits entwickelt. An der zweiten Schau des Museum of Modern Art »Paintings by Nineteen Living Americans« im Jahre 1929 nahm Hopper sogar teil. Alfred Barr hielt ihn für den »anregendsten Maler Amerikas«, als er ihm 1933 in demselben Museum eine Retrospektive einrichtete. Die Ausstellung wurde von dem Kritiker Ralph Pearson als »das Gegenteil dessen, was die moderne Bewegung kennzeichnete« eingeschätzt; und Barr vermittelt uns einen tiefen Einblick in die Auffassung von der Moderne in Amerika, wie sie die seit spätestens 1929 in der ganzen Welt mit ihr am engsten verbundene Institution vertrat: Er warf Pearson nämlich vor, dieser versuche, »eine beliebte und zeitlich begrenzte Nebenbedeutung des Wortes ›modern‹ in ein akademisches und vergleichsweise dauerhaftes Etikett umzufunktionieren«.[3] Die Moderne um 1933 war eine ganz andere als die Moderne um 1960, als Clement Greenberg seinen kanonischen Essay »Modernist Painting« verfaßte. Zu diesem Zeitpunkt war die Moderne beinahe vorüber, und ihr Ableben mußte von dem des Abstrakten Expressionismus unterschieden werden: Es bereitete Greenberg eine gewisse Genugtuung, 1962 den Tod des Abstrakten Expressionismus festzustellen, doch würde die Moderne seiner Ansicht nach fortbestehen, selbst wenn sie anscheinend stagnierte, wie ich ihn 1992 vortragen hörte. Gleichwohl, 1933 war »modern« mit einer grandiosen künstlerischen Vielfalt identisch: Impressionisten und Nachimpressionisten, darunter auch Rousseau; Surrealisten, Fauvisten und Kubisten. Und dann natürlich die Abstraktionisten, Suprematisten und die Nonobjektivisten. Doch galten diese lediglich als Teil der Moderne, zu der auch Hopper gehörte, und insofern stellte die Moderne keine Bedrohung des Realismus dar. Aber in den fünfziger Jahren und vor allem infolge des ungeheuren Erfolgs des Abstrakten Expressionismus bei den Kritikern war die Kunst, für die Hopper stand, in Gefahr, von einer eng auf die Abstraktion beschränkten Modernismusdefinition verdrängt zu werden. Was einst Teil gewesen war, drohte nun das Ganze zu werden. Die Zukunft schien trostlos für die Kunst, wie Hopper und seine Stilgenossen sie verstanden. Und damit wurde für sie die Gegenwart zum Schlachtfeld in den Stilkriegen des 20. Jahrhunderts.

Gail Levin beschreibt die Verwicklung der Hoppers in eine Kampagne gegen die Abstraktion oder »gobbledygook« (Kauderwelsch), wie sie sie nannten. Sie unterstützten die Aktion einer Gruppe gegenständlicher Maler gegen das Museum of Modern Art, das in ihren Augen der Abstraktion und »nichtkonkreter Kunst« unter Ausschluß des Realismus den Vorzug gab. Sie waren entsetzt über die spärliche Anzahl realistischer Bilder auf der Jahresausstellung des Whitney 1959-1960 (ein Protest, der übrigens im September 1995 noch einmal inszeniert wurde). Sie schlossen sich mit anderen Künstlern zusammen, um, so schrieb Jo Hopper in ihr Tagebuch, »das Fortbestehen des Realismus in der Kunst gegen die Pauschalübernahme des Abstrakten durch das Modern Museum, das Whitney und über diese durch die meisten Universitäten für all jene zu gewährleisten, die es nicht ertragen können, daß man *le dernier cri* aus Europa nicht mit offenen Armen aufnimmt.«[4] Gemeinsam brachten sie eine Zeitschrift namens *Reality* heraus, die mehrere Nummern überdauerte. Sie waren der aufrichtigen Überzeugung, daß der Realismus, falls ihre Bemühungen fehlschlügen, eine verlorene Sache wäre.

Ich halte es für gänzlich unmöglich, die moralische Energie zu vermitteln, welche in jenen Jahren von beiden Seiten in diese Trennung zwischen Abstraktion und Realismus floß. Die Intensität hatte etwas nahezu Theologisches, und auf einer früheren Zivilisationsstufe hätte es sicher Verbrennungen auf dem Scheiterhaufen gegeben. In jenen Tagen war sich ein junger Künstler, der sich dem Gegenständlichen verschrieb, sehr wohl der Tatsache bewußt, daß er damit für eine gefahrvolle und häretische Praxis eintrat. »Ästhetische Korrektheit« spielte dieselbe Rolle, die politische Korrektheit heute spielt, und die Aktionen der Hoppers und ihrer Gruppe lassen dieselbe Verärgerung und Schockiertheit spüren, die sich aus konservativen Büchern über politische Korrektheit heute herauslesen läßt, wenngleich nicht vergessen werden darf, daß diejenigen, die der Ideologie der Abstraktion huldigten, die Realisten ohne viel Federlesens in die Mottenkiste der Kunst verbannten. Für die Realisten stand natürlich ihre gesamte Existenz auf dem Spiel – vergleichbar mit Professoren, denen Amtsenthebung oder zumindestens die Androhung einer solchen bevorsteht, falls sie ihren Lehrplan und ihr Vokabular im Seminarraum nicht der vorgeschriebenen Linie anpassen.

Ob diese Analogie nun treffend ist oder nicht – der Konflikt war im wesentlichen nach fünf oder sechs Jahren ausgestanden. Ein Blick auf Greenbergs Verhalten in diesem Zusammenhang ist sehr aufschlußreich. 1939 sah er die Abstraktion als historisch unumgänglich an: Die Abstraktion war, wie er in »Towards a Newer Laocoön« anführte, ein »Gebot, das aus der Geschichte stammt«. In »The Case for Abstract Art« aus dem Jahre 1959 legte er nahe, das Gegenständliche sei irrelevant, da »die abstrakte formale Einheit eines Bildes von Tizian wichtiger für dessen Qualität ist als das, was das Bild darstellt« – ein Argument, das Roger Fry bereits zu Anfang des Jahrhunderts vorgebracht hatte. »Es ist eine Tatsache«, fährt Greenberg fort, »daß gegenständliche Bilder im wesentlichen und am vollkommensten gewürdigt werden, wenn die Identifizierungen dessen, was sie darstellen, unserem Bewußtsein nur in zweiter Linie gegenwärtig sind.« Er wiederholte diese ungerechte Beschreibung in seinem 1960 erschienenen kanonischen Essay »Modernist Painting«, in dem er erklärte: »die moderne Malerei in ihrer jüngsten Phase hat die Darstellung erkennbarer Objekte nicht prinzipiell aufgegeben. Prinzipiell aufgegeben hat sie die Darstellung von Räumen, in welchen erkennbare Objekte erscheinen können.« Die Malerei tat dies, um sich logisch von der Bildhauerei abzusetzen, so seine berühmte Behauptung; und es ist nur gerecht, festzustellen, daß diese Unterscheidung zwar Künstlern wie Stuart Davis oder Miró Glaubwürdigkeit verleiht, Hopper und die Realisten jedoch auf eine niedrigere Stufe der historischen Evolution verweist. 1961 hatte Greenberg jedoch einen Rang erreicht, von dem herab er sich erlauben konnte, das Gute und das Schlechte in allem zu sehen, so daß selbst die Abstraktion ihren Nimbus unbedingter historischer Schicksalsträchtigkeit verloren hatte: »die abstrakte Kunst hat sowohl Gutes als auch Schlechtes an sich«. 1962 war der Abstrakte Expressionismus mehr oder weniger an sein Ende gelangt, wenngleich dies in jenem Jahr niemandem unmittelbar bewußt war.

Hopper und die Realisten sahen sich aus der Zukunft radikal ausgeschlossen, wenn sie nicht um ihr Bleiben kämpften, so daß man ihre Lage vielleicht mit der vergleichen kann, in der sich heute die Faktionen in Bosnien in bezug auf ihr Heimatland befinden. Aber wenige Jahre später konnte Greenberg bereits sagen, daß es überhaupt keinen grundlegenden Unterschied zwischen den Abstraktionisten und den Realisten gab, da eine Ebene existierte, auf der es allein auf die Qualität ankam und nicht auf die Art der Kunst, was der heutigen Situation mehr oder weniger genau entspricht. So wie die Armory Show von 1913 deutlich machte, daß die Differenzen zwischen den Independents und den Akademiekünstlern im Gegensatz zu den Differenzen zwischen diesen beiden und dem Kubismus oder Fauvismus gering waren, so ist auch heute der Unterschied zwischen Gegenständlichkeit und Abstraktion, da es sich bei beiden immerhin um Malereistile handelt, weitaus weniger bedeutend als die Differenz zwischen einer wie auch immer gearteten Malerei und etwa der Video- oder Performance-Kunst. 1911 war die Zukunft sowohl der Ash-Can-Maler als auch der Akademiekünstler bereits eine *vergangene Zukunft**, so wie 1961 die Zukunft der Realisten und der Abstraktionisten. Sie setzten die Zukunft der Kunst mit der Zukunft der Malerei gleich. Und wie es manchmal so geht, versetzte die Zukunft die Malerei mit einem Schlag in die Position, welche die Abstraktion in den Anfangsjahren der Moderne gemäß der Definition des Museum of Modern Art innegehabt hatte: Sie war nur noch eine von vielen künstlerischen Möglichkeiten. Die gesamte Ordnung der Kunstgeschichte hatte einen Wandel vollzogen, so schwer das auch Anfang der sechziger Jahre, als Kunst und Malerei mehr oder weniger synonym waren, zu erkennen war. Und es fällt auf, daß weder die Befürworter des Abstrakten Expressionismus wie Greenberg noch dessen Gegner die historische Gegenwart, in der sie lebten, erkennen konnten, weil jeder die Zukunft auf eine Weise sah, die sich später für die tatsächlichen Gegebenheiten als gänzlich irrelevant erwies.

Ursache für die Veränderung war meiner Ansicht nach das Auftauchen der etwas unglücklich so genannten Pop Art, in meinen Augen die kritischste Kunstbewegung des Jahrhunderts. Sie begann schleichend Anfang der sechziger Jahre – schleichend insofern, als ihre Impulse unter den Farbtropfen und -klecksen in der Manier des Abstrakten Expressionismus, dem damaligen Emblem künstlerischer Legitimation, verborgen waren. Aber bereits 1964 hatte sie ihre Verkleidungen abgeworfen und stand in ihrer vollen Realität als das da, was sie war. Interessanterweise beschloß das Whitney 1964 eine Hopper-Retrospektive einzurichten. Dies beruhte fraglos nur wenig auf den Anstrengungen der Realisten oder ihrem Magazin *Reality*, ihren Streikposten vor den Museen oder ihren Briefen, mit denen sie John Canadays Angriffe auf den Abstrakten Expressionismus in der *New York Times* verteidigten. »Der Entschluß, die Retrospektive einzurichten, fiel zu einem Zeitpunkt, als jüngere Künstler, insbesondere in der Pop- und der Photorealistenbewegung, wieder Interesse am Realismus und einem ihrer führenden Exponenten bekundeten.«[5] »Zu einem Zeitpunkt, als jüngere Künstler wieder Interesse ... bekundeten« läßt offen, ob dies eine Ursache oder einfach ein Zufall war. Selbst die Abstrakten Expressionisten »bekundeten Interesse« an Hopper; zumindest de Kooning, wenngleich er wegen seines Hangs zum Figürlichen wohl als kompromittiertes Mitglied der Bewegung gelten muß. »Du malst Figuren«, warf Pollock ihm vor. »Du macht immer noch den gleichen Mist. Ich sag' dir, du wirst nie was anderes sein als ein Figurenmaler.«[6] Der kritische Aufruhr, der ausbrach, als de Kooning seine *Women* 1953 in der Sidney Janis Gallery ausstellte, ist legendär: er hatte »unsere [abstrakte] Revolution in der Malerei« verraten oder zumindest in Gefahr gebracht. Doch erklärte de Kooning 1959 Irving Sandler gegenüber: »Hopper ist der einzige Amerikaner, den ich kenne, der das Merritt Parkway malen konnte.«[7] Sobald die populäre graphische Bildlichkeit Thema des Pop geworden war, erkannten die Kunstwissenschaftler in Hopper einen »Vorläufer«, wobei sie etwa daran dachten, wie er die Worte »Ex Lax« in sein Bild von einem Drugstore oder das Logo von Mobil Gas in sein berühmtes Tankstellenbild gemalt hatte. Doch sind das alles Äußerlichkeiten, die weder Licht auf Hopper noch auf die Pop Art werfen. Vielmehr müssen wir versuchen – so sehe ich es zumindest –, uns dem Pop philosophisch zu nähern. Ich bin Befürworter einer Erzählung der Geschichte der modernen Kunst, in der die Pop Art die zentrale philosophische Rolle einnimmt. In meiner Geschichte markierte der Pop das Ende der großen Rahmenerzählung der abendländischen Kunst, weil er die philosophische Wahrheit der Kunst ins Selbstbewußtsein rückte. Daß die Pop Art eine höchst untypische Botschafterin philosophischer Tiefe war, gebe ich nur zu gern zu.

An diesem Punkt möchte ich meine Person in diese Erzählung einbringen, da es im folgenden um ein Ereignis geht, das ich selbst miterlebt habe. Wenn Künstler ihre Dias zeigen und über ihr Werk sprechen, ist meist von Wendepunkten in ihrer Entwicklung die Rede. Bei Historikern oder Philosophen ist das nicht so üblich, doch mag es hier gerechtfertigt sein, da mein Erleben der Pop-Bewegung mit einer Reihe philosophischer Reaktionen einherging, die wiederum jene Gedankengänge hervorbrachten, die Anlaß für die Einladungen zu den Vorträgen waren, die Grundlage dieses Buches sind. Meine eigene *vergangene Zukunft** in den fünfziger Jahren, was die Malerei betraf, war die einer gestisch repräsentierten Realität, genau in der Manier von de Koonings *Women* und seinen späteren Landschaften wie *Merritt Parkway*. Insofern ich mich also an den Kontroversen beteiligte, was ohnehin unvermeidbar war, wenn man in jenen Jahren mit Künstlern zu tun hatte, war ich den Realisten zu abstrakt und den Abstraktionisten zu realistisch. Ich versuchte mich selbst in den fünfziger Jahren an einer künstlerischen Karriere und bemühte mich in meiner eigenen Arbeit, jene Zukunft zur Gegenwart zu machen. Doch strebte ich zugleich eine philosophische Laufbahn an und kann mich noch lebhaft an meine erste Begegnung mit einer Pop-Arbeit erinnern – es war im Frühjahr 1962. Ich lebte damals in Paris und schrieb an einem Buch, das ein paar Jahre später unter dem etwas einschüchternden Titel *Analytical Philosophy of History* (dt. Analytische Philosophie der Geschichte) erschien. Eines Tages machte ich im *American Center* Station, um Zeitschriften zu lesen und sah Roy Lichtensteins *The Kiss* (zur Seite gekippt abgedruckt) in der *Art News*, *dem* Kunstorgan jener Jahre. So lernte ich die Pop Art kennen, wie fast alle in Europa sie kennenlernten – durch Kunstmagazine, damals wie heute Hauptträger künstlerischer Einflußnahme. Und ich war baff. Ich wußte, daß ich es mit einem erstaunlichen, zwangsläufigen Moment zu tun hatte und mir war schlagartig klar, daß alles möglich war, wenn es möglich war, so etwas zu malen – und von einer führenden Kunstpublikation immerhin so ernst genommen zu werden, um eines Abdrucks für würdig befunden zu werden. Ich dachte zwar noch nicht sofort daran, aber: Wenn alles möglich war, dann war damit keine bestimmte Zukunft mehr vorgezeichnet; wenn alles möglich war, dann war nichts notwendig oder unvermeidlich, auch nicht meine eigene Vision einer künstlerischen Zukunft. Für mich bedeutete das, daß es in Ordnung war, als Künstler mehr oder weniger zu machen, was man wollte. Es bedeutete auch, daß ich jegliches Interesse am Kunstmachen verlor und damit so gut wie aufhörte. Von dem Augenblick an war ich zielstrebig und bewußt Philosoph und blieb das bis 1984, als ich Kunstkritiker wurde. Nach meiner Rückkehr nach New York war ich begierig darauf, die neuen Arbeiten zu sehen und ging zu den Ausstellungen bei Castelli's und in der Green Gallery, wenngleich Pop-Bilder und andere Werke zu jener Zeit überall auftauchten, sogar im Guggenheim Museum. Bei Janis gab es eine einzigartige Ausstellung. Mein größtes Erlebnis, das ich schon oft genug beschrieben habe, war die Begegnung mit Warhols *Brillo Box* in der Stable Gallery im April 1964, dem Jahr von Hoppers Retrospektive im Whitney. Das war nicht zuletzt deshalb ein aufregender Moment, weil das gesamte Gefüge der Debatte, das die New Yorker Kunstszene bis dahin bestimmt hatte, einfach nicht mehr galt. Es mußte eine vollkommen neue Theorie her, die über jene Theorien von Realismus, Abstraktion und Moderne hinaus galt, welche den Argumentsrahmen für Hopper, seine Mitstreiter und seine Gegner definiert hatten.

Der Zufall wollte es, daß ich in dem Jahr eingeladen wurde, auf der Tagung der American Philosophical Association in Boston einen Vortrag über Ästhetik zu halten. Der eigentlich dafür vorgesehene Redner mußte absagen, und der Programmvorsitzende lud mich als Stellvertreter ein. Der Vortrag trug den Titel »The Art World« und war der erste philosophische Versuch, sich mit der neuen Kunst auseinanderzusetzen.[8] Es erfüllt mich mit einem gewissen Stolz, daß Warhol, Lichtenstein, Rauschenberg und Oldenburg im *Journal of Philosophy* – das die Vorträge der APA-Tagung veröffentlichte – erörtert wurden, lange bevor sich die Hochglanzmagazine mit ihnen befaßten. Und jener Vortrag, der soweit ich weiß nicht einmal in den später erschienenen umfangreichen Bibliographien zur Pop Art erwähnt ist, wurde tatsächlich zur Grundlage für die philosophische Ästhetik in der zweiten Hälfte dieses Jahrhunderts. Ein weiteres Zeichen dafür, wie weit die Welt der Kunst und die Welt der Philosophie nach wie vor voneinander entfernt sind, so eng verwandt Kunst und Philosophie an sich auch in dem, was Hegel den Absoluten Geist nennt, sein müssen.

Mir fiel zum damaligen Zeitpunkt an der Pop Art besonders auf, wie sie eine alte Lehre, nämlich die Platons, unterlief, der die mimetisch aufgefaßte Kunst ja auf die denkbar niedrigste Stufe der Realität stellte. Das berüchtigte Beispiel dafür ist im zehnten Buch von *Der Staat* ausgeführt, wo Platon die drei Realitätsweisen eines Bettes festlegt: als Idee oder Form, als etwas, das ein Schreiner herstellt, und als etwas, was ein Maler darstellt, wobei letzterer den Schreiner nachahmt, der seinerseits die Form nachgeahmt hat. Es gibt griechische Vasen, auf denen der jeweilige Künstler Achilles im Bett zeigt, mit dem hingestreckten Leichnam des Hektor auf dem Boden daneben, oder Penelope und Odysseus im Gespräch neben dem Bett, das Odysseus für seine Braut anfertigen ließ. Da es möglich ist, etwas nachzuahmen, so wollte Platon sagen, ohne auch nur das Geringste über den Ursprung des Nachgeahmten zu wissen (wie Sokrates in einem aufreizenden Dialog mit dem Rhapsoden Ion deutlich machen wollte), fehlt es den Künstlern an Wissen. Sie kennen nur die Erscheinung von Erscheinungen. Und plötzlich und mit einem Schlag tauchten in der Kunstwelt zu Anfang der sechziger Jahre wirklich Betten auf – von Rauschenberg und Oldenburg, und wenig später von George Segal. Es hatte den Anschein, so mein Argument, als machten sich die Künstler daran, die Lücke zwischen Kunst und Realität zu schließen. Die Frage lautete nun: Was machte diese Betten zu Kunst, wenn sie doch letztlich einfach Betten waren? Allein die Literatur hatte keine Antwort parat. So machte ich mich in »The Art World« an die Entwicklung einer Theorie, die unter anderem den Anstoß zu George Dickies institutionalisierter Kunsttheorie gab. Die *Brillo Box* generalisierte die Frage. Warum war sie (die Box) ein Kunstwerk, wenn die Gegenstände, die ihr, zumindest nach Kriterien der Wahrnehmung, haargenau gleichen, bloße Dinge oder bestenfalls bloße Artefakte waren? Aber selbst wenn sie Artefakte waren – die Parallelen zwischen ihnen und dem von Warhol Gefertigten waren exakt. Platons Unterscheidung zwischen Bildern von Betten und Betten war hier nicht mehr anwendbar. Warhols Boxes waren tatsächlich ziemlich gut geschreinert. Das Beispiel machte deutlich, daß der Unterschied zwischen Kunst und Realität sich nicht mehr rein visuell festmachen ließ und die Bedeutung von »Kunstwerk« nicht mehr anhand von Schaubeispielen gelehrt werden konnte. Aber genau davon waren die Philosophen seit jeher ausgegangen. Warhol und die Pop-Künstler ganz allgemein machten also mit einem Schlag alles, was Philosophen zur Kunst geschrieben hatten, wertlos oder beschränkten den Wert auf eine rein lokale Bedeutung. Für mich zeigte die Kunst durch die Pop Art, wie die eigentliche philosophische Frage über die Kunst selbst zu lauten hatte, nämlich: Worin besteht der Unterschied zwischen einem Kunstwerk und etwas, das kein Kunstwerk ist, wenn beide genau gleich aussehen? Eine solche Frage war gar nicht denkbar, als die Bedeutung von »Kunst« sich noch anhand von Beispielen lehren ließ, oder als die Unterscheidung zwischen Kunst und Realität ebenso der Wahrnehmung unterworfen zu sein schien wie der Unterschied zwischen der Abbildung eines Bettes auf einer Vase und einem wirklichen Bett.

    Mir wollte scheinen, daß nun, da das philosophische Problem der Kunst aus der Kunstgeschichte selbst heraus geklärt worden war, diese

Geschichte damit an ihr Ende gelangt war. Die Geschichte der abendländischen Kunst teilt sich meines Erachtens nach in zwei Hauptepisoden: die »vasarische« und die »greenbergsche« Episode. Beide zeichnen sich durch eine Entwicklung aus. Vasari, für den die Kunst Darstellung war, ging davon aus, daß sie im Zuge der »Eroberung der visuellen Erscheinungen« immer besser würde. Diese Erzählung endete für die Malerei, als die laufenden Bilder sich plötzlich als weitaus geeigneter erwiesen, die Realität darzustellen, als die Malerei es vermochte. Die Moderne begann deshalb mit der Frage: Was sollte die Malerei angesichts dieser Konkurrenz tun? Damit fing sie an, ihre eigene Identität zu hinterfragen. Greenberg definierte eine neue Erzählung als den Aufstieg zu den Bestimmungsmerkmalen der Kunst, insbesondere den Unterscheidungsmerkmalen der Kunst der Malerei von allen anderen Künsten. Und er entdeckte diese Unterscheidungsmerkmale in den materiellen Bedingungen des jeweiligen Mediums. Greenbergs Erzählung ist profund; sie muß jedoch mit der Pop Art enden, über die er nie anders als abschätzig schreiben konnte. Sie gelangte an ihr Ende, als die Kunst endete, als die Kunst sozusagen erkannte, daß für ein Kunstwerk keine vorgeschriebene Seinsweise mehr galt. Das rief Slogans auf den Plan wie »Alles ist Kunst« oder Beuys' »Jeder Mensch ist ein Künstler«, die zuvor im Rahmen der beiden vorhin identifizierten Erzählungen niemandem eingefallen wären. Die Geschichte der Suche der Kunst nach ihrer philosophischen Identität war damit vorüber. Und nun, da sie vorüber war, waren Künstler frei, zu tun, was sie wollten. Es war wie in Rabelais' Abbaye de Thélème, deren Verfügung die Aufhebung der Verfügung war: »Fay ce que voudras« (tu was du willst). Malt einsame neuenglische Häuser oder schafft Frauen aus Farbe oder macht Kisten oder malt Quadrate. Nichts ist richtiger als alles andere. Es gibt keine vorherrschende Richtung mehr. Es gibt überhaupt keine Richtungen mehr. Und genau das meinte ich mit »Ende der Kunst«, als ich Mitte der achtziger Jahre darüber zu schreiben begann. Nicht daß die Kunst gestorben wäre oder daß die Maler aufgehört hätten, zu malen, sondern daß die Geschichte der Kunst, narrativ strukturiert, an ihr Ende gelangt war.

Als ich vor einen paar Jahren in München einen Vortrag mit dem Titel »Dreißig Jahre nach dem Ende der Kunst«, hielt, stellte eine Studentin eine interessante Frage. Für sie sei 1964 eigentlich kein besonders interessantes Jahr und sie sei erstaunt, daß ich so viel Wirbel um das Datum mache. Sie interessierten vielmehr die Revolten von 1968 und das Entstehen einer Gegenkultur. Wäre sie Amerikanerin gewesen, so hätte sie 1964 jedoch alles andere als uninteressant gefunden. Es war nämlich das Jahr unseres »Summer of Freedom«, als Schwarze mit der Unterstützung von Tausenden von Weißen, von denen Busladungen in den Südstaaten eintrafen, um schwarze Stimmberechtigte zu registrieren, gemeinsam darum kämpften, die Bürgerrechte für eine ganze entrechtete Rasse zu verwirklichen. Der Rassismus in den Vereinigten Staaten war 1964 gewiß nicht vorüber, aber eine Form der Apartheid, die das politische Leben unseres Landes besudelt hatte, gehörte mit diesem Jahr der Vergangenheit an. 1964 veröffentlichte auch ein Kongreßausschuß zu Frauenrechten seine Ergebnisse, welche die anhängerstarke Feministenbewegung unterstützten, die mit Betty Friedans Buch *Feminine Mystique* 1963 mit einem Knall begonnen hatte. Beide Befreiungsbewegungen wurden bis 1968 natürlich radikalisiert, doch war 1964 das eigentliche Stichjahr der Befreiung. Es ist auch nicht zu vergessen, daß die Beatles 1964 in der Ed Sullivan Show ihren allerersten persönlichen Auftritt in Amerika hatten; sie waren Embleme und Mitträger des Freiheitsgeistes, der mit Macht durch das Land und bald auch durch die Welt zog. Und die Pop Art paßte da genau hinein. Sie war tatsächlich eine einmalig befreiende Bewegung außerhalb der Vereinigten Staaten, und zwar mittels jener Übertragungsorgane, aus denen ich zum erstenmal von ihr erfuhr – den Kunstmagazinen. In Deutschland bezog Sigmar Polkes und Gerhard Richters ausdrucksstarke kapitalistisch-realistische Bewegung ihre direkte Inspiration vom Pop. In der damaligen Sowjetunion erfanden Komar und Melamid die Sots-Kunst und appropriierten für ein Bild das Design einer Zigarettenpackung, auf der als Logo das Gesicht des verstorbenen Weltraumhundes Laila zu sehen war. Dieses Bild war das realistische Abbild einer stilisierten Hundedarstellung und genügte den stilistischen Vorgaben der realistischen Malerei sowjetischer Prägung, die es doch zugleich unterlief, indem es den Hund als sowjetischen Helden zeigte. Als Kunstweltstrategien ließen sich die amerikanische Pop Art, der deutsche kapitalistische Realismus und die russische Sots-Kunst sämtlich als Angriff auf den jeweiligen offiziellen Stil verstehen – auf den Sozialistischen Realismus in der Sowjetunion natürlich, in Deutschland jedoch auf die abstrakte Malerei, weil diese dort nachhaltig politisiert war und als einzig annehmbare Malrichtung galt (was angesichts der Politisierung der Gegenständlichkeit unter den Nazis unschwer nachzuvollziehen ist), und schließlich auf den Abstrakten Expressionismus in den Vereinigten Staaten, der ebenfalls zum offiziellen Stil geworden war. Soweit ich weiß, war die Pop Art nur in der Sowjetunion repressiven Angriffen ausgesetzt – in der berühmten »Bulldozer«-Ausstellung des Jahres 1974, als die Polizei mit Planierraupen Künstler und Journalisten verfolgte. Es verdient an dieser Stelle Erwähnung, daß die weltweite Aufmerksamkeit, die dieses Ereignis erregte, zu einer künstlerischen Entspannungspolitik in der Sowjetunion führte, im Rahmen derer im Prinzip jeder tun durfte, was ihm gefiel, genau wie die intensive Fernsehberichterstattung über Gewalt gegen Bürgerrechtler in Alabama diese schließlich zum Erlöschen brachte, weil die Südstaaten das Bild, das sich die übrige Welt damit zwangsläufig von ihnen machte, einfach nicht mehr auf sich nehmen konnten. Auf jeden Fall hätte es dem Befreiungsgeist der Pop Art sicher nicht entsprochen, wenn sich die Künstler erlaubt hätten, Opfer ihres eigenen Stils zu werden. Ein Merkmal der Künstler nach dem Ende der Kunst ist meines Erachtens, daß für sie mehr als ein Schaffensweg in Frage kommt: Komars und Melamids Werk zeichnet sich durch eine gewisse Spitzbübigkeit in der Intention aus, doch fehlt ihm darüber hinaus ein visuelles Erkennungsmerkmal. Was das betrifft, war Amerika bisher eher konservativ, wenngleich Warhol Filme machte, eine Musikrichtung förderte, das Konzept der Fotografie revolutionierte und Bilder und Skulpturen schuf sowie natürlich Bücher schrieb und als Aphoristiker Berühmtheit erlangte. Sogar sein Kleidungsstil – Jeans und Lederjacke – wurde zum Stil einer ganzen Generation. In diesem Zusammenhang zitiere ich gern die berühmte Geschichtsvision nach dem Ende der Geschichte, die Marx und Engels in der *Deutschen Ideologie* beschworen und die in der Möglichkeit bestand, Äcker zu bestellen, zu jagen, zu fischen und Literaturkritik zu schreiben, ohne indes Bauer, Jäger, Fischer oder Literaturkritiker zu *sein*. Und wenn es mir gestattet ist, daneben ein echtes philosophisches Geschoß aufzufahren: Diese Weigerung, das Sein auf etwas Bestimmtes festzulegen, nennt Jean-Paul Sartre Wahrhaftmenschlich-Sein. Es verträgt sich nicht mit dem, was Sartre *mauvaise foi* (Unwahrhaftigkeit) nennt, oder damit, sich selbst als Objekt zu begreifen und somit eine Identität zu haben als Kellner in der Rolle des Kellners oder als Frau in der Rolle der Frau. Daß das sartresche Freiheitsideal nicht leicht zu leben ist, belegen in meinen Augen jene unermüdlichen Selbstfindungsanstrengungen, die zur Populärpsychologie unserer Zeit gehören, und auch das Bemühen, ganz in der Gruppe, der man angehört, aufzugehen, wie in der politischen Psychologie des Multikulturalismus, bestimmten Feminismusformen und der militanten Schwulenideologie, die sämtlich unsere unmittelbare Gegenwart bestimmen. Doch entspricht es dem posthistorischen Moment, daß sich jene auf eine solche Identitätssuche begeben, die besonders weit von ihrem Ziel entfernt sind – die, um es in sartreschen Begriffen auszudrücken, nicht das sind, was sie sind, und sind, was sie nicht sind.

Die Juden im *Stetl* waren, was sie waren, und brauchten keine Identität zu *begründen*.

Erfunden wurde der Begriff »Pop« von Lawrence Alloway, meinem unmittelbaren Vorgänger als Kunstkritiker bei *The Nation*. Meiner Ansicht nach fängt er zwar nur bestimmte Oberflächenmerkmale der Bewegung ein, doch trifft er die damit einhergehende Ehrfurchtlosigkeit glänzend. Der Klang evoziert eine abrupte Deflation, wie bei einem platzenden Luftballon. »Wir entdeckten«, schreibt Alloway,

> daß es uns um ein Kultur-Idiom ging, das über bestimmte Interessen oder Fertigkeiten in der Kunst, Architektur, im Design oder in der Kunstkritik, die wir jeweils hatten, hinausreichte. Der Kontaktbereich war die massengefertigte Stadtkultur: Filme, Werbung, Science-Fiction, Popmusik. [Was übrigens heute den Standardinhalt einer jeden Nummer von ArtForum ausmacht.] Wir waren frei von der für die meisten Intellektuellen typischen Abneigung gegenüber der Kommerzkultur und akzeptierten sie einfach als Tatsache, diskutierten sie in allen Einzelheiten und konsumierten sie begeistert. Ein Ergebnis unserer Diskussionen war, die Popkultur aus der Ecke des »Eskapismus«, des »reinen Entertainment«, der »Entspannung« herauszuholen und mit der gleichen Ernsthaftigkeit wie Kunst zu behandeln.[9]

Für mich besteht kein Zweifel daran, daß diese Diskussionen einer Akzeptanz der Pop Art den Weg ebneten, doch möchte ich hier einige Unterscheidungen treffen. Es besteht nämlich ein Unterschied zwischen Pop *in* der Hochkultur, Pop *als* Hochkultur und der Pop-Kunst als solcher. Das dürfen wir nicht aus den Augen verlieren, wenn wir nach Vorläufern des Pop Ausschau halten. Als Motherwell die Gauloise-Packung in seinen Collagen verwendete oder Hopper und Hockney Elemente aus der Werbewelt in Bilder einbrachten, die ihrerseits weit von der Pop Art entfernt waren, handelte es sich dabei um Pop *in* der Hochkultur. Populärkultur *als* ernstzunehmende Kunst zu behandeln, ist im Grunde das, was Alloway beschreibt: »Ich verwendete die Begriffe und Pop-Kultur in bezug auf die Produkte der Massenmedien, nicht auf Kunstwerke, die sich auf die Populärkultur beziehen.«[10] Die Pop Art als solche besteht in dem, was ich als Verklärung von Emblemen der Populärkultur in Hochkultur bezeichne. Das erfordert die Wiedererschaffung eines Logos als sozialistisch-realistische Kunst oder die Thematisierung einer Suppendose von Campbell auf einem echten Ölgemälde, das sich der Werbekunst als malerischem Stil bedient. Die

Pop Art war gerade deshalb so aufregend, weil sie verklärend wirkte. Es gab genügend Fans, die Marilyn Monroe wie einen der großen Bühnen- oder Opernstars verehrten. Aber erst Warhol verklärte sie zu einer Ikone, indem er ihr herrliches Gesicht vor einem goldenen Hintergrund zeigte. Die Pop Art als solche war eine echt amerikanische Errungenschaft, und ich glaube, es war die Verklärungsfunktion ihrer Grundstrategie, die sie im Ausland so subversiv machte. Verklärung ist ein religiöser Begriff. Er bedeutet Verehrung des Gewöhnlichen; in der ursprünglichen Verwendung im Evangelium des heiligen Matthäus bedeutet er, einen Menschen als Gott verehren. Ich habe versucht, diese Idee im Titel meines ersten Buches zur Kunst, *Die Verklärung des Gewöhnlichen*, zu vermitteln, der übrigens auf einen fiktiven Titel in einem Roman der katholischen Schriftstellerin Muriel Spark zurückgeht. Es will mir nun scheinen, als habe die Pop Art ihre Beliebtheit nicht zuletzt der Tatsache zu verdanken gehabt, daß sie solche Dinge oder Gattungen von Dingen verklärte, die den Menschen am meisten bedeuteten, und sie somit zu Gegenständen der Hochkultur erhob.

Erwin Panofsky und andere haben den Standpunkt vertreten, daß sich die verschiedenen Manifestationen einer Kultur durch eine gewisse Einheitlichkeit auszeichnen, einen gemeinsamen Anstrich, der sowohl deren Malerei als auch zum Beispiel ihre Philosophie beeinflußt. Positivistisch betrachtet lassen sich solche Ideen zwar nur zu leicht skeptisch verwerfen, doch sehe ich eine gewisse Bestätigung von Panofskys Grundintuition in der Lage der bildenden Künste und der Philosophie Mitte des zwanzigsten Jahrhunderts. Das wird nur selten angesprochen, weshalb ich an dieser Stelle das philosophische Pendant zum Pop umreißen möchte. Auch das ist nämlich etwas, das ich miterlebt und woran ich – mit gewissen Einschränkungen – geglaubt habe.

In den Jahren nach dem Zweiten Weltkrieg war die vorherrschende Philosophierichtung, zumindest im englischsprachigen Raum, die »analytische Philosophie«, um den vagen Begriff hier zu verwenden. Sie spaltete sich in zwei Zweige, die ein stark voneinander abweichendes Sprachverständnis hatten und beide auf die eine oder andere Weise unterschiedlichen Perioden im Denken Ludwig Wittgensteins entstammten. Trotz aller Unterschiede waren beide Zweige der analytischen Philosophie jedoch der Ansicht verpflichtet, daß die traditionell praktizierte Philosophie, insbesondere die sogenannte Metaphysik, intellektuell suspekt, ja ein ausgemachter Schwindel sei, weshalb die Negativaufgabe beider Zweige der analytischen Philosophie darin bestand, Leere und Sinnlosigkeit der Metaphysik nachzuweisen und augenfällig zu machen. Ein Zweig ließ sich dabei von der formalen Logik leiten und hatte sich der rationalen Rekonstruktion der Sprache verschrieben – einem Wiederaufbau der Sprache auf soliden Grundfesten, die ihrerseits anhand von direkter sinnlicher Erfahrung (bzw. Beobachtung) definiert waren, so daß die Metaphysik – die nicht empirisch begründet war – das System auch ja nicht mit ihrer kognitiven Zersetzung gefährden konnte. Die Metaphysik war deshalb Unsinn, weil sie von der Erfahrung bzw. von der Beobachtung radikal ausgeschlossen war.

Der andere Zweig war nicht der Ansicht, daß die Sprache unbedingt zu rekonstruieren sei, solange sie korrekt gebraucht wurde: »Philosophie entsteht, wenn die Sprache feiert« lautet eine der Behauptungen Wittgensteins in seinem posthumen Meisterwerk *Philosophische Untersuchungen*. Unter beiden Aspekten war die analytische Philosophie an die menschliche Erfahrung auf deren grundlegendster Stufe und an den gewöhnlichen Diskurs gebunden, der niemanden ausschloß. Im Grunde bestand die Philosophie aus Allgemeinwissen. J.L. Austin war eine Zeitlang Vordenker der Schule der »Ordinary Language Philosophy« in Oxford, und die folgende Aussage von ihm bestätigt meine Spekulation. Es war fast eine Art Glaubensbekenntnis:

> Unser gemeinsamer Vorat an Wörtern enthält sämtliche Unterscheidungen und Zusammenhänge, die die Menschen im Laufe vieler Generationen für wichtig genug erachtet haben. Da sie die langwierige Prüfung des Überlebens des Tüchtigsten bestanden haben, sind sie wahrscheinlich zahlreicher, treffender und zumindest im Hinblick auf alle normalen und einigermaßen praktischen Angelegenheiten subtiler als diejenigen, die einer von uns am Nachmittag im Lehnstuhl ausdenken könnte.[11]

Meiner Ansicht nach verklärt auch die Pop Art allbekannte Dinge zu Kunst: die Objekte und Ikonen des gemeinsamen Kulturerlebens, die allen gemeine Ausstattung des Gruppendenkens im gegenwärtigen geschichtlichen Augenblick. Der Abstrakte Expressionismus befaßte sich dagegen mit verborgenen Prozessen und gründete auf surrealistischen Prämissen. Seine Praktiker wollten Schamanen sein, die mit Urkräften kommunizierten. Der Abstrakte Expressionismus war durch und durch metaphysisch, während der Pop die allergewöhnlichsten Dinge des alleralltäglichsten Lebens feierte – Cornflakes, Dosensuppen, Topfkratzer, Filmstars, Comics, denen er durch die Prozesse der Verklärung einen nahezu transzendentalen Nimbus verlieh. Es muß in den sechziger Jahren etwas gegeben haben, das erklärt, warum die gewöhnlichen

Dinge der Alltagswelt urplötzlich zum Muttergestein von Kunst und Philosophie wurden. Die Abstrakten Expressionisten verachteten jene Welt, welche der Pop-Künstler verherrlichte. Die analytische Philosophie war der Ansicht, daß die traditionelle Philosophie an ihr Ende gelangt war, nachdem sie die Möglichkeiten der Erkenntnis radikal mißverstanden hatte. Was die Philosophie in Zukunft, nach dem Ende, tun sollte, läßt sich schwer sagen, doch sollte es wahrscheinlich etwas Nützliches von unmittelbarem Wert für die Menschheit sein. Die Pop Art war gleichbedeutend mit dem Ende der Kunst, wie ich bereits argumentiert habe, und was die Künstler nach dem Ende der Kunst tun sollten, ist ebenfalls schwer zu sagen, doch bestand zumindest die Möglichkeit, daß sich auch die Kunst in die direkten Dienste der Menschheit stellen ließe. Beide Seiten der Kultur verfochten eine Befreiungsdoktrin – Wittgenstein sprach davon, der Fliege den Weg aus dem Glas zu zeigen. Danach war es der Fliege überlassen, zu entscheiden, wohin sie sich wenden und was sie tun wollte, solange sie sich in Zukunft aus Gläsern heraushielt.

Natürlich besteht die Versuchung, sowohl Kunst und Philosophie zur Jahrhundertmitte als reaktiv zu betrachten – als Gegenreaktionen. Zum Beispiel ist bei Lichtenstein eine gewisse Verhöhnung der Ansprüche des Abstrakten Expressionismus zu spüren. Doch glaube ich, daß sich beide Bewegungen auf einer gänzlich neuen Ebene befanden, vor allem weil sie die Philosophie und die Kunst vor ihnen jeweils als ein Ganzes betrachteten. Die analytische Philosophie nahm eine ablehnende Haltung gegenüber der gesamten Philosophie von Platon bis Heidegger ein. Die Pop Art verwarf die Kunst als Ganzes zugunsten des wirklichen Lebens. Doch glaube ich, daß beide darüber hinaus etwas sehr Tiefliegendes in der menschlichen Psychologie des Augenblicks ansprachen und daß sie deshalb außerhalb der amerikanischen Szene so befreiend wirkten. Sie reagierten nämlich auf ein universales Empfinden von Menschen, die ihr Leben im Hier und Jetzt genießen wollten und nicht auf irgendeiner anderen Ebene oder in einer anderen Welt oder zu einem späteren Zeitpunkt in der Geschichte, für den die Gegenwart nur die Vorbereitungszeit sein sollte. Sie wollten weder aufschieben noch opfern, deshalb auch die Dringlichkeit der schwarzen Befreiungs- und der Frauenbewegung in Amerika, und deshalb hatte auch die Sowjetunion aufgehört, die Helden eines fernen Utopia zu feiern. Niemand wollte mehr auf den Himmel warten, um seinen Lohn zu erhalten, oder sich darauf freuen, daß die Mitglieder der klassenlosen Gesellschaft dereinst in einem sozialistischen Utopia leben würden. Einfach nur die Möglichkeit zu haben, in der vom Pop ins Bewußtsein gerufenen Welt ungehindert zu leben, war das höchste der ersehnten Gefühle. Etwaige gesellschaftliche Programme mußten dem entsprechen. »We don't need another hero« (Wir brauchen keine Helden mehr), schreibt Barbara Kruger auf eines ihrer Transparente und bringt damit auf den Punkt, was Komar und Melamid in ihrer Sots-Kunst anstrebten. Und es war die durch das Fernsehen verbreitete Wahrnehmung, daß andere die Vorteile eines normalen Lebens *hier und jetzt* genossen, die 1989 zum Fall der Berliner Mauer führte.

Der Sprecher des amerikanischen Abgeordnetenhauses Newt Gingrich bekundet in seinem Buch *To Renew America* ein Geschichtsverständnis, das meinem nicht unähnlich ist. Für ihn war 1965 das entscheidende Jahr, doch kommt es auf die genaue Datierung wohl nicht an. Was in seinen Augen 1965 geschah, war »eine gezielte Bemühung seitens kultureller Eliten, diese Zivilisation in Mißkredit zu bringen und sie durch eine Kultur der Verantwortungslosigkeit zu ersetzen.«[12] Ich kann allerdings nicht glauben, daß es sich um eine gezielte Bemühung handelte, ebensowenig kann ich glauben, daß Künstler und Philosophen eine Revolution bewirkt hätten, die ungeachtet dessen eine Erklärung für Kunst und Philosophie liefert. Der Wandel im gesellschaftlichen Gefüge war nachhaltig und vom Drang nach Befreiung geleitet, der bis zum heutigen Tag nicht nachgelassen hat. Die Menschen entdeckten, daß sie in Frieden gelassen werden und »nach Glück streben« wollten, was ja gemäß der Ermächtigungsurkunde unseres Landes auch in der kurzen Liste der menschlichen Grundrechte enthalten ist. Daß eine diesem Streben verschriebene Bevölkerung sich dann wieder mit einer früheren Lebensform abfindet, ist unwahrscheinlich, so sehr sich manche auch nostalgisch nach Gesetz und Ordnung zurücksehnen, welche jene Lebensform bestimmten; es läßt sich sogar argumentieren, daß Inruhegelassenwerdenwollen von einem als anmaßend und herrisch erlebten Staat zum Programm des Abgeordneten Gingrich gehört.

Ich habe hier versucht, die Pop Art in einen sehr viel weiteren Kontext als die üblichen kunsthistorischen Zusammenhänge von kausaler Beeinflussung und ikonographischer Erneuerung einzuordnen. Nach meinem Dafürhalten war Pop mehr als eine Bewegung, die sich einer anderen anschloß, um dann wieder durch eine neue ersetzt zu werden. Die Pop Art war ein kataklystisches Moment, das tiefgehende gesellschaftliche und politische Verlagerungen signalisierte und profunde philosophische Veränderungen hinsichtlich der Idee der Kunst bewirkte. Sie erst läutete das 20. Jahrhundert ein, das so lange – vierundsechzig Jahre lang, um genau zu sein – im Einflußbereich des

19. Jahrhunderts darniederlag, wie wir an der *vergangenen Zukunft** sehen können, mit der ich begann. Die entsetzlichen Ideen des 19. Jahrhunderts haben sich eine nach der anderen erschöpft, wenngleich viele der Unterdrückungsinstitutionen des 19. Jahrhunderts überdauert haben. Wie wird das 20. Jahrhundert aussehen, wenn es erst einmal in Bewegung kommt? Ich wünsche mir ein Bild von Barbara Kruger, auf dem steht: »Wir brauchen keine Erzählungen mehr«.

Ein möglicher Vorteil, Kunst im weitestmöglichen Kontext zu betrachten, besteht zumindest im vorliegenden Fall darin, das recht enggefaßte Problem der Unterscheidung zwischen Duchamps Readymades und Pop-Werken wie Warhols *Brillo Box* zu lösen. Gleichgültig, worin seine Errungenschaft auch bestand, Duchamps Motivation war nicht, das Gewöhnliche zu feiern. Mag sein, daß er die Ästhetik herabwürdigte und die Grenzen der Kunst auf die Probe stellte. Die Geschichte kennt im Grunde kein Das-ist-alles-schon-mal-dagewesen. Daß eine äußerliche Ähnlichkeit zwischen Duchamp und Pop besteht, ist eines der Dinge, die uns Pop durchschauen lehrt. Die Ähnlichkeiten sind nämlich weitaus weniger auffällig als die zwischen *Brillo Box* und Brillo-Kartons. Der Unterschied zwischen Duchamp und Warhol ist entsprechend sehr viel weniger schwierig auszumachen als der Unterschied zwischen Kunst und Wirklichkeit. Die Pop Art in ihren profunden kulturellen Augenblick einzuordnen, macht deutlich, wie anders ihre Beweggründe waren als jene, denen Duchamp ein halbes Jahrhundert zuvor folgte.

Anmerkungen

1. Thomas Eakins, zitiert in Lloyd Goodrich, *Thomas Eakins: His Life and Work* (New York: Whitney Museum of American Art, 1933), S. 20.
2. Gail Levin, *Edward Hopper: An Intimate Biography* (New York: Knopf, 1995), S. 251.
3. a.a.O., S. 252.
4. a.a.O. S. 469.
5. a.a.O., S. 567.
6. *Willem de Kooning Paintings* (Washington, D.C.: National Gallery of Art, 1994), S. 131.
7. Levin, *Edward Hopper*, S. 549.
8. Arthur C. Danto, »The Art World«, *Journal of Philosophy* 61, Nr. 19 (1964); S. 571-84. Dies war außerdem meine erste philosophische Veröffentlichung zur Kunst und blieb es, mit einigen kleinen Ausnahmen, bis zum Erscheinen mei-

nes *The Transfiguration of the Commonplace* (Cambridge: Harvard University Press, 1981).
9. Lawrence Alloway, »The Development of British Pop«, in Lucy R. Lippard, *Pop Art* (London: Thames and Hudson, 1985), S. 29f.
10. a.a.O., S. 27.
11. J.L. Austin, »A Plea for Excuses«, in *Philosophical Papers*, hrsg. von J.O. Urmson und G.J. Warnock (Oxford: Clarendon Press, 1961), S. 130.
12. Newt Gingrich, *To Renew America* (New York: Harper Collins, 1995), S. 29.

Sean Scully, *Homo Duplex* (1993)

VIII. Malerei, Politik und posthistorische Kunst

Clement Greenbergs Wehklage, in den vergangenen dreißig Jahren sei in der Kunst nichts passiert – zu keinem Zeitpunkt in ihrer Geschichte habe sich die Kunst so langsam bewegt –, läßt sich eine gänzlich alternative Deutung der Lage gegenüberstellen. Und zwar: Nicht die Kunst hat sich langsam fortbewegt, sondern der Geschichtsbegriff, im Rahmen dessen sie sich langsam oder schnell fortbewegte, ist seinerseits aus der Kunstwelt verschwunden, so daß wir nun in, wie ich es genannt habe, »posthistorischen« Zeiten leben. Greenberg vertrat stillschweigend eine von einer fortschrittlichen Entwicklung gekennzeichnete Geschichtsauffassung, was ja auch der Sicht der Kunst spätestens seit Vasari entspricht – eine Erzählung des Fortschritts, in der der Kampf um die Ziele der Kunst von Siegen und Durchbrüchen gekennzeichnet war. Jene Ziele hatten sich zwar mit der Moderne geändert, doch blieb die von Greenberg aufgestellte Rahmenerzählung weiterhin von einer fortschrittlichen Entwicklung gekennzeichnet; 1964 etwa sah er die Farbfeldabstraktion als den nächsten Schritt in Richtung auf eine Bereinigung der Malerei an. Bis der Zug der Kunstgeschichte – Pop! – aus den Gleisen geschleudert wurde, neben denen er seit nunmehr dreißig Jahren der Reparatur harrt. Als Greenberg an jenem schwülen Augustnachmittag des Jahres 1992 gefragt wurde, ob er denn überhaupt irgendeinen Hoffnungsschimmer sehe, antwortete er, für ihn sei Jules Olitski seit langer Zeit unser bester Maler. Damit legte er nahe, daß die Malerei die Kunst schließlich retten, den Zug wieder in die Spur und zur nächsten Station bringen würde – daß wir dort angekommen wären, würden wir nach unserer Ankunft merken – im allgemeinen progressiven Fortschreiten der Moderne.

Die Alternativsicht sähe folgendermaßen aus: Wir haben es nicht mit einer unterbrochenen Reise zu tun, vielmehr hatte die historisch begriffene Kunst das Ende der Strecke erreicht, weil sie sich auf eine andere Bewußtseinsebene begeben hatte. Das war nämlich die Ebene der Philosophie, die aufgrund ihrer kognitiven Natur eine progressive Entwicklungserzählung zuläßt, die im Idealfall mit einer philosophisch angemessenen Definition der Kunst konvergiert. Auf der Ebene der künstlerischen Praxis war es jedoch kein historischer Imperativ mehr, die Gleise ins ästhetisch Unbekannte hinein zu verlängern. In der posthistorischen Phase stehen dem Kunstschaffenden zahllose Richtungen offen, keine – zumindest historisch – privilegierter als die anderen. Das hieß nicht zuletzt, daß die Malerei, da sie nicht länger als Hauptvehikel für die geschichtliche Entwicklung fungierte, nur noch *ein* Medium in jener offen disjunktiven Vielfalt von Medien und Praktiken war, welche die Kunstwelt bestimmten und zu denen Installation, Performance, Video, Computer und verschiedene Mixed-Media-Modalitäten gehörten, ganz zu schweigen von Earthworks, Body Art, dem, was ich mit »Object Art« bezeichne, und noch einer ganzen Menge von Kunst, die ehemals mit der Bezeichnung »Kunsthandwerk« stigmatisiert worden war. Daß Malerei nicht mehr der »Schlüssel« war, hieß allerdings nicht, daß etwas anderes diese Rolle übernehmen würde, denn in Wirklichkeit fehlte den bildenden Künsten in jenem enorm erweiterten Sinne, den dieser Begriff Anfang der neunziger Jahre angenommen hatte, die Art von Struktur, die eine Entwicklungsgeschichte theoretisch interessant oder sogar für Kunstkritiker bedeutend gemacht hätte. Sobald wir uns einem Bereich der bildenden Künste außerhalb der Malerei und vielleicht auch der Bildhauerei zuwenden, begegnen wir zwar Praktiken, die sicherlich verfeinerungsfähig sind, die jedoch keine Möglichkeiten für eine fortschrittliche Entwicklung jener Art bergen, wie sie die Malerei über Jahrhunderte bereitwillig bot – in ihrer Frühphase als Projekt zur Erreichung immer adäquaterer Repräsentationen der Welt und in ihrer modernen Phase als eine zunehmend adäquate Annäherung an einen Zustand der Reinheit. In ihrer End- oder philosophischen Phase sollte sie nun eine zunehmend adäquate Definition ihrer selbst entdecken, doch ist dies, behaupte ich, eher eine philosophische denn eine künstlerische Aufgabe. Es war, als habe sich ein breiter Fluß plötzlich in ein Netzwerk von Nebenflüssen verzweigt. Dieses Fehlen einer einzigen, einheitlichen Strömung war es, die Greenberg als die Abwesenheit von Geschehen deutete. Oder anders ausgedrückt: Er deutete sämtliche Nebenströmungen als Variationen desselben Themas – das er als »Neuheitenkunst« bezeichnete.

Es ist denkbar, daß Greenbergs Erzählung von einer inneren Dynamik in Richtung auf das Wesen der Kunst in Wirklichkeit mehr Anhänger hat, als man dies hätte annehmen können. In seinem großartigen Essay »Style and Medium in Motion Pictures« schreibt Panofsky über Buster Keatons *The Navigator* von 1924 und Eisensteins *Panzerkreuzer Potemkin* von 1925:

> Die Entwicklung von den wackligen Anfängen zu dieser grandiosen Klimax bietet das faszinierende Schauspiel eines neuen künstlerischen Mediums, das sich allmählich seiner legitimen, sprich: exklusiven Möglichkeiten und Beschränkungen bewußt wird – ein Schauspiel, das der Enwicklung des Mosaiks nicht unähnlich ist, das mit der Übertragung illusionistischer Genrebilder auf ein haltbareres Material begann und im hieratischen Supernaturalismus von Ravenna gipfelte, oder der Entwicklung des Stiches, der als billiger und praktischer Ersatz für die Buchillustration begann und im rein »grafischen« Stil eines Dürer kulminierte.[1]

Doch ist es aufschlußreich, nachzuvollziehen, wie das »ist« der historischen Entwicklung zum »sollte« der Medienkritik wird. Die Vorstellung der Moderne, daß Kunst aus der Treue zu den wesentlichen Merkmalen des jeweiligen Mediums besteht, sorgte für eine äußerst machtvolle Position der Kritik in den Kunstformen außerhalb der Malerei. Als die Videokunst auf der Bildfläche erschien, brachte sie zwangsläufig auch ein puristisches Kritikprogramm mit sich, im Rahmen dessen Arbeiten als nicht »videomäßig« genug gegeißelt wurden. Also bemühten sich die Künstler, aus ihren Filmen und Bändern alles zu entfernen, was dem Medium, so neu dieses auch war, nicht wesentlich zukam, bis ein solcher Purismus schließlich an Dringlichkeit verlor. Aus dem gleichen Grund war das Kunsthandwerk, vor allem die sogenannte erste Generation der Studio Furniture Makers nach dem Zweiten Weltkrieg, bemüht, das jeweilige Material für sich sprechen zu lassen – das Holzsein von Holz zu betonen oder jene schreinerhandwerklichen Kunstgriffe zu thematisieren, die den Tischler zum Kunsthandwerker erheben. Als auch das an Bedeutung verlor, als die Handwerker kein Interesse mehr an Reinheit hatten – oder sogar begannen, die Reinheit zu attackieren (wie in dem berühmten Werk von Garry Knox Bennett, der in ein edles Stück aus makellos bearbeitetem und furniertem Holz einen Nagel schlug, diesen verbog und die Hammerspuren sichtbar ließ) und von da an sämtliche Mittel heranzogen, die ihren Ausdruckszwecken genügten, sogar die illusionistischen Techniken der Malerei, wie in den raffinierten und bezaubernden Kunsttischlerarbeiten von John Cedarquist, hatte das greenbergsche Paradigma eindeutig seine Herrschaft verloren. Die Postmoderne, ein authentischer Stil, der in der posthistorischen Periode entstanden war, zeichnete sich generell durch eine trotzige Gleichgültigkeit gegenüber der Art von Reinheit aus, die Greenberg als das Ziel einer historischen Entwicklung betrachtete. Sobald dieses Ziel abhanden kam, waren die Erzählungen der Moderne zuende, selbst für die Malerei.

Doch legt nichts besser Zeugnis von der Macht der greenbergschen Vision ab als die radikalen Kritiken an der Malerei selbst, die in den 8oer Jahren entstanden. Es entbehrt nicht einer gewissen Ironie, daß diese Kritiken sich mehr oder weniger auf Greenbergs Darstellung stützten, jedoch von Kritikern vorgebracht wurden, denen Greenberg ein Greuel war. Sie gingen ganz selbstverständlich davon aus, daß die Schaffung reiner Malerei das Ziel der Geschichte war, daß dieses erreicht worden war und damit der Malerei nichts mehr zu tun blieb. Die Malerei war an ihrer eigenen Selbsterfüllung zugrundegegangen. Nachstehend eine nicht untypische Aussage eines fortschrittlichen Kritikers, Douglas Crimp, in einem Artikel über den französischen Maler Daniel Buren:

›Mit dem heutigen Tag ist die Malerei tot.‹ Es ist jetzt [1981] beinahe anderthalb Jahrhunderte her, seit Paul Delaroche diesen Satz angesichts der überwältigenden Augenscheinlichkeit von Daguerres Erfindung gesprochen haben soll. Doch obgleich das Todesurteil in der gesamten Epoche der Moderne immer wieder gefällt worden ist, scheint niemand so recht bereit gewesen zu sein, es zu vollstrecken; das Leben im Todestrakt wurde zur Langlebigkeit. In den sechziger Jahren hatte es allerdings den Anschein, als ließe sich der todkranke Zustand der Malerei nicht mehr ignorieren. Die Symptome waren überall sichtbar: im Werk der Maler selbst, die scheinbar sämtlich Ad Reinhardts Behauptung wiederholten, er »mache die letzten Bilder, die noch machbar sind« oder es ihren Bildern gestatteten, durch Fotos verunreinigt zu werden; in der minimalistischen Skulptur, die für einen endgültigen Bruch mit der unvermeidlichen Verbindung der Malerei zu einem jahrhundertealten Idealismus sorgte; in all jenen anderen Medien, denen sich die Künstler, die einer nach dem anderen der Malerei den Rücken kehrten, zuwandten.... [Daniel Buren] weiß nur zu gut, daß, wenn seine Streifen als Malerei verstanden werden, die Malerei als die »pure Idiotie« aufgefaßt wird, die sie ist. In dem Augenblick, in dem Burens Werk sichtbar wird, ist der Code der Malerei abgeschafft, und Burens Wiederholungen können aufhören: denn damit ist das Ende der Malerei endlich bestätigt.[2]

Natürlich besteht ein grundlegender Unterschied zwischen Paul Delaroches und Douglas Crimps Auffassung, mit dem Auftauchen der Fotografie sei die Malerei gestorben. 1839 bezog Delaroche sich auf die mimetischen Ambitionen der Malerei und glaubte, wenn alle darstellenden Fähigkeiten, die ein Maler beherrschen mußte, sich nun in einen Mechanismus einbauen ließen, der eine ebenso glaubwürdige Imitation hervorbringen könnte wie ein Meistermaler, sei es sinnlos, überhaupt noch das Malen zu lernen. Natürlich ist auch der Fotografie ein Kunstelement eigen, doch dachte Delaroche zunächst an die bloße Leistung, ein Bild auf eine Fläche zu bannen – da die Malerei nach wie vor eindeutig in mimetischen Begriffen definiert war –, welche der fotografische Apparat nun vollbringen konnte, so daß Hand und Auge des Malers überflüssig geworden waren. Der politisch radikale Crimp dachte fraglos an die Klassenassoziationen der Malerei, an die institutionellen Implikationen des Museums der schönen Künste sowie Walter Benjamins einflußreiche Unterscheidung zwischen Kunstwerken, die eine Aura hatten, und Kunstwerken, die durch »technische Reproduktion« erzielt wurden. Seine Haltung ist damit politisch, wie es die von Delaroche, soweit ich weiß, gar nicht sein konnte. Sie ist politisch, wie fast alle Proklamationen zum Ende der Malerei – vor allem zum Ende des Staffeleigemäldes – in diesem Jahrhundert es waren. Die Berliner Dada-Künstler, die mit der Festlegung der Rolle der Kunst in der kommunistischen Gesellschaft beauftragten Moskauer Ausschüsse, die mexikanischen Wandmaler (Siqueros nannte die Staffeleimalerei »Faschismus der Kunst«)[3] waren bei ihrer Verurteilung der Malerei durch die Bank politisch motiviert. Duchamps verächtliche Beschreibung der »Geruchskünstler« – in den Geruch von Ölfarben verliebte Künstler – wäre da eine Ausnahme, einfach weil es schwierig ist, Duchamp überhaupt ein politisches Programm zu unterstellen. Aber auch Dali erklärte sich, möglicherweise in einer Geste verschärften Surrealismus, bereit, die Malerei um die Ecke zu bringen: »Die Kunst im traditionellen Sinn ist in unserem Zeitalter deplaziert, sie hat keine Existenzgrundlage mehr, ist etwas Groteskes geworden. Die neue Intelligentsia macht sich ein Vergnügen daraus, ihr den Gnadenstoß zu geben.«[4] Alle diese malereifeindlichen Standpunkte betrachteten die Malerei als Teil einer inzwischen diskreditierten Lebensform, die durch Fotomontage, Fotografie, »Art into Life«, Wandgemälde, Konzeptkunst oder womit immer Dali glaubte, Malereifremdes zu schaffen, und Ähnliches zu ersetzen war. Crimp selbst war Herausgeber der einflußreichen Zeitschrift *October*, die – typisch für eine amerikanische intellektuelle Publikation (für die *The Partisan Review* wiederum paradigmatisch ist) – eine radikale Kritik an der zeitgenössischen Kultur mit einer oft elitären Haltung gegenüber der Kunst verband. Für *October* war allerdings spezifisch, daß die von dem Magazin befürwortete Kunst institutionelle Grundlagen voraussetzte, welche mit jenen, die den Konsum von Kunst in der »spätkapitalistischen« Gesellschaft definieren, nicht im Einklang stehen. Eine Gesellschaft, in der diese alternativen institutionellen Rahmen sogar die kunstbestimmenden waren, war vielleicht insgesamt einer Gesellschaft moralisch vorzuziehen, deren Institutionen vorrangig auf die Malerei zugeschnitten waren: Galerien, Sammlungen, Museen und Kunstpublikationen, die als Werbeträger für die in ihnen besprochenen Ausstellungen fungieren. Selbst Greenberg hat ja seine Vorbehalte gegenüber der Malerei in einem viel diskutierten Essay aus dem Jahre 1948 zur Krise der Staffeleimalerei zum Ausdruck gebracht, die seiner Ansicht nach in Auflösung begriffen war und damit »scheinbar auf etwas im zeitgenössischen Empfinden tief Verwurzeltes reagiert«:

> Gerade diese Einheitlichkeit, diese Auflösung des Bildes in reine Textur, reine Empfindung, in eine Ansammlung ähnlicher Empfindungseinheiten ... mag dem Gefühl entsprechen, daß alle hierarchischen Unterscheidungen sich erschöpft haben, daß kein Erfahrungsbereich, keine Erlebnisart einer anderen an sich oder relativ überlegen ist. Mag sein, daß daraus ein monistischer Naturalismus spricht, der die gesamte Welt als selbstverständlich betrachtet und für den es weder erste noch letzte Dinge gibt.[5]

Wer diese Sicht der Malerei und der damit verbundenen gesellschaftlichen Voraussetzungen vertrat, konnte diese durchaus in dem enormen Aufschwung bestätigt sehen, den die Malerei Anfang der achtziger Jahre genoß, als Douglas Crimp ironischerweise das Ende der Malerei erklärte. Zu Beginn der Reagan-Jahre und der damit einhergehenden rückhaltlosen Billigung kapitalistischer Werte erschienen Unmengen großformatiger Staffeleibilder, wie kalibriert auf die riesigen Beträge verfügbaren Kapitals, die viele Geldbeutel prall füllten. Der Besitz von Kunst war scheinbar ein Gebot jener Lebensform, um so mehr als ein starker Sekundärmarkt fast eine Garantie dafür bot, daß der Käufer im Zuge einer Lifestyle-Aufwertung mittels Kunst außerdem eine kluge

Anlage tätigte: Die Kunstwelt war die in der Hochkultur inszenierte Reagan-Philosophie. Die Kunst präsentierte sich also aus dem Nichts heraus all jenen, die »im Erdgeschoß einsteigen wollten«, entweder weil sie beim Abstrakten Expressionismus die Chance verpaßt hatten und der Abstrakte Expressionismus nun preislich nicht mehr in Reichweite lag oder weil sie einfach noch nicht alt genug waren, um die Zeit miterlebt zu haben, als man Kunst noch zu absurd niedrigen Preisen erwerben konnte, die inzwischen buchstäblich ein Vermögen wert war. Es spielte auch keine Rolle, daß der Künstler vielleicht versucht hatte, mit seinen Bildern Kritik am Kapitalismus zu üben: Die bloße Tatsache, daß es Bilder waren, implizierte die Billigung der durch ihren Inhalt kritisierten oder gar verdammten gesellschaftlichen Institutionen. Allein der Wunsch, sich als Künstler durch die Malerei auszudrücken, hätte bereits als kompromittierend begriffen werden können.

Meine eigene Reaktion auf den Neo-Expressionismus war äußerst skeptisch. Ich war nicht der Ansicht, daß sich hier ein früherer Moment in der amerikanischen Kunst wiederholte oder daß die Geschichte insofern wieder auf den alten Gleisen war, als sich die Kunstgeschichte mit der Geschichte der Malerei deckte. Mein Eindruck bei jenen berauschenden Schauen von Julian Schnabel und David Salle in Soho 1981 war, wie ich an anderer Stelle geschrieben habe, daß sie »nicht das waren, was eigentlich der nächste Schritt hätte sein sollen«. Was die Frage aufwarf: Was hätte denn geschehen sollen? Wie mir später aufging, lautete die Antwort: Nichts *sollte* passieren, weil jene Erzählung, die nächste Stufen vorgeschrieben hatte, mit dem »Ende der Kunst« vorbei war. Jene Geschichte endete, als das philosophische Wesen der Kunst einen gewissen Bewußtseinsgrad erreicht hatte. Kunst nach dem Ende der Kunst konnte natürlich auch Malerei umfassen, aber die betreffende Malerei trieb die Erzählung keineswegs weiter, denn diese war vorüber. Es gab keinen besseren, der Kunstgeschichte inhärenten Existenzgrund für die Malerei als für irgendeine andere Form von Kunst. Die Kunst hatte einen narrativen Schluß erreicht, und was fortan produziert wurde, gehörte dem posthistorischen Zeitalter an.

Es besteht ein deutlicher Unterschied zwischen der 1981 abgegebenen Erklärung, die Malerei sei tot und früheren gleichlautenden Aussagen in den zwanziger und dreißiger Jahren des Jahrhunderts. 1981 gab es, wenn man danach Ausschau hielt, Beweise dafür, daß die Malerei keine Zukunft hatte, daß die pechschwarzen Bilder von Reinhardt, die reinweißen Bilder von Robert Ryman oder die trüben Streifen Daniel Burens die Endzustände innerer Erschöpfung markierten. Zwar konnte sich jemand, der Maler sein wollte, mit einer Wiederholung solcher Lösungen zufriedengeben oder marginale Variationen versuchen, doch blieb damit die ernsthafte Frage nach Sinn und Zweck solchen Tuns. Es gab eine ausreichende Anzahl an Variablen – Größe, Ton, Oberflächentextur, Rand, ja Form –, mit denen sich experimentieren ließ, doch fehlte derartigen Experimenten notgedrungen die Hoffnung oder Erwartung eines historischen Durchbruchs. Die Monochrommalerei barg – im Rahmen der materialistischen Ästhetik der Modernismuserzählung – ihre Freuden und Siege, doch war eine Verfeinerung des Monochromen mit wissenschaftlichen Aufräumarbeiten vergleichbar, etwa, wenn man sich an neuen Daten zu schaffen machte, um die Umlaufbahn des Mondes korrekt aufzuzeichnen. So verstanden ließ sich die Wissenschaft zwar als endlos auffassen, doch waren ihre Siege bereits errungen. Und in der Malerei zumindest mag es den Anschein haben, als gelte, um noch einmal mit Hegel zu sprechen: »In allen diesen Beziehungen ist und bleibt die Kunst nach der Seite ihrer höchsten Bestimmung für uns ein Vergangenes«. Außerdem war die Basis für eine philosophische Lösung des Kunstproblems bereits geschaffen, so daß die Künstler sich nicht mehr darum zu bemühen brauchten. Diese Aufgabe war endlich an die Philosophen selbst übergegangen. Die Situation für die Künstler war also reichlich aussichtslos, wenn ihre einzige Leitschnur die Moderne war. Erst wenn man überzeugt war, daß die Moderne selbst der Vergangenheit angehörte, konnte man beginnen, nach einer neuen Tätigkeit Ausschau zu halten. Und die neo-expressionistische Malerei war wohl eine mögliche Antwort. Da die Erzählung zuende war, warum nicht – von den wirtschaftlichen Berechnungen ganz abgesehen – die Malerei einfach als Mittel zum Ausdruck der eigenen Persönlichkeit verwenden? Wenn es keine Geschichte mehr fortzusetzen gab, warum sich nicht auf den Ausdruck verlegen? Die Gebote der modernen Erzählung gingen nämlich mit einem Verbot des Expressiven – gegen das Greenberg eine ganz besondere Abneigung hegte – einher. Jetzt war der Ausdruck erlaubt. Es war, als habe eine tiefgreifende Revolution in der Struktur der, wie Philosophen es nennen, *deontologischen Modalitäten* stattgefunden. Lassen Sie mich erläutern, wie das zustandekam; doch zunächst möchte ich eine Analogie einflechten.

Die Berufsphilosophen meiner Generation haben ebenfalls eine solche Revolution miterlebt, vor allem diejenigen, die ihre Ausbildung an einer der größeren amerikanischen Universitäten genossen haben. In den Kriegsjahren hatten die philosophischen Fakultäten eine Reihe von emigrierten Philosophen aufgenommen, deren Philosophie – von ihrer Rassenzugehörigkeit in vielen Fällen ganz zu schweigen – sie dem

Faschismus grundsätzlich unannehmbar machte. Sie waren logische Positivisten oder logische Empiriker, die die Ansicht vertraten, daß die Philosophie, wie sie seit Jahrhunderten praktiziert wurde, gewissermaßen an ihr Ende gelangt war. Es war Zeit, sie durch etwas intellektuell Verantwortungsvolles zu ersetzen – sprich: die Wissenschaft. Die Positivisten hatten eine ganz klare Vorstellung von den Vorzügen der Naturwissenschaft. Ihrer Ansicht nach, und in deutlichem Gegensatz zur Philosophie, war etwas wissenschaftlich, wenn es sich durch die sinnliche Erfahrung (d.h. Beobachtung) verifizieren ließ, oder, um eine einflußreiche Variante anzuführen, falls es auf diese Weise falsifizierbar war. Aus reichlich abstrusen Gründen, die darzulegen hier zu weit ginge, stimmten sie darin überein, daß die Bedeutung einer Proposition aus den Bedingungen ihrer Verifizierbarkeit besteht; hat also eine Proposition keine verifizierbaren Folgerungen, dann ist sie bedeutungslos, oder wie sie ganz unverblümt sagten, unsinnig. Wie ich bereits in meinem ersten Kapitel Gelegenheit hatte anzuführen, konnte man daraus schließen, daß die Metaphysik unsinnig war. Der Gedanke war, daß das Verifizierbarkeitskriterium für Sinnhaftigkeit *die Überwindung der Metaphysik** (auf deutsch klingt das herrlich) bedeutete. Und das wurde uns also beigebracht.

Diese Auffassung schränkte die Möglichkeiten der Philosophen erheblich ein. Sie konnten der Philosophie den Rücken zukehren und in die Wissenschaft gehen – und damit etwas Sinnvolles in jeder Bedeutung des Begriffs tun –, oder sie konnten sich der verbleibenden möglichen philosophischen Arbeit widmen, nämlich der logischen Klärung der Wissenschaftssprache. Freunde meiner geistigen Jugend, die zum Beispiel bei Professor Paul Marhenke in Berkeley studierten, erhielten wiederholt die Aufforderung, aus der Philosophie auszusteigen und sich eine ehrliche Beschäftigung zu suchen. Wittgenstein selbst riet dies dringend allen, die ihm nahe kamen, und er versuchte in der Tat, eine Stelle als Arbeiter in der sowjetischen Industrie zu finden. Wir übrigen machten uns Gedanken über dispositionale Prädikate, Brückendefinitionen, kontrafaktische Konditionale, Reduktion, Axiomatik und Gesetzgleichheit. Wie die Streifenmalerin, die sich vielleicht irgendwann die Frage stellte, ob sie sich wirklich für die Kunst entschieden hatte, um Streifen zu malen, mögen Jungphilosophen sich durchaus gefragt haben, ob eine solche Erforschung der winzigsten logischen Details wirklich ihren Erwartungen von einem Leben mit der Philosophie entsprach. Doch waren da andererseits das ungeheure Prestige ihrer Lehrer, der mathematischen Logik sowie all die spannenden Herausforderungen, die das Verifizierbarkeitskriterium scheinbar bot.

Das Kriterium mußte sich allerdings bestimmten Herausforderungen stellen, nicht von den konfusen Metaphysikern, die es entmündigte, sondern von ebenjenen Denkern, deren Programm es bestimmte. Diese suchten nämlich nach einer strengen und exakten Formel, und sobald sie das taten, fing das Kriterium an, undicht zu werden. Eine Reihe von äußerst scharfsinnigen Formeln aus der scheinbar tödlichen Logikwaffe zeigten, daß das Prinzip in dem Augenblick, in dem man es hieb- und stichfest genug macht, um jene Philosophierichtungen auszuschließen, welche die Positivisten zunichte machen wollten, zugleich auch einen Großteil jener Wissenschaften ausschloß, die sie gerade als das Paradigma von Sinnhaftigkeit hatten herausstellen wollen. Und wenn man es dann wieder lockerte, um letztere aufnehmen zu können, strömte sofort der Unsinn mit herein. So wurde es zur Herausforderung, das Kriterium so auszurichten, daß es diesen miteinander verbundenen Belastungen widerstehen konnte, was jedoch letztlich niemandem gelingen wollte. Eine Zeitlang stand es wie eine logische Vogelscheuche in der Gegend, welche das schüchterne Krähen der Spekulation verscheuchen sollte, verdorrte jedoch nach und nach an seinem Kreuz. Die Positivisten beharrten zwar weiterhin auf der Gültigkeit und Unvermeidlichkeit des Kriteriums, das jedoch schließlich – außer als Einschüchterungslist – jegliches Interesse verlor. Und dennoch machte die Philosophie tapfer weiter, als sei es wahr.

Ich erinnere mich noch wie heute an einen Artikel über die Willensfreiheit in der britischen Zeitschrift *Mind*. Darin behauptete der Autor eingangs dem Sinne nach: Da niemand wisse, wie das Verifizierbarkeitskriterium festzulegen sei, könne es die Metaphysik nicht länger verbieten. Wo also, wollte er wissen, waren die Metaphysiker? Mir war unverzüglich klar, daß das Kriterium tot war, wenngleich sich jeder so verhielt, als sei es nach wie vor lebendig und gefährlich. Zwar tanzte man nicht gerade auf der Straße, doch schlich sich die Metaphysik in die Fachzeitschriften ein. Peter Strawson veröffentlichte sein wichtiges Buch *Individuals*, eine Studie in »deskriptiver Metaphysik«, wie er es nannte. Damit stellten sich die alten Probleme eins nach dem anderen wieder ein. Die Philosophen befaßten sich mit diesen, als betrieben sie nach wie vor symbolische Logik: Die Artikel strotzten vor Formeln. Doch waren diese nur noch Embleme philososophischer Legitimierung in Essays, die allesamt in einfach verständlichem Englisch hätten geschrieben werden können. Anfang der sechziger Jahre spielte sich in der Kunst etwas Ähnliches ab: Egal, wie sehr ein Werk eigentlich den Abstrakten Expressionismus untergraben sollte, es wurde obligatorisch, es mit Farbe zu betropfen und zu bekleckern. Die Turnschuhe und Damenunterhosen in Claes Oldenburgs *Store* waren dick mit Farbe bekleckst – was dem Geiste seiner Werke im Grunde überhaupt nicht entsprach. Warhols erste Comic-Strip-Serien erklärten den Ernst ihrer künstlerischen Absichten mit Hilfe von Streifen und verlaufener Farbe. Es dauerte ungefähr drei Jahre, ehe die Kunst dem Bedürfnis nach einer solchen protektiven Pigmentierung entwachsen war. Die philosophische Prosa hat sich dagegen bis heute nicht erholt, doch ist das in meinen Augen eine Funktion des realen institutionellen Drucks: Der Titelkandidat muß seine logische Mannhaftigkeit unter Beweis stellen, um als ernsthafter Philosoph anerkannt zu werden und kann aus Angst, als Weichling zu gelten, die rein ornamentalen Formalismen auch nach Erwerb seines Titels nicht aufgeben.

Der Verifikationismus in der Philosophie hatte große Ähnlichkeit mit der Moderne in der Kunsttheorie, insofern als bestimmte Dinge einem Verbot unterlagen, akzeptable künstlerische Praxis in akzeptable Kanäle geleitet und die praktische Struktur der Kritik definiert wurde. Die Kritik nach greenbergschen Prinzipien überlebte, wie ich bereits angemerkt habe, sogar, als die künstlerische Praxis sich Mitte bis Ende der sechziger Jahre allmählich von ihr zu entfernen begann. Noch 1978 veröffentlichte Douglas Crimp seinen ersten Essay zur Fotografie, »Positive/Negative«, in dem er, so gesteht er im Vorwort zu seinem 1993 erschienenen Buch *On the Ruins of the Museum* »immer noch eine Unterscheidung zwischen einer ›legitim‹ modernen fotografischen Praxis und der ›illegitimen‹ Annahme treffen [wollte], daß die Fotografie insgesamt ein modernes ästhetisches Medium ist«.[6] Genau im Sinne der Moderne argumentierte er, daß bestimmte Fotos Degas' von »Fotografie an sich« handelten, so wie die moderne Malerei die Malerei selbst zum Sujet hat. »Allein die Vorstellung – ›Fotografie an sich‹ – wollte mir später unsinnig erscheinen«, fügt er in Klammern hinzu. Seine Überlegungen zur Malerei, zum Museum und zur Fotografie sind miteinander verbunden. Die Fotografie in modernistischen Begriffen aufzufassen heißt, die Produktion einer selbstbewußten Aufnahme als für ein Museum der fotografischen Kunst vorgesehenes Ausstellungsstück zu begreifen. Damit wäre das Foto von den gleichen kritischen Theorien ins Recht gesetzt wie ein Gemälde. Benjamin verschaffte Crimp dagegen die Freiheit, Fotografien als technisch reproduzierbar aufzufassen, so daß sie in beliebig großer Zahl existieren konnten – im Gegensatz zu der künstlich limitierten Edition, die mit der Konzeption des Museums im Einklang steht. Crimps eigenes Buch ist mit den – technisch reproduzierten – Fotografien von Louise Lawlor ausgestattet, und es besteht keine unfaire Unterscheidung zwischen »Original« und

»Kopie«, aufgrund derer die Fotos im Buch künstlerisch weniger wertvoll wären als die im Museum. Da die Fotografie als mechanische Kunst die Malerei ersetzt hat, hat das Museum seinen Sinn und Zweck verloren. Bei genauerer Überlegung könnte Crimp zu dem Schluß gelangen, daß der Kampf nicht, wie er in seinem Essay »The End of Painting« argumentiert, zwischen der Malerei und der Fotografie ausgetragen wurde, sondern vielmehr zwischen der Moderne gleich welchen Sujets und einer anderen Form der Kritik, die man, wenn man will, postmodern nennen kann, und für die Crimps Kritik ein Beispiel ist. Das Auftauchen der Fotografie wird als Angriff auf das Museum begriffen, das als Bastion einer bestimmten Politik gilt.

Dabei befand sich die moderne Kritik Ende der sechziger und während der gesamten siebziger Jahre keineswegs auf einer Höhe mit dem Geschehen in der Kunstwelt selbst. Sie bestimmte den Großteil der kritischen Praxis, vor allem seitens der Kuratoren und auch der Kunsthistoriker, und zwar in einem Maße, daß deren gesamte Tätigkeit schließlich zu bloßer Kritik verkam. Sie wurde zur Sprache des Museumsgremiums, des Katalogaufsatzes, des Artikels in der Kunstzeitschrift. Sie war ein beängstigendes Paradigma und das Pendant im Diskurs zu jener »Geschmackserweiterung«, welche die Kunst sämtlicher Kulturen und Zeiten auf deren formalistisches Skelett reduzierte und damit, wie ich es an anderer Stelle formuliert habe, jedes Museum in ein Museum der Modernen Kunst verwandelte, gleichgültig, was es beherbergte. Sie war Hauptgegenstand des Galerievortrags von Dozenten und von Einführungskursen in die Kunst – und sie wurde schließlich, zwar nicht gänzlich, jedoch auf breiter Front, von jenem postmodernen Diskurs ersetzt, der Ende der siebziger Jahre mit den Texten von Michel Foucault, Jacques Derrida, Jean Baudrillard, Jean-François Lyotard und Jacques Lacan sowie den französischen Feministinnen Hélène Cixous und Luce Irigaray aus Paris ins Land kam. Dieser Diskurs, den Crimp internalisiert hat, wurde zum geläufigen Artspeak überall. Wie der moderne Diskurs war er auf alles anwendbar, so daß er einer dekonstruktivistischen und – im Sinne Foucaults – »archäologischen« Erörterung der Kunst aller Perioden Raum bot. Im Gegensatz zu dem an die Moderne geknüpften Diskurs entstammte er nicht einer Revolution in der Kunst. Aber dafür schien er der Kunst nach dem Ende der Kunst wie angegossen zu passen. Es blieb auch nicht aus, daß sich die Künstler selbst seiner bedienten; sie hatten zwar nicht das richtige philosophische Rüstzeug, um die neue Denkweise zu lenken, sie sahen ihn jedoch als perfekte Erklärung dessen an, worauf sie sich nach ihrem Abfall von der Moderne verlegt hatten. Er paßte haargenau auf jene Pathologien des Selbstmitleids, der die künstlerische, oder sagen wir die kreative Persönlichkeit in jedem Klima ausgesetzt ist. Die Kritik ist nach wie vor von einer starken Modernestromung gekennzeichnet, das gilt insbesondere für Journalisten wie Hilton Kramer, Robert Hughes oder Barbara Rose. Doch so durchdringend und einflußreich ihre Stimmen auch waren, sprach die Kunstwelt der achtziger Jahre im Grunde bloß ein gebrochenes Französisch, das auf den Übersetzungen trüber Texte beruhte, verfaßt in einer Sprache, die bis dahin als von Haus aus luzide gegolten hatte: Es sollte an dieser Stelle angemerkt werden, daß diese Texte tatsächlich bereits in gebrochenem Französisch geschrieben waren!

Lassen Sie mich nun nachvollziehen, wie sich die Künstler Ende der sechziger und während der siebziger Jahre von der als modern definierten Kunst abwandten, so als wollten sie durch ihr Verhalten bestätigen, daß die großartige Erzählung der Moderne vorbei war, auch wenn sie nichts an ihre Stelle setzen konnten. Eine solche neue Meistererzählung tauchte auch im späteren Verlauf dieses Zeitalters nicht auf, als die Künstler in den postmodernen Texten einen gewissen Nachhall ihres Tuns auszumachen glaubten, so daß diese tatsächlich die Lücke füllten, die die moderne Kunstkritik hinterlassen hatte, weil die Projekte der Künstler immer weniger Widerklang in ihr fanden. Es war ja in der Tat ein Thema der Postmoderne, insbesondere in den Augen Lyotards, daß keine Meistererzählungen mehr galten. Der Dekonstruktivismus sah Theorien weniger unter dem Gesichtspunkt der Wahrheit oder Falschheit als vielmehr von Macht und Unterdrückung, und weil die Standardfrage bald lautete, wer denn von der Annahme einer Theorie profitieren werde und wem Unterdrückung drohte, wurden diese Fragen natürlicherweise auch auf die Moderne selbst ausgeweitet. Linke Kritiker vertraten die Ansicht, daß die Moderne, die davon ausging, daß Malerei und Bildhauerei Vehikel der kunsthistorischen Entwicklung waren, im Grunde als Theorie darauf hinzielte, Privilegien noch stärker zu verankern, indem sie die mit Malerei und Bildhauerei eng verbundenen Institutionen noch mächtiger machte – in erster Linie das Museum (und deren Variante, den Skulpturpark), die Galerie, die Sammlung, den Händler, das Auktionshaus, den Kenner. Der erfolghungrige Künstler wurde unweigerlich dazu angestiftet, Werke zu produzieren, die diese größtenteils exklusiven Institutionen weiter stärkte. Die Museen wiederum fungierten, von großen Unternehmen gesponsert, als konservative Vertreter und Beförderer des Status quo. Das bedeutete jedoch, daß Künstler, die »außerhalb des Systems« arbeiteten, sich als Drahtzieher gesellschaftlicher Veränderungen, ja einer Revolution betrachteten, wobei man sich eine Revolution nicht mehr als Besetzung der Barrikaden, Hochhieven von Pflastersteinen und Umstürzen von Autos vorzustellen hatte, sondern als Herstellen von Kunst, die den institutionellen Status quo – um ein Wort zu benutzen, das besonders beliebt wurde – *untergrub*, indem sie jene Institutionen, die sich bei der Dekonstruktion als tyrannisch erwiesen hatten, einfach umging. Die Malerei wurde als die Kunstform *par excellence* der von den betreffenden Institutionen ermächtigten Gruppe zunehmend und zwangsläufig als politisch inkorrekt hingestellt, während die Museen sich als Repositorien von Objekten der Unterdrückung gebrandmarkt sahen, die den Unterdrückten selbst herzlich wenig zu sagen hatten. Kurzum, die Malerei wurde indirekt politisiert; und das Seltsame war: Je reiner ihre Bestrebungen, desto politischer schien sie. Was hatte denn das gänzlich weiße Bild mit Frauen, afrikanischen Amerikanern, Schwulen, Latinos, asiatischen Amerikanern oder anderen Minoritäten zu tun? Das ganz weiße Bild schien doch vielmehr die Macht des weißen, männlichen Künstlers protzend zur Schau zu stellen. Es entspricht dieser Sachlage genau, daß in der politischsten der jüngsten Großausstellungen, nämlich der Whitney Biennial von 1993, nur sieben Maler vertreten waren. (Und es sagt etwas über politische Versöhnung aus, daß die Biennale von 1995 siebenundzwanzig Maler zeigte.)

Das Museum ist, zumindest in der uns bekannten Form, keine besonders alte Institution, und seine anfängliche Programmatik im Musée Napoleon – dem späteren Louvre – war in höchstem Maße politisch. Sein Zweck sollte sein, die Werke auszustellen, die Napoleon als Trophäen von seinen Eroberungen heimgebracht hatte, und dem gemeinen Volk dadurch, daß es zum Ort des ehemaligen Privilegs – dem Palast der Könige – Zugang erhielt, den Eindruck zu vermitteln, daß es mit dem Besitz dieser Bilder nun König des Landes war, wobei dieses Königsein nicht zuletzt durch das Eigentum einer Sammlung großer Kunstwerke definiert war. Schinkels Altes Museum in Berlin wurde ja auch gebaut, um die von Napoleon gestohlenen Werke wieder aufzunehmen und damit die preußische Macht und französische Niederlage augenfällig zu machen und den Deutschen ein Nationalempfinden zu verschaffen. Die meisten großen Museen Europas des neunzehnten Jahrhunderts hatten einen ähnlichen Auftrag, und ich gehe sicher nicht zu weit, wenn ich behaupte, daß heute der Drang zum Museumsbau seitens gerade wieder unabhängiger Nationen und die Bemühungen um die Rückgabe von »Kulturgütern« ähnlichen Motiven folgten. Wie an der Verspätung abzulesen ist, mit der sich die amerikanische Regierung den Pflichten der Förderung in Form des National Endowment for the Arts annahm, und an dem deutlichen Unbehagen, mit dem unsere Repräsentanten gewillt sind, deren Ableben zu verhindern, haben die Vereinigten Staaten den Nationalcharakter dagegen nie besonders mit Kunst identifiziert. Unsere National Gallery hat nicht jene nationalistischen Konnotationen wie etwa die Londoner National Gallery, deren Erbauung den gleichen Leitwerten folgte wie das Alte Museum – nämlich ein Siegestempel zu sein.

Das amerikanische Museum versteht sich seit jeher in erster Linie als edukativ und sozusagen spirituell – als Tempel der Schönheit, nicht der Macht. Und eben wegen dieser relativ bescheidenen Rolle des amerikanischen Museums kommen die dekonstruktivistischen Angriffe auf das Museum als Institution der Unterdrückung denjenigen so barbarisch vor, die seit jeher eine überaus hohe Meinung vom Museum haben. Doch in Wirklichkeit fehlt ein alternatives Denkmodell zum Museum. Nicht wenige Künstler, die in die offizielle dekonstruktivistische Kategorie der Unterdrückten fallen, sehen diesen Ausschluß vom Museum als eine neue Form der Unterdrückung an: Ihr Programm ist nämlich nicht die Vermeidung und schon gar nicht die Auflösung des Museums, sie wollen sich Zugang verschaffen. Der etwas paradoxe Charakter der Guerilla Girls veranschaulicht diese Haltung. Die Gruppe ist hinsichtlich ihrer Mittel und ihrer geistigen Haltung überaus radikal. Sie ist genuin kollaborativ, so sehr, daß die Anonymität ihrer Mitglieder ein streng gehütetes Geheimnis ist: Der Auftritt in Gorillamasken ist eine Metapher dafür. Und die Kunst dieser übergeordneten Einheit ist fraglos eine Form direkter Aktion: Ihre Mitglieder bekleben die Mauern SoHos mit brillanten, beißenden Plakaten. Doch die Botschaft der Plakate ist, daß nicht genügend Frauen im Museum, in den wichtigen Ausstellungen, in bedeutenden Galerien vertreten sind. Damit wird der künstlerische Erfolg in traditionellen oder, um mit der Gruppe zu sprechen, weißen und männlichen Begriffen aufgefaßt. Ihre Mittel sind radikal und dekonstruktivistisch, ihre Ziele jedoch ausgesprochen konservativ.

An dieser Stelle möchte ich zu meiner eigenen Erzählung zurückkehren. Meiner Ansicht nach trifft die dekonstruktivistische Darstellung, auch wenn sie korrekt ist, nicht ins Schwarze – in die Tiefenstruktur der Kunstgeschichte der zeitgenössischen Epoche. Diese Tiefenstruktur ist in meinen Augen ein nie dagewesener Pluralismus, der genau in Begriffen einer offenen Vielfalt jener Medien verstanden wird, die gleichzeitig einer entsprechenden Vielfalt künstlerischer Motivationen diente und die Möglichkeit einer Weiterentwicklung der progressiven, von Vasari oder Greenberg exemplifizierten Erzählung blockierte. Es gab kein bevorzugtes Entwicklungsvehikel mehr, was wohl darauf zurückzuführen ist, daß die Malerei die Grenzen ihrer Möglichkeiten ganz explizit erreicht zu haben schien und das philosophische Wesen der Kunst endlich verstanden wurde. Damit stand es den Künstlern frei, ihrer verschiedenen Wege zu gehen. Mit dem ihr typischen Sarkasmus bemerkte Jenny Holzer, daß sie als Studentin an der Rhode Island School of Design der »Streifenbilder der dritten Generation«, die sie malte, überdrüssig geworden sei, auch wenn sie ihr ganz gut gelangen, sie wollte endlich einen erkennbaren Inhalt in ihre Bilder einbringen. Robert Colescott akzeptierte jene Moderne-Erzählung, der gemäß die Malerei in einem reinweißen Gemälde gipfelt, er wußte jedoch, daß Robert Ryman dies bereits gemacht hatte und daß die Geschichte nun vorbei war, womit er frei war, ein Programm in Angriff zu nehmen, für das in der Moderne kein Raum war, nämlich »Schwarze in die Kunstgeschichte einzubringen«. Als der wahre posthistorische Künstlerheld muß wohl Phillip Guston gelten, der seinen wunderschönen, glitzernden Abstraktionen den Rücken kehrte, um sich der politischen Karikatur zu verschreiben, die für einige zwar berauschend war, für viele jedoch einen Verrat darstellte. Eine mögliche Lesart der Erzählung ist: Ganz urplötzlich erschien es den Künstlern belanglos, ob sie unter den Auspizien einer Erzählung tätig waren, die höchstenfalls die winzigsten Fortschritte erlaubte. Erinnern wir uns an Hegels machtvolle Aussage zum Ende der Kunst. Nicht nur ist »Kunst nach der Seite ihrer höchsten Bestimmung für uns ein Vergangenes«, sondern die Kunst »hat für uns auch die echte Wahrheit und Lebendigkeit verloren, und ist mehr in unsere *Vorstellung* verlegt, als daß sie in der Wirklichkeit ihre frühere Notwendigkeit behauptete.« Fortan, so Hegel (und er hatte recht) lud uns die Kunst »zur denkenden Betrachtung« ein, und zwar insbesondere über ihr eigenes Wesen; und diese Betrachtung konnte in Form von Kunst in selbstbezüglicher und exemplarischer Rolle stattfinden oder in Form von Philosophie. Die Künstler Ende der sechziger und Anfang der siebziger Jahre glaubten, daß es nach Erreichen dieses Punktes Zeit war, umzukehren, nicht zu überholten Stilarten, sondern eben zu »echter Wahrheit und Lebendigkeit«. Damit wurde die Karikatur zum willkommenen Mittel für Colescott, eine Hybridform von anspruchsvoller Graphik und Lyrik das Medium für Jenny Holzer, und Cindy Sherman fand im *Still*, in der Arbeitsfotografie, einen Schatz an Assoziationen, die Angelpunkt für profunde Fragestellungen zur Rolle der Frau im Amerika des ausgehenden 20. Jahrhunderts waren. Nichts davon hatte viel, wenn überhaupt etwas mit der dekonstruktivistischen Darstellung zu tun. Viel-

Cindy Sherman, Untitled Film Still (1978)

mehr war es Ausdruck des strukturellen Pluralismus, der das Ende der Kunst kennzeichnet – ein Babel nicht konvergierender künstlerischer Konversationen.

Meiner eigenen Auffassung vom Ende zufolge lieferte gerade die bemerkenswerte disjunktive Vielfalt der künstlerischen Aktivität im gesamten Bereich den Nachweis dafür, daß die greenbergsche Erzählung vorüber und die Kunst somit in ein »postnarratives« Stadium eingetreten war. Diese Vielfalt wurde in Kunstwerken internalisiert, die möglicherweise auch die Malerei umfaßten. Wo Crimp einen Beweis für den »Tod der Malerei« darin sieht, daß Maler es ihrem Werk gestatten, »durch Fotografie verseucht« zu werden, sehe ich vielmehr das Ende der Exklusivrolle für die reine Malerei als Vehikel der Kunstgeschichte. Rymans Werk etwa nimmt eine vollkommen andere Bedeutung an, je nachdem, ob man es als das Endstadium der Moderne-Erzählung, in der die Malerei schließlich die Rolle des Bannerträgers innehatte, oder aber als eine jener Formen ansieht, in welche die Malerei im postnarrativen Zeitalter schlüpfte, als ihre Artgenossen nicht etwa andere Gemälde, sondern Performance-Kunst und Installationen und natürlich Fotos und Earthworks, Flughäfen und Fiberworks und konzeptuelle Strukturen jeder erdenklichen Richtung und Couleur waren. Das postnarrative Zeitalter bietet ein riesiges Menü künstlerischer Wahlmöglichkeiten und hindert den Künstler in keiner Hinsicht daran, sich so viele oder so wenige zu eigen zu machen, wie es ihm gerade paßt.

Innerhalb dieser gastlichen und elastischen disjunktiven Vielfalt ist fraglos Raum für die Malerei, sogar für die abstrakte oder die monochrome Malerei. Zu behaupten, die Malerei sei tot – wie die Dekonstruktivisten es in ihren leicht apokalyptischen Verlautbarungen tun, heißt nicht so sehr, die Moderne zu bestreiten, als vielmehr deren progressive Entwicklungsgeschichte zu akzeptieren und im Grunde zu sagen: Da jene Geschichte vorbei ist, bleibt der Malerei nichts mehr zu tun – so, als könne sie überhaupt nur existieren, solange sie Teil jener Geschichte ist. Aber wie Phillip Guston gezeigt hat, bleiben der vom Joch der Moderne befreiten Malerei viele Funktionen; sie kann so viele Stilvarianten an den Tag legen, wie sich Zwecke für sie vorstellen lassen – nicht zuletzt, wenn jemand einfach schöne Objekte schaffen möchte oder Objekte, welche die verdünnten Fäden der materialistischen Ästhetik noch weiter in die Länge ziehen, etwa in der Manier eines Robert Ryman.

In der Erzählung der Moderne geriet die Abstraktion zur Bedeutung der als Entwicklung aufgefaßten Geschichte: Sie war eine Notwendigkeit. In der posthistorischen Kunst ist sie dagegen nur noch eine Möglichkeit, etwas, das man tun, aber auch lassen kann. So ist es möglich, abstrakten Bildern, sogar Bildern von Streifen, die tiefsten ethischen und persönlichen Bedeutungen zu geben, wenn man Sean Scully heißt. Und es ist möglich, auch als Abstrakter, interne Bezüge auf und Anklänge an ferne Augenblicke in der Kunstgeschichte – zum Beispiel an die barocke und manieristische Malerei – einzuführen, wenn man David Reed heißt. Reed kann, ohne Realist zu sein, eine illusorische Raumgestaltung verwenden, und Scully kann realen Raum einsetzen, ohne Bildhauer zu sein. In jüngster Zeit hat Reed, wie ich in der Einleitung erwähne, die Form der Installation verwendet, um dem Betrachter jene Haltung vor Augen zu führen, die sie seiner Auffassung nach seinen Werken gegenüber einnehmen sollen. Keiner dieser Künstler erachtet die ästhetische Reinheit als ein belangvolles Ideal. Sie mag als Ideal für Robert Mangold relevant sein, den man allein schon anhand der Thematik von Oberfläche und Form etwas scherzhaft als »Neomodernen« einordnen könnte. Doch zeichnet sich sein Werk durch so viel geistreichen Witz und eine derart nachhaltige Subversion der Geometrie aus, daß die Pannen seiner nach Reinheit strebenden

Formen innerhalb ihres begrenzten Möglichkeitsspielraums schon tragikomisch wirken. Ein gezeichneter Kreis, dessen Umfangslinie sich nicht zur perfekten Rundung schließt, birgt die maximale Tragik, die das Kreissein gestattet – ist jedoch zugleich auch so komisch, wie Kreise es eben sein können, die ja nicht gerade natürliche Kandidaten für die Rolle des Clowns sind. Zwar erwarte ich von keinem dieser herrlichen Maler, daß er »uns rettet«, wie Greenberg es von Olitski erwartete, doch ist das mitnichten ein vergleichendes Werturteil. Es ist einfach so, daß wir uns nicht in jener Zwangslage befinden, in der Greenberg die Kunst sah und aus der es nur eine historische Rettung gibt.

Eine pluralistische Kunstwelt bedarf einer pluralistischen Kunstkritik; das bedeutet nach meinem Dafürhalten eine Kritik, die sich nicht auf eine ausschließende historische Erzählung stützt, sondern jede Arbeit nach ihren eigenen Kriterien beurteilt, nach ihren Ursachen, Bedeutungen, Bezügen sowie deren materieller Verkörperung und einem auf sie zugeschnittenen Verständnisansatz. Ich möchte nun, angesichts eines aufschlußreichen blinden Flecks in meinem eigenen Denken, versuchen zu zeigen, wie sich Kunst selbst in ihrer am wenigsten einnehmenden Form kritisch werten läßt. Dabei werde ich mich auf die monochrome Malerei beziehen, die als das Ende der Malerei in unserer Zeit mißverstanden worden ist. Im Anschluß daran wende ich mich wieder dem Museum als politisch geächteter Institution zu.

Anmerkungen

1. Erwin Panofsky, »Style and Medium in the Motion Pictures«, in *Three Essays on Style*, hrsg. von Irving Lavin (Cambridge: MIT Press, 1995), S. 108.
2. Douglas Crimp, *On the Museum's Ruins* (Cambridge: MIT Press, 1993), S. 90f., 105.
3. »Will man ihm glauben, dann ist die *caballete* (Staffelei) der Faschismus der Kunst, dieses scheußliche kleine Quadrat beschmierter Leinwand, das unter der Haut von verrottendem Firniß wundersam an Wert gewinnt, eine willige Beute jener durchtriebenen Wucherer, der spekulierenden Bilderhändler in der rue de la Boetie und Fiffty-Seventh Street« (Lincoln Kirstein, *By With To & From: A Lincoln Kirstein Reader*, hrsg. von Nicholas Jenkins [New York: Farrar, Straus and Giroux, 1991], S. 237).
4. »Joan Miró zufolge erklärte er sich bereit, der Malerei den Garaus zu machen« (Felix Fanes, »The First Image: Dali and his Critics: 1919-1929«, in *Salvador Dali: The Early Years* [London: South Bank Centre, 1994], S. 94).
5. Greenberg, »The Crisis of the Easel Picture«, *The Collected Essays and Criticism*, Bd. IV, S. 224.
6. Crimp, *On the Museum's Ruins*, S. 2.

Barbara Westman, *The Monochrome Show* (1995)

IX. Das historische Museum der monochromen Malerei

Ende 1993 fand im Museum of Modern Art eine Podiumsdiskussion zum Werk Robert Rymans statt; der Anlaß war eine Retrospektive jenes Malers, der in einmalig konsequenter Weise hauptsächlich weiße Quadrate schuf. Robert Storr, Kurator der Ausstellung und Moderator der Diskussion, gab letzterer den Titel »Abstrakte Malerei: Ende oder Anfang?«. Sein Ausgangspunkt war genau jene Position, ja waren genau jene Worte, die im Mittelpunkt meines letzten Kapitels stehen, nämlich Douglas Crimps Ansicht, die Malerei sei tot und ein Werk wie das von Ryman mit seinen archetypischen weißen Quadraten der Beweis für die innere Erschöpfung der Malerei. Dabei benötigte die These von der Erschöpfung der Malerei eigentlich nie Beweise, fand man doch immer Grund genug, um ihr Ableben zu verkünden. Alice Neel war eine resolut gegenständliche Malerin, in deren Werk Stellungnahmen und Emotionen mitschwangen, doch erinnert sie sich, daß Philip Rahv und dessen Freund Lionel Phelps, »beide Radikale«, 1933 in ihr Atelier gekommen seien und erklärt hätten: »›Das Staffeleigemälde ist tot.‹ Und ›Warum denn nur eine Person?‹ Worauf ich gesagt habe: ›Wißt ihr denn nicht, daß das der Mikrokosmos ist, denn eins und eins ist eine Menge.‹ Aber sie meinten trotzdem: ›Siqueros malt mit Spritzlack auf Wände.‹ Worauf ich antwortete: ›Dazu reicht's bei uns nicht, zu Spritzlack auf Wänden.‹«[1] Monochrome Malerei, selbst weiße – oder zumindest Weiß-auf-Weiß-Malerei – gab es 1933 bereits, wenngleich sie wohl kaum bekannt war und bestenfalls als künstlerischer Streich galt. Doch fand die Linke Grund genug, um selbst bei einer so ausdrucksstarken Künstlerin wie Neel den Tod der Malerei zu verkünden, sei es auch nur, weil sie Öl verwendete statt Spritzlack und Leinwand statt Wände und weil sie Individuen malte und nicht die Massen. So ist das eben: Von Zeit zu Zeit verkündet jemand den Tod der Malerei, gleichgültig, wie die Malerei selbst in dem Augenblick aussieht. In Petronius' *Satiricon* beklagt der Erzähler in einer Passage die Dekadenz seines Zeitalters, in dem die schönen Künste gestorben seien und die Kunst der Malerei keine Spur mehr hinterlassen habe – wofür der Autor die Liebe zum Geld verantwortlich macht. Der Gedankengang ist hier wohl der, daß die Kunst der Malerei um ihrer selbst willen kultiviert worden war, was aber nicht mehr der Fall ist, und daß die Jagd nach »pecuniae« die Kultivierung der Technik verdrängt hatte, so daß Künstler die Fähigkeit, Bilder von Wert zu schaffen, verlernt hatten. »Verwundere dich also nicht darüber, daß die Malerei vernachlässigt worden ist, da allen Göttern und Menschen ein Klumpen Gold eine weit größere Schönheit zu sein scheint als alles, was Apelles und Phidias, phantasierende Griechlein, gemacht haben.«[2] Und das im zweiten Jahrhundert!

Meine eigene Auffassung vom Ende der Kunst ist streng von den Behauptungen, die Malerei sei tot, zu trennen. Die Malerei nach dem Ende der Kunst war sogar ausgesprochen vital, doch wäre ich ohnehin nicht bereit, ihr Ableben aufgrund von monochromen Bildern zu verkünden, da ich nicht, wie Crimp es zweifellos tat, einer Moderne-Erzählung anhänge, der zufolge die Kunst der fortschrittlichen Bestrebung folgt, eine Identität mit ihrer eigenen materiellen Grundlage zu erreichen. Auf die Weise ließ sich das weiße monchrome Quadrat aufgrund seines Fehlens von Farbe, von Form außer seiner eigenen Form und von Formen über die einfache Form des perfekten Quadrats hinaus würdigen. So gesehen markierte das weiße Quadrat nämlich scheinbar die Endstation, womit der Malerei keine Entwicklungsmöglichkeit, ja kaum noch ein Betätigungsfeld mehr blieb. Auf jeden Fall gab Storr den Podiumsmitgliedern eine Diskussionsgrundlage, indem er Rymans Sicht der von Crimp und vielen anderen avancierten Theoretikern gegenüberstellte: »Von seinem eigenen Standpunkt aus gesehen sind die Malerei allgemein und die Abstraktion im besonderen – bzw. was er lieber mit Realismus bezeichnet – vitale und relativ neue Formen.« Deshalb auch die Leitfrage der Diskussion: Ende oder Anfang?

Es ist verblüffend, daß das erste Erscheinen ernsthaft betriebener monochromer Malerei in unserem Jahrhundert die gleiche Konfrontation auslöste. Als Malewitschs *Schwarzes Quadrat* auf der großen 0-10 Ausstellung in Petrograd von Dezember 1915 bis Januar 1916 gezeigt wurde, wobei es diagonal in der Ecke eines Saales und in Deckennähe in der traditionellen Position der russischen Ikone hing, war die Assoziation »Tod« für die Kritiker unwiderstehlich, so daß einer von ihnen schrieb: »Der Leichnam der Kunst der Malerei, der Kunst der geschminkten Natur ist in seinen Sarg gelegt und mit einem schwarzen Quadrat markiert worden.«[3] Das schwarze Quadrat versinnbildlichte für einen anderen Kritiker »den Kult der Leere, der Dunkelheit, des Nichts«. Für Malewitsch war es, wie sollte es anders sein, ein Anfang: »Die Freude des Neuen, einer neuen Kunst, neu entdeckter Räume, die plötzlich erblühen.« Natürlich meinte er damit nicht unbedingt, daß das *Schwarze Quadrat* selbst das erste Kunstwerk in einer vollkommen neuen Folge war. Er sah es vielmehr als eine Auslöschung, als ein Emblem für die Tilgung der Kunst der Vergangenheit und damit als einen Bruch in der Erzählung der Kunst an. An einer Stelle vergleicht er es gar mit der Sintflut. Ein solcher Bruch war der Avantgarde in ihren Anfängen selbstverständlich – es gehörte zur Rhetorik der Armory Show, die ja auch die Flagge des Bürgerkriegs zu ihrem Erkennungszeichen gemacht hatte. Somit war das *Schwarze Quadrat* tatsächlich ein Ende, wenngleich nicht das Ende der Malerei, zumindest nicht für Malewitsch: Vielmehr bereitete es dem Suprematismus den Weg und ermöglichte die Eroberung neuer Welten.

Es ist bezeichnend für das Nachinnengewandtsein der Kunstwelt am Ende des zwanzigsten Jahrhunderts, daß Storr Rymans weiße Quadrate als den Auftakt zu einer neuen Geschichte betrachtete, der sie angehörten. Meiner Ansicht nach war jene Zeit längst vorbei, in der die Notwendigkeit einer Befreiung von der Kunst der Vergangenheit als Parole ausgerufen werden konnte: 1993 trug die Avantgarde eine lange Kette einst revolutionärer Embleme wie Marleys Geist in »A Christmas Carol« von Charles Dickens. Schließlich wollte Storr wissen: »Welche unerforschten malerischen Möglichkeiten stecken in Rymans Werk?« Was wohl soviel heißen mochte wie: Können wir uns eine Erzählung für die abstrakte Kunst, die ja relativ neu ist, vorstellen, die so reichhaltig ist wie die Erzählung der illusionistischen Kunst sich erwiesen hat? Natürlich hätte sich zu Zeiten Giottos niemand die Fortschritte vorstellen können, welche die Malerei erzielte, die in Raffael und Leonardo gipfelte, geschweige denn jene erstaunlichen illusionistischen Errungenschaften der französischen Akademiemalerei des ausgehenden neunzehnten Jahrhunderts; Rymans Position legt nahe, daß wir uns in der Geschichte der abstrakten Malerei mehr oder weniger in einer Parallelsituation zu der von Giottos Zeitgenossen befinden. Können wir uns denn wirklich vorstellen, daß die abstrakte Malerei den inneren Antriebskräften einer von Fortschritt gekennzeichneten Entwicklungsgeschichte folgte? Ist denkbar, daß es in etwa drei Jahrhunderten einen abstrakten Künstler geben wird, dessen Werk im gleichen Verhältnis zu Rymans steht wie Raffaels zu Giottos? Das treibt die Vorstellungskraft wohl an ihre Grenze, doch ist es ohnehin schwierig, Rymans Werk, gleichgültig, was wir von ihm halten, als einen Beginn zumindest in dem Sinne zu betrachten, in dem Giotto der Beginn der großartigen vasarischen Erzählung war. Damit scheint keine der beiden Abgrenzungen zu stimmen. Ein Ende ist die abstrakte Malerei nur, wenn wir die Moderne-Erzählung akzeptieren, und als Anfang läßt sie sich allein vor dem Hintergrund einer anderen Erzählung sehen, die in Frage zu stellen Aufgabe einer Theorie vom »Ende der Kunst« ist. Natürlich könnte es sich im Geiste Malewitschs um einen Anfang nicht so sehr im Sinne des ersten Glieds einer Kette, sondern einer leeren Seite handeln, einer *tabula rasa*, des Symbols einer Zukunft, in der die abstrakte Malerei stattfinden kann, jedoch nicht vor dem Hintergrund der subtrahierenden und ausschließenden Gebote der Moderne-Erzählung. Sie könnte sozusagen zum Banner einer offenen Zukunft werden. Auf die Weise wäre es möglich, der Zwickmühle der Abgrenzung zu entgehen, indem wir das weiße Quadrat nämlich weder als Beginn noch als Ende betrachten, sondern als Verkörperung einer Bedeutung, die der des *Schwarzen Quadrats* analog ist. Allerdings müssen sich beide Deutungen dann gegen die Idee der Leere verwehren, die sich unweigerlich bei der Betrachtung dieser Art von Kunst aufdrängt. Das monochrome Quadrat strotzt vor Bedeutung. Beziehungsweise: Seine Leere ist weniger eine formale Wahrheit als vielmehr eine Metapher – die von der Flut zurückgelassene Leere, die Leere des unbeschriebenen Blatts.

Von der Warte der Kunstkritik aus gesehen bin ich allerdings nicht überzeugt, daß die Tabula-rasa-Lesart wirklich auf Rymans Arbeit zutrifft, die schließlich eine relativ junge Ergänzung zu einer Folge weißer Bilder darstellt, angefangen mit Malewitsch und dann aufgenommen von Robert Rauschenberg in einer am Black Mountain College geschaffenen Arbeit, die großen Eindruck auf John Cage machte, und über John Cage ins Bewußtsein der Avantgarde gelangte. Ryman, der eigentlich Jazzmusiker werden wollte, fing irgendwann an zu malen, um zu sehen, wie das wohl wäre,[4] und es ist interessant, wenngleich wenig ergiebig, festzustellen, daß seine ersten Bilder zwar monochrom, jedoch nicht weiß, sondern vielmehr seltsamerweise orange oder grün waren – nicht einmal Primärfarben, wie man hätte annehmen können, wenn wir die Nüchternheit des Weiß als Metapher für Reinheit auffassen. De Stijl gestattete sich nur drei Farben – Rot, Gelb und Blau – sowie drei Nichtfarben – Weiß, Grau und Schwarz. Diese verfügen über eine bestimmte metaphysische Resonanz: Die Farben gehören dem Primärbereich an, während die Nichtfarben jeweils Spitze und Mittelpunkt der Achse durch das Zentrum des kegelförmigen Farbenraums markieren. Doch sind Orange und Grün für einen Maler dieser Orientierung bloße Sekundärtöne, dem Puristen so suspekt wie die Diagonalen es Mondrian waren, der van Doesberg wegen seiner Neigung zu schräglaufenden Linien verachtete. Eins steht fest: Welche Gründe auch immer Ryman bewegten, sich auf Weiß zu verlegen, es müssen dieselben gewesen sein, aus denen er Orange und Grün verwendete – ohne jedwede metaphyisch-kosmologische Implikation. Als Jennifer Bartlett in den sechziger Jahren ihre Punktbilder schuf, verteilte sie ihre Dots wie kartesische Punkte im Koordinatensystem und verwendete (und das erinnert an den Spritzlack!) lediglich Schwarz und Weiß sowie die Primärfarben direkt aus den kleinen Flaschen Testor-Emaille zum Anmalen von Modellbauten. Später gestand sie jedoch ihrem Kurzbiographen Calvin Tomkins: »Nur Primärfarben zu verwenden, hat mich immer nervös gemacht. Ich hatte ein solches Bedürfnis nach Grün! Auf Orange oder Violett konnte ich verzichten, aber Grün brauchte ich.«5 Dieses Zugeständnis an die Notwendigkeit negiert mit einem Schlag die neuplatonischen Untertöne der Primärfarben wie auch die geometrischen Anklänge der Kegelachse und macht außerdem deutlich, daß wir es mit spontaner Regung und subjektiver Neigung zu tun haben. Meiner Auffassung nach schließen das Grün und Orange bei Ryman von vornherein die Implikation aus, die weißen Quadrate hätten etwas mit dem strahlenden Weiß der Ewigkeit zu tun. Doch bedeutet das, daß Weiß nicht ein fortschrittlicher Entwicklungsschritt in Rymans Werk ist, sondern die Offenbarung einer Persönlichkeit. Seine weißen Bilder haben damit eine völlig andere Rechtfertigung und eine völlig andere Bedeutung als etwa die von Malewitsch; außerdem ist ihre Bedeutung weniger deklamatorisch als die Tabularasa-Metapher es vermuten läßt. Um ihre Bedeutung zu ergründen, müssen wir Rymans Gedankengänge und Motivationen genau unter die Lupe nehmen. Daß die Bilder weiß und quadratisch sind, sagt uns noch nicht viel: Monochrome Gemälde unterdeterminieren ihre Deutungen. Doch trifft das möglicherweise generell auf die Malerei zu, weshalb die Kritik notgedrungen in der Kunst der Malerei eine Rolle übernehmen muß, die sie vor allem in der Literatur nicht innehat, wenngleich jüngere Entwicklungen in der Literaturtheorie Texte so sehr wie Bilder behandeln, daß man sich des Gefühls nicht erwehren kann, daß die bloße Fähigkeit des Lesens in dem einen Fall so wenig nützt wie die des Sehens im anderen!

Ich möchte mich nun der monochromen Malerei zuwenden und über diese – wenngleich nicht direkt – dem »Tod der Malerei«. Es ist mir darum zu tun, so etwas wie eine Matrix für meine Erörterung zu entwickeln, welche die letztlich philosophische Schwierigkeit aufzeigt, Urteile über Anfang und Ende zu fällen. Das Monochrome liefert mir einen guten Einstieg in diese Erörterung, einfach weil es scheinbar so wenig Material bietet. 1992 wurde ich eingeladen, im Moore College of Art and Design anläßlich der Ausstellung monochromer Maler aus Philadelphia einen Vortrag über diesen Zweig der Malerei zu halten. Der rührige Kurator Richard Torcia hatte tatsächlich dreiundzwanzig Maler aufgetan, die die Arbeit in dieser scheinbar wenig vielversprechenden Richtung offensichtlich sehr erfüllend fanden. Hatten sie denn noch nie vom Tod der Malerei gehört? Schließlich ist die Kunstwelt ein Ort, an dem Nachrichten dieser Art sich blitzschnell verbreiten. Diese Maler waren überzeugt, daß sich mit monochromen Bildern immer noch mehr sagen ließ, und damit hatten sie, wie ich in der Folge zeigen möchte, recht. Ich möchte meine Bemerkungen in ein Konstrukt einbetten, das mir einst ungeheuer vielversprechend erschien, das jedoch das falsche Argument dafür liefert, ihnen recht zu geben. Dabei handelt es sich um die *Stilmatrix*, wie ich sie 1964 nannte, als ich den Begriff in meinem wohl einflußreichsten Text »The Art World« einführte.[6] Beginnen wir also mit der stilistischen Charakterisierung eines Künstlers, zwischen dem und Ryman man zunächst, wenn auch mit Vorsicht, von einer »Affinität« ausgehen kann, wie ein Kunstdozent dieses Phänomen wohl nennen würde, nämlich Piero della Francesca.

Stützen ließe sich diese Behauptung einer Affinität dadurch, daß man Pieros Interesse an der Geometrie sowie die Tatsache in den Mittelpunkt rückte, daß er eine berühmte Abhandlung über die Perspektive schrieb, *De prospectiva pingendi*, und wenn man den Prototyp des weißen Quadrats bei Ryman als eine Manifestation platonischer Neigungen auslegte, was er freilich nicht war. In Wirklichkeit hatte Ryman als Jazzmusiker eine deutlichere Affinität zu John Ashberry als etwa zu Reinhardt, Malewitsch oder Mondrian, die zeitweise eine außerordentlich strenge Ästhetik vertraten. Doch geht es mir nicht zuletzt um ein Aufzeigen der Gefahr, die droht, wenn man eine Stilzuordnung auf das Augenfällige gründet, insbesondere bei der monochromen Malerei, bei der es vieles mehr bedarf als rein optischer Daten.

Die Charakterisierung, die mir vorschwebt, stammt aus einem Essay des orakelhaften Ästheten Adrian Stokes mit dem Titel »Art and Science«[7], und es ist gar nicht leicht, sie aus dem Katalog akribisch zusammengetragener Details herauszuheben, den er bescheiden als »me-

chanisch« abtut und mit dem er den Stil veranschaulicht, der seiner
Überzeugung zufolge »allein in der bildenden Kunst anzutreffen ist
und auch dort nur in einer vom architektonischen Formwillen beseel-
ten Kunst, in der eine ästhetische Kommunikation so explizit und un-
mittelbar ist, daß bereits jede spätere Überlegung damit widerlegt ist.«
Die »Kommunikation« findet im Werk statt, nicht zwischen Werk und
Betrachter, der dieses dennoch »explizit und unmittelbar« begreift.
Dies ist, glaube ich, die Eigenschaft, die Stokes dem *quattrocento* zu-
schreibt; sie ist eine »Demonstration von Geist und Gefühl«. Stokes
will sie bei Cézanne erkennen (»Sie ist die *Realisation* Cézannes«).
Doch »lebte sie auch in der Kunst der Nachrenaissance fort, wurde von
Vermeer aufgefrischt, ebenfalls von Chardin und natürlich von
Cézanne«, um nur die Malerei zu erwähnen (diese Qualität ist, so Sto-
kes, »auch im Zeichnen, in der Bildhauerei und insbesondere in der
Architektur« zu finden). Der Dichter und Kritiker Bill Berkson
bemüht sich, diese Liste in seinem Gedenkessay zu Piero für *Art in
America* noch zu erweitern:

> Nach Cézanne und im Zuge der wachsenden Berühmtheit Pieros
> waren die Ableger meist ›kleine Meister‹ wie Morandi und abson-
> derliche Gestalten wie Balthus. Das Erbe kam auch dem der Mo-
> derne abgeneigten Geschmack verschiedener Neoklassizismen ent-
> gegen. (In Amerika stand es ab 1890 im Mittelpunkt der Beaux Arts
> Wandgemäldetradition von Puvis de Chavanne.) ... Danach greift
> man wie Longhi nach Parallelen und Attributen in der archaischen
> Kunst sowie der modernen Abstraktion und orientiert sich auch an
> ein paar Zeitgenossen – so unterschiedlich wie Alex Katz und Sol
> Lewitt – unter den jüngeren Praktikern.[8]

Man beachte, daß es hier nicht um »Einfluß« geht. »Von den späteren
Malern kann bestenfalls Cézanne Pieros Werk gekannt haben, und das
auch nur in Reproduktionen«, schreibt Berkson, wobei er mit »später«
die von Stokes angeführten Vermeer und Chardin meint. Wenn Kunsthistorikern Einflußketten fehlen, greifen sie in der Regel auf Affinitäts-
kategorien zurück, doch können wir uns gut vorstellen, welche Eigenschaft oder Qualität Stokes benennen will und kennen genügend Beispiele für diese Qualität, um sie bei anderen erkennen zu können.

Ich werde mich einer philosophischen Vorgehensweise befleißigen
und die Qualität Q nennen; für meine Zwecke ist es nicht so wichtig,
ob sie sich leicht definieren läßt, solange sie leicht erkennbar ist, was
ich glaube. Das drückt Stokes nämlich meiner Ansicht nach aus, wenn
er sagt, sie sei »explizit und unmittelbar« (im Gegensatz etwa zu etwas,

das implizit und durch eine Schlußfolgerung vermittelt verstehbar wäre). Viele, vielleicht sogar alle ästhetischen Qualitäten sind dieser Art. Sie sind nicht, wie Frank Sibley es vor vielen Jahren in seinem verdientermaßen berühmten Artikel »Aesthetic Concepts« nannte, *konditionalbestimmt.*[9] Damit meinte er, daß es nicht möglich sei – entweder prinzipiell nicht oder aber nur mit den größten Schwierigkeiten –, notwendige und hinreichende Bedingungen für ästhetische Prädikate zu bestimmen. Damit erscheinen diese Prädikate zugleich komplex und undefinierbar, was reichlich paradox ist, da ihre Komplexität anscheinend vermuten läßt, daß es Definitionen prinzipiell geben müßte. Gleichgültig, was es mit einer Definition auf sich hat, es ist tröstlich, daß es uns, sobald wir Piero, Chardin, Vermeer und den späteren Cézanne kennen, ein Leichtes ist,»Q«-Werke von »-Q«-Werken zu unterscheiden, wobei natürlicherweise einige Probleme in den Grenzbereichen auftauchen. So kann man sich nur schwer ein barockes Gemälde vorstellen, das Q wäre, ebenso daß jemand de Kooning oder Pollock Q fände. Sicherlich käme Sanraedem in Frage, Rembrandt jedoch wahrscheinlich nicht. Bei Modigliani würden wir ebenfalls schwanken. Eine meiner Lieblingsphantasien besteht darin, Tauben anhand von Dias von Piero, Chardin und Vermeer zu trainieren und sie dann mit einer ganzen Reihe von Dias zu konfrontieren, wobei sie jeweils für die erfolgreiche Unterscheidung zwischen Q und -Q belohnt würden. Q-heit hat fraglos nichts mit Güte oder Größe zu tun, selbst wenn sich argumentieren ließe, daß Piero ein großer Maler ist, weil er sich durch Q auszeichnet. Wichtig ist jedoch, daß negative stilistische Attribute ästhetisch positiv sind, und mit einigen Einbußen hinsichtlich der Verständlichkeit könnten wir ihnen positive Bezeichnungen geben, so wie Wölfflin *malerisch** von linear und ähnlichem unterscheidet. Diese Bezeichnungsweise muß man dann anwenden, wenn es unmöglich ist, zu bestimmen, ob ein Werk *malerisch** ist, und gleichermaßen unmöglich, zu sagen, daß es linear ist – wofür manche Bilder Rymans einschlägige Beispiele sind. Allerdings schreibt die Logik vor, daß wenn etwas nicht Q ist, es -Q sein muß. Es gibt noch einen Preis, den wir zahlen müssen. Mit negativen stilistischen Prädikaten können wir einfache Matrizen bilden, verwenden wir dagegen nur »Gegensätze« wie »offen« und »geschlossen« oder »geometrisch« und »biomorph« büßen wir diese Möglichkeit ein.

Lassen Sie mich das veranschaulichen. Dazu möchte ich noch einmal die recht komplexe Stilidee heranziehen, die Stokes eingeführt hat und die ich weiterhin Q nennen möchte; daneben das von Wölfflin verwendete stilistische Prädikat *malerisch* (painterly), das ich P nennen werde. Mit diesen Begriffen und ihren Negationen können wir jedes existierende Bild wenn auch nur grob beschreiben: es kann sowohl P als auch Q, P als auch -Q, -P und Q sowie schließlich -P und -Q sein. Cézanne ist quattrocento und malerisch; Monet ist malerisch, aber nicht quattrocento; Piero ist nicht malerisch, aber in paradigmatischer Weise quattrocentro; und (sagen wir) ein weißes Quadrat von Ryman aus dem Jahre 1987 oder 1988 ist weder quattrocentro noch malerisch. Zugegebenermaßen kann man sich in einigen Fällen streiten, doch wollen wir darauf verzichten: *Das* Problem ist allen stilistischen Begriffen gemein. Der Punkt ist: Je mehr stilistische Begriffe wir hinzufügen, desto größer wird unser Grundmuster, unsere Matrix; wenn wir n Begriffe haben, erhalten wir eine Matrix mit 2^n Reihen. Bei drei Begriffen haben wir also eine Matrix mit acht Reihen, bei vier Begriffen eine mit 16 Reihen und so weiter. Irgendwann wird das Ganze ziemlich unhandlich, doch gleichgültig, wie groß die jeweilige Matrix ist, jedes Bild läßt sich irgendwo auf ihr einordnen, und je mehr Begriffe wir zur Verfügung haben, desto präziser ist unsere stilistische Charakterisierung der jeweiligen Arbeit. Im Grunde definiert jeder stilistische Begriff eine Affinitätsgattung von Werken, wenngleich hier mit Affinität nur gemeint ist, daß eine stilistische Eigenschaft in unterschiedlichen Spalten, jedoch auf derselben Zeile der Stilmatrix wirksam wird. Andererseits erklärt das Affinitätskonzept überhaupt nichts. Interessant ist immer nur die Frage, warum ein bestimmter Künstler in seinem jeweiligen Stil arbeitete.

Ein großer Vorteil negativer stilistischer Prädikate liegt darin, daß wir damit nicht auf das krude Konzept binärer Gegensätze angewiesen sind, das wir bei Autoren wie Wölfflin antreffen, der fünf Gegensatzpaare anführte. Der Bestand an stilistischen Begriffen ist außerordentlich groß, beinahe unendlich, und bisweilen müssen wir Begriffe für Kunstwerke erfinden, weil es diese noch nie vorher gegeben hat. Greenberg, der den Begriff »Abstrakter Expressionismus« unbefriedigend fand und den Terminus »Action Painting« verabscheute, bezeichnete die Kunst, auf die sich diese Begriffe bezogen, als »New York type painting«. Als sich Journalisten und andere, wie nicht anders zu erwarten, daran machten, Vorläufer zu finden, suchten sie nach einer New Yorker Malerei der Vergangenheit, von Künstlern, die unter Umständen niemals in New York gewesen waren. Damals war der »binäre Gegensatz« der »New Yorker Malerei« wohl die »Malerei der Pariser Schule«. Das Gute an meinem System ist, daß wir problemlos eine Matrix der »Malerei der Pariser Schule« als stilistischen Begriff konstruieren können, wenn wir das wollen. Für bestimmte Zwecke mag es jedoch genügen, einfach eine Unterscheidung zwischen der Malerei vom New Yorker Schlag und deren Negation zu treffen, zu der die Schule der Pariser Kunst mitsamt vielen anderen Richtungen gehört.

Sobald wir erkennen, wie ausgedehnt, wie unbestimmbar riesig die Bandbreite möglicher stilistischer Prädikate ist, verlieren jene Gesetzmäßigkeiten, nach denen Wölfflin suchte, zunehmend an Interesse. Wir können zwar darauf verzichten, die internen Schwierigkeiten von Wölfflins System aufzuzeigen, doch ist eine Beobachtung an dieser Stelle erwähnenswert: Meyer Schapiro führt an, daß es schwierig sei, »den bedeutenden Stil namens ›Manierismus‹ in sein Programm einzupassen, der zwischen der Hochrenaissance und dem Barock liegt«.[10] In einem Interview mit Didier Erebon erinnert sich Gombrich:

> Das aktuelle Problem zu jener Zeit [d.h. in den dreißiger Jahren] in Wien war der Manierismus ... Vorher galt, selbst für Berenson und für Wölfflin, der Manierismus als eine Periode der Dekadenz, des Verfalls. Aber in Wien hatte eine große Bewegung zur Neubewertung der verachteten Stile eingesetzt ... Nachdem man entschieden hatte, daß der Manierismus ein selbständiger Stil war und man ihm diesen Status ebensowenig verweigern konnte wie der Renaissance, hörte man auf, von »Spätrenaissance« zu reden und gebrauchte das Wort Manierismus.[11]

Besonders aufschlußreich ist Gombrichs Erörterung von Giulio Romano als manieristischem Architekt. Er ordnet Romano zwei distinkte Stilrichtungen zu, wobei Gombrichs Charakterisierung von Picasso beeinflußt war, der einen neoklassizistischen Stil und »gleichzeitig einen Stil extremer Verzerrung« hatte. Somit war es laut Gombrich für einen Künstler möglich, »über verschiedene Register [zu] verfügen«.[12] Das wirft jedoch zwei Probleme auf. Zum einen: Sobald der Manierismus als eigenständiger Stil etabliert ist, kann man in positiver Weise eine beliebige Anzahl von Werken als manieristisch charakterisieren, die außerhalb der kunsthistorisch als manieristisch festgelegten Periode liegen, die mit Correggio beginnt und sich auf Rosso Fiorentino, Bronzino, Pontormo und Giulio Romano selbst erstreckt. So könnte man ohne Zögern bestimmte römische Stukkaturen, El Greco, aber auch Brancusi und Modigliani als manieristisch identifizieren. Zum anderen jedoch ist die Eingrenzung des Manierismus als stilistischer Kategorie zumindest teilweise der modernen Kunst, insbesondere Picasso zu verdanken, der ein ganz bestimmtes retrospektives Licht auf das *seicento* wirft. Somit ist die Stilmatrix an ihrem vorderen Rand historisch fließend, sowohl was die Hinzufügung stilistischer Prädikate – »Malerei vom New Yorker Schlag« zum Beispiel – als auch was die Veränderung älterer Prädikate betrifft, so daß die ehemals als Phase der Spätrenaissance eingestufte Richtung auf einmal ein eigenständiger Stil wird. Wer kann schon im voraus sagen, ob die Kategorie des Manierismus ihrerseits nicht überhaupt zu grob ist und ob im Lichte zukünftiger Stile nicht irgendwo zwischen Correggio und Rosso Fiorentino eine Trennung vorzunehmen ist?

Das Interesse der Stilmatrix liegt ja nicht zuletzt in der Bedeutung, die *latente Eigenschaften* von Bildern gewinnen, Eigenschaften, die zeitgenössische Bildbetrachter nicht hätten wahrnehmen können, weil sie eben erst in der Rückschau, im Lichte späterer künstlerischer Entwicklungen sichtbar wurden. Auch hier ist Correggio wieder ein gutes Beispiel: Die Carracci sahen ihn ein Jahrhundert später als Vorläufer und schlugen ihn damit dem Frühbarock zu. Im 18. Jahrhundert stieg seine Wertschätzung tatsächlich enorm, und sein Ruf war wohl auf einem Höhepunkt angelangt, da Werke wie sein Bilderzyklus *Lieben des Jupiter* anscheinend das Rokoko antizipieren. Gerade jene Eigenschaften, die Correggio als Künstler für seine Zeitgenossen schwer begreiflich machten, wurden mit der Erfindung des Barock auf einmal klar und deutlich und aus der Perspektive des Rokoko noch weiter erhellt. Die Manieristen schätzten die Eleganz auf Kosten der Natürlichkeit, und die Mißachtung der letzteren erklärt auch, warum der Begriff heute Synonym für jene extreme Künstlichkeit ist, wie wir sie etwa bei Correggios Zeitgenossen Parmigianino antreffen. Auch wenn Corregio später als Manierist apostrophiert wurde, reagierte er gegen die zeitgenössisch bereits erkannte *maniera* und strebte größere Natürlichkeit an. Correggio wird also neu erfunden, als der Manierismus als Begriff im 20. Jahrhundert feste Gestalt annimmt, so wie er bereits im 17. und im 18. Jahrhundert neu erfunden worden war; jedesmal kamen latente Eigenschaften ans Licht, die man jetzt erst zu schätzen wußte. In ähnlicher Weise wird der späte Monet ein früher Maler des New Yorker Schlags. André Breton stufte Uccello und Seurat als Surrealisten *avant la lettre* ein, doch gibt es noch einige andere – Archimboldo und Hans Baldung Grien fallen einem spontan ein –, die auf die Erfindung des Surrealismus warten mußten, ehe sie angemessen gewürdigt werden konnten. Die geballte Kritik, der sich die Ausstellung »Primitivism and Modern Art« im Museum of Modern Art in New York 1984 ausgesetzt sah, war nicht zuletzt auf die saloppe Eingliederung von Exponaten primitiver Kunst in dieselbe Affinitätsklasse wie moderne Kunst zurückzuführen, die, wie eine rein stilistische Analyse das unweigerlich tut, alle grundlegenden Unterschiede zwischen primitiver und moderner Kunst unbeachtet ließ. So hat eine große, dünne Plastik aus Afrika zweifellos eine gewisse »Affinität« zu dem typischen Giacometti, doch übersieht die Affinität die Gründe dafür, warum die beiden jeweils groß und dünn sind, was unserer Wahrnehmung der einen wie der anderen nicht eben zugutekommt. Doch ist das eines der Probleme von Affinitäten und leider auch ein, wenn nicht *das* Hauptproblem der Stilmatrix selbst. Trotz des historischen Feingefühls der Stilmatrix impliziert sie doch eine ahistorische Sicht der Kunst – die ich eher als sonst jemand hätte erkennen müssen. Hatte ich doch ganz zu Anfang meiner Spekulationen zur Kunst bereits Beispiele herangezogen und zur Grundlage meiner Überlegungen gemacht, bei denen zwei äußerlich ähnliche Dinge sich dennoch derart radikal unterscheiden, daß die äußerliche Ähnlichkeit sich schließlich als völliger Zufall erweist. Die afrikanische Plastik und der Giacometti sind keine perfekten *semblables*, aber selbst wenn sie es wären, müßte man sich noch mit der Tatsache auseinandersetzen, daß ihre Affinität ihre profunde künstlerische Differenz verhüllt. Das zeigt allerdings, daß ich das Ganze ungenügend durchdacht hatte, als ich 1964 zum erstenmal die Stilmatrix vorstellte, wobei ich die Strategie anhand von ununterscheidbaren Pendants darlegte und die solcherart aufgeworfenen Probleme zu lösen versuchte. Jene Strategie hat einen beträchtlichen Schwall an philosophischer Ästhetik hervorgebracht, doch hat die Stilmatrix seit ihrem Debüt so gut wie keine Reaktionen ausgelöst, wenn man von einem ernsthaften Einwand, den Noel Carroll kürzlich vorgebracht hat, einmal absieht.[13]

Lassen Sie mich eine Stilmatrix mit drei Spalten und acht Reihen konstruieren, wobei wir manieristisch, barock und rokokohaft als unsere Stilprädikate verwenden: diese Begriffe sind unmittelbarer verständlich als ‑Barock und dergleichen. Eine solche Matrix sähe folgendermaßen aus:

STILMATRIX

	Manierismus	Barock	Rokoko
1.	+	+	+
2.	+	+	–
3.	+	–	+
4.	+	–	–
5.	–	+	+
6.	–	+	–
7.	–	–	+
8.	–	–	–

Jedes Bild in der Geschichte der Malerei wird irgendwo in diese Matrix passen, wenn auch hin und wieder mit etwas Drängen und Schieben. Van Dyck, der von Rubens beeinflußt war, gehört zum (Spät-)Barock, und da er einer Idee der Grazie in der Darstellung seiner Figuren verpflichtet ist, die *anmutig* sind, erweist er sich als Manierist, gleichgültig, aus welcher Richtung seine Einflüsse kommen. Da ich jedoch keinerlei Spur von Rokoko bei ihm feststellen kann, gehört er in die 2. Reihe (+ + -). Die Caracci stelle ich in die 6. Reihe (- + -), da sie vollständig dem Barock angehören (den sie erfanden), den Manierismus jedoch zurückweisen und viel zu kraftvoll sind, um Rokoko zu sein. Malewitschs *Schwarzes Quadrat* gehört wohl in die 8. Reihe (- – -) als Summe der Negationen, das dunkle Loch, in dem sämtliche Stileigenschaften verschwinden. (Malewitsch hat eines seiner schwarzen Quadrate selbst einmal »das Embryo aller Möglichkeiten« genannt, was im Grunde soviel wie Abwesenheit alles Tatsächlichen bedeutet.) Malewitschs *Schwarzes Quadrat*, das explizit der ikonischen Tradition angehört – schließlich stellte er es über einer Raumecke wie eine Ikone aus –, ist weder manieristisch noch dem Rokoko verpflichtet, könnte jedoch zur Not zum Barock zählen. Ein frühes grünes Monochrombild von Brice Marden mit dem Titel *Nebraska* ist witzig genug, um im Manierismus mitzumischen, und dekorativ genug für das Rokoko und gehört damit in die 3. Reihe. Wohin würde Ryman passen? Ich vermute, daß verschiedene Werke Rymans in unterschiedlichen Reihen unterkämen. Doch geht es mir an dieser Stelle lediglich darum, deutlich zu machen, daß monochrome Bilder mitnichten wegen Ermangelung stilistischer Merkmale automatisch in die 8. Reihe fallen.

So viel also zu Spitzfindigkeiten. Die *Vision*, die die Stilmatrix unterschreibt – bzw. umgekehrt –, bezieht sich darauf, daß Kunstwerke eine organische Gemeinschaft bilden und allein durch ihre Existenz Latenzen in den anderen Werken freisetzen. Dabei stelle ich mir die Welt der Kunstwerke wie eine Gemeinschaft innerlich miteinander verbundener Objekte vor. Es steht außer Frage, daß diese Denkweise T.S. Eliots Essay »Tradition und individuelle Begabung« zu verdanken ist, der damals großen Eindruck auf mich machte. Hier die entscheidende Passage:

> Kein Dichter – und überhaupt kein Künstler – ist in seiner vollen Bedeutung für sich allein zu erfassen. Seine Bedeutung, die Würdigung seines Wesens, setzt die Erfassung seines Verhältnisses zu den früheren Dichtern und Künstlern voraus. Man kann ihn als einzelnen nicht voll würdigen; man muß ihn, der Gegenüberstellung und

des Vergleichs halber, zusammen mit den Vorgängern betrachten. Dies ist meiner Ansicht nach ein entscheidender Grundsatz ästhetischer, nicht bloß historischer Kritik. Die Notwendigkeit, daß er sich in Ordnungen und Zusammenhänge einfüge, ist durchaus nicht nur einseitig; von den Nachwirkungen der Tatsache, daß ein neues Kunstwerk entstanden ist, werden zugleich auch alle vorangegangenen Kunstwerke mitbetroffen. Die vorhandenen Literaturdenkmäler stellen untereinander eine ideale Ordnung dar, die dadurch, daß ein neues (ein wirklich neues) Kunstwerk sich ihnen zugesellt, eine gewisse Veränderung erfährt. Die bis dahin gültige Ordnung ist gleichsam abgeschlossen, bevor das neue Werk auftaucht. Damit sie auch nach dessen Erscheinen fortbestehe, muß die *ganze* bestehende Ordnung einen, sei es auch noch so unmerklichen, Wandel erfahren; und so werden die Beziehungen, Verhältnisse, Werte jedes einzelnen Kunstwerkes dem Ganzen gegenüber wieder in ihr rechtes Verhältnis gesetzt.[14]

Mit meinem Begriff »Kunstwelt« meinte ich genau eine solche ideale Gemeinschaft. Ein Kunstwerk zu sein, hieß, der Kunstwelt anzugehören und zu Kunstwerken in einer gänzlich anderen Beziehung zu stehen als zu anderen Dingen. Ich verstieg mich sogar zu der politischen Haltung, daß alle Kunstwerke gleich seien, insofern als jedes Kunstwerk die gleiche Anzahl an stilistischen Eigenschaften aufwies wie jedes andere. Sobald eine neue Stilreihe in die Matrix mit aufgenommen wird, erhält jedes Kunstwerk ein neues Merkmal zusätzlich. Meiner Ansicht nach unterschieden sich Michelangelos *Jüngstes Gericht* und ein schwarzes Quadrat von Reinhardt in bezug auf stilistischen Reichtum keinen Deut. Die Kunstwelt war nicht nur radikal egalitaristisch, sondern bereicherte sich auch gegenseitig. In gewisser Hinsicht spiegelten die Prinzipien, auf denen die Stilmatrix aufgebaut war, meine eigenen Unterrichtserfahrungen in Columbia wider. Mir fiel zum Beispiel auf, wie die *Odyssee* eine Bereicherung erfährt, wenn man sie im Kontext von Vergil, der Bibel, von Dante oder von Joyce liest. Und das wiederum entsprach trefflich jenen Ideen vom Leser als Autor und von der unendlichen Deutbarkeit von Texten, die dann später aus Europa zu uns kamen.

Und schließlich stand es im Einklang mit kunstpädagogischen Praktiken wie der mit zwei Diaprojektoren gehaltenen Kunstgeschichtevorlesung, in der es um Vergleich und Gegenüberstellung von Werken geht, die möglicherweise kaum eine kausale oder historische Beziehung zueinander aufweisen, und auch zu der üblichen Kritik, der niemand so recht widerstehen kann, nämlich zu sagen, etwas erinnere an etwas anderes. Es hieß, alle Kunstwerke als Zeitgenossen zu behandeln oder als gänzlich außerhalb der Zeit stehend. Doch bin ich heute weniger denn je von Sinn oder gar Nutzen solcher Praktiken überzeugt. Bei Eliot hieß es: »Dies ist meiner Ansicht nach ein entscheidender Grundsatz ästhetischer, nicht bloß historischer Kritik.« Mir geht es ebenfalls um eine solche Trennung des Ästhetischen vom Historischen. Mit diesem Schritt wird die Distanz zwischen künstlerischer und natürlicher Schönheit überwunden. Damit werden wir allerdings auch blind gegenüber künstlerischer Schönheit an sich. Die künstlerische Wahrnehmung ist durch und durch historisch und meiner Ansicht nach gilt das ebenfalls für die künstlerische Schönheit.

Das war im Grunde die Hauptthese von »The Art World«; allerdings war mir damals noch nicht aufgegangen, wie wenig sie mit den Begründungen der Stilmatrix zu vereinbaren ist. In jenem Aufsatz ging es mir zuvörderst um Kunstwerke, die gewöhnlichen Objekten so sehr gleichen, daß die Wahrnehmung keine ernsthafte Unterscheidung zwischen ihnen treffen kann. Meine These brachte ich folgendermaßen vor: »Etwas als Kunst zu sehen, erfordert etwas, was das Auge nicht herabsetzen darf – eine Atmosphäre der künstlerischen Theorie, eine Kenntnis der Kunstgeschichte: eine Kunstwelt.« Jene Formulierung enthielt also bereits eine Erwähnung der Kunstwelt. Heute kann ich das, worum es mir damals ging, noch etwas deutlicher formulieren: Es ist das Wissen, zu welchen anderen Werken ein bestimmtes Werk paßt, eine Kenntnis anderer Werke, die das betreffende Werk möglich machen. Mein Interesse entzündete sich an den entlegeneren Objekten zeitgenössischer Kunst – der *Brillo Box* oder auch Robert Morris' äußerst flexionsloser Plastik, die zu jener Zeit gerade zu sehen waren. Diese Objekte wiesen kaum interessante Affinitäten zu anderen Dingen in der Kunstgeschichte auf, wenn ich auch Erörterungen des Kartons gelesen habe, die ihm eine Geschichte schreiben, die mit Donald Judd beginnt und die *Brillo Box* (in wenig phantasievoller Weise) miteinbezieht (»Warhol druckte ihr per Siebdruck die Brillo-Schrift auf; Artschwager machte sie aus vorstädtischem Thekenkunststoff«, heißt es bei Richard Serra),[15] und ich habe sogar schon gehört, wie formalistische Kunsthistoriker Morris' *Box with the Sound of its Own Making* als einen bloßen Karton in diese Reihe miteinbeziehen. Diese »Kartons« tauchten in der Kunstwelt mit derart unterschiedlichen Bedeutungen und erklärenden Beschreibungen auf, daß eine gemeinsame Behandlung unter dem Gesichtspunkt minimalster formaler Ähnlichkeiten eigenwillig erscheinen muß. In »The Art World« vertrat ich jedoch

Foto von Malewitsch, der unter seinem *Schwarzen Quadrat* aufgebahrt liegt

die Ansicht, daß niemand, der sich in der Geschichte oder der Kunsttheorie nicht auskannte, diese Kartons als Kunst auffassen konnte, weshalb man sich an der Geschichte und der Objekttheorie und nicht am deutlich Sichtbaren orientieren mußte, um sie als Kunst zu begreifen. Und das galt ganz besonders für monochrome Kunst.

Mit »monochrom« meine ich selbstverständlich nicht nur eine einzige Farbe, sondern vielmehr eine chromatisch einheitliche Oberfläche. Mantegna malte seine Stein- und »Bronze«-Bilder, die offensichtlich Meißel- und Gußwerk imitieren sollten, und Maler hatten die Möglichkeit, in Grisaille oder Sepia zu arbeiten und damit aus welchem Grund auch immer tonale Differenzierungen auszuschalten. Heute ist Mark Tansey ein monochromer Künstler (er erklärte einem Interviewer gegenüber, daß er sich Farbe fürs Alter aufspare). Doch kann die monochrome Malerei in dem Sinne, um den es mir hier geht, nicht viel weiter zurückgehen als bis zu Malewitsch, und selbst dann muß man gewisse Unterscheidungen treffen. Sein großartiges, dem Suprematismus verpflichtetes *Rotes Quadrat (Bauer)* aus dem Jahre 1915 ist nämlich in Wirklichkeit ein rotes Quadrat auf weißem Grund und damit eher das Bild eines Quadrats als ein Quadrat oder um es ganz pingelig auszudrücken, das Selbstbildnis eines Quadrats. Oder noch penibler:

Es ist eine quadratische Form in Rot, die ein rotes Quadrat darstellt, denn die Form entspricht mit ihren exzentrischen Umrissen nicht vollkommen der Form der Leinwand. Die Bedeutung dieses Exzentrischen wird in Malewitschs *Schwarzem Quadrat*, ebenfalls aus dem Jahre 1915, deutlich, das in den Köpfen seiner Zeitgenossen »die Kraft einer Zauberformel annahm«. Malewitsch beschreibt es folgendermaßen: »Innerhalb des Quadrats der Leinwand befindet sich ein mit größter Ausdruckskraft und entsprechend den Gesetzen der neuen Kunst dargestelltes Quadrat« (womit er den Suprematismus meint). Sein Student Kurlov berichtet, Malewitsch habe erklärt, daß er »lediglich ein Quadrat darstelle, das im Ausdruck und in bezug auf seine Seitenmaße vollkommen sei – ein Quadrat, bei dem keine einzige Linie parallel zu dem geometrisch korrekten Leinwandquadrat verlaufe und das seinerseits die Parallelität der Seitenlinien nicht wiederhole. Es handele sich dabei um die Formel für das Gegensatzgesetz, das in der Kunst im allgemeinen zum Tragen komme.«[16] Doch mußte das Quadrat noch mehr sein als pädagogische Illustration: Malewitsch wurde in einem »suprematistischen« Sarg beerdigt, auf einer Fotografie seines Totenzimmers ist ein schwarzes Quadrat wie eine Madonnenikone plaziert. Es wirkte wie der Tod der Malerei, um in der von der Kritik des Suprematismus verwendeten Metaphorik zu sprechen.

Es gehörte zur hochfliegenden Zielsetzung des Suprematismus, daß dieser nicht abstrakt bleiben, sondern bildhaft werden und die »nichtobjektive Wirklichkeit«, wie Malewitsch sie nannte, darstellen sollte. Bis zum Suprematismus waren monochrome, monotonale Bilder zwar denkbar, jedoch lediglich als Witz, als Bilder einer objektiven Wirklichkeit ohne chromatische Differenzierung, wie ein gänzlich weißes Bild, auf dem angeblich durch eine Schneelandschaft schreitende Jungfrauen in Kommunionskleidung zu sehen sind, oder wie Kierkegaards witzige Deutung eines einfarbigen roten Bildes, das die Oberfläche des Roten Meeres darstellen soll, nachdem die Israeliten es durchquert hatten und die ägyptischen Verfolger darin ertrunken waren.[17] Dieser witzige Einfall war für mich übrigens der Auslöser zu meinem Buch *Die Verklärung des Gewöhnlichen*. Aber selbst im Suprematismus konnte man sich kaum Gemälde vorstellen, die nicht Bilder waren, wenn schon nicht einer monochromen objektiven Wirklichkeit, dann doch einer nicht objektiven Wirklichkeit, wie Malewitsch es gern ausdrückte. Ich glaube auch, daß der Begriff »nicht objektiv« die letztere Bedeutung, nämlich einer geistigen oder mathematischen Realität, bis in die jüngste Zeit hinein transportierte. Das heutige Guggenheim Museum hieß *Museum of Non-Objective Painting*, und ich glaube wohl, daß seine Leiterin, Baronin Hilla Rebay, der Überzeugung war, daß die Bilder, über die sie herrschte, metaphysische Bedeutung weit über das hinaus hatten, was sich die formalistische Analyse in ihren kühnsten Träumen ausdenken konnte.

Wie dem auch sei: Wir können uns zwei rote Quadrate vorstellen, von denen das eine im Geiste Kierkegaardscher Witze und das andere im Geiste des Suprematismus ausgeführt ist, einander ähnlich genug, daß man versucht sein könnte, ihnen denselben Platz auf der Stilmatrix zuzuweisen, obwohl sie in Wirklichkeit vollkommen unterschiedliche stilistische Merkmale aufweisen, von ihren Differenzen in bezug auf Deutung und Bedeutung ganz zu schweigen. Doch kann man sich ebenso monochrome, monotonale Bilder vorstellen, deren Entstehung keiner der obengenannten Geisteshaltungen zu verdanken ist und deren stilistische Ähnlichkeiten oder Unterschiede rein zufällig sind. Wie sich herausstellte, hatte ich zeitgenössische monochrome Malerei vollkommen außer acht gelassen, als ich *Die Verklärung des Gewöhnlichen* schrieb, und betrachtete sie, vielleicht weil sie mir als Möglichkeit zuerst im Zusammenhang mit Kierkegaard aufgefallen war, immer noch als Anlaß zu vagen philosophischen Witzeleien. Nicht lange nach Erscheinen des Buches begegnete ich jedoch Marcia Hafif auf einem Fest, wo sie sich mir als monochrome Malerin vorstellte. Sie erwies sich dann sogar als Kopf einer ganzen Schule von Monochromisten, mit denen sie mich auf einer Party bekanntmachte, die sie später zu meinen Ehren in ihrem Loft gab. Von ihnen, und ganz besonders von Marcia Hafif, lernte ich eine ganze Menge über die monochrome Malerei – über die künstlerischen Möglichkeiten einer Kunstform, die ich als schlichtes rotes Quadrat abgetan hatte. Das schlichte rote Quadrat leistete mir einen außergewöhnlichen philosophischen Dienst, doch ich bin fest davon überzeugt, daß erst die Erkenntnis der Unterschiede zwischen äußerlich ähnlichen roten Quadraten, die ich Marcia und ihren Mitarbeitern verdanke, mir den Weg in die Kunstkritik gebahnt hat.

Im folgenden etwas längere Ausführungen über Hafifs »Chinese Red 33 x 33«, das in ihren Worten »ein Bild von Hunderten derselben Künstlerin ist, ein Bild von Tausenden von Hunderten anderer Künstler. Wie ist dieses flach gemalte rote Quadrat zu verstehen? Warum ist es mit Haushaltsemaille gemalt? Und warum auf Holz, warum auf Sperrholz?«

> Zum einen fungiert das Bild als es selbst. Es ist rot, quadratisch und von mäßiger Größe. Es befindet sich praktisch auf Augenhöhe an einer Wand mit genügend Freiraum um es herum, um als Gestalt vor

dem Hintergrund der Wand zu erscheinen. Es hat einen Titel: der handelsübliche Name der Farbe, mit der es ausgeführt worden ist. Der Betrachter reagiert auf das Bild wie auf ein beliebiges anderes Ding auf der Welt. Er sieht es und reagiert stillschweigend auf seine Größe und Form, auf die glänzende rote Oberfläche und die rohen Sperrholzkanten, auf die Entfernung zwischen Ding und Wand. Erst dann schaltet sich das Denken ein und fragt: was ist das? Das Objekt ist an die Wand angebracht wie ein Bild. Es ist sogar gemalt, es ist ein Bild. Welche Art von Bezug stellt es als Bild her? Inzwischen hat die Brechung seiner Bedeutungen eine Vielfalt von Bezügen erzeugt: wir sehen es in dem für ein Gemälde reservierten privilegierten Raum, die hölzerne Stütze stammt aus der Renaissance ... die Bastleremaille kommt aus dem täglichen Leben, der nüchterne Farbauftrag mit einem Anstreicherpinsel wäre ebensogut bei einem Tisch angebracht, das Sperrholz ist äußerst gewöhnlich und keineswegs wertvoll, die einfarbige Oberfläche gehört der Tradition monochromer Malerei an, die Quadratform ist neutral und modern, die Größe ist auf den Menschen bezogen, nämlich weder groß noch klein, das einzelne Bild ist eine Stichprobe aus dem Werk der Künstlerin.[18]

Daß seine Ausführung der eines angemalten Tisches entspricht, ist ein künstlerisch bedeutendes Faktum in bezug auf dieses einfarbige Bild: Es weist nämlich keine Pinselspuren auf wie andere Monochrombilder, sondern es ist »ordentlich« und sauber. Außerdem ist es nicht mit Temperafarben ausgeführt, wie ein Bild auf Holz es in der Renaissance gewesen wäre, sondern mit im Handel erhältlicher Emaille. »Zinnoberrot« ist eine Bezeichnung aus dem Malerbedarf, die der so bezeichneten Farbe eine bestimmte Aussage zuschreibt. Auf wie viele rote quadratische Bilder mag all dies wohl zutreffen? Das Auge kann uns darüber erst Aufschluß geben, wenn »sich das Denken einschaltet und fragt«. Die Informationen, die für ein Verständnis und für die Ästhetik des Bildes unverzichtbar sind, sind durch und durch historisch. Meiner Ansicht nach ist es überhaupt nicht möglich, ästhetische und historische Kritik zu trennen, wie Eliot es tut. Sobald sie jedoch zusammengebracht worden sind, brechen die Prämissen der Stilmatrix zusammen. Hegel spricht in einer Kritik an der Philosophie Schellings von einem gewissen »einfarbigen Formalismus« in bezug auf die Idee des Absoluten (und hier haben wir ein schönes Beispiel für einen monochromen Witz): »wie die Nacht, worin, wie man zu sagen pflegt, alle Kühe schwarz sind«.[19] Unter den Auspizien der Stilmatrix sind alle roten Quadrate gleich. Nur durch eine Historisierung geben sie ihre ästhetischen Differenzen preis.

Die Geschichte der monochromen Malerei, in der Kazimir Malewitsch, Alexander Rodschenko, Yves Klein, Mark Rothko, Ad Reinhardt, Robert Rauschenberg und Stephen Prina jeweils ein eigenes Kapitel gewidmet ist, steht noch aus; darin müßte auch die Monochromistengruppe um Marcia Hafif als *chef d'école* ein stattliches Kapitel bilden, an das sich eines über die Monochromisten in Philadelphia anschlösse. Robert Ryman verdient selbstverständlich ein eigenes Kapitel. Das Interessante an seinen Arbeiten ist, wie sehr diese trotz ihrer blanken Weißheit die Zeiten widerspiegeln, die der Künstler durchlebt hat. So verraten die Arbeiten aus den fünfziger Jahren die Farbphilosophie der Abstrakten Expressionisten: Der Künstler ist Farbe und Leinwand gegenüber ungeheuer aufgeschlossen, und die Formen werden in geradezu köstlicher Weise wie Zuckerguß auf einen Kuchen aufgebracht. Dem Konditoreigeist dieser Arbeiten entsprechend sind die Signaturen groß und feierlich und sogar die Datumsangaben so auffällig wie auf einer Geburtstagstorte. In den sechziger Jahren wird Ryman zum Minimalisten und in gewisser Hinsicht zum Materialisten: Die Bilder werden Oberfläche, Untergrund und Farbe und sonst nichts. In den achtzigern und bis in die neunziger Jahre hinein internalisiert sein Werk den Pluralismus unserer Zeit; es beginnt bildhauerische Elemente miteinzubeziehen – Stahlbolzen, Aluminiumnieten, Kunststoff, Wachspapier und dergleichen. Doch durch all diese Veränderungen hindurch behält das Werk wie Candide die weiße Schlichtheit seiner Seele. Es ist eine Allegorie der Standhaftigkeit und der Anpassung.

Hafif schreibt über »Chinese Red 33 x 33«, es »findet in einem Strom von hunderten von Bildern statt und existiert für sich selbst allein sowie auch im Kontext mit den übrigen Arbeiten.« Das gleiche gilt für Rymans Werk, ja für wohl alle Werke. Eine Arbeit bezieht ihre Bedeutung aus den Arbeiten, in deren Kontext sie gestellt wird, und das verdeutlicht wiederum, wie sehr die Stellung der Malerei heute an der Ausstellung festgemacht ist, die für jenen Zusammenhang sorgt, innerhalb dessen allein das Bild zu sehen und zu beurteilen ist. Energie und Bedeutung, die das Bild seiner Plazierung verdankt, sind nicht gänzlich auf die Wahrnehmung beschränkt. Doch die Kritik, der die Stilmatrix hier ausgesetzt wird, entspricht dem Bemühen, aufzuzeigen, wie sehr unsere ästhetische Anteilnahme an Kunstwerken nicht objektiven (wie man sie mit Malewitsch vorsichtig nennen könnte) oder zumindest nicht perzeptuellen Faktoren folgt. Wie nicht anders zu erwarten, wenn »das Denken sich einschaltet und fragt«.

Ich bringe diese Erörterung der monochromen Malerei als Modell für ein Kritikverständnis vor, das angebracht ist, sobald wir erkennen, daß wir unser Denken von den noch so profunden Ähnlichkeiten zwischen einzelnen Werken ab- und ihrer jeweiligen Geschichte zuwenden müssen. Es ist unsere Aufgabe, ihr Erscheinen in der Welt zu erklären und zu lernen, sie in bezug auf ihre jeweilige Aussage zu lesen und ebenso zu bewerten, und darauf unsere Entscheidung zu gründen, ob sie als mimetisch oder metaphysisch, formalistisch oder moralistisch zu klassifizieren sind, an welche Stelle innerhalb einer imaginären Stilmatrix sie passen könnten und welche anderen Werke ihnen vielleicht verbunden sind, falls wir uns von der Idee der Affinitäten immer noch nicht haben lösen können. Malewitschs *Schwarzes Quadrat* hat, weil es gegen die Gradlinigkeit seines Untergrunds angeht, möglicherweise Ähnlichkeit mit einem von Robert Mangolds Quadraten, die ihrer Verpflichtung zu Rechtwinkligkeit nicht ganz gerecht werden, obgleich sie dem Code perfekter Rechtwinkligkeit anscheinend gehorchen. Doch ist eine solche Affinität in Wirklichkeit lediglich ein Ansatzpunkt der kritischen Analyse beider Werke, und es ist sehr wohl möglich, daß wir im Zuge unserer kritischen Untersuchungen feststellen, daß sich ihre Gemeinsamkeiten als die am wenigsten aufschlußreichen Aspekte herausstellen. Denkbar ist ein Museum monochromer Arbeiten oder auch eine Galerie roter Quadrate, wie ich sie bei meinen anfänglichen Überlegungen zur *Verklärung des Gewöhnlichen* im Geiste heraufbeschwor, von denen sich jedes grundlegend von seinen Gegenstücken unterscheidet, obwohl sie alle exakt gleich aussehen.

Die bloße Idee eines solchen Museums ist philosophisch ungeheuer wertvoll, wie es das Museum selbst wäre, würde es existieren. Die Sammlung von 1915 bis zur Gegenwart zu erleben hieße, viel über das richtige Erleben von Kunst zu lernen, insbesondere über das komplexe Zusammenwirken von bildender Kunst und visueller Erfahrung. Darüber hinaus würde es aber auch zeigen, daß das Monochrome nur wenig mit der internen Erschöpfung der Möglichkeiten der Malerei zu tun hat, und daß die Existenz weißer Quadrate, roter Quadrate, schwarzer Quadrate – oder rosafarbener Dreiecke, gelber Kreise, grüner Fünfecke – uns nichts über den Tod der Malerei oder auch über das Ende der Kunst sagt. Jedes einzelne monochrome Bild muß als eigenständiges Werk behandelt und sein Erfolg oder Mißerfolg daran gemessen werden, wie gelungen die Verkörperung der beabsichtigten Bedeutung ist.

Die Beschreibung von Rymans Bildern als »Endphase« war jedoch historisch von dem Umstand begleitet, daß die Malerei nicht länger als adäquates Medium für die Art von Aussage erschien, um die es fortschrittlichen und oft nicht so fortschrittlichen Künstlern ging. Ich denke an einige der interessantesten Künstler Mitte bis Ende der sechziger Jahre – Bruce Nauman, Robert Morris, Robert Irwin, Eva Hesse –, die zwar als Maler begannen, die Malerei jedoch auf die Dauer als einengend empfanden. Sie wandten sich dann allerdings nicht der Bildhauerei als solcher zu, denn zum damaligen Zeitpunkt waren die Konnotationen der Skulptur nicht weniger einengend. Was das Werk dieser Künstler mit der Bildhauerei gemein hatte, war eine echte dritte Dimension, was allerdings nur am Rande relevant ist, so wie es zwar nicht zu leugnen, aber zugleich irrelevant ist, daß Tanz dreidimensional ist. In gewisser Weise waren die betreffenden Arbeiten geistig der Literatur näher, einer Art konkreter Poesie, ganz explizit im Falle Naumans und Morris'. Auf jeden Fall wirkte die Kunst der siebziger Jahre, als sei die Malerei jene Matrix gewesen, welche das Drängen nach einer umfassenderen Ausdruckskraft abrupt unterbrochen hatte, wobei diejenigen Künstler, die der Malerei die Treue hielten, den Eindruck erweckten, als hinkten sie der Entwicklung der Kunst hinterher. Die Malerei als Malerei wurde in jenem Jahrzehnt verstärkt in eine marginale Rolle verwiesen und seitens bestimmter feministischer und multikultureller Strömungen immer mehr zum Dämon stilisiert. In diesem Zusammenhang ist es auch belanglos, ob in jener Zeit »gute Malerei« entstand. Die Gütekriterien, die für die Malerei galten, konnten nicht mehr automatisch auf die Kunst allgemein angewandt werden.

Meiner eigenen Auffassung des Endes zufolge war es nicht die in ihren Formeln recht reduktive monochrome Malerei, sondern die bemerkenswerte Vielfalt künstlerischer Aktivität in dem gesamten Bereich, die den Nachweis dafür erbrachte, daß die Greenbergsche Erzählung vorüber und die Kunst in eine »postnarrative« Periode eingetreten war. Diese Vielfalt wurde in Kunstwerken internalisiert, zu denen auch Bilder gehörten. Während Crimp den Beweis für »den Tod der Malerei« darin sehen will, daß Maler es ihrem Werk erlaubten, »von der Fotografie verseucht« zu werden, ist das Ende der Exklusivität der reinen Malerei für mich vielmehr das Vehikel der Kunstgeschichte. Rymans Arbeiten etwa nehmen eine völlig unterschiedliche Bedeutung an, je nachdem, ob man sie als das letzte Stadium der Moderne-Erzählung verstehen will, in der schließlich die Malerei Bannerträgerin war, oder als eine der Formen betrachtet, welche die Malerei in der postnarrativen Ära annahm, wo ihre Arbeiten mit Performance, Installationen, Fotos, Erdarbeiten, Flughäfen, Videos, Glasfaserarbeiten und Konzeptstrukturen jeder Couleur auf einer Stufe standen und nicht etwa nur mit anders gearteten Bildern. Es gibt sozusagen ein riesiges Menü künstlerischer Möglichkeiten, aus dem ein Künstler so viele auswählen kann, wie er möchte, wie Bruce Nauman, Sigmar Polke, Gerhard Richter, Rosemarie Trockel und zahllose andere es getan haben, denen ästhetische Reinheit kein besonders relevantes Gebot ist. Falls Ryman in diese Kunstwelt gehört, so ist auch für ihn dieses Gebot nicht relevant.

Doch möchte ich mein Kapitel mit einem anderen Thema beenden, nämlich mit dem Wesen der Malerei in der (wie ich mir sie zu nennen erlaube) frühen postnarrativen Phase der restlichen Geschichte. Ich bin der Ansicht, daß der Pluralismus der Kunstwelt zwangsläufig von der Malerei verinnerlicht worden ist, die das streng Exklusivistische verloren hat, durch das sie sich auszeichnete, als sie sich noch als Vehikel des historischen Fortschritts begriff und notwendigerweise bemüht war, sich von allen sozusagen kontrarevolutionären Elementen zu säubern. In der Kunstwelt der fünfziger Jahre lief, wie wir gesehen haben, zwischen Abstraktion und Figürlichem eine regelrechte Kontroverse ab. Greenberg artikulierte dies, indem er den illusionären Raum als der Malerei nicht zugehörig verwarf, wie Sie sich erinnern werden. Verglichen mit den fünfziger Jahren sind die Maler heute ungemein tolerant. Möglich sind echte Formen im echten Raum, echte Formen im abstrakten Raum, abstrakte Formen im echten Raum und abstrakte Formen im abstrakten Raum, um eine ganz einfache Matrix zu verwenden. Regeln fehlen völlig. In der Nationalgalerie habe ich eine Arbeit Robert Rauschenbergs von 1987 gesehen, die einen japanischen Drachen als Collageelement in einer Arbeit verwendet, die trotzdem unverkennbar ein Gemälde ist. Eine Schau von David Reeds Werk – einem fast paradigmatisch reinen Maler – enthielt abstrakte Bilder in einer aus einem Bett und einem Fernseher bestehenden Installation. Ich möchte an dieser Stelle betonen, daß es durchaus denkbar ist, wenn es denn wirklich keine Regeln gibt, daß Künstler der Kunst der Malerei in beliebiger Weise nachgehen und sich dabei beliebigen Geboten beugen – allerdings sind solche Gebote nicht mehr in der Geschichte verankert. Also besteht natürlich Raum für unsere großartigen Maler – Sean Scully, Dorothea Rockburne, Robert Mangold, Sylvia Plimack Mangold und andere. Aber neben der Art von Malerei, die wir mit diesen verbinden, gibt es andere Bilder, die zunehmend Wörter enthalten. Die Beschränkungen der Malerei, welche die Pioniere der sechziger Jahre zur Erfindung von ihrem Denken eher angemessenen Formen zwangen, haben sich zwangsläufig gelockert, und die neue Definition der Malerei läßt die Pendants zu jenen neuen Formen zu und damit den Ausdruck von entsprechend gehaltvollen Gedanken. Es muß zugestanden werden, daß jene Beschränkungen der Malerei ehemals große Kraft verliehen, weil sie Möglichkeiten finden mußte, innerhalb dieser Beschränkungen wirksam zu werden. Doch ist Anpassung der Schlüssel zum Überleben in einer Kunstwelt, in der alles möglich ist. Zugegebenermaßen ist das ein bißchen so, um eine leicht komische Analogie aus der zeitgenössischen amerikanischen Politik heranzuziehen, wie wenn die Demokraten in ihre sogenannte Vision all jene Dinge miteinbeziehen, die ehemals als republikanisch galten – Steuersenkungen, Ausgabenkürzungen, Beschneidung des Staatsapparats usw. Mit unserem Begriff von demokratischer Politik hat das zwar nichts mehr zu tun – aber für das politische Überleben ist es wohl notwendig. Kann sein, daß die Politik der Malerei in dem Zeitalter, das wir – zumindest Hans Belting und ich – inzwischen als das Ende der Kunst verstehen, genauso funktioniert.

Und damit wende ich mich dem Thema Museum zu, aus dessen Ruinen Douglas Crimp den Tod der Malerei verkündete. In Wirklichkeit gab es in den siebziger Jahren alle möglichen – zumeist politische – Gründe, aus denen heraus Kunsttheoretiker das Museum für tot halten konnten, und in den Köpfen vieler muß auch eine deutliche Beziehung zwischen dem Tod des Museums und dem Tod der Malerei bestanden haben, nicht zuletzt weil Museen und Bilder eine interne Verbindung aufzuweisen schienen, so daß, wenn die Malerei tot war, die Museen keine Existenzberechtigung mehr hatten. Wenn die Malerei allerdings nicht tot ist, dann hat sie auf jeden Fall Veränderungen durchgemacht, wie ich sie oben ausführlich besprochen habe, durch die sie einfach eine jener Formen geworden ist, durch die sich Kunst im posthistorischen Zeitalter ausdrücken kann, und das wiederum wirft die Frage nach der Rolle des Museums in bezug auf diese anderen Formen auf. Oder ist die Verbindung zwischen Malerei und Museum tatsächlich genau so eng, wie die Kritiker sie sehen wollen, so daß das Museum seinerseits genausowenig das einzige Forum für die Ausstellung von Kunst mehr ist, wie die Malerei als die bevorzugte Form künstlerischen Ausdrucks an sich gelten kann? Und wenn die Malerei ihre einzigartig privilegierte Position im Schaffen von Kunst verloren hat, hat das zur Folge, daß auch das Museum seine einzigartig privilegierte Position verloren hat, die schließlich seinem Status als dem Vehikel der Kunstgeschichte angemessen war? Das Ende der Kunst bedeutet sicherlich eine *gewisse* Degradierung der Malerei. Kommt das jedoch einer Degradierung des Museums gleich? Dies sind Fragen, die ich auf den folgenden mir verbleibenden Seiten nur streifen kann.

Anmerkungen

1. Patricia Hills, *Alice Neel* (New York: Abrams, 1983), S. 53.
2. Petronius, *Satiricon oder Begebenheiten des Enklop*, übers. von Wilhelm Heinse (Frankfurt/Main: Insel Verlag, 1980), S. 155.
3. Larissa A. Zhadova, *Malevich: Suprematism and Revolution in Russian Art, 1910-1930* (London: Thames and Hudson, 1982), S. 43.
4. Robert Storr, *Robert Ryman* (New York: Museum of Modern Art, 1993), S. 12.
5. Calvin Tomkins, *Jennifer Bartlett* (New York: Abbeville Press, 1985), S. 15.
6. Arthur C. Danto, »The Art World«, *The Journal of Philosophy* 61, Nr. 19 (1964), S. 580f.
7. Adrian Stokes, *Art and Science: A Study of Alberti, Piero della Francesca, and Giorgione* (New York: Book Collectors Society, 1949), S. 112.
8. Bill Berkson, »What Piero Knew«, *Art in America* 81, Nr. 12 (Dezember 1993), S. 117.
9. Frank Sibley, »Aesthetic Concepts«, *Philosophical Review* (1949), S. 421-50.
10. Schapiro, »Style«, S. 72.
11. Ernst H. Gombrich, *Die Kunst, Bilder zum Sprechen zu bringen – Ein Gespräch mit Didier Eribon*, übers. von Joachim Kalka (Stuttgart: Klett-Cotta, 1993), S. 27.
12. a.a.O., S. 28
13. Noel Carroll, »Danto, Style and Intention«, *Journal of Aesthetics and Art Criticism*, 53-3 (Frühjahr 1995), S. 251ff.
14. T.S. Eliot, »Tradition and Individual Talent«, in *Selected Essays* (New York: Harcourt Brace, 1932), S. 6.[dt.: »Tradition und individuelle Begabung«, in T.S. Eliot, *Werke*, Bd. 2, Essays I (Frankfurt/Main: Suhrkamp, 1967), S. 347]. Noel Carroll erkennt in diesem Essay scharfsinnig die Quelle der Stilmatrix. Ich erwähne sie jedoch bereits in *Analytical Philosophy of History* (Cambridge: Cambridge University Press, 1965) sowie in *Narration and Knowledge* (New York: Columbia University Press, 1985), S. 368, Anm. 19.
15. Richard Serra, »Donald Judd 1928-1994«, *Parkett* 40/41 (1994), S. 176.
16. *Kazimir Malevich* (Los Angeles: Armand Hammer Museum of Art and Cultural Center, 1990), S. 193.
17. Søeren Kierkegaard, *Entweder/Oder*, übers. von Heinrich Fauteck (München: Deutscher Taschenbuchverlag, ^{5}1998), Bd. 1, S. 38.
18. Robert Nickas and Xavier Douroux, *Red* (Brüssel: Galerie Isy Brachot, 1990), S. 57.
19. G.W.F. Hegel, *Phänomenologie des Geistes* (Frankfurt/Main: Suhrkamp, 1970), Werke Bd. 3, S. 21f.

Joseph Beuys in seiner Performance, *The Scottish Symphony: Celtic Kinloch Rannock* (1980)

X. Das Museum
und die durstigen Millionen

Eine der Hauptfiguren in dem Roman *Die goldene Schale* von Henry James ist Adam Verver, ein wohlhabender Kunstsammler, der Werke vollendeter Qualität in großen Mengen zusammenträgt, um damit ein visionäres Museum in seiner eigenen Stadt zu bestücken, die James etwas banal »American City« nennt. In Ververs Vorstellungen haben die zahllosen Arbeiter, deren Plackerei er seinen Wohlstand zu verdanken hat, einen ungeheuren Durst nach Schönheit. Wie um diese Schuld zu begleichen, will er ein »Museum aller Museen« errichten – ein Haus auf einem Hügel, »durch dessen Türen und Fenster – dankbaren durstigen Millionen geöffnete Türen – das höhere, ja, das höchste Wissen hinausstrahlen würde, um das Land zu segnen.«[1] Dieses Wissen war die Erkenntnis der Schönheit. Verver gehörte wohl jener Generation an, für die das Schöne und das Wahre noch eins waren, und jene »Befreiung aus den Banden der Häßlichkeit« war gleichbedeutend mit der Erlösung aus den Beschränkungen des Unwissens; folglich entsprach die Begegnung mit der Schönheit einem Curriculum des Wissens. Ich glaube kaum, daß Verver die Theorie, der er folgte, groß analysierte, doch »wie er zu ermessen wußte, bedurfte (die Stadt) dringend einer Befreiung aus den Banden der Häßlichkeit«, berichtet uns James, denn ehe Verver die profunde Wirklichkeit künstlerischer Schönheit entdeckte, war er »gewisserweise blind« gewesen. In einem bestimmten Augenblick entdeckte er mit der Macht der Offenbarung sein eigenes Streben nach Vollkommenheit, das er zuvor nicht erkannt hatte. Sein »Museum aller Museen« sah er als »Heimstatt von Schätzen, welche die Prüfung für eine höhere Sinngebung bestanden hatten« an. Die Einwohner von American City sollten Nutznießer dessen sein, was er selbst unter Aufwendung von Zeit und Mühe entdeckt hatte. Es läßt sich durchaus sagen, daß der Verversche Geist in jenen großen amerikanischen Museen spürbar ist, die in den Jahren, als James die *Goldene Schale* schrieb (der Roman erschien 1904), errichtet wurden.

Das 1897 eröffnete Brooklyn Museum ist ein gutes Beispiel für den Geist Ververs. Sein Entwurf stammt von dem zu James' Zeiten berühmten New Yorker Architekturbüro McKim, Mead and White – das auch für die Columbia University in Morningside Heights und viele der opulenten Bauten der Stadt in jener optimistischen Ära verantwortlich war – und war als Museum aller Museen in zweierlei Hinsicht konzipiert: Es sollte der größte Museumsbau der Welt und damit ein Museum aller Museen in jenem verstärkenden Sinne sein, in dem wir vom »König der Könige« sprechen; außerdem war es ein Museum aller Museen im kollektiven Sinne, da es aus mehreren Einzelmuseen bestehen sollte, die jeweils einem bestimmten Wissensbereich gewidmet waren (es war sogar, habe ich mir sagen lassen, an ein Museum der Philosophie unter seinem mehrkuppeligen Gewölbe gedacht). Auf dem höchsten Punkt in Brooklyn sollte es errichtet werden, und wenn auch nur der Westflügel des geplanten Gebäudes wirklich entstand, vermittelt es doch seine Bedeutung durch den in seine Fassade eingefügten klassischen Tempel mit seinen acht riesigen Säulen. Es steckte etwas geradezu Rührendes in der Diskrepanz zwischen seiner architektonischen Proklamation von Größe und dem begrenzten Kunstbestand, den es vorzuweisen hatte, als es vor beinahe einem Jahrhundert eröffnet wurde. Rührend auch die Disparität zwischen seiner Vision und seinem unvollendeten Zustand. Die Gemeinde Brooklyn hat es nämlich eindeutig nie geschafft, sich zu der in jenem großartigen Architekturfragment verkörperten außerordentlichen Vision emporzuschwingen. Wohl werden die Wanderausstellungen des Museums von der Kunstwelt Manhattans besucht; sein fester Bestand ist von höchster wissenschaftlicher Bedeutung; seine öffentlichen Sammlungen stehen auf dem Lehrplan der öffentlichen Schulen in Brooklyn; es bildet eine wertvolle Ressource für die wachsende Zahl von Künstlern, die zwar in Brooklyn leben, jedoch eigentlich Manhattan den Vorzug gäben, wenn sie es sich leisten könnten. Doch legen Brooklyn-Bewohner, die weder Künstler noch Kunstwissenschaftler sind, keinerlei Anzeichen für jenen Durst an den Tag, an den die hochgesinnten Ververs von Brooklyn dachten, als sie beschlossen, ein Museum zu bauen, das Brooklyns »Wohlstand, seiner Position, seiner Kultur und seinen Menschen würdig« wäre.[2] Abgesehen von den vielen Schulkindern, die wie Vogelschwärme durch die Räume ziehen, entsprechen die Säle hier jenen riesigen leeren Räumen aus den Museen einer Jugend, in die sich Leute gewissen Alters nostalgisch zurücksehnen.

Doch möchte ich die durstigen Millionen des Stadtteils Brooklyn einen Moment beiseite lassen – und damit alle Gemeinden der Nation, die große unbesuchte, im Geiste des Museums aller Museen errichtete Museen ihr eigen nennen – und eine Überlegung dazu anstellen, was jenen Ververs der Nation zufolge eigentlich ihren Glauben an den Wert eines solchen Museums rechtfertigte. Verver hatte sicherlich Kunst kennengelernt, ehe er seine Offenbarung erlebte – ehe er, um mit James zu sprechen, »den Aufstieg zum schwindelerregenden Gipfel vollendete«. Doch hatte er Kunst nicht, um diesen unmodisch gewordenen Begriff zu verwenden, existentiell oder transformativ erfahren. Damit meine ich, daß er die Kunst nicht so erfahren hatte, daß sie ihm eine Sicht der Welt und vom Sinn des Lebens in dieser lieferte. Dergleichen Erfahrungen mit der Kunst sind möglich; und es gibt dazu kaum eine überzeugendere Beschreibung als jene, die Ruskin seinem Vater in einem Brief aus dem Jahre 1848 gibt. Jenes Erlebnis fand in Turin statt, wo Ruskin sich mit dem Kopieren eines Details von Veroneses *Besuch der Königin von Saba bei Salomo* in der städtischen Galerie die Zeit vertrieb. Er schrieb den Brief, nachdem er die Predigt eines waldensischen Predigers gehört und die Gegenüberstellung von Predigt und Bild zu seiner »Rück-Bekehrung« geführt hatte.

> Eines Tages, als ich die herrliche Hofdame auf Veroneses Bild kopierte, war ich überwältigt von der Pracht des Lebens, welche die Welt dann zu entfalten scheint, wenn man ihr nur die beste Seite abgewinnt.... Sollte es denn möglich sein, daß all diese Macht und Schönheit der Ehre ihres Schöpfers Abbruch tut? Hat Gott diese Antlitze so schön und diese Glieder so stark gemacht, hat er diese seltsam feurigen und phantastischen Energien, diese schillernde Materie und die Liebe zu ihr geschaffen, hat er Gold, Perlen und Kristalle und die Sonne geschaffen, die diese glänzen läßt, hat er die menschliche Phantasie mit den grandiosesten Ideen gefüllt und schließlich dem Pinselstrich des Malers die Macht geschenkt, all das umzusetzen, zu verklären und zu vervollkommnen, – nur damit seine Geschöpfe sich am Ende durch all diese Dinge von ihm entfernen? Und ist dieser mächtige Paolo Veronese ... ein Diener des Teufels; und ist der arme kleine Tropf mit seiner ordentlichen schwarzen Krawatte, dem ich am Sonntagmorgen lauschte, als er näselnd Nichts erläuterte, – ist er wirklich ein Diener Gottes?[3]

Durch die Erfahrung eines großartigen Gemäldes erlebte Ruskin einen Sichtwandel und erwarb eine Lebensphilosophie. James hat uns, soweit ich weiß, keine entsprechende Episode von Adam Verver hinterlassen, doch glaube ich, daß sie ähnlich verlaufen müßte, auch wenn daran wohl »schillernde Materie und die Liebe zu ihr ... Gold, Perlen und Kristalle« mitwirkten. Verver wirbt um seine zweite Frau, indem er sie nach Brighton mitnimmt, um dort mit ihr eine Sammlung von Damaszener Kacheln zu begutachten. Diese werden von James in der Tat beschrieben: »Das unendlich alte amethystene Blau der Lasur, kaum mehr dazu gemacht, so schien es, sie mit seinem Atem zu bestreichen als die Wange eines Prinzen«. Vielleicht weil Adam Verver gleich einer schönen jungen Frau einen Heiratsantrag machen will, denkt er »vielleicht zum erstenmal in seinem Leben, ein allzu rascher Entschluß, der Prozeß selbst auf seine Weise etwas ebenso Feines wie das Vollkommene, das er vor sich sah und bewunderte«.[4] Auf jeden Fall sieht Verver, während ihm die Pracht der Materie aufgeht, zugleich das ihn umgebende Häßliche, das er, so schließe ich zumindest, wohl in Kauf nimmt, da er angesichts seiner ungeheuren Tatkraft sicherlich einen Weg gefunden hätte, um diese Umstände direkt zu lindern. Kunst aber sieht er als etwas, das das Freudlose des gewöhnlichen Lebens zugleich offenbart und uns mit ihm versöhnt. Eine gewisse Freudlosigkeit verspürt er selbst in seinem eigenen Witwerdasein, würde er doch sonst nicht das Risiko einer zweiten, gefahrvollen Ehe eingehen – es sei denn, er sähe die so erworbene Schönheit als eine ebenso wertvolle Bereicherung seines Lebens an wie ein großes Kunstwerk.

Es gibt keine »Routineerfahrungen« von Kunst oder – im Falle Ruskins – von Museen. Verver und Ruskin sind Kunstwerken in einem existentiellen Kontext begegnet, den die Kunst in dem Moment ins rechte Licht rückt wie ein genau zum richtigen Zeitpunkt gelesener philosophischer Text. Es läßt sich nur schwer sagen, ob andere Werke in der städtischen Galerie von Turin oder die Damaszener Kacheln zu einem anderen Zeitpunkt die gleiche Wirkung gehabt hätten. Man darf auch nicht vergessen, daß die Erfahrung keinen der beiden Männer zu einem besseren Menschen machte. Verver etwa versucht allen Ernstes, das Modell des Kunstwerks und des Museums als ein Vorbild für menschliche Beziehungen heranzuziehen: Er verheiratet seine Tochter mit einem Mann, den sie selbst als *moreau de musée* bezeichnet, während er seine eigene dekorative Ehefrau zu einer Art Führerin im Museum aller Museen macht. Wahrscheinlich ist das Museum ein armseliges Modell für ein glückliches Leben. Ruskins triste, nicht vollzogene Ehe mit der sinnlichen Effie Gray legt ebenfalls nahe, daß der von Veronese vertretene robuste Hedonismus Ruskins sexuelle Verklemmungen nicht lösen konnte. Ein Psychologe fände es sicherlich bezeichnend, daß das »Detail«, an dem er ein zwanghaftes Interesse hatte, der Volant am Rock der Hofdame war. Auch wenn ihr eigenes Leben der Kunst, die sie schließlich erlöste, nicht gerecht wurde, fühlten sich beide Männer verpflichtet, den Segen der Kunst dem gemeinen Mann und der gemeinen Frau zukommen zu lassen – Verver durch das Museum aller Museen und Ruskin durch seine Schriften und seinen Zeichenunterricht im Working Men's College in London. Beide waren ästhetische Missionare.

Meiner Ansicht nach rechtfertigt die Möglichkeit solcher Erfahrungen, wie ich sie soeben beschrieben habe, die Schaffung, Bewahrung und Ausstellung von Kunst, auch wenn diese Möglichkeit aus welchem Grund auch immer für die meisten Menschen nicht zur Realität wird. Die Erfahrung von Kunst ist nicht vorhersehbar. Sie hängt von einer bereits bestehenden geistigen Verfassung ab; dasselbe Kunstwerk hat eine unterschiedliche Wirkung auf verschiedene Menschen und manchmal sogar eine unterschiedliche Wirkung auf dieselbe Person zu verschiedenen Zeiten. Deshalb kehren wir ja immer wieder zu den großen Werken zurück: Nicht, weil wir jedesmal etwas Neues in ihnen wahrnähmen, sondern weil wir erwarten, daß sie uns helfen, etwas Neues über *uns* herauszufinden. Es ist schwierig, eine Farbreproduktion von *Der Besuch der Königin von Saba bei Salomo* zu finden, weil man nach Jahren wissenschaftlicher Forschung zu dem Schluß gelangt ist, daß das Bild größtenteils oder sogar gänzlich aus der Werkstatt Veroneses stammt: Es gilt nicht mehr als Veronese, den man sehen muß. Was die Frage aufwirft: Ob Ruskin wohl, hätte er das gewußt, den gleichen inneren Wandel verspürt hätte? Soweit ich weiß, gibt es keine Sonderbedingung, die ein Kunstwerk erfüllen müßte, um die entsprechende Reaktion auszulösen: Nur wenige Werke haben mir so viel bedeutet wie Warhols *Brillo Box*, und ich habe einen Gutteil meiner Zeit damit verbracht, die Implikationen meines Erlebens derselben zu analysieren. Ich möchte nur soviel sagen: Kunst kann für jemanden, der bis dahin der Kunst gegenüber »blind« und unempfänglich war wie Adam Verver, während er seinen großen Wohlstand erwirtschaftete, ausgesprochen wenig bedeuten, selbst wenn diese Person Kunst erlebt oder sogar mit Kunst gelebt hat. Das Museum selbst ist aufgrund der Tatsache gerechtfertigt, daß es, egal was seine Funktion darüber hinaus sein mag, solche Erlebnisse ermöglicht. Sie haben nichts mit kunsthistorischer Forschung zu tun oder mit »Kunstverständnis«, so erstrebenswert diese Dinge auch sein mögen. In Wirklichkeit können solche

Erlebnisse freilich auch außerhalb von Museen stattfinden: Manchmal denke ich, daß mein Interesse an der Malerei mit einem Schlag da war, als ich als Soldat in Italien auf eine Reproduktion von Picassos Meisterwerk aus seiner blauen Periode, *La Vie*, stieß. Ich war überzeugt, daß ich etwas Tiefes begreifen würde, wenn ich dieses Werk verstünde, ich weiß jedoch auch noch, daß ich damals den Entschluß faßte, sobald ich wieder ins Zivilleben zurückgekehrt wäre, nach Cleveland zu dem Gemälde selbst zu pilgern, um es dort unmittelbar zu erleben. Doch findet die typische Begegnung mit Werken, die auf uns einwirken wie der Veronese auf Ruskin, zumeist im Museum statt. Als auf einer Presseveranstaltung unlängst jemand der Kuratorin einer Ausstellung schwieriger Fotografien gestand, er könne sich nicht vorstellen, mit einem der Werke zu leben, schien mir ihre Antwort äußerst profund. Sie erwiderte nämlich, wie großartig es doch sei, daß wir Museen für derartige Werke haben, Werke nämlich, die uns zu viel abverlangen, als daß wir uns vorstellen könnten, zu Hause mit ihnen konfrontiert zu werden.

Gleichzeitig hat es inzwischen den Anschein, als machten diese Erlebnisse das Museum sozialkritisch anfechtbar. Es ist einfach nicht das, wonach die durstigen Millionen lechzen. Damit kehre ich zu den vielen Bewohnern in Brooklyn zurück, für die das Museum bestenfalls eine Erinnerung aus Kindertagen oder schlimmstenfalls ein Gebäudekomplex am Eastern Parkway ist, der keine große Bedeutung für ihr Leben hat. Heute liegt, jedenfalls in den Vereinigten Staaten, eine radikale Vision in der Luft, die zumindest eine Prämisse mit der von Adam Verver gemein hat: Die durstigen Millionen dürsten nach Kunst. Die Kunst, nach der sie dürsten, ist allerdings nicht etwas, was ihnen das Museum bislang hätte bieten können. Sie suchen nämlich *ihre eigene Kunst*. In einem ungewöhnlich tiefschürfenden Essay über sogenannte »community-based art« schreibt Michael Brenson:

> Moderne Malerei und Bildhauerei bietet nach wie vor eine profunde und unverzichtbare ästhetische Erfahrung, doch kann sie heutzutage kaum noch auf die sozialen und politischen Herausforderungen und Traumata des amerikanischen Lebens reagieren. Ihre Dialoge und Versöhnungsangebote sind im wesentlichen privat und metaphorisch, und sie bergen heute nur noch begrenzt das Potential, diejenigen Bürger des multikulturellen Amerikas anzusprechen, deren künstlerische Traditionen Objekte nicht als eigenständige Welten, sondern als Instrumente für Performances und andere Rituale verstehen, die außerhalb von Institutionen stattfinden ... Auf jeden Fall

können Bilder, deren Zuhause Galerien und Museen sind, nur sehr wenig tun, um der gegenwärtigen Infrastrukturkrise in Amerika zu begegnen.⁵

Dieser Essay erscheint in einem Buch, das eine außergewöhnliche Ausstellung beschreibt und feiert, die 1993 unter dem Titel *Culture in Action* in Chicago stattfand. Für die Ausstellung schuf eine Reihe von Gruppen, die von einer Einrichtung wie etwa dem Art Institute of Chicago sozial so weit entfernt waren, wie nur irgend vorstellbar, unter Anleitung von Künstlern »ihre eigene Kunst«, die selbst wiederum mit Einschränkungen so weit wie nur vorstellbar von der berühmten und beeindruckenden Kunst in jenem berühmten und eindrucksvollen Gebäude entfernt war. Brenson, der als angesehener Kunstkritiker für die *New York Times* geschrieben hat, ist geistig in solchen Institutionen zu Hause, und er spricht über die darin enthaltene Kunst sogar in seinem Essay in Begriffen, die Adam Verver und John Ruskin problemlos wiedererkennen und unterschreiben würden:

Ein bedeutendes Gemälde ist eine außerordentliche Konzentration und Orchestrierung künstlerischer, philosophischer, religiöser, psychologischer, sozialer und politischer Impulse und Informationen. Je größer der Künstler, desto mehr werden jede Farbe, Linie und Geste zu einem Strom und einem Fluß von Gedanken und Gefühlen. Große Bilder verdichten Momente, versöhnen Polaritäten und bestärken den Glauben an das unerschöpfliche Vermögen bildender Kunst. Infolgedessen werden sie zwangsläufig zu Emblemen der Möglichkeit und der Macht.
... Für ein Publikum, das die Malerei liebt, können die von einer solchen Konzentration und Kohärenz gebotenen Erfahrungen nicht nur profund und poetisch, sondern sogar ekstatisch, ja mystisch sein. Der Geist ist in der Materie verkörpert ... Nicht nur existiert anscheinend eine unsichtbare geistige Welt, sondern sie scheint auch zugänglich zu sein, jedem erreichbar, der das Leben des Geistes in der Materie erkennen kann.
Die Malerei weist auf das Heilversprechen hin.

Dies ist eine reichlich exaltierte Darstellung der Museumskunst; ein Maß, anhand dessen sie sich mit »einer eigenen Kunst« wie der, der sich *Culture in Action* verschrieben hat, vergleichen ließe, ist kaum vorstellbar. Die größte Kontroverse in diesem Bereich löste wohl der Süßigkeitenriegel mit dem Namen *We Got It!* der Ortsgruppe 552 der

Internationalen Gewerkschaft der Bäckerei-, Süßwaren- und Tabakarbeiter Amerikas aus, der im Text als »The Candy of their Dreams« (Die Süßigkeit ihrer Träume) beschrieben wurde. Es gibt, wie ich schon bemerkt habe, keine Skala, auf der dieser Riegel und Veroneses *Der Besuch der Königin von Saba bei Salomo* gleichzeitig erscheinen könnten. Darauf gibt es wiederum eine Antwort, die ich zwar für gefährlich halte, mit der man sich jedoch auseinandersetzen muß. Es ist eine Antwort, durch die alle Kunst kraft Relativierung kompatibel wird: Veronese ist für die durch Verver und Ruskin – und durch Brenson zumindest in einem Aspekt – vertretene Gruppe das, was *We Got It!* für die durch die Arbeiter der Ortsgruppe 552 vertretene Gruppe ist. Genauso wie der Süßigkeitenriegel »eine eigene Kunst« für die letztere Gruppe ist, so ist *Der Besuch der Königin von Saba bei Salomo* für – und warum nicht jene wohlbekannten Kraftausdrücke verwenden – wohlhabende weiße Männer *ihre* Kunst; in Brensons expliziten Begriffen ist für sie die Malerei sowohl ein Emblem der Möglichkeit als auch der *Macht*. Die unmittelbare Folge dieser Position ist eine Tribalisierung des Museums. Es ist im Prinzip für die Gruppe da, für welche die im Museum enthaltenen Objekte »eine eigene Kunst« darstellen – was die riesigen Bevölkerungsgruppen Brooklyns außen vor läßt, die, wenn man den Prämissen dieser Position folgen will, nach einer eigenen Kunst dürsten.

Angesichts der von ihr angeschnittenen Probleme muß *Culture in Action* als eine bahnbrechende Ausstellung gelten. Sie brachte so viele Fragen auf den Punkt, die uns heute in Faktionen aufsplittern, daß die Diskussionen über die Ausstellung hoffentlich anhalten, bis diese Probleme gelöst sind. Bei einigen geht es zwangsläufig um das Museum und dazu möchte ich einige Bemerkungen machen. Es sind Fragen, an denen ich auf verschiedene Weise beteiligt war, so daß ich hier auch aus eigener Erfahrung spreche.

1. *Öffentliche Kunst.* Eine bestimmte Art von öffentlicher Kunst in Amerika hat es immer schon gegeben, nämlich die Errichtung von Denkmälern. In relativ jüngerer Zeit war der Verversche Geist jedoch bemüht, der Tatsache, daß die Öffentlichkeit nicht ins Museum ging, dadurch zu begegnen, daß man das Museum in die Öffentlichkeit brachte, Nicht-Denkmäler an öffentlichen Orten errichtete, auf die das Publikum dann in derselben Weise – nämlich ästhetisch – reagieren sollte, wie auf Werke im Museum. Diese Strategie war unterschwellig architektonisch, insofern sie ein Museum ohne Mauern errichtete und dadurch Räume im Namen des Museums kolonisierte,

vorgeblich im Interesse der Öffentlichkeit. Die Öffentlichkeit ihrerseits konnte bei der Wahl der Kunst nicht mitreden, die vielmehr, wie ich es nenne, von einem Kuratoriat bestimmt wurde – von Kunstexperten, die im Gegensatz zum allgemeinen Publikum wußten, was gut war und was nicht. Es läßt sich nicht bestreiten, daß dies als ein Machtstreben seitens des Kuratoriats ausgelegt werden kann, und als solches stellte es sich auch in einem der berühmten Kunstdramen unserer Zeit heraus: dem Streit um Richard Serras *Tilted Arc* in der Federal Plaza in New York. Ich bin ziemlich stolz darauf, daß ich die Entfernung der Skulptur in meiner Kolumne in *The Nation* befürwortet habe – eine Position, die so in keinem anderen Kunstmagazin in Amerika hätte vertreten werden können. Ich erinnere mich noch, daß Tony Korner, der Herausgeber von *ArtForum*, erklärte, viele seiner Mitarbeiter stimmten mir zu, doch könne sich die Zeitschrift unmöglich dazu bekennen. Bei den Anhörungen zu der Sache rottete sich die Kunstwelt zusammen, allerdings ohne Erfolg: Das Werk wurde entfernt, und die häßliche Leere der Federal Plaza wurde dem Publikum für seine eigenen, wenig erhabenen Zwecke zurückgegeben. Meiner Ansicht nach war diese Kontroverse mehr als jedes andere Ereignis dazu angetan, der breiteren Öffentlichkeit die Machtkomponente in der Museumsrealität zu enthüllen. Tempel waren immer schon Embleme der Macht, die allerdings in gewisser Weise von der Spiritualität ihrer Praktiken und ihrer Ansprüche verdeckt war. Solange die Museen als Tempel der Wahrheit-durch-Schönheit dargestellt wurden, waren die Machtrealitäten unsichtbar.

2. *Die Kunst der Öffentlichkeit*. Dieses Problem bietet zwei Ansatzpunkte. Zum einen kann man der Öffentlichkeit ein größeres Mitspracherecht in bezug auf diejenige Kunst zugestehen, mit der sie in den extramusealen Räumen leben muß. Das dürfte nicht übermäßig schwierig sein: Vielmehr sollte sie einen der Bereiche bilden, in dem das demokratische Mitspracherecht wirklich einmal zum Zuge kommen könnte. Die an dem Kunstwerk beteiligte Öffentlichkeit sollte an den Entscheidungen teilhaben, die ihr ästhetisches Leben beeinflussen. So bezieht Christo die jeweilige Öffentlichkeit immer mit ein, ja der Entscheidungsprozeß ist ein Teil seines Schaffens, das darüber hinaus vor allem ephemer ist – spätere Generationen bleiben davon völlig unbehelligt. Diese Entscheidung basiert jedoch nach wie vor auf der Idee des Museums als dem Ort, an dem die fragliche Kunst angesiedelt sein soll: Extramuseale Räume werden für die Lebensdauer des Kunstwerks zu freistehenden Museumsgefilden, die Reaktionen sind museums-

gemäß, der Beitrag der Öffentlichkeit erschöpft sich mehr oder weniger in einer Beraterfunktion – als Fachgremium zum Thema seiner eigenen Wünsche, Vorlieben und Sehnsüchte. Die Reaktionen einiger kalifornischer Landbesitzer auf Christos *Running Fence* – das nicht zuletzt dank ihrer Einwilligung zustandekam – sind in ihrer dichterischen Intensität durchaus mit Ruskins Reaktion auf Veronese zu vergleichen, wie im Film der Meisels-Brüder deutlich wurde. Auf die Idee der partizipatorischen Ästhetik möchte ich später noch zurückkommen.

Ehe ich mich der anderen Alternative zuwende – nichtmuseale Kunst dadurch zu schaffen, daß die Öffentlichkeit selbst in ihre eigene Künstlerin verwandelt wird –, sollte man sich darüber im klaren sein, daß, wenn die Öffentlichkeit erst einmal Zugang zu den Entscheidungsprozessen des Museums gewonnen hat, sowohl Museum als auch Öffentlichkeit bestimmen müssen, wo, wenn überhaupt, eine Grenze zwischen Ausstellbarem und nicht Ausstellbarem zu ziehen ist. Das Publikum hier in den Vereinigten Staaten echauffiert sich besonders gern über Kunst mit sexuellem Gehalt und die damit verbundenen Zensurfragen. Doch gab es in jüngster Zeit in Kanada einen Aufschrei der Entrüstung im Zusammenhang mit dem Erwerb von, soweit es die Kritiker betrifft, ausgesprochen renommierter Kunst, nämlich Barnett Newmans *Voice of Fire* und Mark Rothkos *Number 16*. Ein deutlicher Vorteil der musealen Tribalisierung – zu sagen, daß das Museum für *ihre eigene Kunst* da sei, wer immer »sie« auch jeweils sein mögen –, besteht darin, daß es damit »ihnen« überlassen ist, zu bestimmen, was »ihre« Kunst sein sollte, und nicht dem Publikum, das nie in das Museum geht. Dies könnte das Thema der Zensur und Ähnliches ein für allemal vom Tisch wischen, würde nicht die steuerliche Belastung alle »Sies« gleicherweise treffen. Bei dem Museum aller Museen wäre das kein Problem gewesen, da die Ververs der jeweiligen Gemeinde es aus ihren dicken Geldbeuteln unterstützt hätten. Sie mußten es nur mit ihrem Gewissen ausmachen, ob sie ihre Dollarmengen lieber für Kunst oder für andere gute Dinge ausgeben wollten. Andererseits könnten nicht einmal Ausstellungen wie *Culture in Action* stattfinden, ohne daß sich Steuerfragen für Gruppen stellten, die nicht durch die staatlichen Beihilfen zur Schaffung einer eigenen Kunst ermächtigt worden sind. Eine beträchtliche Unterstützung kam nämlich vom National Endowment for the Arts, von einer ganzen Latte nicht steuerpflichtiger Organisationen ganz zu schweigen. Der Text gibt keinen Aufschluß über das Budget für das gesamte Unternehmen, weshalb ich etwa nicht weiß, was die Produktion der Süßigkeitenriegel *We Got It!* den Steuerzahler gekostet hat. Viel Geld haben die Riegel nicht eingebracht, so sehr man sich auch anstrengte, sie an die zuckerhungrigen Männer und Frauen Chicagos zu bringen. Ihr Kunststatus ließ sie keinen Deut besser schmecken. Andererseits hätte die Süßigkeit gar nicht als Kunst hergestellt werden können, wäre da nicht die Konfektfabrik gewesen, welche die Hersteller für die Dauer der Produktion von *We Got It!* in ihre Dienste stellen konnten. Natürlich brauchte Richard Serra kein Stahlwalzwerk einzurichten, um die erforderlichen riesengroßen, verwitternden Stahlplatten für *Tilted Arc* zu besorgen. Aber das nur am Rande.

Ein Merkmal unterscheidet die zeitgenössische Kunst von vielleicht der gesamten seit 1400 geschaffenen Kunst, nämlich daß ihre Hauptambitionen nicht ästhetischer Natur sind. Ihre Hauptbeziehung unterhält sie nicht mit Betrachtern als Betrachtern, sondern mit anderen Aspekten derjenigen, an die die Kunst gerichtet ist, weshalb die Hauptdomäne all dieser Kunst auch nicht das Museum selbst ist und schon gar nicht öffentliche Räume, die als Museum hergerichtet wurden, weil diese von überwiegend ästhetischen Kunstwerken besetzt sind, die Personen vor allem als Betrachter ansprechen. In einem Essay im *ArtForum* schrieb ich 1992 folgendes: »Was wir heute sehen, ist eine Kunst, die einen unmittelbaren Kontakt zu den Menschen anstrebt, als das Museum ihn ermöglicht ... und das Museum bemüht sich seinerseits, dem ungeheuren Druck nachzugeben, dem es aus der Kunst und von außerhalb der Kunst ausgesetzt ist. Wir sind damit meiner Ansicht nach Zeugen einer dreifachen Transformation – im Schaffen der Kunst, in den Institutionen der Kunst und im Kunstpublikum.«[6] Ich war nicht erstaunt, diese Passage als Zitat in einem Begleittext zu *Culture in Action* wiederzufinden. Ich war unter anderem deshalb nicht erstaunt, weil mein Denken in gewissem Grad von der Hauptinitiatorin der Ausstellung, Mary Jane Jacob, inspiriert war, einer unabhängigen Kuratorin, die sich durch ungeheure Energie und soziale Klarsicht auszeichnet und deren Ausstellung ortsspezifischer Kunst in Spoleto-USA ich bemerkenswert fand.

Extramuseale Kunst reicht von bestimmten Gattungen, die nur schwer in einem Museum vorstellbar sind, wie Performance-Kunst, bis zu Kunst – *We Got It!* ist ein beachtliches Beispiel –, die an eine bestimmte ökonomisch, religiös, sexuell, rassisch, ethnisch oder national definierte Gemeinschaft gerichtet ist – oder andere Merkmale aufweist, anhand derer Gemeinschaften identifiziert werden. Die berüchtigte Whitney Biennial von 1993 war eine Anthologie extramusealer Kunst, die urplötzlich Ausstellungsraum in einem Museum erhalten hatte, das mit dieser Ausstellung den von mir bezeichneten Trend bestätigte. So sehr ich auch bereit war, diese Kunst zu unterstützen – im Museum sah ich sie überhaupt nicht gern. Was allerdings nur zeigt, wie politisch rückschrittlich ich bin. Die natürliche Konsequenz einer eigenen Kunst ist fraglos ein eigenes Museum – ein einem Sonderinteresse gewidmetes Museum, wie das Jewish Museum in New York, das zum Tribalismus zurückgekehrt ist, oder das National Museum of Women in der Arts in Washington, in dem das Kunsterlebnis damit verbunden ist, wie sich der Einzelne mit der Gemeinschaft, der diese Kunst gehört, identifiziert, und die das Publikum in diejenigen spaltet, die es ihre eigene Kunst nennen, und die anderen.[7] (Die Behauptung, »das« Museum sei bereits tribalisiert, beruht ihrerseits auf der Behauptung, daß es genau wie »ihre eigenen Museen« für verschiedene »Ihrs« das Publikum zwischen der weißen männlichen beziehungsweise ermächtigten Klasse auf der einen und den Entmächtigten und Randständigen auf der anderen spaltet.)

3. *Aber ist es Kunst?* Möglich wird auf Gemeinschaft basierende Kunst, zumindest der Art, wie *We Got It!* sie exemplifiziert, nicht zuletzt durch bestimmte Theorien, die erst Anfang der siebziger oder frühestens Ende der sechziger Jahre artikuliert wurden, wenngleich sich argumentieren läßt, daß die Grundlage für diese Theorien bereits 1915 entstand, als nämlich Marcel Duchamp seine ersten Readymades vorstellte. Als die radikalste Aussage der Ermächtigungstheorien muß wohl die von Joseph Beuys gelten, der nicht nur überzeugt war, daß alles Kunst sein konnte, sondern sogar noch radikaler, daß jeder ein Künstler war (nicht zu verwechseln mit der Idee, jeder könne Künstler sein). Die beiden Thesen sind miteinander verbunden. Faßt man den Kunstbegriff eng, nämlich etwa nur als Malerei oder Bildhauerei, dann gilt laut letzterer These, daß jeder ein Maler oder Bildhauer ist, was ebenso falsch ist wie die Aussage, jeder sei Musiker oder Mathematiker. Zweifellos kann jeder bis zu einem gewissen Grad lernen, zu zeichnen oder zu formen, jedoch wird es in den meisten Fällen ein weiter Weg sein, bis man überhaupt von Malerei oder Bildhauerei sprechen kann. Soweit ich ausmachen kann, ist in der Beuysschen Ermächtigungstheorie kein Raum für solche gemeinen Abstufungen. Wenn es Kunst ist, ist es Kunst, sonst ist es eben keine. Sicherlich gibt es bestimmte Kriterien, anhand derer wir *We Got It!* von anderen Süßigkeitenriegeln unterscheiden können, doch hat das mit den Kriterien, die über gute oder schlechte Riegel entscheiden, nichts zu tun – bei denen es um Geschmack, Größe, Nährstoffe oder was immer geht. *We Got It!* kann so-

gar bei allen Süßwarenkriterien haushoch durchfallen und trotzdem Kunst sein, während die anderen nichts weiter als Süßigkeitenriegel sind. Ein Schokoriegel, der ein Kunstwerk ist, braucht also kein besonders guter Schokoriegel zu sein. Es genügt, wenn er ein Schokoriegel ist, der mit der Absicht produziert wurde, Kunst zu schaffen. Essen kann man ihn trotzdem, da seine Eßbarkeit ja mit seinem Kunststatus vereinbar ist. An dieser Stelle sollten wir uns vielleicht daran erinnern, daß die erste Serie der sogenannten »Multiples« von Beuys aus einem Stück Schokolade bestand, das auf ein leeres Blatt Papier aufgebracht war. Eine Untersuchung der Unterschiede zwischen diesem Werk und *We Got It!* wäre sicher lohnenswert – auch zwischen diesen beiden und dem Riesenschokoladenblock, den die junge Konzeptkünstlerin Janine Antoni in ihr 1993 entstandenes Werk *Gnaw* einbaute. Beginnen könnte man mit einer Unterscheidung zwischen Verpflegung, Schleckern und Gefräßigkeit und damit zwischen dem Eßverhalten eines Soldaten, einer Naschkatze und eines Bulimikers. Gleichzeitig entbehrt es nicht einer gewissen Ironie, daß ein Eindruck von »Qualität« mitschwingt, der aus der Kennerschaft und der Dynamik des Sekundärmarktes erwächst, auf dem man eine von Beuys' Schokoladen mit dem Zusatz »von besonders hoher Qualität« anbieten könnte. Dies würde unter anderem bedeuten, daß die Ecken scharf und die Kanten sauber sind. Doch hat das offensichtlich nicht das geringste mit dem Geiste des Multiples als Kunst zu tun. Es wäre vielmehr, als wollte man deshalb einen hohen Preis für Duchamps Schneeschaufel fordern, weil »solche Schaufeln einfach nicht mehr hergestellt werden«, d.h. aufgrund ihrer handwerklichen Ausführung und der Dicke ihres Metalls. Ebensowenig spielt die der Kunst zur Verfügung stehende Bedeutungsvielfalt eine Rolle, wenn Kunstwerke selbst aus Schokolade hergestellt sind.

So ist leicht zu sehen, daß »Qualität« nichts mit dem Kunstsein gemäß Beuysschen Erwägungen zu tun hat, und in diesem Sinne wurde der Begriff »Qualität« auch in einem berühmten und umstrittenen Artikel von Brenson in der *New York Times* mit dem Titel »Is Quality an Idea whose Time has Gone?« in Frage gestellt. Andererseits sollte man betonen, daß die Irrelevanz des Qualitätsbegriffs keineswegs an sich Kennzeichen einer »eigenen Kunst« ist. Frauenkunst – und ich denke dabei nicht an die von Frauen geschaffenen Werke der bildenden Kunst, sondern an traditionelle Frauenkunst wie Quilts, denen zunächst keine Aufnahme in Museen der schönen Kunst gewährt wurde – war ja eindeutig einer Bewertung nach Qualitätskriterien unterworfen. Aufgrund von ikonoklastischen Verboten schufen Juden und Moslems weder Malerei noch Skulptur, doch steht außer Zweifel, daß die von ihnen geschaffene Kunst Qualitätskriterien gehorchte. Selbst das für *Culture in Action* geschaffene Werk von Beuys, laut Brenson »die prophetischste Stimme«, ist nicht in allen Stücken gleich gut, wenn man Kriterien anlegt, welche die Ablehnung der Qualitätsidee in Frage stellte. Ich glaube, daß ein Konsens dahingehend denkbar ist, welche von Beuys' Werken am besten sind und warum und was die guten zu guten Werken macht. In der Tat bietet Beuys' Werk Erfahrungen derselben Art wie die Damaszener Kacheln oder Veroneses *Der Besuch der Königin von Saba bei Salomo*. So veranstaltete Beuys 1970 im College of Art in Edinburgh eine Performance (er selbst nannte sie »Aktion«) mit dem Titel *Celtic (Kinloch Rannoch) Scottish Symphony*. In der Fotodokumentation ist er mit seinem typischen Filzhut und der Jägerweste zu sehen, wie er umgeben von einigen elektronischen Geräten in einem großen kahlen Raum steht oder auf dem farbverkrusteten Boden kniet. Hier eine Beschreibung eines Teils der Performance:

> Seine Handlungen sind auf ein Mindestmaß reduziert: Er kritzelt auf eine Tafel und schiebt sie mit einem Stock vierzig Minuten lang zur Musik von Christiansen [dem Pianisten] auf dem Boden herum, zeigt Filme von sich (nicht ganz glücklich, da der Schnitt den Rhythmus zerstört) und vom Rannoch Moor, das mit ca. 3 Meilen pro Stunde an der Kamera vorübergleitet. Er verbringt ungefähr anderthalb Stunden damit, Gelatine von den Wänden zu kratzen und auf ein Tablett zu geben, das er dann in einer krampfartigen Bewegung über seinen Kopf leert. Zum Schluß steht er vierzig Minuten lang still.
> So erzählt klingt es nach nichts, in Wirklichkeit ist man wie elektrisiert. Und ich spreche damit nicht für mich allein: Alle, die die Performance miterlebt haben, waren danach bekehrt, wenn auch jeder natürlich mit einer anderen Erklärung aufwarten konnte.[8]

Ich weise hier besonders auf das Wort »bekehrt« hin, das an Ruskins »Rück-Bekehrung« erinnert. Ich glaube auch, daß jeder, der die Beschreibung liest, sich wünscht, die Performance selbst erlebt zu haben. Es besteht zuweilen die Tendenz, Beuys als jemanden aufzufassen, der von den Ideen Beuys' beeinflußt war. Aber er war ein erstaunlicher Künstler mit einem betörenden Stil und der Fähigkeit, einen unglaublichen Einfluß auszuüben.

Auf diese Einwände gibt es eine Antwort. So läßt sich anführen, daß Mitglieder von Randgemeinschaften, die Kunst schaffen, für die Wert relevant ist, die Werte der herrschenden, aber im Grunde fremden Kunstkultur verinnerlicht haben, und daß Beuys zwar ein Prophet, jedoch zugleich von den Institutionen, die ihn formten, infiziert war. Wahre auf Gemeinschaft basierende Kunst unterliegt Kriterien, doch nicht der Art, wie sie für die in Museen und deren Satelliteninstitutionen bewahrte dominante Kunstkultur gelten.

Doch geht es mir hier nicht darum, den Streit weiterzuführen. Man kann durchaus davon ausgehen, daß die Zeit jener Kunst, welche das Museum definiert, vorüber ist und daß wir eine Revolution der Kunstidee miterlebt haben, die ebenso bemerkenswert ist wie diejenige, mit der diese Idee um 1400 enstand und die das Museum zu einer dieser Kunst exakt gemäßen Institution machte. Mein Standpunkt hier und an anderer Stelle ist, daß das Ende der Kunst gekommen ist, daß die durch jene Idee hervorgebrachte Erzählung an das ihr innewohnende, vorbestimmte Ende gelangt ist. Sobald sich die Kunst ändert, schwindet möglicherweise auch die Bedeutung des Museums als grundlegender ästhetischer Institution, während extramuseale Ausstellungen vom Schlage der *Culture in Action*, in der Kunst und Leben weitaus enger miteinander verflochten sind, als die Konventionen des Museums dies zulassen würden, zur Norm werden können. Oder aber das Museum könnte selbst ästhetisch an den Rand gedrängt werden, indem es der verbleibenden herrschenden Kunstkultur, die inzwischen als der Tummelplatz bestimmter sexueller, ökonomischer und rassischer Typen gilt, tribalistisch übereignet wird. Das würde den Druck auf das Museum zwar verringern, allerdings zu einem verhältnismäßig hohen Preis.

Doch ehe ich mich dieser Frage zuwende, möchte ich die Frage »Aber ist es Kunst?« insbesondere unter Bezug auf Werke wie *We Got It!* angehen. Nach den Kriterien des »Museums aller Museen« ist es sicherlich keine Kunst, aber sofern wir die Möglichkeit konzeptueller Revolutionen in der Kunst zulassen, muß das nicht viel heißen. Eines steht fest: Es muß erst einmal eine außerhistorische Kunstidee geben, damit solche konzeptuellen Revolutionen stattfinden können; die Analyse einer solchen Idee ist Aufgabe der Kunstphilosophie, in der meiner Ansicht nach bereits einige Schritte unternommen worden sind, auch von mir. Das Verständnis ist groß genug, um sagen zu können, daß *We Got It!* sich einer angemessenen philosophischen Definition folgend plausibel als Kunst qualifiziert, einer Definition gemäß, die jedoch bis in relativ jüngste Zeit niemand für stichhaltig gehalten hätte. Dem Werk mag einiges abgehen, wenn man es an Kriterien mißt, die der jahrhundertelang geltenden Kunstidee entsprechen. Andererseits mögen auch die von jener älteren Idee ins Recht gesetzten Kunstwerke einiges von dem vermissen lassen, was *We Got It!* hat, Kriterien folgend, die der Kunstidee gemäß sind, welche wir dank eines solchen Werkes besser verstehen.

4. *Museum und Öffentlichkeit.* Wenn wir sagen, daß das Museum für das multikulturelle Amerika nur von begrenztem Wert ist, werden wir dem Museum damit meiner Ansicht nach nicht ganz gerecht. Ich glaube nämlich, daß die Erfahrungen, die Ruskin seinem Vater mitteilt oder James uns, indem er Adam Verver beschreibt, oder die Erfahrungen jener Zeugin bei Beuys' Aktion in Edinburgh 1970 nicht wirklich so durch Klassen-, Geschlechts- und Rassenzugehörigkeit und dergleichen eingeschränkt sind, wie die Multikulturalismusthesen das gemeinhin behaupten. Selbstverständlich sind gewisse Vorkenntnisse Voraussetzung für eine solche Erfahrung, wobei es sich um Kenntnisse handelt, die anderen vermittelt werden müssen, damit sie selbst solche Erfahrungen haben können. Allerdings ist das Wissen von gänzlich anderer Art als die von Dozenten, Kunsthistorikern oder dem Curriculum der Kunsterziehung vermittelte Kunstwürdigung. Es hat auch wenig zu tun mit Malen- oder Formenlernen. Die Erfahrungen gehören der Philosophie und der Religion an, jenen Vehikeln, durch die der Sinn des Lebens Menschen in ihrer menschlichen Dimension vermittelt wird. An diesem Punkt kehre ich zurück zu Adam Ververs Konzept der durstigen Millionen. Sie dürsten meiner Ansicht nach wie wir alle nach Sinn: nach jenem Sinn, wie ihn die Religion noch zu vermitteln wußte oder die Philosophie oder schließlich die Kunst – diese drei bilden ja in Hegels großartiger Sichtweise die drei (und es gibt nur drei) Momente des Absoluten Geistes. Die Auffassung von Kunstwerken als Sinnträgern inspirierte meiner Ansicht nach die tempelartige Architektur der großen Museen zu James' Zeiten; ihre Affinität zu Religion und Philosophie wurde als Vermittlung von Erkenntnis empfunden. Oder anders ausgedrückt: Kunst wurde als eine Quelle und nicht nur als bloßes Objekt des Wissens angesehen. Andere Erwartungen müssen dann wohl an die Stelle getreten sein, die sich in anderen Architekturen widerspiegelten, wie im Meisterwerk von Rogers und Piano, dem Centre Pompidou in Paris. Diese anderen Erwartungen, was immer sie auch sind, geben wahrscheinlich gute und gültige Gründe für das Schaffen, Fördern und Erleben von Kunst ab, doch ist das Museum wohl immer mehr ein Hindernis, das es zu umgehen gilt, da es auf der Möglichkeit jener Art von Sinn beruht, die ich soeben zu veranschaulichen versucht habe. Ich für meinen Teil glaube jedoch, daß diese Er-

wartungen von jener Art von Sinn und folglich vom Museum als ihm gewidmeter Wirkungsstätte abhängig sind. Das Museum hat sich unterdessen um Aufgeschlossenheit gegenüber so vielen anderen Dingen bemüht, daß es ein Tribut an Adam Ververs Intuition ist –, der zufolge es ja etwas gibt, wonach die Millionen dürsten –, daß ihre Säle immer noch mit Bildern behangen, ihre Vitrinen mit herrlichen Objekten ausgestattet sind wie mit jenen, um die sich Verver mit seiner Auserwählten vor einem Jahrhundert in Brighton bemühte.

5. *Kunst nach dem Ende der Kunst.* Daß *We Got It!* ein Kunstwerk und nicht ein bloßer Schokoriegel ist, ist erst seit dem Ende der Kunst möglich, das durch bestimmte einflußreiche Theorien als solches ins Recht gesetzt wurde, die Ende der siebziger Jahre auftauchten und besagten, alles könne ein Kunstwerk und jeder ein Künstler sein. Daß es »community-based«-Kunst und nicht die Arbeit eines Einzelnen ist, ist bestimmten politischen Ermächtungstheorien zu verdanken, denen zufolge, als programmatisches Korrorar, galt, daß Gruppen von Einzelnen, die angeblich keinen Sinn in der Museumskunst finden konnten, dennoch nicht jenes Sinns entbehren sollten, den die Kunst ihrem Leben verleihen konnte. *We Got It!* macht nicht jeden existierenden Schokoriegel zu Kunst, so wie Duchamp nicht dadurch, daß er eine Schneeschaufel zum Kunstwerk erhob, aus allen Schneeschaufeln Kunstwerke machte. Unter Berücksichtigung dieser Einschränkung können wir uns fragen, wo das Museum nun steht, nachdem das Konzept der »eigenen Kunst« sich durchgesetzt hat.

Zunächst einmal ist festzuhalten, daß keineswegs alle, für die *We Got It!* Kunst war, jener Gruppe angehörten, für die der Schokoladenriegel eine »eigene Kunst« war. Wie immer in solchen Fällen spaltete das Werk sein Publikum in diejenigen, deren Gemeinschaftsidentität in der Kunst verkörpert war, und diejenigen, die nicht zu der Gemeinschaft gehörten, die jedoch vielleicht an auf Gemeinschaft basierende Kunst glaubten – wie etwa Michael Brenson oder die Leute aus der Kunstwelt, die mit den verschiedenen Gemeinschaften zusammenarbeiteten, um die Vielfalt der Kunstwerke möglich zu machen, aus denen sich dann die Ausstellung *Culture in Action* zusammensetzte. Jeder von ihnen war in der Welt der Museen, der Kunstgalerien, Kunstausstellungen und Kunstmagazine vollkommen zu Hause. In keiner Weise war *We Got It!* als ihre »eigene Kunst« zu bezeichnen. Vielmehr entsprach ihr Verhältnis zu *We Got It!* recht genau dem zwischen Ruskin und Veroneses *Der Besuch der Königin von Saba bei Salomo* oder zwischen Adam Verver und den blauen Damaszener Kacheln. Damit war die Kunst mit einem Schlag von jeglicher Tribalisierung befreit: Sie war nicht eine »eigene Kunst« für wohlhabende weiße Männer. Diese wußten sie nur eben zu schätzen, so wie die nicht völlig mittellosen weißen Männer und Frauen, die das Publikum von Werken wie *We Got It!* abgaben, jenes Werk schätzten, wenn auch nicht aus ästhetischen, sondern aus moralischen und politischen Gründen. *We Got It!* ist als Kunst in keiner Weise ausschließlich für diejenigen bestimmt, für die es eine »eigene Kunst« ist. Das Werk gehört allen, wie es nur recht und billig ist, da es sich um Kunst handelt. Man kann sogar sagen, daß die Kunstwelt den Schokoriegel zwar nicht selbst gemacht, ihm jedoch die Möglichkeit verschafft hat, Kunst zu sein, als die Konfekthersteller ihn unter bestimmten Auspizien und in einem bestimmten Moment in der Geschichte produzierten – d.h. nach dem Ende der Kunst, als in gewissem Sinne alles möglich war. Ob *We Got It!* jemals eine Erfahrung bereithält, wie *Der Besuch der Königin von Saba bei Salomo* sie Ruskin gewährte, sei dahingestellt – wie vielen hat dieses Bild schon eine Erfahrung vermittelt, die mit Ruskins vergleichbar wäre? Für jemanden, der die Kunstgeschichte des Süßwarenriegels kennt, ist es durchaus vorstellbar, daß ein Gleichgesinnter an all jene Männer und Frauen weit entfernt von der Kunstwelt gedacht und überlegt hat, was deren Leben Sinn gibt, um sich dann zu entschließen, daraus Kunst und gleichzeitig den besten Schokoriegel in Chicago zu machen! Allein diese Möglichkeit rechtfertigt schon, das Werk in ein Museum aufzunehmen. Wie sonst sollen wir es denn zur Erbauung zukünftiger Generationen aufbewahren?

Anmerkungen

1. Henry James, *The Golden Bowl* (London: Penguin, 1985), S. 142f. [dt.: *Die goldene Schale*, übers. von Werner Petrich (Köln: Kiepenheuer und Witsch, 1963), S. 112ff.].
2. Linda Ferber, »History of the Collections«, in *Masterpieces in the Brooklyn Museum* (Brooklyn: The Brooklyn Museum, 1988), S. 12. Siehe auch »Part One: History«, in *A New Brooklyn Museum: The Master Plan Competition* (Brooklyn: The Brooklyn Museum and Rizzoli, 1988), S. 26-76.
3. John Ruskin, Briefe an seinen Vater, in Tim Hilton, *John Ruskin: The Early Years* (New Haven: Yale University Press, 1985), S. 256.
4. James, *Die goldene Schale*, S. 166.
5. Michael Brenson, »Healing in Time«, in Mary Jane Jacob, Hrsg., *Culture in Action: A Public Art Program of Sculpture Chicago* (Seattle: Bay Press, 1995), S. 28f.

6. Arthur C. Danto, *Beyond the Brillo Box: The Visual Arts in Post-Historical Perspective* (New York: Farrar, Straus and Giroux, 1992), S. 12 [dt.: *Kunst nach dem Ende der Kunst*, übers. von Christiane Spelsberg (München: Fink, 1996), S. 25].

7. Ich erörtere dies in meinem »Post-Modern Art and Concrete Selves« in *From the Inside Out: Eight Contemporary Artists* (New York: The Jewish Museum, 1993).

8. Caroline Tisdale, *Joseph Beuys* (New York: The Solomon R. Guggenheim Museum, 1979), S. 195f.

Umschlag, *The Nation*, 14. März 1994. Graphik von Paul Chudy

XI. Modalitäten der Geschichte: Möglichkeit und Komödie

Ich habe mich an einer Stelle in meiner Analyse mit gewisser Bravour als Essentialisten in der Kunstphilosophie bezeichnet, ungeachtet der Tatsache, daß der Begriff »Essentialist« in der zeitgenössischen Auseinandersetzung einen überaus negativen Beiklang hat. Insbesondere im Feminismus ist die bloße Erwägung einer festen und universalen weiblichen Identität gleichbedeutend mit der Duldung von Unterdrückung. Doch haftet mir wohl der Ruf eines Anti-Essentialisten in der Kunstphilosophie an, womit ich auf der Seite der Engel bin. So schrieb David Carrier vor nicht langer Zeit: »die Zielscheibe von Dantos kritischer Analyse ist die Behauptung, Kunst als solche habe eine Essenz.«[1] Nun hätte ich den gesamten Anspruch meines Hauptwerks zu dem Thema, *Die Verklärung des Gewöhnlichen*, als Unterstützung des Essentialismus in der Kunstphilosophie betrachtet, da sich das Buch eine Kunstdefinition zum Programm macht, nach der es eine feste und universale künstlerische Identität gibt. Das Problem mit den großen Gestalten des Ästhetikkanons von Platon bis Heidegger ist ja nicht, daß sie Essentialisten waren, sondern daß sie sich für das falsche Wesen entschieden. Ich habe nie den Schluß gezogen, »wenn *Fountain* und *Brillo Box* Kunstwerke sein können, dann gibt es kein bestimmtes Unterscheidungsmerkmal mehr, das nur der Kunst eigen ist«, wie Carrier augenscheinlich glaubt. Der Punkt ist der: Wenn sie Kunstwerke sein können, dann liegen mehr oder weniger alle Definitionsversuche des Wesens der Kunst daneben, was jedoch nicht bedeutet, daß diejenigen, die diese Versuche unternahmen, damit etwas falsch gemacht hätten. Aber wenn ein scharfsinniger Kritiker wie David Carrier meine Ansichten mißversteht, dann schadet es wohl nichts, wenn ich mir an dieser Stelle die Mühe mache, sie noch einmal darzulegen, vor allem, da ich nicht nur den Essentialismus unterschreibe, sondern außerdem behauptet habe, dem Historizismus in der Kunstphilosophie verpflichtet zu sein. Denn es mag dem Leser vielleicht nicht eingehen, wie diese Standpunkte miteinander zu vereinbaren sind, weshalb eine Darlegung ihrer Vereinbarkeit vielleicht ein philosophischer Beitrag mit eigenem Recht ist und über die bloße Genugtuung einer Richtigstellung hinausgeht.

Es gibt zwei Essenz-Auffassungen: unter Bezugnahme auf die Klasse der von einem Begriff bezeichneten Elemente oder auf eine Gruppe von Attributen, die den Begriffsinhalt beschreiben: *extensional* und *intensional*, um die alten Bezeichnungen zu verwenden, anhand derer die Bedeutung von Begriffen oft angegeben wurde.[2] So verfährt man extensional, wenn man versucht, durch Schlußfolgerung die den Gegenständen, welche die Extension des Begriffes bilden, gemeinsamen und eigenen Attribute herauszufinden. Die extreme Heterogenität der Extension des Begriffs *Kunstwerk* insbesondere in der Moderne diente zeitweise als Grundlage dafür, zu leugnen, daß die Klasse der Kunstwerke eine bestimmende Gruppe von Attributen hat, und damit zu behaupten, wie es zu Beginn meiner Untersuchungen der Kunstphilosophie gang und gäbe war, daß die Kunst so wie das Spiel bestenfalls eine Klasse von Familienähnlichkeiten sei. Etwas Ähnliches muß auch, wenn ich richtig vermute, Ernst Gombrichs ursprünglicher Absicht zugrundegelegen haben, als er sagte: »Genaugenommen gibt es ›die Kunst‹ gar nicht«[3], wenngleich ich insgesamt den Eindruck habe, daß Gombrich nicht zu denjenigen gehörte, welche Duchamp ernstnahmen.[4] Mein Beitrag, wenn man es so nennen will, bestand in dem Hinweis, sich eben nicht durch die Heterogenität der Extension des Begriffs irreführen zu lassen, welche Duchamp und dann Warhol radikalisierten. Sie radikalisierten sie, weil aus der Tatsache, daß ihr Werk als Kunst eingestuft wurde, unmittelbar folgte, daß sich Kunstwerke nicht mehr durch Beobachtung als solche erkennen ließen; ebensowenig konnte man dementsprechend hoffen, mit Hilfe eines Induktionsschlusses von den einzelnen Fällen zu einer Definition zu kommen. Mein Beitrag bestand darin, eine Definition zu fordern, die nicht nur der radikalen Vielfalt der Klasse von Kunstwerken Rechnung trug, sondern sogar erklärte, was diese Vielfalt möglich machte. Aber wie alle Definitionen war auch meine (die wahrscheinlich nur eine Teildefinition war) gänzlich essentialistisch. Mit »essentialistisch« meine ich, daß sie sich als Definition in der kanonischen Vorgehensweise der Philosophie an notwendige und hinreichende Bedingungen hielt. Das gilt übrigens auch für Dickies institutionelle Kunsttheorie, die sich in der gleichen Weise als essentialistisch verstand. Wir beiden stellten uns damit resolut gegen die von Wittgenstein beeinflußte Zeitströmung. Der einzige Denker in der Geschichte der Ästhetik, der meiner Ansicht nach die Komplexität der Kunstidee begriffen hat – und beinahe eine A-priori-Erklärung für die Heterogenität der Klasse von Kunstwerken zur Hand hatte, da er im Gegensatz zu den meisten Philosophen eine historische und keine äternalistische Sicht des Themas vertrat –, war Hegel. Seiner Auffassung zufolge mußte die symbolische Kunst anders aussehen als die Kunst der Klassik oder auch die der Romantik, und es folgte daraus, daß jede Definition der Kunst, die er vorbrachte, unbedingt mit jenem Grad an perzeptueller Unordnung und induktiver Folgerungsunfähigkeit vereinbar sein mußte. In jener herrlichen Passage, in der Hegel seine Ideen zum Ende der Kunst darlegt, heißt es: »Was durch Kunstwerke jetzt in uns erregt wird, ist außer dem unmittelbaren Genuß zugleich unser Urteil, indem wir [I] den Inhalt, [II] die Darstellungsmittel des Kunstwerks und die Angemessenheit und Unangemessenheit beider unserer denkenden Betrachtung unterwerfen.«[6] Am Schluß von Kapitel fünf habe ich vorgebracht, daß uns (I) und (II) eigentlich genügen, um die Anatomie der Kritik zu erfassen. Wohl verbleibt damit noch das Sinnliche, aufgrund dessen Stigma Hegel der Kunst im Gefilde des Absoluten Geistes einen niedrigeren Rang zuweist als der Philosophie, welche reine, von den Sinnen unbefleckte Verstandestätigkeit ist, wenngleich das Sinnliche in seiner Idee der »Darstellungsmittel« durchaus mitschwingen mag. Doch will mir auch scheinen, daß *Die Verklärung des Gewöhnlichen* trotz des Feuerwerks an imaginären Beispielen und der Methodologie ununterscheidbarer Pendants bei dem Bemühen, eine Definition aufzustellen und damit das Wesen der Kunst zu erfassen, kaum über die Konditionen (I) und (II) als Vorbedingungen für den Kunstwerkstatus hinauskam. Um ein Kunstwerk zu sein, muß etwas (I) *von etwas handeln* und (II) *seinen Sinn bzw. seine Bedeutung verkörpern*. Verkörperung geht über die Unterscheidung zwischen Intension und Extension als Erfassung der Bedeutungsdimensionen hinaus oder liegt außerhalb dieser, und erst als Frege seine bedeutende, wenn auch unausgereifte Idee der *Färbung** als Ergänzung zu *Sinn** und *Bedeutung** einführte, fanden mit der Bedeutung befaßte Philosophen einen Weg zum Umgang mit künstlerischer Bedeutung (und kamen bald wieder von ihm ab). Wie dem auch sei, mein Buch wartet mit zwei Konditionen auf, und ich war (und bin nach wie vor) hinlänglich überzeugt, daß sie gemeinsam ausreichen, damit ich mich in der begründeten Hoffnung zurücklehnen konnte, meine Pflicht getan zu haben. Doch wußte ich danach nicht, wie ich weitermachen sollte, weshalb ich das Buch beendete. Mit Carrier gesprochen habe ich damit wohl einen Teil des Wesens der Kunst erfaßt und meine philosophische Überzeugung geltend gemacht, daß Kunst ein essentialistischer Begriff ist.

Der philosophische Unterschied zwischen einem Institutionalisten wie Dickie und mir besteht nicht darin, daß ich Essentialist war und er nicht, sondern daß ich der Ansicht war, daß die Entscheidungen der Kunstwelt, etwas zu einem Kunstwerk zu machen, eine Klasse von Gründen erforderte, um solche Entscheidungen von bloßen willkürlichen Willensakten abzusetzen.[7] Um ehrlich zu sein, war ich der Meinung, daß es weniger einer Erklärung als vielmehr einer Entdeckung bedurfte, um *Brillo Box* und *Fountain* den Kunststatus zuzuschreiben. Die Experten waren tatsächlich mit Astronomen zu vergleichen, die ihrerseits beurteilen konnten, ob etwas ein Stern war. Sie erkannten, daß diese Werke Sinn, daß sie Bedeutungen hatten, welche ihren ununterscheidbaren Pendants fehlten, und sie erkannten darüber hinaus, daß diese Werke die jeweiligen Bedeutungen verkörperten. Diese Werke waren einfach zum Zwecke der Kunst geschaffen, und sofern das Element der »sinnlichen Darstellung« kaum eine Rolle spielte, während ihnen gleichzeitig ein ausreichender Grad dessen innewohnte, was Hegel »Urteil« nennt, stützten sie meine zugegebenermaßen etwas waghalsige Behauptung, daß Kunst sich beinahe in Philosophie verwandelt hatte.

Die institutionelle Darstellung hat noch einen weiteren Aspekt, der in meinem Denken über die Kunst eine beträchtliche Rolle spielt, daß nämlich ein Objekt, das genau (oder genau genug) einem geglichen hätte, dem 1965 der Kunstwerkstatus zugesprochen wurde, diesen Status 1865 oder 1765 nicht erlangt hätte. Die essentialistisch verfaßte Idee der Kunst ist zeitlos. Die Extension des Begriffs ist dagegen historisch gekennzeichnet – es ist tatsächlich so, als offenbare sich die Essenz durch die Geschichte, was vielleicht bei Wölfflin mitschwang, als er erklärte: »Es ist nicht alles zu allen Zeiten möglich, und gewisse Gedanken können erst auf gewissen Stufen der Entwicklung gedacht werden.«[8] Die Geschichte gehört der Extension, nicht der Intension der Kunstidee an, und kaum ein Philosoph – und hier bildet Hegel wieder die denkwürdige Ausnahme – hat die historische Dimension der Kunst ernstgenommen. Gombrich andererseits nahm sie ernst, und es ist ihm hoch anzurechnen, daß er darauf hinwies, der Zweck seines epochemachenden Buches *Kunst und Illusion* sei »zu erklären, warum Kunst eine Geschichte hat«.[9] In Wirklichkeit erklärt er, warum die bildliche Darstellung und nicht warum die *Kunst* eine hat, weshalb es ihm auch so schwer fiel, Duchamp in seine Darstellung aufzunehmen, da *Fountain* eben nichts mit Making und Matching zu tun hat. Hätte er sich nicht die Geringschätzung zu eigen gemacht, die sein Kollege Popper Hegel entgegenbrachte,[10] wäre ihm vielleicht aufgefallen, daß sowohl Inhalt als auch Darstellungsweise ihrerseits historische Konzepte sind, wenngleich die Geisteskraft, auf die sie antworten, nicht die Wahrnehmung, sondern wieder einmal das »Urteil« ist. Und angesichts der historischen Zwänge der beiden – nennen wir sie Hegelschen – Bedingungen hätten *Fountain* (das ohnehin epizyklisch zur Geschichte sanitärer Anlagen stand) und *Brillo Box* (das auf die Geschichte der industriellen Fertigung und natürlich auch die Geschichte der Standards häuslicher Sauberkeit anspielt) zu keinem früheren Zeitpunkt Kunstwerke sein können. (Wir könnten ihren historischen Augenblick damit als den Zeitpunkt definieren, an dem sie Kunstwerke sein konnten.)

Der Begriff »essentialistisch« ist in der postmodernen Welt zum Anathema geworden, in erster Linie im Kontext von Geschlecht und in zweiter im politischen Kontext. Bestimmte Sichtweisen zum Wesen des Frauseins in bestimmten Entwicklungsphasen der Menschheitsgeschichte gelten (zu Recht) als unterdrückend gegenüber Frauen; und die Vorstellung, an einer singulären Essenz des Arabischen teilzuhaben, hat, so eine berühmte Polemik von Edward Said, die Unterschiede zwischen Arabern in westlichen Augen unverständlich gemacht (den Essentialismus von »westlich« wollen wir hier einmal beiseite lassen). So wird es moralisch und politisch für besser gehalten, die Existenz eines weiblichen Wesens (zum Beispiel) zu leugnen, als sich auf die Suche danach zu machen. Oder von Menschen allgemein zu behaupten, daß unser Sein unser Wesen sei und damit Sartres Subversion der mittelalterlichen Unterscheidung zu folgen. Nun kann ich nicht sagen, welchen Wert es hätte, essentialistische Definitionen von Frauen, Arabern oder Menschen allgemein festzulegen, doch wenn wir einen Vorteil, ja sogar eine Dringlichkeit darin sehen, dies für die Kunst zu leisten, dann können wir auch erkennen, daß es bestimmte in sie eingebaute Schutzvorrichtungen gegen jene Art von Mißbrauch gibt, welche die Polemik gegen den Essentialismus herausgestellt hatte. Angesichts der Tatsache, daß die Extension des Begriffs »Kunstwerk« historisch ist, so daß Werke unterschiedlicher Phasen keine offensichtliche Ähnlichkeit miteinander aufweisen oder zumindest einander nicht ähnlich sein müssen, wird deutlich, daß die Definition der Kunst mit allen Kunstwerken vereinbar sein muß, da diese alle die gleiche Essenz exemplifizieren. Das gleiche läßt sich von der Extension von *Kunstwerk* in den verschiedenen Kulturen, in denen eine Praxis des Kunstschaffens besteht, sagen: Die Idee der Kunst muß mit allem, was Kunst ist, vereinbar sein. Daraus ergibt sich unmittelbar, daß die Definition keinerlei stilistische Vorschriften enthält, so unwiderstehlich es auch in Augenblicken künstlerischer Revolution gewesen ist, das Hintersichgelassene als »nicht wirklich Kunst« abzutun. Diejenigen, die bestimmten Werken mit Wonne den Kunststatus verwehrt haben, wollten damit ein rein historisch bedingtes Merkmal der Kunst in das Wesen der Kunst mitaufnehmen – ein philosophischer Irrtum, den zu vermeiden augenscheinlich schwierig war, zumal dem Essentialismus bislang die Unterstützung eines robusten Historizismus fehlte. Kurzum: Der Essentialismus in der Kunst bringt Pluralismus mit sich, gleichgültig, ob dieser Pluralismus historisch realisiert wird oder nicht. Ich kann mir allerdings Umstände vorstellen, unter denen Kunstwerke durch politische oder religiöse Einflußnahme von außen gezwungen sind, bestimmten Normen zu genügen. Wir sehen das gegenwärtig bei dem Versuch, das National Endowment for the Arts durch Gesetze in gesellschaftlich akzeptable Bahnen zu lenken.

Daß dies auch auf andere Ideen mit historischen Extensionen zutrifft, ist augenfällig und eindeutig. So hat die Idee des Frauseins beispielsweise eine äußerst komplexe Geschichte, wodurch das, was als charakteristisch für Frauen gilt, sich von Zeitraum zu Zeitraum und Ort zu Ort deutlich unterscheidet. (Ebenso gilt, daß »Mann« eine historische Extension hat.) Dies bringt genau wie die Idee der Kunst mit sich, daß man nicht von einer Essenz sprechen kann, die alle Frauen und Frauen allein exemplifizieren. Vielmehr bedeutet es, daß die Essenz nichts enthalten darf, das historisch oder kulturell bedingt ist. Damit hat der Essentialismus hier wie anderswo einen Pluralismus der männlichen und weiblichen Geschlechtseigenschaften zur Folge, wobei es der Gesellschafts- und Moralpolitik überlassen bleibt, welche Eigenschaften, wenn überhaupt, in das dem jeweiligen Geschlecht zugeordnete Ideal aufgenommen werden. Diese sind jedoch aus offensichtlichen Gründen nicht Bestandteil des Wesens, denn was der Essenz angehört, sei es in der Kunst oder in bezug auf Geschlechter, hat nichts mit Gesellschafts- oder Moralpolitik zu tun.

Die Verbindung von Essentialismus und Historizismus ermöglicht eine Definition des gegenwärtigen Zustands in der bildenden Kunst. Wenn wir versuchen, das Wesen der Kunst zu begreifen – oder, um es weniger ominös auszudrücken, das einer angemessenen philosophischen Definition der Kunst – dann erleichtert uns die Erkenntnis, daß die Extension des Begriffs »Kunstwerks« nun vollkommen offen ist, diese Aufgabe ungeheuer, da wir folglich in einer Zeit leben, in der für

Künstler alles möglich ist, gibt es doch kein »Außerhalb der Geschichte« mehr, um mit Hegel zu sprechen. Wie sollen wir nun auf Heinrich Wölfflins Behauptung reagieren, die ich in diesem Buch bereits mehr als einmal zitiert habe, daß nicht alles zu allen Zeiten möglich ist? »Jeder Künstler«, erläutert er, »findet bestimmte ›optische‹ Möglichkeiten vor, an die er gebunden ist«, denn »auch die originellste Begabung kann nicht über gewisse Grenzen hinauskommen, die ihr durch das Datum der Geburt gesetzt sind.« Dies muß ebenso für Künstler gelten, die in eine pluralistische Kunstwelt hineingeboren werden und für die tatsächlich alles möglich ist, wie für Künstler, die in die Kunstwelt des perikleischen Athen oder das Florenz der Medici hineingeboren wurden. Man entkommt den Beschränkungen der Geschichte nicht dadurch, daß man in eine posthistorische Periode eintritt. Gleichgültig also, inwiefern gilt, daß in der posthistorischen Periode, in der wir uns befinden, alles möglich ist, muß dies mit Wölfflins Gedanken vereinbar sein, daß *nicht* alles möglich ist. Der Hautgout des Widerspruchs ist dadurch zu neutralisieren, daß wir Unterscheidungen zwischen jenem Alles treffen, das möglich ist, und jenem Alles, das nicht möglich ist. Und das soll zu den Aufgaben dieses letzten Kapitels gehören.

Es ist insofern alles möglich, als es keine apriorischen Beschränkungen hinsichtlich des Erscheinungsbilds eines Werks der bildenden Kunst gibt, womit alles Sichtbare ein Werk der bildenden Kunst sein kann. Das ist Teil dessen, was es wirklich bedeutet, am Ende der Kunstgeschichte zu leben. Es bedeutet insbesondere, daß Künstler sich durchaus Formen vergangener Kunst aneignen und Höhlenmalerei, Altarbilder, barockes Porträt, kubistische Landschaft, chinesisches Landschaftsbild im Sung-Stil oder was immer für ihre eigenen Zwecke verwenden können. Was also ist *nicht* möglich? Nicht möglich ist es, in die gleiche Beziehung zu solchen Werken zu treten wie jene Menschen, in deren Lebensform solche Werke die ihnen jeweils zugewiesene Rolle spielten: Wir sind keine Höhlenbewohner, auch keine Tiefgläubigen des Mittelalters, weder barocke Fürsten, Pariser Bohemiens an vorderster Front eines neuen Stils noch chinesische Gelehrte. Natürlich kann sich keine Periode auf die Kunst früherer Lebensformen so einlassen, wie diejenigen es konnten, die jene Lebensformen lebten. Doch konnten jene sich dafür nicht solche früheren Formen aneignen, wie es uns möglich ist. Dabei ist allerdings eine Unterscheidung zu treffen zwischen den Formen und unserer Beziehung zu diesen. Möglich ist alles insofern, als wir uns sämtliche Formen zu eigen machen können. Nicht alles aber ist möglich, weil unsere Beziehung zu jenen Formen stets unsere eigene sein muß. Wie wir uns auf jene Formen einlassen, definiert nicht zuletzt unser Zeitalter.

Wenn ich sage, daß wir uns »sämtliche Formen zu eigen machen können«, dann meine ich damit nicht, daß es nicht auch Formen gibt, die für unsere eigene Periode typisch sind. Beim Durchblättern des Katalogs zur Biennale in Istanbul des Jahres 1995 fällt zum Beispiel auf, daß so gut wie nichts, was darin abgebildet ist, nur zehn Jahre zuvor als Kunst gegolten hätte. Bei den meisten Arbeiten handelt es sich um Installationen; außerdem legen sich die Künstler keinerlei Beschränkung auf im Hinblick auf die eingesetzten Medien. In gewisser Weise sind die Werke Ausdruck unseres Zeitalters, und dies wird wohl auch in Zukunft der Fall sein: Die Biennale in Istanbul des Jahres 2005 wird aller Wahrscheinlichkeit nach Werke zeigen, die wir uns heute noch gar nicht vorstellen können. Das liegt zum Teil an dem Druck, dauernd etwas Neues schaffen zu müssen, dem die Künstler ausgesetzt sind und dem die offene Extension des Begriffs »Kunstwerk« Vorschub leistet. Außerdem ist es insgesamt eine natürliche Folge der Ungewißheit historischer Zukunft. Wenn wir uns vorstellen, in zehn Jahren eine Biennale zu besuchen – die 105. in Venedig, die 5. in Johannesburg, die 10. in Istanbul oder die Whitney Biennial im Jahre 2005 –, dann können wir jetzt schon mit an Sicherheit grenzender Wahrscheinlichkeit sagen, daß sich einige der dort ausgestellten Werke von den 1995 gezeigten in für uns noch unvorstellbarer Weise unterscheiden werden. Wir wissen jedoch auch, daß unsere Definition von Kunst bereits solide genug ist, damit wir sie ohne Zögern ausnahmslos als Kunst akzeptieren werden. Falls sich jene Definition später von unserer heutigen unterscheiden sollte, dann dank eines Fortschritts in der philosophischen Ästhetik, der möglicherweise durch die unvorhergesehene Geschichte der Zukunft der Kunst angeregt worden ist, vielleicht aber auch nicht.

Zurück also zu dem Punkt, daß uns zwar alle Formen zu eigen sind, daß wir uns jedoch nicht auf dieselbe Art und Weise auf sie einlassen können wie diejenigen, denen sie ursprünglich gehörten. Das ist der Preis, den wir für die Freiheit, uns jene Formen anzueignen, zahlen. Da die historische Gegenwart nicht zuletzt durch ein Unvermögen definiert wird, lohnt es sich, den Unterschied zwischen der posthistorischen Periode und allen vorangegangenen Perioden in der Geschichte der Kunst genauer zu analysieren. Und nichts ist sinnvoller als sich an Wölfflin mit seinem ausgeprägten Gespür für historische Modalitäten – für Möglichkeit und Unmöglichkeit – zu orientieren.

Wölfflins Strategie ist überaus raffiniert. Er stellt nämlich Künstler nebeneinander, die zur gleichen Zeit tätig waren, jedoch auf den ersten Blick stilistisch weit voneinander entfernt scheinen, um dann zu behaupten, daß sie in Wirklichkeit weitaus mehr gemein haben, als zunächst offensichtlich ist: »Grünewald ist ein anderer Vorstellungstypus als Dürer, obwohl beides Zeitgenossen sind«, heißt es bei ihm, doch: »Für den Anblick größerer Weite einigen sich diese zwei Typen doch wieder zu einem gemeinsamen Stil, d.h. man erkennt unmittelbar das, was eben beide als Vertreter ihrer Generation verbindet.«[11] Oder:

> Es gibt kaum zwei Künstler, die, obwohl Zeitgenossen, ihrem Temperament nach weiter auseinanderstehen als der italienische Barockmeister Bernini und der holländische Maler Terborch. Unvergleichbar wie die Menschen sind denn auch ihre Werke. Vor den stürmischen Figuren Berninis wird niemand an die stillen, feinen Bildchen Terborchs denken. Und doch: wer etwa Zeichnungen der beiden Meister zusammenhielte und das Generelle der Mache verglich, müßte zugeben, daß darin eine vollkommene Verwandtschaft vorliegt.«[12]

Kurz gesagt, es besteht ein gemeinsames visuelles Idiom, das jeweils quer durch nationale und religiöse Grenzen einer bestimmten Zeit hindurchgeht, und Künstler zu sein, heißt per se an diesem Modus des Sehens teilzuhaben. Allein: »auch das Sehen hat eine Geschichte« – die verwendete Bildsprache ändert sich zwangsläufig. So sehr Bernini und Terborch sich auch voneinander unterscheiden, sie sind einander weitaus ähnlicher als einer von ihnen Botticelli oder Lorenzo di Credi, die einer vollkommen anderen Ebene angehören: die »Offenbarung dieser visuellen Ebenen muß [laut Wölfflin] als Hauptaufgabe der Kunstgeschichte gelten«. Natürlich besteht Wölfflins wohlbekannte »Offenbarung« darin, daß Botticelli und di Credi lineare, Terborch und Bernini dagegen malerische Künstler sind. Und wenn er behauptet, daß nicht alles zu allen Zeiten möglich ist, so meint er damit vor allem, daß es für diejenigen auf der linearen Ebene nicht möglich ist, auf malerische Weise »das zu sagen, was sie zu sagen haben«. Wölfflin stellt die Frage, wie Bernini sich wohl im linearen Stil des 16. Jahrhunderts ausgedrückt hätte, um sie sogleich wieder zu verwerfen – »er hat des malerischen Stils bedurft, um das zu sagen, was er zu sagen hatte«. »Das zu sagen, was er zu sagen hatte« geht eindeutig über die Geschichte des Sehens hinaus, es sei denn, wir gehen davon aus, daß visuelle Formen als Ausdrucksmittel für Überzeugungen und Haltungen dienen können, die ihrerseits in keiner Weise visuell sind: »das Sehen an sich hat seine Geschichte« nur deshalb, weil bildliche Darstellungen zu Lebensformen gehören, die ihrerseits historisch miteinander verbunden sind. Terborchs Botschaften sind erotischer und häuslicher Natur, Berninis dagegen kosmisch und dramatisch. Der malerische Stil versetzte sie lediglich in die Lage, das Gewünschte auszudrücken, wozu der lineare Stil nicht dienlich gewesen wäre. Die Lebensformen, denen die beiden Künstler jeweils angehörten, wiesen Gemeinsamkeiten auf, die keine der beiden Formen mit jenem Leben hatte, das der lineare Stil ausdrückte.

Die Kunst der Gegenreformation hatte die Aufgabe, die Leiden der Märtyrer, Christi Ringen mit dem Tode, die Trauer Marias am Fuße des Kreuzes darzustellen.[13] Die geltende Psychologie besagte, daß der Beschauer dieser Werke an den jeweils ausgedrückten Empfindungen teilhatte und seine Identifikation mit denjenigen, die sie ausdrücken, den Glauben stärken würde, um dessentwillen jene dargestellten Personen ein so großes Leiden auf sich nahmen. Der Betrachter mußte also nicht nur wahrnehmen, daß sie litten, nicht nur darauf schließen, daß jemand in einer solchen Situation leiden würde: Er mußte das Leiden selbst verspüren. Also galt es einen Weg zu finden, um dies allein durch Farbe und Schnitzwerk zu vermitteln. Als sich die stilistischen Strategien des Barock jedoch erst einmal entwickelt hatten, konnten sie auch anderen Zwecken zugeführt werden – etwa um Betrachtern die Wärme eines Zimmers oder die kühle Glätte eines seidenen Gewandes fühlen zu lassen. Somit verschafften die Gebote, auf die Berninis Kunst reagierte, Terborch die Möglichkeit, Dinge auszudrücken, die einem »linearen« Künstler gar nicht zugänglich waren, der vielleicht nicht einmal glauben mochte, daß man solche Dinge überhaupt ausdrücken *konnte*. Es ergibt sich eine philosophisch aufschlußreiche Asymmetrie, wenn man sich überlegt, wie sich Künstler im 16. Jahrhundert nicht einmal vorstellen konnten, bestimmte Dinge in der Kunst auszudrücken, weil diese das malerische Vokabular des Barock erforderten, und wenn man sich andererseits überlegt, wie frustriert ein barocker Künstler gewesen wäre, wenn er das, was er sagen wollte, im linearen Stil seiner unmittelbaren Vorläufer hätte sagen müssen. Wie hätte sich Caravaggio im Stil von Pinturrichio ausgedrückt – wie hätte er »gesagt, was er zu sagen hatte« –, wie wäre Courbet mit jenen Beschränkungen zurechtgekommen, die Giottos Schaffen bestimmten? Es ist sehr wohl möglich, daß Betrachter Leiden, Agonie und Trauer in linearen Figuren erkennen, doch um dies jeweils wirklich zu *empfinden* und sich in die Betroffenen hineinzuversetzen, bedarf es einer anderen stilistischen

Strategie. (Comics, die sich im wesentlichen eines linearen Zeichenstils bedienen, verlegen sich auf Wörter oder Symbole: »Aua!« oder Sterne um den Kopf eines Vermöbelten.) Doch funktionieren solche Beschränkungen auch in der entgegengesetzten historischen Richtung: Was hätte Giotto schon mit dem »Schwung barocker Massenbehandlung«, wie Wölfflin es nennt, anfangen können? Was hätte das zu tun gehabt mit dem, was er durch seine Kunst ausdrücken wollte? Kurz gesagt: Es besteht eine gewisse interne Entsprechung zwischen Botschaft und Ausdrucksmittel.

Der Philosoph Paul Feyerabend hat einmal erklärt: »historische Perioden wie der Barock, das Rokoko oder die Gotik haben eine verborgene Essenz gemein, die nur ein einsamer Außenseiter verstehen kann ... Wir können zwar zugestehen, daß Kriegszeiten kriegerische Autoren hervorbringen – doch ist damit nicht ihr ganzes Wesen umrissen. Man muß sich darüber hinaus auch mit jenen beschäftigen, die vom patriotischen Eifer unberührt waren und ihn möglicherweise ablehnten; auch sie repräsentieren ihr Zeitalter.«[14] Die Idee eines historischen Wesens ist sicherlich alles andere als klar, doch genausowenig können wir meiner Ansicht nach die Substanz der Geschichte begreifen, wenn wir nicht die Existenz von Realitäten anerkennen, auf die sich die Idee bezieht. Wenn wir wollen, können wir diese als »Perioden« bezeichnen, so lange wir erkennen, daß eine Periode nicht einfach nur ein bestimmter Zeitraum ist, sondern vielmehr ein Intervall, in dem die von Männern und Frauen gelebten Lebensformen eine komplexe philosophische Identität haben als etwas, das diese leben und erkennen, so wie wir Dinge dadurch erfahren und erkennen, daß wir sie leben; als etwas, daß sich wissenschaftlich erfahren aber nicht leben läßt; und als etwas, daß sich sowohl leben als auch erfahren läßt, wie es auf Menschen zutrifft, die sich durch einen historischen Einblick in ihr eigenes Zeitalter auszeichnen – die sich also zugleich inner- und außerhalb ihrer Periode befinden. *Wir* können den Barock als Kunstwissenschaftler, oder um Feyerabends romantischen Begriff zu verwenden, als »einsame Außenseiter« erkennen, doch haben wir nicht mehr die Möglichkeit, ihn zu leben. Beziehungsweise, wir können ihn nur noch in Form von Pastiche und So-tun-als-ob leben, was im Grunde aber kein Leben ist, da es niemand mit uns gemeinsam lebt. Das Paradigma für jemanden, der ein solches Leben versucht, ist natürlich Don Quijote, den die anderen hinnehmen oder ausnutzen, ohne jedoch wirklich an der Lebensform des Don teilzuhaben (was auch gar nicht möglich ist), wenngleich sie diese von außen erfahren, so wie wir zumeist das Leben früherer Zeiten kennenlernen.

Über zukünftige Lebensformen wissen wir nur sehr wenig, und wenn wir versuchen, futuristisch zu leben, drücken wir damit in den allermeisten Fällen lediglich die Zukunftssicht unserer eigenen Zeit aus. Das futuristische Pendant zu Don Quijote ist fraglos eine Abart des Kosmonauten, der die Zukunft vielleicht seit den dreißiger Jahren symbolisiert, als Buck Rogers und Wilma Dearing von Stern zu Stern schwirrten. Ein Cervantes des *fin de (vingtième) siècle* könnte also einen Roman schreiben, in dem der Held das Leben der Zukunft jetzt lebt, was sich jedoch, wenn die Zukunft erst einmal da ist, ebenso hausbacken ausnehmen wird wie Buck Rogers heute. Er – oder sie, denn die Torheit schlägt ohne Ansehen des Geschlechts zu – wäre sicherlich in die Art von Kostüm gekleidet, wie sie uns aus Filmen wie *2001* bekannt ist. Es gibt nichts Ernüchternderes als die Wahrnehmung der neunziger Jahre aus der Sicht der sechziger: Wir sind tatsächlich weit entfernt vom gestrigen Morgen.[15] Dennoch besteht ein profunder Unterschied dazwischen, wie uns die Zukunft verschlossen ist und wie die Vergangenheit, in die wir ja Einblick haben können. Diese Asymmetrie bildet die Struktur des historischen Wesens. Wäre es möglich, die Zukunft zu kennen, so wäre dieses Wissen nutzlos, da sich die zukünftige Lebensform nicht leben läßt, weil niemand sonst sie lebt. Lebten andere sie, wäre es schließlich nicht die Zukunft, sondern die Gegenwart.

Der Begriff »Lebensform« stammt natürlich von Wittgenstein, bei dem es heißt: »Eine Sprache vorstellen, heißt, sich eine Lebensform vorstellen«.[16] Das gleiche gilt auch für die Kunst: Sich ein Kunstwerk vorzustellen, heißt, sich eine Lebensform vorzustellen, in der es eine Rolle spielt. (Versuchen Sie einmal, sich Terborch vorzustellen, der sich eine Lebensform ausdenkt, in der die typische Installation auf der Biennale in Istanbul 1995 eine Rolle spielt!) Als ich die monochrome Malerei erörterte, habe ich versucht, mir unterschiedliche Lebensformen vorzustellen, in denen Bilder, die äußerlich genau gleich sind, jeweils eine unterschiedliche Rolle spielen, unterschiedliche Bedeutungen haben und damit jeweils kunstkritisch anders behandelt werden. Kunstwerke in rein ästhetischen Begriffen zu behandeln, hieß insbesondere für die Modernisten, sie ihrer Verwurzelung in Lebensformen zu entreißen und als unabhängige Werke zu behandeln. Nicht erkannt wurde, daß die Kunstwerke, die in ästhetischer Absicht geschaffen wurden, in Lebensformen entstanden, in denen so etwas wie das Kunstschöne eine Rolle spielte. Ohne die Lebensform, in der sie eine Bedeutung hat, in der Werke also um ihrer ästhetischen Qualität wegen geschaffen werden, ist unsere Beziehung zum Ästhetischen so äußerlich, daß es durchaus berechtigt ist, Sinn und Zweck einer solchen Kunst völlig in Frage zu stellen. Heute zu fragen (wie es der Titel eines Kolloquiums tat, an dem ich teilgenommen habe): »Was ist mit der Schönheit geschehen?«, heißt zu fragen, wo in unserer Lebensform so etwas wie künstlerische Schönheit eine Rolle spielt. Doch will ich nicht abschweifen. Vielmehr möchte ich einen philosophischen Aspekt von Lebensformen nachdrücklich betonen: Eine Lebensform ist etwas tatsächlich Gelebtes, nicht etwas bloß Gekanntes. Damit die Kunst eine Rolle in einer Lebensform spielt, ist ein recht komplexes Bedeutungssystem vonnöten, innerhalb dessen sich dies vollzieht; einer anderen Lebensform anzugehören bedeutet, daß man die Bedeutung von Kunstwerken einer früheren Form nur begreifen kann, indem man so viel von dem einschlägigen Bedeutungssystem wie möglich rekonstruiert. Ohne Zweifel kann man ein Werk und den Stil einer früheren Periode imitieren. Man kann jedoch nicht das System der Bedeutungen leben, aus denen das Werk in seiner ursprünglichen Lebensform seine Inhalte bezogen hat. Unsere Beziehung zu ihm ist gänzlich externer Art, es sei denn, wir finden eine Möglichkeit, es in unsere Lebensform einzupassen.

Und damit möchte ich zu Wölfflin zurückkehren. Der Malstil von Giotto, Botticelli und Bernini gehörte derart eng ihren unterschiedlichen Lebensformen an, daß diese sich kaum als eine progressive Reihe betrachten lassen, wie Vasari es sicher getan hätte, und zugleich waren sie so nah miteinander verwandt, daß Giotto, hätte er einen vorausschauenden Blick auf Botticellis Kunst werfen können, sich dessen Innovationen unverzüglich angeeignet hätte – so als wäre Botticelli gelungen, was Giotto getan hätte, hätte er nur gewußt, wie. Das gleiche gilt für Botticelli, hätte er die Bilder Berninis oder Terborchs gewahren können. Ein solches anachronistisches Gedankenspiel ist nicht erforderlich, um sich vorzustellen, daß Bernini Botticelli kannte oder Botticelli Giotto, da beider Werk bereits bestand. Wir wissen aber auch, daß die späteren Künstler nicht in der Manier ihrer Vorläufer hätten malen können, nicht weil es ihnen dazu an Fertigkeiten oder Kenntnissen gefehlt hätte, sondern weil in der Lebensform des Rom der Gegenreformation oder des Florenz der Medici kein Raum für die Malerei in älterem Stil war: Bernini paßt zu den *Exercitia spiritualia* des Heiligen Ignatius von Loyola, Botticelli dagegen nicht; dieser wiederum paßt zur Dichtung von Lorenzo di Medici, wie es für Giotto undenkbar wäre. Die späteren Künstler hätten nur dann in der älteren Manier malen können, wenn es zu ihrem Bestreben gehört hätte, Bilder zu malen, auf denen Bilder aus der Zeit eines ihrer Vorläufer zu sehen waren, so wie – um eines meiner früheren Beispiele heranzuziehen – Guercino einen alten Stil für das Gemälde fand, das seinen heiligen Lukas in solche Begeisterung versetzt. Hätte Guercino ein Gemälde über das Leben Giottos geschaffen, so hätte er dank seines historischen Einfühlungsvermögens den letzteren sicher in einem Stil gemalt, den er für Giottos gehalten hätte, und nicht in seinem eigenen: Giotto hätte nicht wie Guercino gemalt, ja nicht so malen können, weshalb Guercino in dem beschriebenen Fall sicher Sorge getragen hätte, seinen Stil dem seines Sujets anzupassen.

Sehen wir uns dagegen ein Bild an, dessen Schöpfer nicht mit Guercinos Empfindsamkeit begabt ist. Auf einem äußerst ambitionierten Gemälde, das Anselm Feuerbach 1869 schuf, ist jener klimaktische Augenblick in Platons *Symposion* zu sehen, als Alkibiades betrunken und in rüpelhafter Gesellschaft in das Fest der Vernunft hereinbricht, auf dem jeder der Gäste die Liebe beschrieben und gerühmt hatte. Es handelt sich um ein Gemälde von großen Ausmaßen mit lebensgroßen Figuren, und Kunsthistoriker haben sich über die Jahre angestrengt, die einzelnen Gäste zu identifizieren. Es ist relativ leicht, Sokrates und Agathon und natürlich Alkibiades zu erkennen. Für die übrigen muß man Gründe anführen, doch entspräche es wohl kaum Feuerbachs hoher Gesinnung, eine anonyme Bankettszene zu malen. Er hat auch zuviel Aufmerksamkeit auf die Einzelheiten verwandt – die Lampen, die Gewänder, die Physiognomien, die Gesten –, um sich mit anonymen Chargen zufriedengeben zu können, anstatt etwa Pausanios oder Aristodemos auszuwählen. Feuerbach lebte in einem Umfeld, in dem die Antike große Wertschätzung genoß – sein Vater hatte eine Abhandlung über den Apollo des Belvedere verfaßt. Auch wenn der dargestellte Moment voller Rauheit steckt, so feiert das *Symposion* selbst ausgerechnet die erhabensten abstrakten Ideale der geistigen Liebe zur Schönheit im Unterschied zur Körperlichen. Wir wissen, daß Feuerbach einen malerischen Stil kultivierte, der diesen Schönheitsidealen entsprach. Er war ein Vertreter der sogenannten »Erhabenen Manier«, die im siebzehnten Jahrhundert in den Schriften Giovanni Belloris in Italien formuliert und in den Gemälden Poussins und der Meister von Bologna verkörpert wurde und in Reynolds' *Discourses* ihre klassische Darlegung erfuhr. Es muß an dieser Stelle festgehalten werden, daß die Erhabene Manier als für das Historienbild geeignet galt; in der Rangfolge der Akademie war die Historienmalerei die höchste und erhabenste der Gattungen. So wundert es kaum, daß Feuerbach sich für einen äußerst bedeutenden Maler hielt, und auch nicht, daß es ihn verbitterte, als die Welt sich weigerte, seine eigene hohe Meinung zu teilen. Fraglos war Feuerbachs Gemälde, das er wohl ohne zu zögern als sein Meisterwerk bezeichnet hätte, 1869 möglich, als es entstand. (Das gilt jedoch auch für Manets *Olympia* und dessen *Déjeuner sur l'herbe* aus dem Jahre 1863,»Kunst, die so tief gefallen ist, daß sie nicht mal Tadel verdient«, und auch für die Bilder der Impressionisten – die erste impressionistische Ausstellung fand immerhin schon 1874 statt.) Feuerbachs Werk war damit – auch wenn er diese Ansicht sicher nicht geteilt hätte – bereits überholt, auch wenn die Erhabene Manier, die er meisterlich verwendete, die der Mitte seines Jahrhunderts und für ihn wohl die nahtlose, wenn auch weit überlegene Weiterentwicklung etwa eines Poussin war.

Auf seinem Meisterwerk malte Feuerbach ein Bild, auf dem ebenfalls ein Symposion zu sehen war, nämlich jenes von Xenophon beschriebene Ereignis, bei dem es ebenfalls um Liebe ging. Darauf sind Dionysos und Ariadne – die göttliche und die menschliche Liebe – zu sehen. Das Problem ist: Trotz seines außerordentlichen historischen und archäologischen Wissens führte Feuerbach das Gemälde auf dem Gemälde in derselben Erhabenen Manier aus, in der er alles andere darauf behandelte, und ließ damit jene Regel außer acht, die Guercino begriff und die Wölfflin ausdrückt, wenn er sagt:»das Sehen hat eine Geschichte«. Um historisch konsequent zu sein, hätte Feuerbach das Gemälde auf seinem Gemälde in einem Stil malen müssen, der dem griechischen Altertum historisch angemessen gewesen wäre, selbst wenn sonst alles andere auf dem Gemälde in der von ihm beherrschten Erhabenen Manier gehalten war. Wir wissen ja so gut wie nichts darüber, wie die griechische Malerei aussah, doch können wir davon ausgehen, daß sich Künstler wie Apelles oder Parrhasios ihren außerordentlichen Ruf als Illusionisten dadurch erwarben, daß ihre Kunst stilistisch enger mit den Marmorstatuen des Praxiteles als mit den Vasenmalereien eines Euphronios verwandt war. Die Vasenmaler hätte Platon wohl kaum als gefährliche Verführer von bildlicher Überzeugungskraft angesehen! Wir wissen nicht einmal, ob Gemälde an der Wand hingen, wie Feuerbach es darstellt. Doch sollten wir zumindest den Schluß ziehen dürfen, daß sie, so es sie gab, nicht in der Erhabenen Manier ausgeführt gewesen wären.

Logiker treffen eine einschneidende Unterscheidung zwischen der *Verwendung* und der *Erwähnung* eines Ausdrucks.[18] So verwenden wir den Ausdruck »Heiliger Paulus«, wenn wir eine Aussage über den heiligen Paulus machen. Wir erwähnen »Heiliger Paulus«, wenn wir eine Aussage über den Ausdruck machen. Dieselbe Unterscheidung läßt sich auch in bezug auf Bilder treffen. Wir verwenden ein Bild, um eine Aussage über das auf dem Bild Gezeigte zu machen. Dagegen erwähnen wir ein Bild, wenn wir es verwenden, um es selbst zu zeigen, womit wir in Wirklichkeit sagen: »Das Bild sieht so aus!« Erwähnte Ausdrücke erscheinen in der Regel in Anführungszeichen. »›Heiliger Paulus‹ ist der Name des ehemaligen Saulus von Tarsus.« Erwähnte Bilder erscheinen in der Regel als Bilder in Bildern. Guercino hat keinen Zugang zu dem Stil, den er dem Heiligen Lukas zuschreibt, um dessen Bilder in diesem Stil zu malen, es sei denn, er will eine Fälschung produzieren. Er kann jenen Stil lediglich »erwähnen«, indem er ein Bild malt, wie der Heilige Lukas es in Guercinos Vorstellung gemalt hätte, wobei er sich den Stil aus dessen Zeit aneignet. Die Hauptverwendung einer bildlichen Erwähnung findet auf Bildern statt, die von Malern handeln, aber auch auf Bildern von Interieurs, in denen Gemälde als Gegenstände der Inneneinrichtung hängen. Vermeers Stil war anpassungsfähig genug, damit er die Bilder in seinen Bildern in seinem eigenen Stil malen konnte, aus dem darüber hinaus der Stil jener Bilder ersichtlich war, deren Malweise ohnehin nicht weit von seiner eigenen entfernt war. Wären wir in der Lage, die Kunst der Zukunft darzustellen, so könnten wir sie bestenfalls bildlich erwähnen, da die Lebensform, der sie angehört, uns nicht zum Er-Leben zur Verfügung steht.

Ich möchte daher die Aussage, daß wir uns sämtliche Formen zu eigen machen können, insofern differenzieren, als ich zwischen der Verwendung und der Erwähnung dieser Formen unterscheide. In vielen Fällen können wir sie erwähnen, jedoch nicht verwenden. Ein einschlägiger Fall betrifft Hans van Meegeren, den bemerkenswerten Vermeer-Fälscher aus den vierziger Jahren unseres Jahrhunderts. Van Meegerens Motive als Fälscher fußten nicht zuletzt auf der Überzeugung, daß die Kritik ihn als Künstler nicht so ernst nahm wie er sich selbst; sein Ziel war es deshalb, ein Gemälde zu schaffen, das die Kritik einhellig als einen Vermeer akzeptierte. Sobald ihm das gelungen war, wollte er die Wahrheit offenbaren, daß er nämlich ein Gemälde geschaffen hatte, das, wenn es durch Vermeers Hand entstanden wäre, die Kritiker als bedeutendes Werk hätten anerkennen müssen. Als Maler eines bedeutenden Werks hätten sie van Meegeren dann als ebenso großen Maler wie Vermeer ansehen müssen. Die Struktur dieser impliziten Folgerung gleicht von der Form her Alan Turings Test für die Intelligenz von Maschinen: Es wäre nicht logisch, einem Literaturkritiker Intelligenz zuzuschreiben, einer Maschine diese jedoch abzusprechen, wenn sich zwischen deren jeweiligem »Output« – d.h. Antworten auf bestimmte Fragen, die einer ansonsten unzugänglichen Quelle gestellt wurden – keine Unterschiede feststellen ließen. Wie nicht anders zu erwarten, gewann das Menschlich-Allzumenschliche bei van Meegeren die Oberhand: Das Geld war süßer als die Rache. Was immer man auch von van Meegerens *Jesus in Emmaus* halten mag, das heute im Boymans van Beuningen Museum in Rotterdam hängt, es leistete nicht den geringsten Beitrag zu einer Neubewertung von van Meegerens eigenen Bildern, wenngleich es diesen ein gewisses außerkünstlerisches Interesse sicherte, wie das auch bei Hitlers Aquarellen oder Winston Churchills Ölbildern der Fall war. Wir wollen uns aber trotzdem einmal vorstellen, daß die Betrachter von van Meegerens recht schwachem Bild dieses als Gemälde so hoch einschätzen wie eines von Vermeers eigenen Bildern aus dessen frühbarocker Phase, etwa sein *Jesus im Hause Marias und Marthas* (in Wirklichkeit eine unvergleichlich kraftvollere Arbeit als van Meegerens Machwerk). Das würde lediglich zeigen, daß van Meegeren im 17. Jahrhundert ein besserer Maler gewesen wäre, als er es im 20. war. Leider ließ sich der Stil, in dem er es zu hoher Vollendung hätte bringen können, in seiner eigenen Zeit nur noch »erwähnen«, nicht mehr »verwenden«. Er konnte nur noch so tun, als verwendete er ihn, indem er vorgab, das Bild sei von Vermeer – d.h. als Fälscher.

Es läßt sich unschwer vorstellen, was geschehen wäre, hätte van Meegeren sein *Jesus in Emmaus* 1936 einfach gemalt und versucht, es als sein eigenes Werk zu jener Zeit in Amsterdam auszustellen. Um einen Ausdruck zu verwenden, zu dem ich bereits gegriffen habe: 1936 war in der Amsterdamer Kunstwelt kein Platz für ein solches Bild, auch wenn, hätte man es für ein Gemälde von Vermeer gehalten, Platz in der Delfter Kunstwelt von 1655 für etwas dergleichen gewesen wäre (allerdings habe ich das Gefühl, daß es sich neben dem im gleichen Jahr entstandenen *Jesus im Hause Marias und Marthas* ziemlich schäbig ausgenommen hätte). Die Kunstwelt von 1995 hat in gewisser Hinsicht Platz für ein solches Werk, allerdings nur im Rahmen der Erwähnungsfunktion. Im Rahmen der Verwendungsfunktion wäre es nicht akzeptabel. Es müßte eine Aussage über die Art von Gemälde machen, für die es typisch ist, und nicht eine Aussage darüber, worum es bei einem Bild von Jesus in Emmaus geht.

Der amerikanische Maler Russell Connor setzt Teile aus bekannten Meisterwerken zu neuen Bildern zusammen. So hat er die Frauen aus Picassos *Les Demoiselles d'Avignon* in Rubens Gemälde vom *Raub der Töchter des Leukippos* eingebaut und das Ganze dann mit dem witzigen Titel *The Kidnapping of Modern Art by the New Yorkers* versehen. Dieser Titel nimmt natürlich Bezug auf Serge Guilbauts *How New York Stole the Idea of Modern Art*. Das Resultat ist ein postmodernes Meisterwerk aus miteinander verknüpften Anspielungen, eine Art Karika-

Russell Connor, *The Kidnapping of Modern Art by the New Yorkers* (1985)

tur überkreuzter Identitäten, in denen Connor natürlich nicht vorgibt, Rubens oder Picasso zu sein, oder sich gar anmaßt, einen kunsthistorischen Skandal aufdecken zu wollen, wie Guilbaut ihn seiner eigenen Behauptung zufolge enthüllte. Damit Connors Bilder funktionieren, müssen seine Sujets bekannt, ja sattsam bekannt sein. Er erwähnt jene berühmten Werke lediglich, um sie dann auf neue Art und Weise zu verwenden. Connor, der sowohl persönlich als auch in seiner Kunst viel Witz und Geist besitzt, hat einmal vor Publikum erzählt, als er seinem Vater erklärt habe, daß er Maler werden wolle, habe dieser dazu gemeint, das wäre nur in Ordnung, wenn »er wie Rembrandt malte«. Das habe er dann als elterliches Gebot befolgt. In Wirklichkeit ist er ein großartiger Maler mit einem erstaunlichen Talent für bildliche Nachahmung. Mir kommt es in diesem Zusammenhang jedoch vor allem darauf an, daß er demonstriert, wie man in diesem posthistorischen Zeitalter wie Rembrandt malen und ungeschoren davonkommen kann.

Ich erwähne Connor hier deshalb, weil jemand, der einfach versuchen würde, »wie Rembrandt« zu malen, heutzutage, auch wenn alles möglich ist, einen schweren Stand hätte. Vor nicht langer Zeit bekam ich einen Brief von jemandem, der diesen Weg eingeschlagen hatte. Er sprach davon, wie ihn die Begegnung mit einigen Gemälden Rembrandts in einem bestimmten Augenblick in seinem Leben tief inspiriert hatte. Er erkannte in dem »Selbstbildnis und dem Rabbiner Bilder einer würdevollen, edlen Menschheit, die ihr eigenes Zeitalter und das unsrige transzendieren, offenbart aus einer reichen, mit höchster Intelligenz aufgetragenen Farbpalette«. Auf der Basis dieser »Epiphanie« beschloß er, sich dem Studium der Malerei zu widmen und es scheint ihm auch gelungen zu sein, »wie Rembrandt« zu malen, zumindest soweit, daß seine Arbeiten, wie er glaubt, »einem entsprechenden Qualitätstest standhalten könnten«, ungeachtet der Tatsache, daß ihm ein Kurator für zeitgenössische Kunst in einem bedeutenden Museum beschieden hatte, sein Bild »sei nicht für unsere Zeit«. Dies machte ihm ehrlich zu schaffen, zumal er angenommen hatte, daß die Kunstwelt ungemein offen sei. Nachdem er Texte von mir gelesen hatte, bat er mich, die folgende Frage zu beantworten: »Kann es sein, daß die einzige Kunst, die nicht gestattet ist, jene ist, die sich anhand traditioneller Kriterien messen läßt, genau jene Kunst eben, die sehr vielen, wenn nicht den meisten Leuten nach wie vor am liebsten ist?« Dies gab mir zu denken, und ich bemühte mich, so gut ich es vermochte, zu antworten. Seitdem habe ich mich so sehr mit dieser Fragestellung beschäftigt, daß ich mein letztes Kapitel um sie herum aufbauen möchte.

Zunächst einmal zur Epiphanie dieses Künstlers. Ich bin gern bereit, seine Behauptung zu akzeptieren, daß Rembrandts Bilder die einer »würdevollen, edlen Menschheit [sind], die ihr eigenes Zeitalter und das unsrige transzendieren«. Jene Botschaft ist wie diejenige, die Ruskin von Veronese empfing, durchaus gültig; und im Grunde gäbe es nur wenig Anlaß, sich Malerei zu Gemüte zu führen, wenn sie nicht hin und wieder solche Wahrheiten vermitteln würde, die für unsere Zeit sowie für die Zeit gelten, in der das jeweilige Gemälde entstand. Doch folgt daraus noch lange nicht, daß das Gemälde als Gemälde sein »eigenes Zeitalter und das unsrige« transzendiert. Rembrandts Malerei war wie die Vermeers fraglos ein Produkt seiner eigenen Zeit und seines eigenen Umfelds, selbst wenn seine Botschaft historisch nicht so tief verwurzelt war und uns ebenso nachhaltig anspricht wie Rembrandts Zeitgenossen. Ich will natürlich nicht bestreiten, daß Mittel und Botschaft hier wie anderswo zusammenhängen. Rembrandts schwere Schatten und sein geheimnisvolles Licht tragen sicherlich ihr Teil zur Nachdrücklichkeit seiner Botschaft bei. Dennoch ist sein Stil zu eng mit ihm und seiner Zeit verbunden, um uns heute verfügbar zu sein. Die Botschaft transzendiert in der Tat »ihr eigenes Zeitalter und das unsrige«. Doch damit wir diese Botschaft selbst übermitteln können, müssen wir andere Mittel finden als die von ihm verwendeten. Wir können ihn lediglich über eine nicht zu schließende historische Distanz hinweg erwähnen. Wir haben allerdings die Möglichkeit, jene Art von Botschaft auszudrücken, die wir Rembrandt verdanken. Doch müssen wir dazu Mittel und Wege finden, die solche »für unsere Zeit sind«. Und da kann Rembrandt uns leider nicht helfen: Er kann uns lediglich zeigen, daß historisch definierte Kunst fähig ist, historisch transzendente Botschaften zu vermitteln.

Was die Kunst betrifft, »die sehr vielen, wenn nicht den meisten Leute nach wie vor am liebsten ist«, so können uns die posthistorischen Meister Vitaly Komar und Alexander Melamid darüber sehr viel in einem Werk sagen, das auf seine Weise die Komödie und Tragödie unserer heutigen Kunst veranschaulicht. Komar und Melamid sind Emigrantenkünstler aus der ehemaligen Sowjetunion, die in den achtziger Jahren eine gewisse Berühmtheit in New York erlangten, indem sie das Komikpotential der sozialistisch-realistischen Malerei ausschöpften und sich über das falsche Heldentum Lenins und Stalins lustig machten – aus der relativen Sicherheit der New Yorker Kunstszene, wo man sie als geistreich zu schätzen wußte und für ihre mißliche Lage Verständnis hatte. Und wie bereits Andy Warhol vor ihnen wurden sie zugleich Berühmtheiten und Kritikerlieblinge. Ihre Arbeiten waren zugänglich und hoch geschätzt. Für mich gibt es nur wenige köstlichere Komikleistungen als ihr Bild *The Origins of Socialist Realism* von 1982/83, auf dem sie jene Legende illustrieren, nach der ein korinthisches Mädchen die Zeichenkunst erfunden haben soll, indem es den Schatten, den der Kopf seines Geliebten gegen die Mauer hinter ihm warf, nachzeichnete – nur ist der Geliebte in diesem Fall Joseph Stalin, dessen Profil die junge Frau im antiken Gewand nachzieht. Das Gemälde selbst bedient sich der Manier des sozialistischen Hochrealismus, und es bezieht seine Boshaftigkeit nur teilweise daraus, daß es diesen Malstil einsetzt, um den sozialistischen Realismus und dessen furchterregenden Inspirator, der oft genug Gegenstand von schwülstigen Zelebrationen war, satirisch aufs Korn zu nehmen. Das Projekt dieser Kannibalisierung sowjetischer Kunst gipfelte 1987 in einer spektakulären Installation zum 1. Mai im Palladium in New York, doch sobald der Geist von *Glasnost* und *Perestroika* seinen Einzug hielt, die Sowjetunion auseinanderbrach und der Kalte Krieg sich in Wohlgefallen auflöste, verloren Komar und Melamid von einem Tag auf den anderen ihr bestes und in gewissem Sinne das sie bestimmende Sujet. Die Ironie der Geschichte wollte es, daß der Zusammenbruch des Kommunismus und der Zusammenbruch der Kunstwelt im Westen zur gleichen Zeit passierten; und es stellte sich selbst für die erfolgreichsten Künstler in den achtziger Jahren die Frage, um den Titel zu verwenden, den sie 1988 einer bedeutenden Schrift Lenins entlehnten: »Was tun?«

Das wahre Genie von Komar und Melamid offenbarte sich, als sie, kaum hatte die künstlerische Freiheit in ihrem Geburtsland wieder Einzug gehalten, das Konzept der Marktwirtschaft zum Gegenstand wählten, das die ehemaligen Apparatschiks mit demselben blinden Glauben akzeptierten, mit dem ihre Vorfahren die Rituale und Offenbarungen der griechischen Orthodoxie verinnerlicht hatten. Mit Unterstützung von Mitarbeitern der Zeitschrift *The Nation* beschlossen sie, eine echte Marktforschungsumfrage durchzuführen, um so eine »people's art« zu finden, wie es auf dem Cover vom 14. März 1994 hieß – die Art von Kunst nämlich, die das Volk wirklich wollte. Sobald die Ergebnisse vorlagen, ließ sich das Angebot auf die Nachfrage zuschneiden, und zwar in jener im voraus festgelegten, von der klassischen Ökonomie entdeckten Harmonie, so daß die Gesellschaft – oder da sprachliche Gewohnheiten zählebig sind, »das Volk« – die gewünschte Kunst bekommen würde, während die Künstler, die ja nun wußten, was gewünscht war, endlich ein Auskommen hätten. Mir will nicht ganz einleuchten, wie sich dieses Wissen in industrielle Praxis umsetzen läßt, da sehr wohl möglich ist, daß die Leute die altmodische Herstellung von Bildern vorziehen: eins nach dem anderen, mit dem Pinsel auf der Leinwand von einem Künstler, der mit Baskenmütze vor seiner Staffelei steht. Doch wer wußte es schon? Schließlich hatte sich bis daher niemand die Mühe gemacht, es herauszufinden. Komar und Melamid muß das Malen für den amerikanischen Markt wohl als

Möglichkeit erschienen sein, ihre eigene Transformation von russischen zu amerikanischen Künstlern zu vollziehen.

Bei der Erhebung kamen die allerneuesten soziologischen Erkenntnisse zum Tragen.[19] Es gab Fokusgruppen und untadelig gewichtete Umfragen, bei denen willkürlich ausgewählte amerikanische Haushalte gebeten wurden, eine Reihe von Fragen zu ästhetischen Vorlieben zu beantworten. Die Ergebnisse wurden »bei einer Fehlergrenze von ±3,2 Prozent und einem Konfidenzniveau von 95 Prozent« als statistisch korrekt bestätigt. Das Sample wurde nach Bundesstaaten geschichtet. Man beachtete Geschlechtsquoten. Und die Antworten selbst stellen ein ausgesprochen interessantes Stück ästhetischer Soziologie dar. So ist Blau zum Beispiel mit Abstand die beliebteste Farbe in Amerika (44 Prozent) und spricht vor allem Leute in den mittleren Bundesstaaten zwischen vierzig und neunundvierzig, konservativ, weiß, männlich an, die zwischen $30.000 und $40.000 verdienen und überhaupt nicht ins Museum gehen. In einer vergleichbaren Erhebung, bei der jedoch meiner Ansicht nach finanziell weitaus mehr auf dem Spiel stand, wandte sich der Hersteller von M&M-Süßwaren, der das Spektrum von Farbüberzügen um eine neue Schattierung erweitern wollte, an die Öffentlichkeit, um die bevorzugte Farbe herauszufinden, die sich dann – wohl zu niemandes großer Überraschung – als Blau herausstellte. Die Vorliebe für Blau wird mit zunehmender Bildung schwächer, während Schwarz mit schwächerem Einkommen an Beliebtheit gewinnt: Personen, die weniger als $20.000 verdienen, ziehen Schwarz dreimal häufiger vor als solche mit einem Einkommen von über $75.000, bei denen eine Vorliebe für Grün dreimal so wahrscheinlich ist wie bei Personen, die mit weniger als $20.000 auskommen müssen. Zwar ist nicht anzunehmen, daß M&M-Abnehmer in die Kategorie der über $40.000 im Jahr Verdienenden fallen, doch dafür ist ihr gesamtes – aus Babysitting und ähnlichen Tätigkeiten erworbenes Einkommen – wohl frei verfügbar. Auf der Basis dieses Wusts an Daten produzierten Komar und Melamid dann ein Bild mit dem Titel »America's Most Wanted«, das so viele der bevorzugten Eigenschaften enthält, wie die Künstler auf einer Leinwand unterbringen konnten.

Wie der glückliche Zufall es will, wirbt der Buchbesprechungsteil der *New York Times* vom 15. Januar 1995 für den »neuen Bestseller« von Doris Mortman, *True Colors*, der alles enthalte, »was man sich von einem Roman wünscht«, als da wären »Familie, Liebe, Verrat, Rivalität, Talent, Triumph«. Er handelt eindeutig von einem Künstler – die ganzseitige Anzeige zeigt eine Vase mit Pinseln und ein paar zerquetschte Farbtuben auf einem exotischen Stück Stoff. »*True Colors* entführt seine Leser in die internationale Kunstszene, wo der unerbittliche Erfolgszwang mit den tieferen Geboten des Herzens konkurriert.« Es ist interessant zu spekulieren, ob auch hier jemand eine Erhebung durchgeführt hat, um herauszufinden, was die Leser von einem Roman vor allem erwarten. Ich glaube jedoch, daß die meisten Leute sich alles andere als ein durch untadelige wissenschaftliche Umfragen entstandenes Werk wünschen: Ein Roman soll für sie aus dem Herzen kommen, aus dem Bauch, oder zumindest aus der Erfahrung des Autors – und mein Eindruck, der sich auf Intuition, nicht auf Wissenschaft gründet, ist: Sobald man erfährt, daß der Roman alles enthält, »was man sich von einem Roman wünscht«, und zwar bloß, *weil* der Leser es sich gewünscht hat, verliert man prompt das Interesse. Dies gilt natürlich nicht ohne Einschränkungen: Die Leser von mindestens zwei Romangattungen – Liebes- und Pornoromane – wollen wahrscheinlich wirklich nur die Erfüllung ihrer formelhaften Erwartungen und scheren sich keinen Deut um Kreativität. Die Frage ist: Inwiefern gilt das für Bilder? Der Künstler, dessen Pinsel und Farbtuben auf dem Umschlag der »most wanted novel« zu sehen sind, dürfte nicht wirklich ein Künstler sein, dessen Bilder den Diktaten des Publikumsgeschmacks gehorchen. Vielmehr sollte es andersherum sein: Das Publikum will, daß die Bilder so sind, wie sie sind, weil der Künstler einen derart großen Erfolg in der »internationalen Kunstwelt« genießt. Es wäre keine »most wanted novel«, wenn deren Künstlerheld Inspiration gegen Meinungsumfragen eintauschte: Künstlerische Eingebung geht Hand in Hand mit jenem romantischem Ringen und dem Finden wahrer Liebe, mit denen der meistgefragte Roman sein Geld verdienen muß.

So wäre es aufschlußreich gewesen, einmal zu fragen, ob die Leute Bilder bevorzugten, die auf einer Erhebung hinsichtlich der meistgefragten Bildeigenschaften resultierten, oder aber solche, die sich der Inspiration des Künstlers verdankten. Die Leute – und ich spreche hier weiterhin ohne wissenschaftliche Belege – wollen Künstler wie Buchumov, einen fiktiven, von Komar und Melamid bereits früher erfundenen Maler, in dessen Namen sie eine Reihe entsetzlich mondsüchtiger Landschaften malten und ein romantisches Tagebuch führten. Meine unmaßgebliche Meinung ist, daß das meistgefragte Bild nicht damit vereinbar ist, was die meisten Leute sich von einem Bild wünschen. Das kann allerdings etwas anderes sein, als was die meisten Leute sich *auf* einem Bild wünschen. Wie dem auch sein mag: Soweit ich weiß, ist *True Colors* nie in der Bestsellerliste der *New York Times* aufgetaucht. Daraus schließe ich, daß etwas eine »best-selling novel« sein kann, ohne ein Bestseller zu sein. Eine »best-selling novel« muß eine Art von

Vitaly Komar und Alexander Melamid, *America's Most Wanted* (1994)

Roman sein, der sich durch seinen Inhalt definiert. Entsprechend glaube ich, daß ein Bild »the most wanted painting« sein kann, auch wenn niemand sich darum reißt.

Ich erinnere mich noch wie heute an die Karnevalsatmosphäre auf der Eröffnungsausstellung von »The Most Wanted Painting« im Museum of Alternative Art am Broadway. Da der soziologische Teil des Unternehmens von *The Nation* mitgetragen worden war, hatte ich einen gewissen Einblick in die Prozesse gewinnen können, durch die die Künstler zu dieser Arbeit gelangten, denn die Mitarbeiter von Komar und Melamid hielten mich ziemlich gut auf dem laufenden. Doch gibt es in der Kunstwelt ohnehin nur wenige Geheimnisse, so daß der Andrang groß war. Alle waren gekommen, um zu sehen, was Amerikaner sich aus tiefstem ästhetischen Herzen am meisten wünschten, wenn denn die Erhebung zu einem korrekten Ergebnis gelangt war, wenngleich angesichts der gestellten Fragen kaum denkbar war, daß sich ein Bild wie Barnett Newmans *Who's Afraid of Red, Yellow, and Blue* oder Robert Motherwells *Elegy for the Spanish Republic* oder Mark Rothkos

Number 16 als typische Vertreter des meistgefragten Gemäldes Amerikas entpuppt hätte. Es hätte einer ganz anderen Erhebung bedurft, um zu sehen, was das meistgefragte Bild seitens der Kunstwelt wäre. Das Publikum jenes Abends, das blauen Wodka trank (als Sinnbild für den Sieg von Blau im chromatischen Rennen) und Klatsch und Klugheiten austauschte, war eine allzu exzentrische Population, um etwas anderes als Überlegenheit gegenüber der impliziten Ästhetik des gemeinen Mannes und der gemeinen Frau zu empfinden, die mutmaßlich in dem »echten Ölgemälde« im goldenen Rahmen vergegenständlicht war. Aber ob wohl Herr oder Frau Werauchimmer ausgerufen hätten »Das ist es!«, wenn man ihnen ihr mutmaßliches Traumgemälde vorgestellt hätte, so sie überhaupt von Gemälden träumen?

Ich bin überzeugt, daß Komars und Melamids *Most Wanted Painting* in seinem malerischen Stil tatsächlich repräsentiert, was Leute mögen, die »nicht viel über Kunst wissen, aber wissen, was ihnen gefällt«. Es ist in einem Stil ausgeführt, den man einen modifzierten Hudson-River-Biedermeierstil nennen könnte – mit ungefähr 44 Prozent Blau –,und zeigt Figuren in einer Landschaft. Überraschenderweise haben Komar und Melamid Umfragen in verschiedenen Ländern durchgeführt und jeweils ein *Most Wanted Painting* gemalt – von Rußland über die skandinavischen Länder bis zu Frankreich und Kenia, und jetzt auch in China, wo Meinungsforscher augenblicklich Umfragen von Haus zu Haus durchführen, weil die gegenwärtige Verbreitung von Telefonen in China das Ergebnis arg verzerrt hätte. Die Resultate wiesen bislang erstaunliche Übereinstimmungen auf, insofern als das meistgefragte Bild für jedes Land mit Ausnahme einiger geringfügiger Details aussieht wie die meistgefragten Bilder aller anderen Länder. In *Russia's Most Wanted* ist das Blau etwas satter, dafür aber prozentual weniger stark vertreten. Es ist noch unklar, wie Chinas meistgefragtes Bild aussehen wird, doch wäre ich sehr erstaunt, wenn Komar und Melamid ein Sung-ähnliches Aquarell produzierten. Es verdient zumindest eine Erwähnung, daß willkürlich ausgewählte Populationen auf der ganzen Welt sich am meisten Bilder im generischen realistischen Allzweckstil wünschen, wie ihn die Künstler für *America's Most Wanted Painting* erfanden. Als ich den beiden gegenüber bemerkte, daß die Bilder alle ziemlich gleich aussähen, gaben sie das bereitwillig zu, wobei sie darauf hinwiesen, daß die nationalen Unterschiede im *Least Wanted Painting*, dem am wenigsten gefragten Bild, zum Ausdruck kämen. Diese sind zwangsläufig abstrakt und haben scharfe Ecken und Kanten, variieren aber in den Farben von Gold, Orange, Mauve oder Fuchsiarot bis Taubenblau – ganz unten auf Kenias Farbskala –, und die Größe ist jeweils unterschiedlich.

America's Least Wanted Painting ist klein und schäbig, während das in Frankreich am wenigsten gefragte Bild groß und ausdruckslos ist. Doch der Stil bleibt der gleiche, nationale Unterschiede kommen allein in den Details zum Tragen. Das meistgefragte Gemälde ist transnational gesehen eine Landschaft im Stil des neunzehnten Jahrhunderts, deren degenerierte Nachkommen Kalender von Kalamazoo bis Kenia zieren. Die 44prozentig blaue Landschaft mit Wasser und Bäumen muß eine apriorische ästhetische Universalgröße sein, etwas, das einem zuallererst einfällt, wenn man an Kunst denkt, als habe es die Moderne nie gegeben.

Natürlich ist es durchaus möglich, daß die Kunstvorstellung aller Menschen tatsächlich durch Kalender herausgebildet wurde, sogar in Kenia, womit Kalender inzwischen ein Paradigma dessen darstellen, was jedem sofort beim Gedanken an Kunst einfällt. Die Psychologin Eleanor Rosch und ihre Mitarbeiter haben die sogenannte Kategorientheorie entwickelt, bei der es um die Speicherung von Informationen geht.[20] So antworten die meisten Menschen nach einem Vogel gefragt »Amsel« und »Hund«, wenn sie ein Tier nennen sollen. Nur wenige werden auf die erste Frage »Bläßhuhn« oder auf die zweite »Erdferkel« antworten. Aufgefordert, einen Hund zu nennen, bringen die meisten Leute »Polizeihund« vor, nicht »Lhasa apso«. Amerikaner werden auf die Aufforderung, einen berühmten Politiker zu nennen, mit »George Washington« antworten, Chinesen jedoch nicht. Es ist unwahrscheinlich, daß die Antwort »Nilpferd« auf die Frage nach einem »wilden Tier« erfolgt: die üblichen Antworten lauten vielmehr »Elefant«, »Löwe« und »Tiger«. Man kann also davon ausgehen, daß Komar und Melamid weniger die Vorlieben der Leute aufgedeckt haben als vielmehr das, was ihnen in Bildern am vertrautesten ist. Ich würde sogar wetten, daß die unrepräsentative Population auf der Vernissage dieselben Paradigmen teilt. Das wäre auch der Grund dafür, daß alles, was in der gesamten Kunstgeschichte jeweils wesentlich von der vorherrschend blauen Landschaft abwich, spontan als Nicht-Kunst abgetan wurde. Warum sonst würden Kenianer zum Beispiel das gleiche Bild wie alle anderen zutage fördern, selbst wenn siebzig Prozent von ihnen auf die Frage: »Wenn Sie aus der folgenden Liste wählen müßten, welche Kunst würden Sie dann vorziehen?« mit »afrikanische« antworteten? Zur Auswahl stand außerdem asiatische, amerikanische und europäische. Die Landschaft mit Wasser im Hudson-River-Biedermeierstil hat beileibe nichts Afrikanisches an sich. Doch ist es gut möglich, daß Kenianer genau auf der Basis dieser Art von Bildern etwas über die Bedeutung von Kunst erfuhren. Es ist kein Zufall, daß in Kenia als

Antwort auf die Frage, welche Art von Kunst die Befragten zu Hause hätten, 91 Prozent Kalenderdrucke erwähnten (bzw., um genau zu sein, 72 Prozent erwähnten »Drucke oder Poster«).[21]

Die Unterschiede kommen in den Figuren zum Ausdruck, die diese Landschaften bevölkern, und hier haben Komar und Melamid sich einige Dummheiten erlaubt. Da die meisten Menschen Landschaften Nichtlandschaftsbildern und Bilder mit berühmten Personen solchen ohne vorziehen, schaffen Komar und Melamid Landschaften mit berühmten Personen für sie. Nun ist es unwahrscheinlich, daß sich die Russen George Washington oder die Chinesen Jesus oder die Kenianer Napoleon wünschten – hier tauchen die nationalen Differenzen auf und auch die Dummheiten. So hatten die Befragten etwa eine Vorliebe für Gemälde mit Tieren, ja sogar mit wilden Tieren zu erkennen gegeben – doch wäre es ihnen wohl kaum eingefallen, sich eine Landschaft mit einer berühmten Person und einem wilden Tier zu wünschen, es sei denn, es bestand eine innere Verbindung zwischen der berühmten Person und dem Tier, wie bei Samson und dem Löwen oder Pasiphaë und dem Stier oder Jonas und dem Walfisch. Dagegen ist eine solche Verbindung zwischen George Washington und dem Nilpferd einfach nicht denkbar – George Washington und das Nilpferd könnten nicht auf dem gleichen *realistischen* Bild vorkommen. Ebensowenig tauchen sie auf der gleichen Ebene in einem von Roschs Schemata auf, da George Washington zwar die paradigmatische Berühmtheit, das Nilpferd jedoch alles andere als das paradigmatische wilde Tier ist (auch wenn es fraglos ein wildes Tier ist). Washington mit einer typischen amerikanischen Familie in Campingkleidung zusammenzubringen verletzt ein weiteres Konsistenzgesetz, da es die zeitliche Einheit nicht beachtet.

Das Auffallendste an *America's Most Wanted*, ist, daß ich mir überhaupt nicht vorstellen kann, daß irgend jemand es als Bild haben möchte, am allerwenigsten jene Population mit dem kleinsten gemeinsamen Nenner, deren Geschmack es angeblich widerspiegelt. Niemand, der sich ein Bild von wilden Tieren oder ein Bild von George Washington wünscht, will ein Bild von George Washington *und* von wilden Tieren. Komar und Melamid haben Disjunktionen in Konjunktionen verwandelt, und die Konjunktion kann unerquicklich sein, auch wenn ihre einzelnen Glieder erquicklich sind. Alle, um eine politische Parallele anzuführen, wollen Steuerkürzungen, die Beseitigung des Haushaltsdefizits, effiziente staatliche Dienstleistungen mit so wenigen staatlichen Eingriffen wie möglich, aber es ist zu bezweifeln, daß dies alles zusammen zu haben ist. Der vom Sprecher des Repräsentantenhauses Newt Gingrich verfaßte »Contract with America« ist das politische Pendant zum *Most Wanted Painting*. Darin mag eine politisch-philosophische Parabel stecken oder auch nicht, aber das Bild, das angeblich die integrierten ästhetischen Gebrauchswerte aller widerspiegeln soll, spiegelt in Wirklichkeit den künstlerischen Gebrauchswert von niemandem wider. Das Gemälde weist anscheinend die Struktur eines Rebus auf, bei dem unzusammenhängende Teile in denselben verbindenden Rahmen gedrängt werden. Im Gegensatz zum Rebus fehlt bei dem Gemälde jedoch eine Lösung. Es fehlt eine Erklärung dafür, warum die einzelnen Elemente da sind, abgesehen davon, daß sie eben bei den Fragen auf einem Fragebogen am häufigsten erschienen. Darüber hinaus gibt es nämlich keine Bedeutungs- oder Ursachenzusammenhänge zwischen irgendwelchen der Elemente. Wie jener Vertrag mit Amerika ist auch das Bild im Grunde inkohärent, und ich sehe es insgesamt so: Sobald alle erst einmal festgestellt hätten, daß ihnen der Stil gefällt, würde sich rasch Verachtung für das Bild ob dessen Inkohärenz breitmachen. Hätte man die Frage gestellt, ob Kohärenz oder Inkohärenz gefragt sei, so wäre *Most Wanted Painting* möglicherweise nie entstanden.

Der Ausdruck »most wanted« wird im amerikanischen Englisch zur Bezeichnung von Kriminellen verwendet, deren Ergreifung das FBI für besonders wichtig erachtet; es beschreibt nicht die Wunschliste der National Gallery. Ohnehin wäre ja das zweite »meistgesuchte« Bild nicht Gainsboroughs *Blue Boy* oder die *Mona Lisa*, sondern ein Bild von Komar und Melamid, das die an zweiter Stelle stehenden meistgefragten ästhetischen Qualitäten vereinigte. In Wirklichkeit gehört *America's Most Wanted Painting* ja nur auf eine Liste mit Bildern von Komar und Melamid, die auf denselben Daten basieren. Als Bild hat es in der Kunstwelt nicht das Geringste zu suchen. Einen Platz in der Kunstwelt kann allerdings die Performance von Komar und Melamid beanspruchen, die aus Erhebung, Bild, Publicity usw. besteht. Und *die* Arbeit ist wahrscheinlich sogar ein Meisterwerk. Bei ihr geht es nämlich um die Kunst des Volkes oder der Massen, ohne daß sie selbst eine Arbeit für die Massen wäre. Die Arbeit ist »postmodern, humorvoll und ikonisch«, wie ein Beobachter es nannte, was sekundär auch für das *Most Wanted Painting* selbst gilt. Daß die Arbeit unverkennbar nach Hudson-River-Biedermeier aussieht, beweist hinsichtlich des Ausdrucks den Nostalgiewert jener großartigen Künstlergruppe, hinsichtlich der Identität zeigt es jedoch die Wahrheit auf, daß wir auf ewig aus jenem ästhetischen Mutterland verbannt sind, in dem das Malen hübscher Bilder bestimmendes künstlerisches Gebot war. Es zeigt außerdem, wie wenig uns unsere Augen nützen, wenn es darum geht, sich in der postmodernen Kunstwelt zurechtzufinden. Vor allem aber macht es deutlich, wie tief die Kluft zwischen dem heutigen Stand der Kunst und dem der Öffentlichkeit ist, sofern deren Geschmack – zumindest bis die Dummheiten hinzukamen – im *Most Wanted Painting* eingefangen ist. Die Mißklänge auf diesem Bild sind Hinweise auf diese Kluft. Ich habe hier zweierlei tragische und zweierlei komische Künstler besprochen. Van Meegeren ist tragisch, weil er überzeugt war, daß er nur dann Erfolg haben würde, wenn er wie Vermeer malte, sobald er jedoch die Wahrheit offenbarte, scheiterte er, weil er nur ein Fälscher war. Jener Künstler, der lernte, wie Rembrandt zu malen, entdeckte, daß die Welt für seine Talente keinen Platz hatte, die einem völlig anderen Zeitalter angehören. Man kann nur dann zur gegenwärtigen Kunstwelt gehören und wie Rembrandt malen, wenn man dies wie Russell Connor aus der Perspektive des Erwähnens und nicht der Verwendung und im Sinne eines Scherzes macht. Die wahren Helden der posthistorischen Periode sind Künstler, die jeden Stil beherrschen, ohne einen eigenen Malstil zu haben, nämlich Komar und Melamid, deren Temperament Hegel in seiner Erörterung der Komödie voraussagt: »Hier nämlich macht die Wohligkeit des Gemüts, die sichere Ausgelassenheit bei allem Mißlingen und Verfehlen, der Übermut und die Keckheit der in sich selber grundseligen Torheit, Narrheit und Subjektivität überhaupt wieder den Grundton aus.«[22] Meiner Ansicht nach definieren diese Modi künstlerischer Tragödie und Komödie das Ende der Kunst, was an sich natürlich keine Tragödie ist, auch wenn es so klingt, sondern vielmehr Schauplatz für die Arten von Komödie, welche sie exemplifizieren. Die Komödie von Connor oder von Komar und Melamid ist zufällig voller Witz, doch muß eine Komödie nicht unbedingt witzig sein, solange sie positiv ist. Es ist auch durchaus vereinbar, daß die Art von Komödie, aus der das Ende der Kunst besteht, sich tragisch zur Tragödie äußert, wie das auf Gerhardt Richters Bildern der Fall ist, wenn er in der appropriierten Verschwommenheit schlechter Fotoaufnahmen die gewaltsamen Tode der Anführer der Baader-Meinhof-Gruppe darstellt, denn die Komödie steckt im Mittel, nicht im Sujet.

»Mit den Ausbildungsarten der Komödie sind wir jetzt an das wirkliche Ende unserer wissenschaftlichen Erörterung angelangt«,[23] schreibt Hegel im vorletzten Absatz seiner kolossalen Kunstphilosophie. Es obliegt mir, dies auch zum Ende meiner Untersuchung zu machen. Die Geschichte der Kunst ist ein veritables Epos, und Epen enden ihrem Wesen nach, wie Dantes *Göttliche Komödie*, mit höchsten Lobpreisungen. Wie viele philosophische Werke haben nicht nur ein

Ende, sondern sogar ein glückliches? Angesichts all dieser Glückseligkeit wäre es herrlich, wenn dies ein goldenes Kunstzeitalter wäre, doch vermutlich sind die Bedingungen der Komödie Garant für eine Tragödie, wenn man es denn als Tragödie empfindet, daß unser Zeitalter kein goldenes ist. Man kann nicht alles haben!

Anmerkungen

1. David Carrier: »Gombrich and Danto on Defining Art«, *Journal of Aesthetics and Art Criticism* 54, Nr. 3 (1995), S. 279.
2. »Ein Begriff kann auf zweierlei Weise betrachtet werden, entweder als eine Klasse von Gegenständen (die nur ein Element haben kann) oder eine Gruppe von Attributen oder Eigenschaften, die die Gegenstände bestimmen. Die erste Phase bzw. der erste Aspekt wird *Denotation* (Begriffsumfang) oder *Extension* des Begriffs genannt, die zweite *Konnotation* (Begriffsinhalt) oder *Intension*. So ist die Extension des Begriffs *Philosoph* »Sokrates«, »Platon«, »Thales« und dergleichen, seine Intension ist »Liebhaber der Weisheit«, »intelligent« und so weiter.« Morris R. Cohen und Ernest Nagel, *An Introduction to Logic and Scientific Method* (New York: Harcourt, Brace and Company, 1934), S. 31. Die Unterscheidung ist in traditionellen Logiktexten gängig.
3. Ernst H. Gombrich, *The Story of Art* (London: Phaidron, 1950), S. 15 [dt.: *Die Geschichte der Kunst* (Frankfurt/Main: S. Fischer, 21997), S. 15].
4. »Es gibt eine ungeheure Anzahl von Büchern, die ich gar nicht lesen mag, über Duchamp und das berühmte Pißbecken, das er damals ausgestellt hat ... Es heißt, er hätte damit ›die Kunst neu definiert‹. Welche Banalität!« (Ernst H. Gombrich, *Die Kunst, Bider zum Sprechen zu bringen – Ein Gespräch mit Didier Eribon* [Stuttgart: Klett-Cotta, 1993] S. 58f.). Als Gombrich im englischen Original von »horribly many books« sprach, meinte er damit wohl »many horrible books«, und ließ mich in dieser Nabokovschen Sprechweise, der Carrier und ich geradezu verfallen sind, wissen, daß er *Die Verklärung des Gewöhnlichen* nicht gelesen hatte. Beziehungsweise, daß er genug davon gelesen hatte, um das Buch banal zu finden.
5. George Dickie, »Defining Art«, *The American Philosophical Quarterly* 6 (1969), S. 253ff. Dickie hat seine ursprüngliche Definition im Laufe der Jahre ständig verfeinert. Eine vollständige Biografie seiner Schriften und der seiner Kritiker findet sich in Steven Davis, *Definitions of Art* (Ithaca: Cornell University Press, 1991).
6. G.W. F. Hegel, *Einleitung in die Ästhetik* (München: Fink, 1967), S. 31.
7. Vgl. mein »The Art World Revisited« in *Beyond the Brillo Box: The Visual Arts in post-Historical Perspective* (New York: Farrar, Straus and Giroux, 1992) [dt.: *Kunst nach dem Ende der Kunst*, übers. von Christiane Spelsberg (München: Fink, 1996)] für eine ausführlichere Erörterung.
8. Heinrich Wölfflin, »Vorwort zur sechsten Ausgabe«, *Kunstgeschichtliche*

Grundbegriffe – Das Problem der Stilentwicklung in der neueren Kunst (Basel: Schwabe & Co, ¹⁸1991), S. 7.
9. Ernst H. Gombrich, Art and Illusion: A Study in the Psychology of Pictorial Representation (Princeton: Princeton University Press, 1972) [dt.: Kunst und Illusion: Zur Psychologie der bildlichen Darstellung, übers. von Lisbeth Gombrich (Stuttgart: Belser, ²1986), S. 424].
10. In Karl Popper, The Open Society and Its Enemies (Princeton: Princeton University Press, 1950) [dt.: Die offene Gesellschaft und ihre Feinde, 2 Bde. (Bern: Francke, ⁶1980)], bes. Kap. 12.
11. Wölfflin, Kunstgeschichtliche Grundbegriffe, S. 7.
12. a.a.O., S. 24.
13. Rudolph Wittkower, Art and Architecture in Italy: 1600-1750 (Harmondsworth: Penguin, 1958), S. 2. »Viele Geschichten von Christus und den Heiligen handeln von Märtyrertum, Brutalität und Grauen, außerdem galt im Gegensatz zur Idealisierung der Renaissance fortan die unverhüllte Darstellung der Wahrheit als unverzichtbar; sogar Christus mußte ›leidend, blutend, angespuckt, mit zerrissener Haut, verwundet, entstellt, bleich und unansehnlich‹ gezeigt werden.«
14. Paul Feyerabend, Killing Time: The Autobiography of Paul Feyerabend (Chicago: University of Chicago Press, 1995), S. 49. Feyerabend zitiert aus einer Vorlesung, die er 1944 als Soldat hielt, und es läßt sich schwer sagen, inwiefern er zu dem Zeitpunkt, als er über seine vor vielen Jahren gehegten Ansichten schrieb, noch diese Haltung einnahm.
15. Genauso eine ernüchternde Liste findet sich in Rose deWolf, »Endpaper: Yesterday's Tomorrow«, New York Times Magazine (24. Dezember 1995), S. 46. Die Autorin zitiert den Soziologen David Riesman aus Time (21. Juli 1967): »Wenn überhaupt etwas mehr oder weniger unverändert bleibt, dann die Rolle der Frau.«
16. Ludwig Wittgenstein, Philosophische Untersuchungen, Werke, Bd. I (Frankfurt/Main: Suhrkamp, 1984), Abs. 19, S. 246.
17. Eine großartige Erörterung von Feuerbachs Gemälde findet sich in Heinrich Meiers »Einführung in das Thema des Abends« in Seth Benardete, On Plato's Symposium – Über Platons Symposion (München: Carl Friedrich von Siemens Stiftung, 1993), S. 37f.
18. Eine erhellende Erörterung der Unterscheidung findet sich in Willard Van Orman Quine, Methods of Logic (New York: Henry Holt, 1950), S. 37f.
19. Alle Verweise hierin beziehen sich auf »Painting by the Numbers: The Search for a People's Art«, The Nation (14. März 1994). Die Datentabellen werden wiedergegeben in American Public Attitudes Towards the Visual Arts: Summary Report and Tabular Reports, erstellt von Martila and Kiley Inc. für The Nation Institute und Komar und Melamid, 1994.
20. E. Rosch und C.B. Mervin, »Family Resemblances: Studies in the Internal Structure of Categories«, Cognitive Psychology 7 (1975), S. 573-605; und E. Rosch, C.D. Mervin, W.D. Gray, D.M. Johnson und P. Boyes-Braem, »Basic Objects in Natural Categories«, Cognitive Psychology 8 (1976), S. 382-439.

278   XI. KAPITEL

21. Taina Mecklin, »Contemporary Arts Survey in Kenya«, *Research International* (16. Mai 1995).
22. G.W.F. Hegel, *Ästhetik*, Werke Bd. 15 (Frankfurt/Main: Suhrkamp, 1970), S. 572.
23. a.a.O., S. 572.

Professor Danto führt seinem Kollegen, Dr. Hegel, den Gipfel der Philosophie des ausgehenden 20. Jahrhunderts vor.
Karikatur von Anthony Haden-Guest, reproduziert mit Erlaubnis von *Art & Auction*, Juni 1992.

Register

Hinweis: Ein *Abb.* hinter einem Eintrag verweist auf Abbildungen.

Abendländische Kunst: afrikanische Kunst und 74, 130; Definition der Kunst und 63; ozeanische Kunst und 130
Abstrakte Kunst: kritischer Standpunkt und 84f.; Definition der Kunst und 63; Greenberg zur 52f., 128f., 163f.; Geschichte der Kunst und 30, 52f., 203; Erfindung der 84f. ; materielle kontra formale 106; Bedeutung und 107; Moderne und 53, 107, 198; posthistorische Reaktionen auf 196ff.; in der postnarrativen Phase 197f.; Realismus im Gegensatz zur 159f., 162f.; als »wahrer Weg« für die Kunst 52f.
Abstrakter Expressionismus: Fortsetzung des 60; Ende der Bewegung 49, 70; Greenberg und 125, 140ff., 159, 209; Geschichte der Kunst und 30, 34, 140ff.; Metaphysik und 174; Pop Art und 70ff., 159ff., 174; Realismus und 159ff., 162f.
Abstraktion, Farbfeld-: Geschichte der Kunst und 30, 34, 181
Abstraktion, hard-edged 34
Abstraktion, »post-painterly« 141ff.
Abstrakte Malerei, moderne Malerei kontra 29f.
Achtziger Jahre: Kunstmarkt der 46;
kritische Standpunkte der 87f., 193; Malerei-Revival der 186f.
Academy. *Vgl.* National Academy of Design
Action Painting, Greenberg und 209
Akt: Eakins und 160f.; Hopper und 160f.
Affinitäten zwischen Kunstwerken 71, 207ff., 215, 255ff. *Vgl. auch* zeitliche Affinität
Afrikanisch-amerikanische Künstler, posthistorischer Pluralismus und 196
Afrikanische Kunst: Kunstkritik und 130f., 147f.; Geschmacksausweitung und 151f.; Picasso und 151f.; abendländische Kunst und 74, 130
»After Abstract Expressionism« (Greenberg) 102f.
Akademiemalerei, Geschichte der Kunst und 30
Alloway, Lawrence 71; Pop Art und 172
Altes Museum (Berlin) 194
Altsteinzeit, Malerei der 94
America's Most Wanted (Komar und Melamid) 268, 269ff.
Analytical Philosophy of History (Danto) 65 Anm. 2, 71, 166

REGISTER

Andachtsbild: Kunstbegriff und 23, 41 Anm. 2, Anm. 3; historische Erzählung und 95f.; Mimesis im 75
Anthropologie, primitive Kunst und 148, 149
Antifundamentalismus 99f.
Antoni, Janine, *Gnaw* 239
»Approaching the End of Art« (Danto) 40 Anm. 1
Appropriatorische Kunst 34, 37
Archimboldo, Guiseppe 211
Architektur: manieristische 210; Erzählung der Kunst und 78, 145; postmoderne 37f.
Arensberg, Walter: Duchamp und 119
Arman, Foto der Bibliothek von 138 *Abb.*
Armory Show von 1913 25, 164, 203
»Art and Science« (Stokes) 206f.
Artforum, Manifeste in 55
Art and Illusion (Gombrich) 78, 250
Art Institute of Chicago, Ausstellung *Culture in Action* 233f., 236, 240, 243f.
Art News, Pop Art und 166
Art of This Century Gallery, Pollock-Werk in der 70f., 126
Artschwager, Richard: Kästen von 215
»The Art World« (Danto) 167, 177f. Anm. 8, 206, 215
Ashbery, John: Ryman und 206
Ash Can School 161, 164
»Aesthetic Concepts« (Sibley) 208
Ästhetische Gegenstände, Kunstwerke kontra 118
Ästhetik: Affinität und 207 ff. 214 f.; afrikanische Kunst und 151 f.; Kunstkritik und 83f.; Kommunikation und 207; *konditionalbestimmt* 208; Zeitalter der Kunst und 50, 129; Marktforschung zur 268; materialistische 147; der Bedeutung 111; Moderne und 119ff.; Multikulturalismus und 130f.; in der Natur 133f.; partizipatorische 235f.; Philosophie

und 59; Pop Art und 111, 127f.; posthistorische Künstler und 198f.; Symmetrie und 133f.; Geschmack und 150ff.; zeitliche Grenzen und 258f.; Universalität und 132f., 150; Gebrauchswert kontra 115ff., 119, 121
Ästhetik kontra Geschichtskritik 219
Ausdruck: Imitation der Wirklichkeit kontra 98
Ausdrücke: Verwendung kontra Erwähnung von 263
Ausdruck der Persönlichkeit, Ende der Malerei und 188
»Außerhalb der Geschichte, Begriff 30, 51; Kunst 29f., 35, 77, 144ff.; Pluralismus 253; posthistorische Kunst 34
Ausstellungen: als Kontext für die Malerei 220; »Das Ende der Kunst« und 65 Anm. 5; internationale Beziehungen und 47f.
Austin, J.L. zur Sprache 174
Avantgarde: Definition der Kunst und 104f.; monochrome Malerei und 203
»Avant-Garde and Kitsch« (Greenberg) 104
Azteken, Kunst der 149, 155

Baader-Meinhof-Anführer, Richters Gemälde der 275
Bakery, Confectionary and Tobacco Workers' International Union of America. Local 552: *We Got It!* 233f., 236f., 238f., 241f., 243f.
Barnes, Albert 148, 149
Barnes Collection, zweckdienliche Gegenstände ausgestellt in der 116
Barockkunst: Affinitäten und 256 f.; in der Stilmatrix 212f.
Barr, Alfred 161
Bartlett, Jennifer 205
Baudrillard, Jean 192
Beatles, Befreiungsgeist und die 170

REGISTER

Beaux Art Akademie (Paris), Realismus und 160
Bellini, Giovanni 145
Bellori, Giovanni 260
Bellows, George 119
Belting, Hans: Antifundamentalismus und 99f.; zur Kunst *vor* Beginn der Kunst 23 f., 41 Anm. 2, Anm. 3, 50, 95; zur Kunst als Erzählung 25; *Das Ende der Kunstgeschichte?* 40 Anm. 1, 94; *Bild und Kult* 41 Anm. 2, Anm. 3, 50, 95; paraphrasiert 27; zur darstellerischen Genauigkeit 82; zum Übergang zwischen Zeitaltern 31f., 42 Anm. 15; Verwendung von Erzählung und 146; Vattimo und 40 Anm. 1
Benglis, Linda 35
Benjamin, Walter 185, 191
Bennett, Gary Knox 183
Berenson, Bernard: zu Crivelli 145, 149, 156 Anm. 4; Manierismus und 210
Berkson, Bill: zur Affinität von Malern 207
Berlin: Dada-Ausstellung in 52 *Abb.*; Hegelvorlesungen in 57
Berliner Dada-Bewegung: historische Erzählung und 25, 52; politische Motive in 185
Berliner Mauer 176
Bernini, Giovanni: zeitliche Affinitäten und 255
Besuch der Königin von Saba bei Salomo (Veronese) 229ff., 231, 234, 240, 243f.
Beuys, Joseph: Kunstbegriff und 37, 126, 169, 240ff.; Greenberg und 126; »Multiples« 239; *The Scottish Symphony* 226 *Abb.*, 240
Bewegung, Tanz kontra 62
Bewegungen: historische Erzählung und 96f.; zeitliche Grenzen und 49
Bidlo, Mike: *Not Andy Warhol (Brillo Box)* 22; »posthistorische« Kunst von 34
Biennalen, internationale Beziehungen und 48, 65 Anm. 1
Bilderrahmen, Verzicht auf 38
Bildhauerei: Abstrakter Expressionismus und 140f. ; Erzählung der Kunst und 78 ; postnarrative Phase und 197f.
Bild und Kult (Belting) 41 Anm. 2, Anm. 3, 50, 95
Bildungsroman, Anfänge nach Enden in 25
Black Painting (Reinhardt) 44
Blakelock 106
Blunt, Wilfred Scawen 87
Bois, Yves-Alain 49, 65 Anm. 3
Botticelli, Sandro 255, 259
Boucher, François: historische Erzählung und 97
Box with the Sound of Its Own Making (Morris) 114 *Abb.*, 128f., 131, 215
Brancusi, Constantin 106, 210
Braque, Georges 55
Brenson, Michael: zu »community-based art« 232f., 243; zu Malerei und Macht 234; zur Qualität in der Kunst 239
Breton, André, zu Surrealisten vor dem Surrealismus 211
Brillo Box (Warhol), Ästhetik und 128; Affinitäten und 215; die Reaktion des Autors auf 61f., 167f., 231; Kunstbegriff und 35, 37, 61, 105; Kunstgeschichte und 49, 62, 251; Kunstphilosophie und 62, 105, 163f., 167f., 247, 250
Bronzino, Agnolo: Manierismus und 210
Brooklyn Museum 228; Kosuth-Installation 26
»Bulldozer«-Schau 170f.
Buren, Daniel 24, 184f., 187

Cage, John, monochrome Malerei und 204
»camp«, Postmoderne und 33
Campbell Suppenetikette: Ästhetik und 128; Verklärung der 172
Canaday, John 124, 165
Caravaggio, da 256
Caro, Anthony: Greenberg und 142
Carracci-Brüder: Correggio und 211; historische Erzählung und 97; in der Stilmatrix 213
Carrier, David: zu den Ansichten des Autors 247, 250
Carroll, Noel: die Stilmatrix und 212, 225 Anm. 14
»cartesianische Linguistik« 27
»The Case for Abstract Art« (Greenberg) 163f.
Castelli's, Pop Art bei 167
Castiglione, Pater 70
Cedarquist, John 184
Cellini, Benvenuto 78, 155
Centre Pompidou (Paris) 242
Cervantes, Miguel de: zeitliche Affinitäten und 258
Cézanne, Paul: ästhetische Kommunikation und 207; ästhetische Theorie und 120; zeitgenössische Reaktion auf 87; Greenberg zu 106ff.; als Moderner 28, 108; »Q-heit« und 208
Chagall, Marc 39
Chardin, Jean-Baptiste 207, 208
Chicago, Art Institute of: Ausstellung *Culture in Action* 233f., 236 f., 240, 241, 243
Chinesische Kunst: Wahl der Technik in 70; Imitation in 78
»Chinese Red 33x33« (Hafif) 218f., 220
Chomsky, Noam 27, 42 Anm. 11
Christliche Kunst: Kunstbegriff und 23, 41 Anm. 2, Anm. 3; Götzenbilder und 95
Christo: öffentliche Mitwirkung an Kunstwerken und 235 f.; *Running Fence* 236

Cimabue, Giovanni 93
Cixous, Helene: postmoderne Kritik und 192
Colescott, Robert, posthistorische Kunst von 196
Collage 26
The Collected Essays and Criticism (Greenberg) 125
colorito, disegno und 58
Columbia University, Danto-Vorlesung an der 40 Anm. 1
Comics, linearer Stil von 251 . *Vgl. auch* Karikatur.
»Community-based« Kunst 235ff.; Kunstdefinitionen und 238; Museen und 231f., 241ff.; Bedeutungssuche und 243f.
Complexity and Contradiction in Architecture (Venturi) 33
Cone, Etta und Claribel 86, 87
Connor, Russel: *The Kidnapping of Modern Art by the New Yorkers* 263, 264 *Abb.*; bildliche Erwähnungen verwendet von 264f., 275
»Contract with America« (Gingrich) 273
Correggio, Antonio da: historische Erzählung und 97; *Die Lieben des Jupiter* 211; Manierismus und 210, 211
Courbet, Gustave 256
Crimp, Douglas: zur Malerei 184ff., 197, 201, 202, 222; zur Fotografie 191f.; postmoderner Diskurs und 192
»The Crisis of the Easel Picture« (Greenberg) 105
Crivelli, Carlo 145, 149, 156 Anm. 4
Culture in Action Ausstellung (Art Institute of Chicago) 233f., 236, 240, 243f.

Dada-Ausstellung, Berlin (1921) 52 *Abb.*

Dadaisten: »Das Ende der Kunst« und die 25, 52; Motivationen der 96
Daguerre, Louis 109
Dädalus, Praxiteles und 80
Dali, Salvador: Ende der Malerei und 185f., 199 Anm. 4; Greenberg und 146
Damaszener Kacheln, transformative Erfahrung 230, 243
Danto, Arthur: *Analytical Philosophy of History* 65 Anm. 2, 71, 166 ; »Approaching the End of Art« 40 Anm. 1; als Kunstkritiker 50, 166f.; als Künstler 166; »The Art World« 168, 177f., Anm. 8, 206, 215; *Beyond the Brillo Box* 236, 245 Anm. 6; *The Death of Art* 24; *Encounters and Reflections* 40 Anm. 1; »The End of Art« 40 Anm. 1, 49, 50; als Essentialist 247; *Grand Street* 40 Anm. 1; zu Museen und zeitgenössischer Kunst 236; »Narrative and Never-Endingness« 89, Anm. 4; »Narratives of the End of Art« 40 Anm. 1; *The Philosophical Disenfranchisement of Art* 65 Anm. 4; *The State of the Art* 40 Anm. 1; »Dreißig Jahre nach dem Ende der Kunst« 169; *The Transfiguration of the Commonplace* 65 Anm. 4, 173, 217, 218, 247, 249
Das Ende der Kunstgeschichte (Belting) 40 Anm. 1
Davies, Martin: zu Crivelli 145
da Vinci. *Vgl.* Leonardo da Vinci
Davis, Stuart 163
The Death of Art (Danto) 24
The Death of Art (Lang) 40 Anm. 1
»The Death or Decline of Art« (Vattimo) 40f. Anm. 1
Degas, Edgar: Fotografien von 191
»de gustibus non est disputandum« 150
Dejeuner sur l'herbe (Manet) 261
de Kooning, Willem: als kommerzieller Künster 127; historische Erzählung und 159; Hopper und 165; *Merritt*

Parkway 166; »Q-heit« und 208; Erfolg von 141; Bildreihe *Women* 141, 165
Dekonstruktivisten: Museen und 195; posthistorische Kunst und 198
Dekoration 35; Kunst und 35, 93f., 96
Delacroix, Eugène 58, 97
Delaroche, Paul 109, 184, 185
Les demoiselles d'Avignon (Picasso) 49, 65 Anm. 3, 70, 152
Denkmäler, als öffentliche Kunst 234
Deontologische Modalitäten, das Ende der Malerei und 188
De Pereija, Juan, Velasquez Bildnis des 125
Derain, André 84, 88
Derrida, Jacques: Antifundamentalismus und 100; Konzept der *écriture* 85; postmoderne Kritik und 192
Descartes, René: zu Traum kontra Wacherfahrung 62; »moderne« Philosophie und 27, 29
»deskriptive« Metaphysik 190
De Stijl, Farbverwendung von 204f.
Die Deutsche Ideologie (Marx und Engels) 63f., 74, 171
Deutschland: Abstrakte Malerei in 170; kapitalistischer Realismus in 170
Dickie, George 168, 248, 250, 276 Anm. 5
Dick Tracy Comics, Pop Art auf der Basis von 71
di Credi, Lorenzo 255
disegno, colorito und 58
Dogmatismus, Moderne und 104
Don Quixote, zeitliche Affinitäten und 257f.
Duchamp, Marcel: ästhetische Theorie und 118f., 152f.; Kunstbegriff und 238, 239, 243, 248, 251, 276 Anm. 4; *Fountain* 119, 247, 250, 251; Greenberg und 119, 120, 146, 152f.; zu »Geruchskünstlern« 185; Pop Art und 177
Dürer, Albrecht: Affinitäten zu Zeitge-

nossen von 255; Entwicklung der Medien und 183; zur Kunst der Neuen Welt 149, 155

Eakins, Thomas 160f.; *William Rush Carving His Allegorical Figure of the Schuylkill River* 160
Elegy for the Spanish Republic (Motherwell) 270
El Greco, Manierismus und 210
Eliot, T.S.: Ästhetik kontra Geschichtskritik und 219; zur Kunstwelt als Gemeinschaft 213 ff.; Stilmatrix und 225 Anm. 14
Encounters and Reflections (Danto) 40 Anm. 1
»The End of Art« (Danto) 40 Anm. 1, 49, 50
»The Endless Future of Art« (Margolis) 89 Anm. 4
The End of Modernity (Vattimo) 40 f. Anm. 1
»The End of Painting« (Crimp) 192
Engels, Friedrich: Beschreibung der posthistorischen Gesellschaft durch 63f., 73, 74, 171
Ensigne de Gersaint (Watteau) 127
Entelechie 145
Erebon, Didier 210
Ereignisbeschreibungen, erzählende Sätze und 49, 65 Anm. 2
Erfahrung: die analytische Philosophie und 173f.; Kunstkritik und 122ff.
»Erhabene Manier« 260
Ernst, Max 26, 146
Erwähnung: bildliche 261f.; Verwendung von Ausdrücken kontra 261f.
Erzählung: Kunstkritik und 77, 84, 135, 193; Kunst außerhalb der 29f., 35, 77f., 144ff., 149f., 155; Kritik und 77, 84; Zeitalter der Kunst als 24f.; die Zukunft aus der Sicht der Vergangenheit und 139f.; Materialismus und 93f., 147; Minimalismus in der 220; Moderne in der 29f., 32f., 36f.,

83, 88, 96f., 111, 169; monochrome Malerei und 187f., 202f., 220; Neo-Expressionismus und 187; Malerei in der 93ff., 142ff.; philosophisches Selbstbewußtsein und 98f.; posthistorische Kunst und 34ff., 77, 154f., 195ff., 223f.; Voraussage kontra Prophetie 72; Realisten und 163f.; Bildhauerei und 78, 140; Vasari und 77f., 81, 169 *Vgl. auch* Kunstgeschichte
Erziehung. *Vgl.* Kunsterziehung
Eßbare Kunst 238f.. Vgl. auch *We Got It!*
Essentialismus: in der Kunstkritik 103, 247ff.; Kunstbegriff und 131f., 251ff.; definiert 248f.; Geschlechtsdefinitionen und 252; Politik und 251
Ethnische Säuberung 64, 103
Europäische Kunst, afrikanische Kunst und 73f., 130
Europhronios *Krater*, Erwerb des 125
Expressionismus. *Vgl.* Abstrakter Expressionismus; Neo-Expressionismus
Extension, Definition der 248, 276 Anm. 2

Fälschungen, zeitliche Affinitäten und 262 f.
La famille des saltimbanques (Picasso) 69
Farbe, in der monochromen Malerei 204f.
Farbfeldabstraktion, Kunstgeschichte und 30, 35, 181
Färbung, Begriff der 249
Fauvismus 53, 162
Femine Mystique (Friedan) 176
Feminismus: Essentialismus und 247, 251; Malerei und 222
Feuerbach, Anselm: *Symposion* 260
Feyerabend, Paul 257
Figurative Kunst, Definition der Kunst und 63

REGISTER 285

Finanzierungsquellen: Ästhetik kontra Zweckmäßigkeit und 116; Gemeinschaft und 234f.
Fiorentino, Rosso 210
Formale kontra materialistische Abstraktion 106
Foster, Hal 31
Fotografie: Unsichtbarkeit des Pinselstrichs und 109; Crimp zur 191f.; moderne 191f.; Malerei und 185, 192, 197, 222; Kunstphilosophie und 197
Fotomontage, Ende der Malerei und 185
Foucault, Michel 192
Fountain (Duchamp) 119, 247, 250, 251
Fragonard, Jean Honoré 97
Frankenthaler, Helen 142
Frankfurter Schule, Vattimo und die 40f., Anm. 1
Französische Akademiemalerei 30, 203
Französischer Klassizismus, kritischer Standpunkt und 83
Französischer Neorealismus 35
Französische postmoderne Kritik 192
Französische Revolution, Ende der Geschichte und 59
Freedberg, David: *The Power of Images* 95, 112 Anm. 4
Freeman, Phyllis 53
Frege, Gottlob: Philosophie der Bedeutung und 249
Freiheit: als Antriebskraft der Geschichte 59; 1964 und 169f.; Pluralismus und 64; posthistorische Kunst und 74, 76, 155, 169; Suche nach Identität und 171
Fried, Michael 142
Friedan, Betty 176
Fry, Roger: zur »Abstraktion« 84f., 163; zu afrikanischer Kunst 148; kritischer Standpunkt von 83f., 85f., 88, 97, 98, 149f.; zum Nachimpressionismus 82f.

Fünfziger Jahre, Abstrakter Expressionismus der 220
Futuristisches Manifest 53
Galerien, Kunstmarkt der achtziger Jahre und 46
Gallery 291: Henri und 118; Picasso-Ausstellung in der 58
Gauguin, Paul 29, 96
Gauloises-Collagen, von Motherwell 71, 72
Gegenreformation, Kunst der 256, 277 Anm. 13
Gegenständliche Malerei: Würdigung von Abstraktion und 130; Moderne kontra 28f.; Vasari und 28, 79ff., 82
Gehry, Frank: als Postmoderner 33
»Geist« im Kunstschaffen 51, 54, 134, 145, 167
Gemeinschaft: die Kunstwelt als 213f.; Kunstfinanzierung und 235f.
Zur Genealogie der Moral (Nietzsche) 117
Genie: Geschmack kontra 125f.; Nützlichkeit der Werke des 115
Genre, Weigerung, sich in die Grenzen eines Genres zu fügen 74
Gérôme, Jean Léon 160
Geschichte: nach dem Ende der 171; »Das Ende« der 59, 73f.; Freiheit als Antriebskraft 59; Häretiker und 54; Beschränkungen der 73f.; »außerhalb der Geschichte« 30, 51; Voraussage kontra Prophetie 71f.
Geschichtskritik kontra Ästhetikkritik 219
Geschichtsphilosophie, Voraussage kontra Philosophie und 71f.
Geschlecht, essentialistische Definitionen von 251
Geschmack, Ästhetik und 150f.; Erfahrung und 124; Genie kontra 125; Kant zum 115f., 123ff.; Fortschritt im 129f.

Giacometti, Alberto 146, 212
Gilot, Françoise 54, 55
Gingrich, Newt 176, 273
Giotto: stilistische Affinitäten und 256f., 259f.; die Zukunft der Malerei und 203; Masaccio und 70; darstellerische Angemessenheit und 80, 93; Vasari zu 81, 82
Girlie Show (Hopper) 161
Gitarre (Picasso) 65 Anm. 3
Gnaw (Antoni) 239
Die goldene Schale (James) 228, 230, 232
Gombrich, Ernst H.: *Kunst und Illusion* 78, 250; Erzählung der Kunst und 78ff., 81, 94, 248, 250, 276 Anm. 4; zu Stilarten der Malerei 210
Gopnick, Adam 39
»Götzenbilder« in der Sakralkunst 95; Sujets von Kunstwerken und 239f.
Grafton Galleries, London, nachimpressionistische Ausstellung in der 82, 84, 87
Grand Street (Danto) 40 Anm. 1
Gray, Effie: Ruskin und 230
Greenberg, Clement: zur abstrakten Kunst 52f., 127f., 164; Abstrakter Expressionismus und 125f., 140ff., 159, 209; »After Abstract Expressionism« 140f.; Kunst außerhalb der Erzählung und 143f.; zur Kunst als unveränderlich 54; Betonung des Mediums 141f., 145, 181, 184; »Avantgarde und Kitsch« 104; zum Ursprung der Moderne 96, 110f.; Beuys und 126; »The Case for Abstract Art« 163; Clement Action-Painting und 209; »The Crisis of the Easel Picture« 105; zur Reaktion der Kritik 122f.; kritischer Standpunkt von 119-131, 147, 150, 152f., 169; Kritik auf der Basis von 191; Dali und 122, 146; Davis und 163; Duchamp und 119f., 146, 153; das Ende der Moderne und 36, 111; das Ende der Malerei und 186, 199, 222; Ernst und 146; zur Erfahrung 124; Zukunft durch die Augen von 140ff., 154; Giacometti und 146; historische Erzählung und 140ff., 169, 181, 199; kantische Ästhetik und 121f., 125, 129f., 150; Kramer und 119; zu Manet 107, 108; Methodologie von 125f.; Miró und 106, 163; Essay »Modernist Painting« 28, 42 Anm. 12, 103, 107f., 162, 163; zu Mondrian 122; zu Morris 128f.; Multikulturalismus und 130; Rolle des Museums und 38; als Erzähler der Moderne 28f., 88, 110f.; zur Natur- kontra Kunstschönheit 117; Neo-Expressionismus 188; New Yorker Schule und 103; Olitski und 124, 142, 181, 199; die Malerei in der Definition von 140; philosophisches Selbstbewußtsein und 99, 100, 101; Picasso und 105, 107, 146; zu Pollock 104, 106, 123, 126; Pop Art und 143f.; Reinheit als Fokus von 103ff.; zur Darstellung 163; Surrealismus und 30f., 38, 146, 152; zur Terminologie 209; »Toward a Newer Laocoön« 52f., 106f., 163; Warhol und 126, 127
Green Gallery, Pop Art in der 167
Grien, Hans Baldung 211
»Geruchskünstler«, Duchamp zu 185
Grünewald, Matthias: Dürer und 255
Guercino: darstellerische Genauigkeit und 80; zeitliche Affinitäten und 259f., 261
Guerilla Girls 195
Guernica (Picasso) 107
Guggenheim, Peggy 126. *Vgl. auch* Art of This Century Gallery
Guggenheim Museum 167, 217
Guston, Phillip: posthistorische Kunst von 196, 198
gut, schlecht kontra 117

Hafif, Marcia: »Chinese Red 33X33« 218f., 220; monochrome Malerei und 218, 220
Hanson, Duane: darstellerische Genauigkeit von 82
Hare, David 55
Häretiker, Begriff des 54
Hausmann, Raoul 25f.
Hegel, Georg Wilhelm Friedrich: Kunstkritik und 135, 250f.; Verwendung des Bildungsromanformats bei 25, 41 Anm. 5; zum Kunstbegriff 35f., 56f., 134f., 249; Leugnung der Philosophie und 61; zum »einfarbigen Formalismus« 219; Begriff »außerhalb der Geschichte« von 30, 51, 253; Kunstphilosophie und 57f., 61, 76, 98, 188; zu Bedeutungsquellen 242; zum Geist 51, 54, 134, 167, 242, 249
Heidegger, Martin: Eigentlichkeit kontra Uneigentlichkeit 63; *Sein und Zeit* 99; als Moderner 100; »Der Ursprung des Kunstwerks« 58; zur Kunstphilosophie 58; zur Revision der Grundbegriffe 99
Henri, Robert 58, 160
Hesse, Eva 35, 154, 222
»High and Low« Ausstellung (1990) 39
Hippias maior (Platon) 80
Historienmalerei, »Erhabene Manier« und 260
Hitchcock, Alfred: Bild aus *Vertigo* 8 *Abb.*
Hockney, David: Motherwell-Collagen und 71; Pop Art und 172
Hoffman, Hans 126
Holzer, Jenny 33, 196
Homo Duplex (Scully) 180 *Abb.*
Hopper, Edward; *Girlie Show* 161; Moderne und 162f., 164; *Morning Sunshine* 161; Pop Art und 172; Behandlung des Akts durch 160f.; Whitney-Retrospektive (1964) 165

Hopper, Jo: zu Realistenprotesten 162
Housman, A.E. 135
Hoving, Thomas: Erwerbsentscheidungen von 125
Hughes, Robert: als Moderne-Kritiker 193
Hume, David: Surrealismus und 152; zu Geschmack und Ästhetik 150

Ikonologie 97; *Schwarzes Quadrat* und 213
Ikonen, Kunst kontra 23
Idee, als Vorläuferin von Kunst 79
Identität, Suche nach: Freiheit und 170ff.
Ideologie: Kunst und 53, 55, 74f.; Kunstkritik und 76; Malerei und 223
Illusionismus, Unsichtbarkeit des Pinselstrichs und 109f., 111
Illustration, Kunst und 61, 63
Impressionismus: Sichtbarkeit des Pinselstrichs im 110; kritischer Standpunkt und 85; Reaktionen der Kubisten auf 54; Moderne und 108, 110, 162; Philosophie und Würdigung von 59
Impressionisten: als Moderne 28; zeitliche Affinitäten zu 261
Interesseloses Wohlgefallen, Rolle der Schönheit und 116
Improvisation 30 (Kanonen) (Kandinsky) 85
Independents, Stilkriege der 58
Individuals (Strawson) 190
Ingres, Jean 58, 97
Intension, definiert 248, 276 Anm. 2
Internationale Beziehungen, Kulturaustausch und 47f.
Intoleranz, Moderne und 103f.
Irigaray, Luce 192
Irwin, Robert: Ende der Malerei und 222
»Is Quality an Idea whose Time has Gone« (Brenson) 239
Istanbul, Biennale in 254

Italian Painters of the Renaissance
(Berenson) 145

Jacob, Mary Jane: *Culture in Action*
und 237
James, Henry: Museen und 227, 228,
229, 233
Janis Gallery: de Koonings *Women* in
der 165; Pop Art in der 167
Jena, Schlacht von: Ende der Geschichte und 59
»Jess« 71
Jewish Museum (New York) 37, 238
Jesus in Emmaus (van Meegeren) 263
Jesus im Hause Marias und Marthas
(Vermeer) 263
Johannesburg, Biennale in 48
Jones, Ron 154
Judd, Donald 215
Juden, Religion und Kunst bei 239f.
Jugendstil 96
Das Jüngste Gericht (Michelangelo) 214

Kahn, Louis 145
Kahnweiler, Daniel-Henry: kritischer
Standpunkt von 85, 86, 88, 97; Picassos Porträt von 68 *Abb.*, 85 f.;
zum Stil als »Sprache« 85f.
Kalenderkunst 272
Kandinsky, Wassily 39; abstrakte Kunst
und 84; Ästhetiktheorie und 120;
Greenberg zu 106; *Improvisation 30
(Kanonen)* 85
Kant, Immanuel: zu Ästhetik kontra
Zweckmäßigkeit 122; zum Zeitalter
der Aufklärung 30; Kunstkritik und
83, 118; zur Schönheit 118, 150f.;
Kritik der reinen Vernunft 31; zum
Genie 115, 125; Greenberg und
121f., 125, 129; »moderne« Philosophie und 29; modernes Denken und
28, 100; zum moralischen Handeln
62; zur Natur- und Kunstschönheit
115f., 117; zum Geschmack 115f.,
125; Warhol und 127

Kapital, Das (Marx) 63
Karikatur 196
Kategorientheorie 272, 273
*The Kidnapping of Modern Art by the
New Yorkers* (Connor) 263, 264 *Abb.*
Kierkegaard, Soren: monochrome Malerei und 218
The Kiss (Lichtenstein) 158 *Abb.*,
166
Klee, Paul: Greenberg zu 106
Klein, Yves: monochrome Malerei und
220
Kline, Franz 142, 159
Kojève, Alexandre: zum »Ende« der
Geschichte 59
Kölner Kunstverein, Reed-Retrospektive im 9
Kolonialismus, kultureller 130
Komar, Vitaly: ästhetische Soziologie
von 267f.; *America's Most Wanted*
268, 269-275, 270 *Abb.*; Buchumov-Gemälde von 269; *Least Wanted
Paintings* von 271; *Most Wanted
Painting* Projekte von 271ff.; *The
Origins of Socialist Realism* 266f. ;
Performance Art von 274; posthistorische Kunst von 74, 170, 171; Sots
und 170, 176
Kommerzielle Kunst, Pop Art und
127ff.
Kommunistisches Manifest (Marx und
Engels) 63
»konditionalbestimmte« Ästhetik 208
Konfliktlösung, Arten der 64
Konfuzius zur Wahlfreiheit 70, 89
Anm. 1
Kontrafaktischer Konditional 139
Konzeptkunst: Reaktionen der Kritik
auf 39; Ende der Malerei und 185;
als posthistorisch 35
Konzeptuelle Revolution 241
Korner, Tony: *Tilted Arc* und 235
Koselleck, Reinhart: *Vergangene Zukunft* 140
Kosuth, Joseph: »The Play of the Un-

mentionable« 26; zur Rolle des
Künstlers 35f.
Kramer, Hilton 119, 193
Krasner, Lee 126
Krauss, Rosalind: zu Greenberg 30, 146
Krens, Thomas 39
Kritik. *Vgl.* Kunstkritik
Kritiker. *Vgl.* Kunstkritiker
Kritik der ästhetischen Urteilskraft
(Kant) 119
Kritik der reinen Vernunft (Kant) 31
Kruger, Barbara: zur Kunstphilosophie
176, 177; posthistorische Kunst von 34
Kubismus: Anfänge des 49, 65 Anm. 3;
Fortgang des 60; historische Erzählung und 97; Moderne und 162; als
Sprache betrachtet 85; »wahre
Kunst« und 53f.
Kubofuturismus 52
Kuhn, Thomas: Paradigmen und 55
Kultur: Ästhetik und 132f.; Kunst als
Teil der 97f.; Moderne in der 102.
Vgl. auch Multikulturalismus
Kulturaustausch, internationale Beziehungen und 47f.
Kultureller Kolonialismus 130
»Kulturgut«, Nationalismus und 194f.
Kunst: ästhetische Kommunikation in
der 207; Ästhetiktheorie und 119f.,
152f. (*vgl. auch* Ästhetik); Kunst
außerhalb der Erzählung der 29f.,
34ff., 76, 144ff., 149f.; Schönheit
und 117; vor und nach dem Beginn
der 24, 41 Anm. 2; Wahl der Technik
und 70; »community-based« 232f.,
235f., 243; Kunsthandwerk als 96,
155, 183; Dekoration und 61, 63,
93f., 96; Definitionen der 51, 61, 63,
64, 238f.; eßbare 238f.; »Zeitalter«
der 23ff., 40 Anm. 1; Ideologie und
53, 55, 74f.; Illustration und 61, 63;
Nachahmung als 75f.; Manifeste und
53, 54, 55, 56, 57, 60, 61, 63f.; »offizielle« Erzählung und Begriff 29f.,
35, 40 Anm. 1, 53f.; Philosophie und

Begriff 36, 37ff., 56-63, 98f., 131ff.,
147f., 182; als politisches Werkzeug
47f., 122, 170f., 193f., 251; posthistorischer Begriff der 38f., 154f.; Macht
und 153, 234; Ausstellung »Primitivism and Modern Art« 130; Öffentlichkeit kontra Öffentlichkeitskunst
235-241; reine kontra unreine 31,
100f., 102f., 155; Realität kontra
104f., 153f., 167f.; als Sujet der Kunst
28, 100, 111; transformative Erfahrungen mit 229f.; transhistorisches Wesen in 54; »wahre« 52,
54, 61, 74; »was die Kunst wollte«
147
Kunst als Kunst 53
Kunstbegriff: Kunst außerhalb der Erzählung 29f., 34ff., 76, 144ff.; Beuys
und der 37, 126, 169, 240ff.; die
Farbe Blau und der 214f.; »community based art« und der 235ff.; Duchamp und der 238, 239, 243, 248,
251, 276 Anm. 4; Essentialismus und
der 131f., 251ff.; Hegel und der 35f.,
56f., 134f., 249; historischer Standpunkt und der 250f.; Philosophie
und der 36, 37ff., 56-63, 98f., 131ff.,
147f., 182; Pluralismus und der 248;
Politik und der 122; Pop Art und der
127, 167f.; posthistorischer 39, 154f.,
169, 241; Symmetrie und der 133f.;
Warhol und der 64, 126f., 167f., 248
Kunstdefinitionen 51, 61, 63, 64, 238f.;
Avantgarde und 104f.; »communitybased art« und 235f.; Essentialismus
und 131f., 251ff.; materialistische
kontra formale Abstraktion und 106;
Moderne und 63, 80f.; Stil und 75f.
Vgl. auch Kunstbegriff
Kunst des Altertums, Definition der
Kunst und 63
Kunsterziehung: Gemeinschaft der
Kunstwerke und 214f.; moderne Kritikpraxis und 192; als Rolle des Museums 195

Kunstgeschichte: Abstrakter Expressionismus und 30, 34, 140; Abstraktion und 30, 52f., 204; Ästhetik und 50, 215; Affinitäten und 70f., 206f., 214, 254ff.; Architektur und 78; Kunstkritik und 50f., 52f., 64, 76f. ; vor und nach (vgl. auch »Zeitalter der Kunst«) 23; zeitgenössische Kunst als außerhalb der 25f., 29f.; Andachtsbilder und 95f.; Essentialismus und 248f., 251f.; Zukunft aus der Sicht der Vergangenheit und 139f., 159, 210f., 256f.; Greenberg und 140ff., 169, 181; Wissenschaftsgeschichte im Vergleich zur 78f.; Ikonologie und 97; Manifeste und 54f., 56, 57, 60; Moderne in der 27f., 33, 36, 55, 83f., 94f., 111f., 161f.; moderne kritische Praxis und 192f. ; Museen und 39; als Erzählung 25; sechziger Jahre 35f.; siebziger Jahre 34f., 37; Offenheit der 63; »außerhalb der Geschichte« und 30, 34, 51; paradigmatische Verlagerung in der 55; Philosophie und 35f., 99; Pop Art und 143f., 165-177; Postmoderne in der 33f.; postnarrative Phase in der 197f.; Fortschritt und 77ff., 93f.; Realisten und 160, 164; Erkennen von Stilarten 33f.; darstellende Kunst und 78f., 93, 250f.; Riegl zur 93, 94, 95; Bildhauerei und 78; Selbstbewußtsein und 37, 62f., 101; Stilmatrix und 212; zeitliche Grenzen und 49f., 254ff.; Vasari und 149, 169. Vgl. auch Erzählung; posthistorische Kunst.

Kunstgeschichtliche Grundbegriffe (Wölfflin) 73

Kunsthandwerk: als Kunst 96, 155, 183; Betonung auf den Medien im 183f.

Kunsthochschulen, Erfolgserwartungen und 45

Kunstkritik: Abstraktion und 84f.; ästhetische kontra historische 219; Grundelemente der 76f., 130f., 135;
zeitgenössische Reaktionen auf die 82-88, 97f.; »Das Ende der Kunst« und die 50f., 52f., 64; Essentialismus in der 103, 247ff.; Erfahrung und 122ff.; Greenberg und 119-131, 147; Hegel und 135, 250f.; Häresie und 54; Ideologie und 76; linke 193f.; Meistererzählung und 76, 84, 135, 193; materialistische kontra formale Ästhetik in der 106, 146f.; Moderne und 191ff.; monochrome Malerei und 206, 220ff.; philosophisches Selbstbewußtsein und 99, 100; Pluralismus und 64, 199; Politik und 185, 186; Pop Art und 166f.; postmoderne 192, 193; Zweckmäßigkeit und 121; »primitive« Kunst und 148f.; Reinheit als Mittelpunkt der 102f.; Regeln und 121; Stil als Sprache und 84f.; Surrealismus und 146; Geschmack und 150ff.; transhistorisches Wesen und 54; vasarisches Modell und 81f., 83, 84, 86, 93, 96, 99

Kunstkritiker: Autor als 50, 166f.; als Manifestschreiber 55

Künstler, Affinität unter Künstlern 207ff.; Ursprung des Begriffs 23; Kunstmarkt der achtziger Jahre und 45ff.; Pluralismus und Möglichkeiten für 195-198, 222; posthistorische Rolle des 35f., 76, 77, 173, 193f.; postmoderner Diskurs und 192f.; Spezialisierung und 155; tragisch kontra komisch 275f.

Künstlerinnen, posthistorischer Pluralismus und 195, 196

Kunstmagazine, Einfluß der 166, 170

Kunstmarkt: Abstrakter Expressionismus und 142; Kunstmachen in Abgrenzung vom 48; »Das Ende der Kunst« und 45f.; soziologische Forschungen zum 267f.

Kunstobjekte: appropriatorische Kunst und 37f.; Konzeptkunst und 35; in

der Moderne 39; posthistorische Kunst und 38, 39. *Vgl. auch* Objekt der Darstellung
Kunstsammeln: Abstrakter Expressionismus und 142; Definitionen der Kunst und 87; Marktschwankungen 46; Wiederbelebung der Malerei und 186f.; Politik und 194
Kunstschaffen: der Kunstmarkt in Abgrenzung vom 48; »Das Ende der Kunst« und 50f., 243f.; historischer Imperativ und 51f.; Philosophie und 58
Kunstsubventionen, Ästhetik kontra Zweckmäßigkeit und 116
Kunstwelt: als Gemeinschaft 213f.; weiße Männer und 234, 244
Kunst und Illusion (Gombrich) 78, 250
Kunstwerke: ästhetische Objekte kontra 118; Kunst als Sujet von 28, 100, 111; Eigenschaften von 62; Gemeinschaft und 213f.; essentialistische Definitionen von 251f.; Ideen als Basis von 79; posthistorische Sicht von 36, 243f.; reale Gegenstände kontra 105, 167f.; Stil von 75; transformative Erfahrungen mit 229f. *Vgl. auch* Kunstbegriff
Kunstwürdigung: moderne kritische Praxis 192; Museen und 232; posthistorischer Begriff 241f.
»Kuratoriat«, Macht und 235
Kurlov, zu Malewitsch 217

Lacan, Jacques 192
Landschaftsmalerei, als »most wanted« 272f.
Lang, Berel: *The Death of Art* 40 Anm. 1
Langer, Suzanne K.: zu Gefühl kontra Form 152
Lärm, Musik kontra 62
Lascaux, Höhlen von 94
Latente Eigenschaften, die Zukunft aus der Sicht der Vergangenheit und 211

Lawlor, Louise 191
Lebensläufe der berühmtesten Maler, Bildhauer und Architekten (Vasari) 78
Least Wanted Paintings (Komar und Melamid) 271
Lectures on Modern Idealism (Royce) 51 Anm. 5
Leonardo da Vinci: Kunst außerhalb der Erzählung und 155; Kunstgeschichte und 93, 203; *Mona Lisa* 81; vasarische Kritik und 81
Le Va, Barry 35
Levin, Gail: zu Hopper 162
Levine, Sherrie: Kunst kontra Realität und 154; posthistorische Kunst 34, 74
Lichtenstein, Roy: *The Kiss* 157 Abb., 166; reaktive Kunst und 175
Die Lieben des Jupiter (Correggio) 211
Life Magazin, zu Pollock 32, 92 Abb., 104
Linearer kontra malerischer Stil 255f.
The Linguistic Turn (Rorty) 41f. Anm. 10
Linguistische Strukturen, Theorien angeborenen Denkens und 27, 41f. Anm. 10, 42 Anm. 11
Linke Kunstkritik 193f.
Literatur, Schreiben kontra 62
Locke, John, zum Selbstverständnis 102
Logischer Positivismus, Scheinfragen und 60, 66 Anm. 18
Longhi, Roberto: zu Crivelli 145
Los Angeles County Museum of Art, Ausstellung »Post-painterly abstraction« 1964 141
Louis, Morris 142
Lyotard, Jean-François 192, 193
Lyrik, in der posthistorischen Kunst 196

Macht: Kunst und 153, 234; Museen und 235

McKim, Mead and White: Brooklyn Museum entworfen von 228
Magazine, Einfluß von 166, 170
Malerei: Abstrakter Expressionismus und 140f.; Sichtbarkeit des Pinselstrichs in der 108f.; Farbfeld- 30, 35, 181; »Tod« der 24; Andachtsbilder 41 Anm. 3; Ende der 108f., 184f., 187, 201f., 221f.; Wesen der 100f.; Ausstellung als Kontext für 220; Greenbergs Definition der 140; historische Erzählung und 93-97, 143, 144ff., 181; Ideologie und 222; latente Eigenschaften der 211; moderne 28f., 36, 100f., 163f.; monochrome vgl. monochrome Malerei; obligatorische Stilarten der 190f.; Fotografie und 184f., 191f., 197; »P-heit« der 208f.; Politik und 185, 186, 194, 201; posthistorische Kunst und 34f. 169; in der postnarrativen Phase 197f., 223; reine 100f., 102, 103; »Q-heit« der 209; realistische, vgl. Realisten; darstellerische Angemessenheit der 93; Repräsentation in der, vgl. Repräsentation; Bildhauerei und 78; gesellschaftliche Macht und 235; Stilmatrix 210ff.; als Sujet der Malerei 100, 111; transformative Erfahrungen durch 229f., 231f.; Schreinerei und 183
malerischer kontra linearer Stil 255f.
Malewitsch, Kazimir 52, 53; Schwarzes Quadrat 202f., 213, 217, 221; Totenbild 217 Abb.; monochrome Malerei und 204, 216f., 220f.; Rotes Quadrat (Bauer) 216; Ryman und 206; zum Suprematismus 217
Mallarmé, Stéphane 98
Manet, Edouard: Déjeuner sur l'herbe 261; Greenberg zu 107, 108; historische Erzählung und 96; als Moderner 28, 29, 96, 107f., 111; Olympia 261 ; zeitliche Affinitäten und 261
Mangold, Robert: Werkaffinitäten von 221; posthistorische Kunst von 223; Postmoderne und 34
Mangold, Sylvia Plimack: posthistorische Kunst von 223
Manifeste: Kunst und 53, 54, 55, 56, 57, 60, 61, 63f.; posthistorische Kunst und 64
Manierismus 29; Abstrakter Expressionismus und 142; historische Erzählung und 210f.; in der Stilmatrix 211f.
Manieristische Architektur 210
Mantegna, Andrea: monochrome Malerei von 216
Marc, Franz: zur Moderne 102
Marden, Brice: Nebraska 213; in der Stilmatrix 213
Marginalisierung, von Museen 241
Margolis, Joseph 89 Anm. 4
Marhenke, Paul 189
Marktforschung, zu ästhetischen Vorlieben 268f.
Martyr Anglerius, Petrus, zur Kunst der Neuen Welt 149
Marx, Karl: zum Ende der Geschichte 63f., 73; posthistorische Gesellschaft in der Beschreibung von 63f., 74, 171
Maryland Historical History Museum, Wilson-Installation im 26
Masaccio, Giotto und 70
Maschinenkunst 52
Materialismus: historische Erzählung und 93f.; in der Moderne 107f.
Materialistische kontra formale Abstraktion 106
Matisse, Henri: zeitgenössische Reaktion auf 87; Greenberg zu 106; Picasso und 58f.; zu Möglichkeiten 73
Matiuschin 52
Medium: Greenberg und 144, 146; posthistorische Kunst und 182, 183, 196f., 222f.; Toleranz gegenüber Vielfalt und 171, 196f., 222. Vgl. auch Materialismus; Malerei

Meisels-Brüder, Film über *Running Fence* 236
Melamid, Alexander; ästhetische Soziologie von 267f.; *America's Most Wanted* 268, 269-275, 270 *Abb.*; Buchumov-Gemälde von 269; *Least Wanted Paintings* von 271; *Most Wanted Painting* Projekte von 271ff.; *The Origins of Socialist Realism* 266f.; Performance Art von 274; posthistorische Kunst von 74, 170, 171; Sots und 170, 176
Merritt Parkway (de Kooning) 166
Metaphysik: Abstrakter Expressionismus und 174f.; analytische Philosophie und 173f.; Begriff des Todes 40 Anm. 1; »deskriptive« 190; logische Positivisten und 61; Verifizierbarkeitskriterium und 189ff.
Metro Pictures (Soho) 154
Mexikanische Kunst: Azteken, Reaktion der Alten Welt auf 149, 155; Einfluß auf Pollock 104
Mexiko, politische Rolle der Kunst in 185
Michelangelo: Kunst außerhalb der Erzählung und 155; Kunstgeschichte und 93; *Das Jüngste Gericht* 214
Mimesis: in der Architektur 78; Unsichtbarkeit des Pinselstrichs und 109; Moderne und 55, 75, 80, 84, 88, 96; Übergang zum Ausdruck von der 98; Kunstphilosophie und 167f.; Fotografie und 185; als traditionelles Paradigma der Kunst 55, 75, 81. *Vgl. auch* Nachahmung
Mind, zum Verifizierbarkeitskriterium 190
Minimalistische Kunst 35, 220
Miró, Joan, zu Dali 199 Anm. 4; Greenberg und 106, 163; *Stilleben mit altem Schuh* 107
Möbel, als Kunst 96, 183f.
Moderne, moderne Kunst: abstrakte Kunst und 53, 107, 198; Ästhetiktheorie und 119ff.; afrikanische Kunst und 151; Kunstwürdigung und 129f.; Beginn der 96, 110, 111; zeitgenössische Kunst kontra 25, 32f., 37, 42 Anm. 15; Fortdauer der 60f.; kritische Praxis bezüglich der 191f.; kritischer Standpunkt zur 82-88, 99f.; Kubismus und 162; kulturelle Grenzen und 149; Kunstdefinition und 62f., 81; Vielfalt in der 162; Zeitalter der 33; Fauvismus und 162; in der historischen Erzählung 28ff., 33, 36, 83f., 88, 96ff., 107f., 110f., 169; Hopper und 162; Impressionismus und 107, 109, 162; Manifeste und 55; materialistische Sicht der 107f.; mimetisches Paradigma und 55, 75, 80f., 82, 88, 96; Multikulturalismus und 232f.; Fotografie und 191f.; Politik und 103; posthistorische Kunst und 34; Nachimpressionismus und 162; postmoderne Kunst und 33f.; postmoderne Kritik und 192; als Revision der Grundbegriffe 99; Selbstbewußtsein und 101f.; Übergang zur posthistorischen Kunst von der 36, 37f., 96f.; Übergang von der »Prämoderne« zur 31, 96; Surrealismus und 162; Geschmack und 152f.; Zweckmäßigkeit und 116
»Modernist Painting« (Greenberg) 28, 42 Anm. 12, 103, 107f., 162, 163
»Moderne« Philosophie, Philosophie des Altertums kontra 27
Modigliani, Amedeo 208, 210
Möglichkeiten, in der posthistorischen Kunst 72, 73, 74f., 252f.
Mona Lisa (Leonardo da Vinci), vasarische Kritik und 81
Mondrian, Piet: kritischer Standpunkt und 130f.; geometrischer Neo-Plastizismus und 104; Greenberg und 106, 122, 126; Miró zu 107; Ryman zu 206; zur »wahren Kunst« 52, 53, 74

Monet, Claude 209, 211
Monochrome Malerei 201-224; Farbverwendung in der 204f.; Kritik und 205, 220f.; Definition der 216; Ende der Malerei und 187, 198, 201, 202, 203, 221; historische Erzählung und 187f., 202f., 219f.; Politik und 194; Stilmatrix und 213, 218
The Monochrome Show (Westman) 200 *Abb.*
Monroe, Marilyn: Verklärung von 173
Moore College of Art and Design, Monochrom-Ausstellung im 206
Moralkritik: Essentialismus und 102; Multikulturalismus und 64
Moral, Wahl und 70, 89 Anm. 1
Morgenländische Kunst, Kunstdefinition und 63
Morning Sunshine (Hopper) 161
Morris, Robert: Affinitäten und 215; *Box with the Sound if its Own Making* 114 *Abb.*, 128f., 131, 215; Ende der Malerei und 222
Mortman, Doris: *True Colors* 268, 269
Moskauer Künstler: »Das Ende der Kunst« und 52; Politik und 185
Moslems, Religion und Kunst bei 240
Most Wanted Paintings (Komar und Melamid) 271ff.
Motherwell, Robert: *Elegy for the Spanish Republic* 270; Expressionismus und 98; historische Erzählung und 159; Pop Art und 71, 72, 172
Multikulturalismus: künstlerische Möglichkeiten und 74; kultureller Kolonialismus kontra 130; Dogmatismus und 103; Essentialismus und 251f.; Moderne und 148; Moralkritik und 64; Museen und 232, 241f.; Malerei und 222; Identitätssuche und 171
»Multiples« (Beuys) 239
München: Neue Künstlervereinigung (1909) 87, 102

Musée Napoleon (Louvre), Politik und 194
Museum of Alternative Art (New York), *America's Most Wanted* im 270
Museum of Modern Art: Konzeptkunst in 39; Ausstellung »High and Low« (1990) 39; Hopper und 161; moderne kontra zeitgenössische Kunst und 32f., 39; »Paintings by Nineteen Living Americans« (1929) 161f.; Ausstellung »Primitivism and Modern Art« 130, 151, 211; Realisten und 161, 162, 164; Gebrauchsgegenstände ausgestellt im 116
Museen 227-244; Zensur und 235f.; »community-based« Kunst und 231f., 241ff.; zeitgenössische Kunst und die Rolle von 26, 33, 39, 236; Dekonstruktivisten und 193; erzieherische Rolle 195; Finanzierungsfragen 236; Rechtfertigung für 232; moderne kritische Praxis und 192; Multikulturalismus und 232, 241f.; Politik und 194; posthistorische Rolle für 221; Geschmacksentwicklung und 130; Gesellschaftskritik und 232f.; Sonderinteressen 238; transformative Erfahrungen und 228-232; Tribalisierung von 234, 238, 241
Musik, Lärm kontra 62

Nachahmung: in der chinesischen Malerei 78; Zeitalter der 75, 76; Ausdruck kontra 98. *Vgl. auch* Mimesis
Nachimpressionismus: zeitgenössische Reaktionen auf den 86f.; kritischer Standpunkt und 82f., 84; die Moderne und 162
Napoleon, Ende der Geschichte und 59
»Narrative and Never-Endingness: A Reply to Margolis« (Danto) 89 Anm. 4

Narrative Sätze, Ereignisbeschreibungen und 49, 65 Anm. 2
»Narratives of the End of Art« (Danto) 40 Anm. 1
Narration. *Vgl.* Erzählung
The Nation: Alloway bei 172; *America's Most Wanted* und 267, 270; Beiträge des Autors zu 50; Titelblatt (14. März 1994) 246 *Abb.*
National Academy of Design, Independents und 58, 160
National Endowment of the Arts: Zensur und 236; Essentialismus und 252; Nationalismus und 194f.
National Gallery (London) 195
National Gallery (Washington, D.C.) 195; Wanderausstellung in der Sowjetunion 48
Nationalismus, Kunst als Werkzeug des 194
National Museum of Women in the Arts (Washington, D.C.) 238
Nationalsozialismus, Politisierung der Kunst im 170
Natur, ästhetische Sicht der 117, 133f.
Nauman, Bruce 74, 222, 223
Nazarener 53
Nebraska (Marden) 213
Neel, Alice 201
»Negerskulptur« (Fry) 148
Neo-Expressionismus 35; historische Erzählung und 187f.
Neoplastizismus, Mondrian und 106
Neorealismus, französischer 35
Neue Künstlervereinigung, Münchener Ausstellung (1909) 87, 102
1964, symbolische Bedeutung von 169f.
1984, symbolische Bedeutung von 45, 47f.
1993 Whitney Biennial 194, 237
1995 Whitney Biennial 194
Neunziger Jahre: Kunstmarkt der 46; Pluralismus der 220

The New Criterion: ästhetische Philosophie in 119; Manifeste in 55
Newman, Barnett: *Voice of Fire* 236; *Who's Afraid of Red, Yellow, and Blue* 270
New Sculpture 35
Neue Welt, Reaktion der Alten Welt auf Kunst der 149, 155
New York School: Greenberg und 103; Monet und 211; Pop Art und 70, 159
»New York type painting« 210f.
Nietzsche, Friedrich: Leugnung der Philosophie und 61; Kunstphilosophie und 57, 117, 134
Noland, Kenneth 142
»Nicht-mimetische Eigenschaften« der Malerei 28
Not Andy Warhol (Brillo Box) (Bidlo) 22 *Abb.*
Nouveaux réalistes. *Vgl.* Neorealismus
Novak, Kim 8 *Abb.*, 9
Number 16 (Rothko) 236, 271
Nr. 328 (Reed) 8 *Abb.*, 9, 10, 11, 13

»Object Art« 182, *Vgl. auch* Kunsthandwerk
Objekt der Darstellung: Konzeptkunst und 35; Darstellungsmittel als 28. *Vgl. auch* Kunstobjekte
October: Manifeste in 55; politischer Standpunkt des 186
Öffentliche Kunst 234f.
Öffentliches Engagement in Kunstwerken 235f.
Of the Standard of Taste (Hume) 150f., 156 Anm. 13
Oldenberg, Claes 167, 191
Olitski, Jules: Greenberg und 124, 142, 181, 199; zu Greenbergs kritischer Reaktion 124, 126
Olympia (Manet) 261
On the Ruins of the Museum (Crimp) 191
The Optical Unconscious (Krauss) 31, 146

The Origins of Socialist Realism (Komar and Melamid) 266f.
Orozco, José Clemente 104
Orwell, George 47, 48, 63
Ozeanische Kunst, Affinitäten mit kontra explanatorische These zur 130
»Paintings by Nineteen Living Americans« (1929) 161
Panofsky, Erwin: kritischer Standpunkt von 97, 99; zur Kultureinheit 99
Panza-Sammlung, Museum of Modern Art 39
Paradigma, Mimesis als 55
»Pariser Schule«, Malerei der 209
Pariser Salon, dekorative Kunst und 96
Parmigianino 211
partizipatorische Ästhetik, Christos *Running Fence* und 235 f.
The Partisan Review, kritischer Standpunkt des 186
Pattern Art 35
Pearson, Ralph 161
Performance Art: von Beuys 226 *Abb.*, 240, 241; von Komar und Melamid 274
Perspektive, Entdeckung der 70
Petrarca, Beginn der Renaissance und 49, 111
Petrograd, Ausstellung von Malewitschs *Schwarzem Quadrat* in 202
Petronius, zum Ende der Malerei 202
Phaidros (Platon) 102, 112 Anm. 9
Phelps, Lionel 201
Die Phänomenologie des Geistes (Hegel) 25
Phillips, William 126
The Philosophical Disenfranchisement of Art (Danto) 65 Anm. 4
Philosophie: ästhetisches Wohlgefallen und 59; Ästhetik kontra Zweckmäßigkeit 147f., 182; analytische 173f; Antifundamentalismus 99f.; Kunst kontra Realität 153f.; Kunstschaffen und 58; Kunstbegriff und 36, 37ff., 56-63, 98f., 131f., 147f., 182; deontologische Modalitäten 188; Sprache und 174; linguistische Repräsentation und 41 Anm. 10; Sinn- 249; Metaphysik und 173f., 189f.; »moderne« kontra Philosophie des Altertums 27; moderne kontra zeitgenössische 29, 99f.; Pop Art und 165-177; Positivismus 189f.; posthistorische Kunstwürdigung und 242; posthistorische Künstler und 196ff.; Scheinfragen in der 60; Stilkriege 58; Verifizierbarkeitskriterium in der 189ff.
Philosophische Untersuchungen (Wittgenstein) 174
Piano, Renzo 242
Picasso, Pablo: afrikanische Kunst und 151 f.; zeitgenössische Reaktion auf 87; kritische Standpunkte zu 85, 87; zum Kubismus als »wahrer« Kunst 54; *Les demoiselles d'Avignon* 49, 65 Anm. 3, 70, 152; *La famille des saltimbanques* 69; Greenberg und 105, 107, 146; *Guernica* 107; *Gitarre* 65 Anm. 3; Einfluß von 58; Kahnweiler-Porträt 68 *Abb.*; Manierismus und 210; zur »neuen Ordnung« 55; Stilarten von 210; *La Vie* 232
Piero della Francesca 206ff.
Pinselstrich, Sichtbarkeit des 108f.
Pinturrichio, Stilaffinitäten und 256
Platon: Kunst kontra Realität und 153, 167f.; zur Rechtsgrundlage 141; Leugnen der Philosophie und 61; zu Wahrnehmungsunterschieden 80; *Der Staat* 141, 167; zum Selbstbewußtsein 102; Stil zur Zeit von 261
»The Play of the Unmentionable« (Kosuth) 26
Pluralismus: Kunstkritik und 64, 199; Kunstbegriff und 248; Essentialismus und 251f.; monochrome Malerei und 220f.; in der posthistorischen Kunst 169, 171, 196-199, 222f.; zeit-

liche Affinität kontra 263ff. *Vgl. auch* Vielfalt
Pointillismus, Sichtbarkeit des Pinselstrichs im und 109f.
Politik: Kunst als Werkzeug der 47f., 122, 170f., 193f., 251; Kunstsammeln und 194; Ende der Malerei und 185, 186f., 194, 201f.; Essentialismus und 251f.; Moderne und 105f.; Museen und 194; Pluralismus und 64. *Vgl. auch* Multikulturalismus
Polke, Sigmar: Pop Art und 170; posthistorische Kunst von 74, 155, 223
Pollock, Jackson 32, 92 *Abb.*; kritischer Standpunkt und 130, 131; zu de Kooning 165; Greenberg zu 104, 106, 123, 126; historische Erzählung und 159; »Q-heit« und 208; Erfolg von 142
Pontormo, Jacopo da 210
Pop Art 35, 159-177; Abstrakter Expressionismus und 70ff., 159ff., 174; Ästhetik und 111, 128; Angriffe auf die 170; Reaktion des Autors auf die 166f.; Kommerzkunst und 127f.; Kunstbegriff und 127, 167f.; Kunstdefinition und 64, 70; Entstehen der 165; Ende der Kunst und 49; Greenberg und 142f.; historische Affinitäten und 70f.; New Yorker Schule und 70, 159; Philosophie und 165-177; Popkultur kontra 172; Pop *in* der Kunst kontra 172; Vorläufer der 172; Realismus und 165; Verklärung des Gewöhnlichen in der 172f., 174
Popkultur, Pop Art kontra 172
Popper, Sir Karl: Gombrich und 250f.; Wissenschaftsgeschichte und 79; zu Voraussage kontra Prophetie 71f.
»Positive/Negative« (Crimp) 191
Positivismus: »Ende der Philosophie« und 189f.; Geschichtsphilosophie und 71f.; Scheinfragen und 60, 66 Anm. 18
Poster Art 195
posthistorische Kunst 34-37; Komödie in der 275; Voraussetzungen für 70f.; Vielfalt in der 168f., 171, 195f., 223, 252f.; Freiheit in der 74, 76, 155, 169; Manifeste und 55, 64; Medium und 182, 183f., 222; Museen und 241; Neo-Expressionismus und 187; Möglichkeiten in 70, 72, 73f., 252; Qualität und 239; Selbstbewußtsein und 37, 62f.; Übergang von der Moderne zur 36f.; Soziologie und 267f.; Stilarten und 75f.
Postmoderne Kritik 192; Essentialismus und 251f.
Postmoderne Kunst 33f.; Gegenreaktion auf »reine« Kunst in der 183f.; erkennen 34
Postnarrative Phase 197f., 222f.; Malerei in der 198, 222ff. *Vgl. auch* posthistorische Kunst
»Post-painterly« Abstraktionismus 141f.
Poussin, Nicholas 84, 88, 260, 261
The Power of Images (Freedberg) 95, 112 Anm. 4
Praxiteles, Dädalus und 80
Präraffaeliten 53
Primitive Kunst: Kunstkritik und 148f.; Definition der Kunst und 63; stilistische Affinität und 212
»Primitivism and Modern Art« Ausstellung (Museum of Modern Art) 130
Prina, Stephen 220
Prophetie: Voraussage kontra Prophetie 71f.; als Offenbarung der Gegenwart 74f.

»Q-heit« 207ff.
Qualität 122f., 239f.. *Vgl. auch* Ästhetik
Quattrocento 207; malerisch kontra 208
Quine, Professor 111

Rabelais, François 169
Raffael, historische Erzählung und 93, 97, 155, 204
Rahv, Philip 201
Rauschenberg, Robert: monochrome Gemälde von 204, 220; posthistorische Kunst von 223; als Postmoderner 33; Realismus und 167
Reagan-Ära. *Vgl.* achtziger Jahre Realismus, sozialistischer 170f.
Realisten: Abstrakter Expressionismus und 159ff., 162f.; gegen Abstraktion 159f., 162f.; Museum of Modern Art und 161f.; Pop Art und 165; Proteste der 162f., 164
Realität: Malerei kontra 104f., 153f., 167f.; formale kontra objektive 9f.
Reality Magazin 162, 165
Rebay, Baronin Hilla 218
Reed, David: Painting No. 328 8 *Abb.*, 9, 10, 11, 13; posthistorische Kunst von 198, 223
Regeln, Kritik und 121
Reine Malerei 100f., 102, 103
Reine kontra nicht reine Kunst 31, 100f., 102f., 155; Postmoderne und 184
Reinheit: Rassen- 103; Weigerung, sich zu unterwerfen 74
Reinhardt, Ad: zur abstrakten Kunst 53; *Black Painting* 44 *Abb.*; Ende der Malerei und 184, 187; logischer Positivismus und 61; monochrome Malerei und 220; Ryman und 206; Stilmatrix und 214
Reliquien, Kunst und 41 Anm. 2
Religion, posthistorische Kunstwürdigung und 242
Rembrandt van Rijn: »Q-heit« und 208; zeitliche Affinitäten und 265, 266
Renaissance: Nachahmung und 78; der unsichtbare Beginn der 49, 111; Stilmatrix und 211

Renaissance-Paradigma, New Yorker Paradigma und 159
Repräsentation: Abstrakter Expressionismus und 141; Genauigkeit und Macht der 81f.; Unsichtbarkeit des Pinselstrichs und 109; Greenberg zur 163; Kunstgeschichte und 78f., 93, 250f.; stoffliches Vehikel kontra 145; Mittel der als Gegenstand der 28; im mimetischen Paradigma 75; in der Moderne kontra Prämoderne 28f.; Pop Art und 168
Reproduktionen, transformative Erfahrungen durch 232
Revolutionäre Veränderungen: Kunstkritik und 129; Künstler außerhalb des Systems und 193f.; konzeptuelle 241
Reynolds, Sir Joshua 260
Richter, Gerhard: Pop Art und 170; posthistorische Kunst von 74, 155, 223
Richter, Hans 119
Riegl, Alois, zur Kunstgeschichte 93, 94, 95; primitive Kunst und 147, 148
Roche, Kevin: Anbau des Jüdischen Museums 37f.
Rockburne, Dorothea 223
Rokoko, Kunst des in der Stilmatrix 212f.
Rodschenko, Alexander 220
Rogers, Richard 242
Romano, Guilio, als manieristischer Architekt 210
Rorty, Richard: Antifundamentalismus und 99f.; *The Linguistic Turn* 41 Anm. 10
Rosch, Eleanor: Kategorientheorie von 272, 273
Rose, Barbara: als Moderne-Kritikerin 193
Rotes Quadrat (Bauer) (Malewitsch) 216
Rothko, Mark: historische Erzählung und 159; zur Moderne 55; mono-

chrome Malerei und 220; *Number 16* 236, 271; Erfolg von 142
Rousseau, Henri 83, 162
Royce, Josiah 41 Anm. 5
Rubens, Peter Paul 213
Running Fence (Christo) 236
Ruskin, John: transformative Erfahrung und 229, 230f., 244, 265
Russland, Ausstellung von Malewitschs *Schwarzem Quadrat* in 202
Ryder, Albert Pinkham 106
Ryman, Robert 24; Ende der Malerei und 187, 196, 201, 221, 222; monochrome Malerei und 220; Retrospektive im Museum of Modern Art 201, 202; Piero della Francesca und 206; posthistorische Kunst und 198, 203f., 223; »Q-heit« und 208; in der Stilmatrix 213; Farbverwendung von 206

Said, Edward: zum Essentialismus 251
Sakralkunst. *Vgl.* Andachtsbild
Salle, David, historische Erzählung und 187; Malerei als Kunst und 143; als Postmoderner 33
Salon d'Automne, zeitgenössische Reaktion auf 86
Sammeln. *Vgl.* Kunstsammeln
Sandler, Irving 165
Sanraedem, Pieter: »Q-heit« und 208
Sartre, Jean-Paul 171, 251
Schapiro, Meyer: zu »nicht mimetischen Merkmalen« der Malerei 28; zu Stilarten in der Malerei 210
Schinkel, Karl Friedrich: Altes Museum von 194
schlecht, gut kontra 117
Schnabel, Julian: historische Erzählung und 187; Malerei als Kunst und 143; als Postmoderner 33
Schopenhauer, Arthur: zu Ästhetik kontra Zweckmäßigkeit 116, 117; zu Kriterien der Schönheit 134

Scheinfragen 60f.
Schönheit: kulturübergreifende Auffassung der 132f.; Kant zur 117f.; Natur- kontra Kunstschönes 117, 133; Zweckmäßigkeit und Schönheit 115ff.. *Vgl. auch* Ästhetik
Schreiben, Literatur kontra 62
Schreinerei, als Kunst 96, 183f.
Schwarze Künstler, posthistorischer Pluralismus und 196
Schwarzes Quadrat (Malewitsch) 202f., 213, 217, 221
Schwertlilien (van Gogh) 48
The Scottish Symphony (Beuys) 226 *Abb.*, 240
Scully, Sean: *Homo Duplex* 180 *Abb.*; zum Begriff »Pale« 30; posthistorische Kunst von 198, 223
Sechziger Jahre: Minimalismus der 220; Kunstphilosophie und 35f., 38, 128, 129; posthistorische Kunst und 193
Segal, George 124
Sein und Zeit (Heidegger) 99
Selbstbewußtsein: in der Kunstkritik 99; zeitgenössische kontra moderne Kunst 27; in der Moderne 102; philosophisches 27, 99; posthistorische Kunst und 37, 62f.; »wahre« Kunst und 53f.
Semper, Gottfried 93, 95
Serra, Richard 35; zur Box Art 215; *Tilted Arc* 235, 237
Shaker-Möbel, als nützlich und schön 116
Sherman, Cindy: Kunst kontra Realität und 154; posthistorische Kunst von 34, 196; *Untitled Film Still* 197 *Abb.*
Sibley, Frank 208
Sidney Janis Gallery, de Koonings *Women* in der 165
Siebziger Jahre: Ende der Malerei und 222; posthistorische Malerei und 34f., 36f., 193
Sinn, Suche nach: »community based« Kunst und 242

Sinn und Bedeutung in der Kunst 249f.
Siqueros, David: das Ende der Malerei und 201; Kritik an der Malerei von 185
Smith, David: Greenberg und 142
Society of Independent Artists, Duchamps Urinal in einer Ausstellung der 119
Sontag, Susan: zum Begriff »camp« 33
Sots-Kunst 170, 176
Sowjetunion: Komar und Melamid und 266f.; National Gallery Ausstellung in der 48; politische Rolle der Kunst in der 185; Angriff auf die Pop Art in der 170; Sots-Kunst in der 170f.;
Sozialkritik, Museen und 232f.
Sozialistischer Realismus 170, 266f.
Soziologie, Ästhetik und 267f.
Spanischer Bürgerkrieg, künstlerischer Ausdruck und 107
Spark, Muriel 173
Spezialisierung, posthistorische Kunst und 155
Spengler, Oswald 108
Spoleto-USA Ausstellung 237
Sprache: analytische Philosophie und 174; Begriff des Selbst und 27; Philosophie und 174; Kunststil als 85f.
Spracherwerb, »Matching« mittels Wahrnehmung 85
Der Staat (Platon) 141, 167
Staatliche Subventionen, Ästhetik kontra Zweckmäßigkeit und 116
Stable Gallery (New York), Warhol-Ausstellung 49, 61, 167
Städtische Galerin (Turin) 230
The State of the Art (Danto) 40 Anm. 1
Stein, Gertrude 87
Steinzeitalter, Malerei im 94
Stella, Frank 142
Stieglitz, Alfred 58, 160
Stilfragen, Grundlegungen zu einer Geschichte der Ornamentik (Riegl) 93, 94
Stilleben mit altem Schuh (Miró) 107
Stil: Affinitäten und 208f., 212, 253-257 (*vgl.* auch zeitliche Affinität); Kritik und 64; Definition von 75f.; als »Sprache« 85f.; linear kontra malerisch 255f.; Mimesis als 75; obligatorisches Farbklecksen 190; posthistorische Freiheit 73f., 75f.; Erkennen von 33f.; Terminologie 208f.
Stilkriege 58; Hopper und 162
Stilmatrix 209-213; ästhetische kontra historische Kunstkritik und 219; Gemeinschaft der Kunstwerke und 214; Konstruktion der 212; monochrome Malerei und die 213, 217, 220f.
Stokes, Adrian 206, 207
Storr, Robert: Ryman-Retrospektive und 201ff.
Strawson, Peter 190
»Style and Medium in Motion Pictures« (Panofsky) 183
Subjektivität, in der modernen kontra Philosophie des Altertums 27
Südafrika, Biennale in 48, 65 Anm. 1
Sujet der Kunst, Kunst als 28, 100, 111f.
Suprematismus: Malewitsch und der 216, 217; monochrome Malerei und der 216f.
Surrealismus: Ästhetik und 152; Greenberg und 30, 38, 146, 152; Kunstgeschichte und 30, 38; Moderne und 162; präsurrealistische Künstler 211
Surrealistisches Manifest 53
Symmetrie, Ästhetik und 133f.
Symposion (Feuerbach) 260

Tanguy, Yves 146
Tansey, Mark 216
Tanz, Bewegung kontra 62
Tatlin, Vladimir 52
Terborch, Gerard: zeitliche Affinitäten und 255f., 258, 259

Teriade, Gespräche zwischen Matisse und 73, 89 Anm. 3
Theater, Illusion im im Vergleich zur Kunst 110
»Thirty Years after the End of Art« (Danto) 169
Thompson, Jerry L.: Fotograf von 138 *Abb.*
Three American Painters (Greenberg) 142
Tilted Arc (Serra) 235, 237
Tizian, abstrakte Kunst und 163
Tomkins, Calvin 205
Torcia, Richard 206
Totalitarismus, Moderne und 103
»Toward a Newer Laocoön« (Greenberg) 52f., 106f., 163
Tractatus Logico-Philosophicus (Wittgenstein) 60f.
The Transfiguration of the Commonplace (Danto) 65 Anm. 4, 173, 217, 218, 247, 249
Transformative Erfahrungen 229f.; Museen und 229-232, 233; Reproduktionen und 232; zeitliche Affinitäten und 265f.
Tribalisierung 238, 241
Trockel, Rosemarie 74, 155, 223
True Colors (Mortman) 268, 269
Turin, Italien, Städtische Galerie 230
Turing, Alan 262
Tuttle, Richard 35

Uccello, Paolo 211
Universalität, Ästhetik und 132f., 150
Unsichtbarkeit von Ereignissen 49
Untitled Film Still (Sherman) 197 *Abb.*
Urinal: Ausstellung eines 119, 136 Anm. 8. *Vgl. auch* Duchamp, Marcel
»Der Ursprung des Kunstwerks« (Heidegger) 58

Van Doesberg, Theo 205
Van Dyck, Anthonis 213
Van Gogh, Vincent: zeitgenössische Reaktion auf 86f.; *Schwertlilien* 48; als Moderner 29, 96
Varnedoe, Kirk 39
Vasari, Giorgio: Kunst außerhalb der Erzählung und 155; Künstlerbegriff und 23; kritischer Standpunkt und 81f., 83, 84, 86, 93, 96, 99; Kunstgeschichte und 149, 169; *Lebensläufe der berühmtesten Maler, Bildhauer und Architekten* 78; gegenständliche Malerei und 28, 79, 81f.
Vattimo, Gianni: »The Death or Decline of Art« 40f. Anm. 1; zum Ende der Kunst 40f. Anm. 1; *The End of Modernity* 40f. Anm. 1
Velasquez, Diego: Bildnis des Juan de Pereija 125
Venedig, Südafrika auf der Biennale in 65 Anm. 1
Venturi, Robert: zum Erkennen von Stilarten 33
Vergangene Zukunft (Kosseleck) 140
Vergangenheit, Zukunft aus der Sicht der 139f., 159, 211, 258, 263
Verifizierbarkeitskriterium, Philosophie und 189ff.
Verklärung: Definition der 173; in der Pop Art 173, 174
Die Verklärung des Gewöhnlichen (Danto) 65 Anm. 4, 173, 217, 218, 247, 249
Verkörperung der Bedeutung 249, 250
Vermeer, Jan: ästhetische Kommunikation und 207; *Jesus im Hause Marias und Marthas* 263; bildliche Erwähnungen bei 263; »Q-heit« und 208; zeitliche Affinität und 266
Veronese, Paul: *Der Besuch der Königin von Saba bei Salomo* 229ff., 231, 234, 240, 243f.
Versuch über den menschlichen Verstand (Locke) 102
Vertigo, Verwendung eines Stills aus 8 *Abb.* 9
Verwendung kontra Erwähnung 261f.

La Vie (Picasso) 232
Vielfalt: Kunstkritik und 64; Medien und Toleranz der 171; in der Moderne 162; in der posthistorischen Kunst 168f., 171, 195f., 223, 252f.. *Vgl. auch* Pluralismus.
Voice of Fire (Newman) 236
Voraussage, Prophetie kontra 71f.
»Wahre« Kunst 52f.; »Das Ende der Kunst« und 54f., 74; Manifeste und 53, 54, 61
Wandgemälde, Ende der Malerei und 185
Warhol, Andy: *Brillo Box* 35, 37, 49, 61f., 105, 128, 153, 167, 168, 215, 231, 247, 250; Kunstbegriff und 64, 126, 127, 168, 248; kritischer Standpunkt und 131, 167; Vielfalt der Arbeiten von 171; Greenberg und 126, 127; Kant und 127; Marilyn Monroe verklärt durch 173; Farbverwendung von 191; Ausstellung Stable Gallery 49. Vgl. auch *Brillo Box*
Watkins, Jonathan: zu Crivelli 145
Watteau, Jean: kommerzielle Kunst von 127; *Ensigne de Gersaint* 127
We Got It! (Bakery, Confectionary, and Tobacco Workers' International Union of America, Local 552) 233f., 236f., 238f., 241f., 243f.
Weiße Männer, Kunstwelt und 234, 244
Die Welt als Wille und Vorstellung (Schopenhauer) 115
Westman, Barbara: *The Monochrome Show* 200 Abb.
»Was die Kunst wollte« Begriff 145
Whitney Museum of American Art: »Approaching the End of Art« Vorlesung im 40 Anm. 1; Hopper-Retrospektive 167; 1993 Biennial 39, 194, 237; 1995 Biennial 194; posthistorische Kunst im 39; Realisten und 162

Who's Afraid of Red, Yellow and Blue (Newman) 270
Wiener, Sam: Kunst kontra Realität und 153
William Rush Carving his Allegorical Figure of the Schuylkill River (Eakins) 160
Wilson, Fred: Installation im Maryland Historical Museum 26
Wissenschaft, positivistische Philosophie und 189
Wissenschaftsgeschichte, Kunstgeschichte im Vergleich zur 79f.
Wittgenstein, Ludwig: analytische Philosophie und 173, 175; Kunstbegriff und 249; »Ende der Philosophie« und 189; zur Vorstellung von Formen 258; zu Scheinfragen 60f.
Wölfflin, Heinrich, Greenberg zu 141; Manierismus und 209; zu Möglichkeiten 73, 253; zu Stilarten 208, 209; zu stilistischen Affinitäten 254ff., 257; zu zeitlichen Affinitäten 261
Wollheim, Richard: zur Malerei 80f., 143
Women-Serie (de Kooning) 141, 165
Woolf, Virginia: zu afrikanischer Kunst 152
»Zeitalter der Kunst« 23f., 40 Anm. 1; vor und nach dem Beginn der 24, 412 Anm. 2, 50, 95; Ende des 49f.
Zeitalter der Manifeste 55, 56, 57; Freiheit vom 64; Mimesis und 75; moderne Philosophie und 103; philosophische Sicht des 61f.
Zeitgenössische Kunst: Definitionen der 32f., 39; moderne Kunst kontra 25, 32f., 37, 42 Anm. 15; Rolle des Museums und 26, 32f., 39, 236; als externe Erzählung 25f., 31ff.; Übergang von der modernen zur 31f.
Zeitliche Affinität: Ästhetik und 258f.; Fälschungen und 263f.; Pluralismus

REGISTER 303

kontra 263ff.; stilistische Alternativen und 254ff.
Zeitliche Grenzen 49
Zensur, Museen und 235f.
Zukunft: Greenbergs Sicht der 104f.;
aus der Sicht der Vergangenheit 139f., 159, 211, 258, 263
Zündkerzenanalogie 116, 118
Zweckmäßigkeit, Ästhetik kontra 115.f, 121, 122